Kenneth Hagin의 심층 성경연구 과정 ❷

성령과 성령의 은사들

케네스 E. 해긴 지음
홍주영 옮김
오태용 감수

베다니출판사
Faith Library

The Holy Spirit and His Gifts Study Course

Originally Published in the U.S.A
under the title The Holy Spirit and His Gifts Study Course

CONTENTS

1

나의
오순절 체험

1

병상에서 일어나다

나는 1933년 4월 22일 7시 40분에 텍사스 맥킨리 노스칼리지(McKinney North College) 405번가 남쪽 침실에서 거듭났습니다. 나는 1934년 8월 둘째 주 화요일에 병상에서 일어났지만, 두 가지 치유 불가능한 심장병과 불치의 혈액병으로 16개월을 병상에 누워서 보내야 했습니다. 나의 몸은 완전히 마비되어 있었습니다.

내가 처음으로 병상에서 하나님의 말씀을 읽기 시작했을 때, 할머니는 침상 앞에다가 성경책을 세워 놓았습니다. 나는 한 번에 10분 정도만 읽을 수 있었고, 그 후에는 거의 읽을 수가 없었습니다. 그것이 내가 하루에 읽을 수 있는 전부였습니다. 그 다음날은 또 다시 10분이나 15분 정도를 읽을 수 있었습니다. 그렇게 몇 주를 읽고 난 후에 한 번에 1시간 동안 읽을 수 있었습니다. 그리고 결국에는 원하는 만큼 읽을 수 있게 되었습니다.

어린아이였을 때 나는 주일학교에 가도록 양육을 받았지만, 처음 교회에 간 때를 결코 기억할 수 없습니다. 그리고 성경책을 처음 읽었던 때도 기억할 수 없습니다. 나는 그 때까지 살아오면서 내내 기도를 해 왔던 것 같았지만, 1933년 4월 20일까지 결코 거듭난 적이 없었습니다.

여러분도 알다시피, 누구나 종교생활을 할 수 있지만, 실제로 거듭난 하나님의 자녀가 아닐 수 있습니다.

그러나 거듭나게 되면 이제까지 읽어왔던 바로 그 성경이 다르게 보일 것입니다. 거듭날 때 성경의 의미는 명확해지고 이해하기가 쉬워집니다.

나는 할머니의 성경을 읽다가, 예수 그리스도는 어제나 오늘이나 영원토록 동일하시다는 것을 알았습니다(히 13:8).

의사들은 내가 언제든지 죽을 수 있다고 말했기 때문에 나는 신약성경부터 읽기 시작했습니다. 나는 이렇게 판단했습니다.

"나는 지금부터 10분도 살지 못할 수 있기 때문에 이 10분이라도 나에게 주어진 시간을 이용해야지. 신약성경부터 읽어야겠어."

나는 마태복음 1장 1절부터 읽기 시작해서 마가복음 11장 24절에 이르렀습니다.

"그러므로 내가 너희에게 말하노니 무엇이든지 기도하고 구하는 것은 받은 줄로 믿으라 그리하면 너희에게 그대로 되리라"(막 11:24).

이 구절을 처음 읽었을 때부터 지금까지 결코 나는 이 구절을 잊지 않았습니다. 나는 이 구절을 암기하지 않았지만, 이 구절은 나의 마음속에 깊이 새겨졌습니다. 왜냐하면 이 마가복음 11장 24절은 나의 치유에 대한 해답이었기 때문입니다.

마가복음 11:23, 24

"내가 진실로 너희에게 이르노니 누구든지 이 산더러 들리어 바다에 던져지라 하며 그 말하는 것이 이루어질 줄 믿고 마음에 의심하지 아니하면 그대로 되리라 그러므로 내가 너희에게 말하노니 무엇이든지 기도하고 구하는 것은 받은 줄로 믿으라 그리하면 너희에게 그대로 되리라."

그러나 내가 마가복음 11장 23-24절을 읽자마자 마귀가 나의 어깨 위로 뛰어올라 말했습니다.

"맞아. 그러나 너도 알다시피 신유는 끝이 났잖아."

나는 말했습니다.

"뭐야? 감사하게도, 믿음은 끝나지 않았어! 이 성경에 *'무엇이든지 기도하고 구하는 것은 받은 줄로 믿으라*(막 11:24)라고 되어 있잖아. 나는 어떤 사람도 믿음이 끝났다고 말하는 것을 들어보지 못했거든."

마귀가 말했습니다.

"그렇지만 치유는 끝났어. 너도 알다시피 모든 치유사역은 끝이 났잖아."

나는 마귀에게 말했습니다.

"너, 마가복음 5장을 알아? 마가복음 5장에서 예수님이 혈루병 앓는 여인에게 '딸아, 네 믿음이 너를 구원하였다'(막 5:34)라고 말씀하셨어. 마귀야! 그녀의 믿음이 그녀를 구원하였다면 나의 믿음이 나를 구원할 거야."

그래서 감사하게도 그대로 이루어졌습니다!

그 때 나는 나 자신 외에 신유를 믿는 사람을 세상천지에 하나도 알지 못하였습니다. 그 당시 내가 사는 마을에는 순복음 교회가 없었고, 치유 설교를 한 번도 들어보지 못했습니다. 오늘날과 같은 기독교 라디오 방송도 없었습니다. 혹시 있었다 할지라도 나는 그것에 대하여 몰랐습니다.

치유를 받은 후에 나는 젊은 침례교 청년 목사로서 사역을 하기 시작했습니다.

순복음 신자들이 치유에 대해서 설교하는 것을 듣고 그들과 친분을 나누기 시작했습니다. 왜냐하면 그런 귀중한 믿음을 가진 사람들과 사귀는 것은 내 손에 영적인 총을 가지고 있는 것과 같았기 때문입니다. 그 교제는 나의 믿음을 증가시켜 주었습니다.

순복음 신자들은 성령세례와 같은, 그 당시 내가 이해할 수 없고, 동의할 수 없는 것들을 설교했습니다. 그러나 치유의 교리를 나누고 있었으므로 그런 것들은 참았습니다.

하나님은 까다롭지 않으시다!

나는 모든 사람들이 한 번에 함께 기도하는 교회 예배에는 익숙치가 않았습니다. 처음에는 그것이 나를 괴롭게 했습니다. 나는 순복음 신자들을 교정하기 위해서 한두 번 그것에 대해서 말하곤 했습니다.

내가 한 번은 어떤 사람이 순복음 신자들에게 "당신들도 알다시피, 지금 하나님은 듣는데 어려움이 없습니다"라고 말하는 것을 들었습니다. 그러자 그 순복음 신자들이 "하나님은 또한 까다롭지도 않으시죠"라고 답변했습니다.

이들 순복음 사람들이 모든 신자들은 강단 앞으로 나와서 기도하라고 요청했을 때 나는 그들과 기도하기 위해서 앞으로 나갔습니다. 그러나 그들은 모두가 동시에 기도하므로 나를 힘들게 했습니다. 그래서 나는 가능한 한 그들과 멀리 떨어져 모퉁이에 자리 잡고 조용히 기도했습니다. 그러나 잠시 후에 한 가지 생각이 떠올랐습니다.

"이 순복음 사람들은 신유에 대해서 알고 있지만 나의 교회는 그렇지 못하다. 또한 그들은 이 기도 분야에서 나보다 더 많은 것을 알고 있을지 모른다."

그래서 나는 사도행전을 다 읽고 초대교회가 어떻게 기도했는지 알아보려고 결심했습니다.

나는 성경을 읽으면서 초대교인들이 다른 사람들은 다 조용히 하고 있을 때 "브라운 집사님" 이나 "존스 자매님"에게 기도를 인도해 달라고 요청하는 부분을 찾을 수 없었습니다. 반대로, 초대교회의 성도들은 모두가 동시에 기도했다는 것을 발견하고 크게 놀랐습니다.

사도행전 4:23, 24

"사도들이 놓이매 그 동료에게 가서 제사장들과 장로들의 말을 다 알리니 그들이 듣고 *한마음으로* 하나님께 소리를 높여 이르되 대주재여 천지와 바다와 그 가운데 만물을 지은 이시요."

나에게 확신을 준 것은 사도행전 16장에서 바울과 실라가 감옥에 갇혔을 때입니다. 그들은 등에 피를 흘리고 있었고 발은 묶여 있었습니다. 하지만 그들은 한밤중에 기도하며 하나님께 찬송을 불렀습니다. 그래서 성경은 "죄수들이 그들의 소리를 들었다"라고 기록하고 있습니다(행 16:25).

그 때까지 나는 하나님께 기도하는 것을 믿고 있었지만, 기도는 조용하게 해야 하는 것으로 믿었습니다. 그런데 나는 바울과 실라가 심지어 감옥에서도 조용하게 기도하지 않았음을 그 때서야 알았습니다. 그 후에 순복음 교회의 예배에 참석했는데, 그들은 우리들에게 강단 앞으로 나와서 기도하라고 하였습니다. 나는 그들 가운데 섞여서 그들이 하는 것처럼 목소리를 높였습니다. 그렇게 하자 나의 영속에서 어떤 것이 풀어지는 것을 느꼈습니다.

하나님의 말씀이 너를 자유롭게 할 것이다. 예수님은 *"너희가 진리를 알지니 진리가 너희를 자유롭게 하리라"*고 말씀하셨습니다(요 8:32). 하나님의 말씀은 진리입니다. 그 진리가 당신을 해방시킬 것입니다.

성령세례

이 순복음 사람들은 성령세례와 방언과 같은 그런 것들을 설교하였는데, 나는 그런 것들을 도무지 받아들일 수가 없었습니다. 나는 성령과 성령세례를 믿었습니다. 나는 성령세례를 받지 않았다는 것을 알았지만 성령세례를 믿었습니다. 하지만 그 "방언"이라는 것은 내가 삼키기엔 쓴 약이었습니다. 나는 방언으로 말하는 것을 경계하라는 말을 들었습니다.

방언을 말하는 순복음 사람들과 사귀는 것을 동부 텍사스 출신의 사람들은 다음과 같이 말했습니다.

"그것은 미끄러운 하구의 둑과 같습니다. 당신이 그 둑 주위를 오래 어슬렁거리다보면 미끄러져 빠질 수 있습니다."

젊은 청년 설교자이자, 지역 교회의 목사인 나는 성령에 관련된 성경 구절을 묵상하고 생각했습니다. 그리고 이 순복음 사람들의 방언은 틀렸다고 결론을 내렸습니다. 나는 방언이 필요 없고 오늘날 우리를 위한 것도 아니라고 결론을 내렸습니다.

나는 신자들이 방언을 말하지 않고서도 이 능력(성령세례)을 받을 수 있다고 결론을 내렸습니다. 물론 그것은 나만의 생각이었습니다. 성경말씀이 그렇다는 것은 아니었습니다.

나는 주님께 마음속으로 말했습니다.

"주님! 나는 이 순복음 사람들이 좋은 사람들이라는 것을 압니다. 그들은 완전히 거듭나 구원 받았고, 그들은 우리 교회가 모르는 신유에 대해서도 압니다. 나는 성령님을 확실히 믿습니다. 그리고 나는 위로부터 임하는 능력, 즉 성령 충만을 받는 것도 믿습니다. 나는 나의 삶에서 능력이 부족하다는 것을 느낍니다. 그리고 성령 충만을 받을 필요가 있다는 것도 압니다. 그리고 성령 충만을 받을 것을 기대합니다. 하지만 나는 방언이 성령세례와 함께 일어나지 않으며 그것은 오늘날 우리를 위한 것도 아니라고 생각합니다."

주님께 마음속으로 이렇게 말하자, 주님께서 곧바로 내 마음속에 대답해 주셨습니다. 나는 성령님이 하나님의 말씀을 통해서 답변해 주신다는 것을 알고 있었습니다. 나를 병상에서 일으켜 세우고 신유 가운데로 인도하신 그 조용하고 작은 음성이 나에게 질문하였습니다.

"사도행전 2장 39절은 무엇을 말하고 있느냐?"

나는 그 성경 구절을 인용하였습니다.

> "이 약속은 너희와 너희 자녀와 모든 먼 데 사람 곧 주 우리 하나님이 얼마든지 부르시는 자들에게 하신 것이라 하고"(행 2:39).

그러자 그 조용하고 작은 음성이 말했습니다.

"그 약속은 무엇이냐?"

내가 대답했습니다.

"사도행전 2장 38절 후반부에는 '… *그리하면 성령의 선물(gift)을 받으리니*'라고 말하고 있습니다. 그러므로 여기서 말하는 것은 성령의 선물(gift)에 대한 약속입니다."

그런 다음 나는 서둘러 추가해서 말했습니다.

"주님, 나는 성령을 믿습니다. 그러나 방언에 대해서는 확신할 수 없습니다"(나는 이번에는 약간 말을 바꾸어서 "나는 확신할 수 없다"라고 말했습니다).

성령님은 항상 우리를 하나님의 말씀과 일치하도록 인도합니다. 말씀과 성령은 일치합니다(요일 5:7, 8).

나는 그냥 음성을 좇아가는 것을 찬성하지 않습니다. 왜냐하면 우리는 음성을 좇다가 잘못된 길도 갈 수 있기 때문입니다. 여러분도 잘못된 음성을 따라갈 수 있습니다(고전 14:10).

그러나 여러분은 결코 성령님의 음성이나 인도하심을 잘못 따라갈 수는 없습니다. 왜냐하면 성령님은 항상 여러분을 하나님의 말씀과 일치하도록 인도할 것이기 때문입니다(요 16:13, 요일 5:6-8).

예수님은 "그(성령님)가 내 것을 가지고 너희에게 알리시겠음이라"(요 16:14)고 말씀하셨습니다.

그리고 "… 그가 스스로 말하지 않고(감사할 일이네요. 성령님께서 말씀을 하신다니!) 오직 들은 것을 말하시며…"(요 16:13)라고 말씀하셨습니다.

모든 거듭난 신자들은 거듭남을 통해서 한 분량의 성령을 받아 가지고 있습니다(요 3:5-8, 요 4:14). 그러나 그것은 예수님이 누가복음 24장 49절, 사도행전 1장 8절 그리고 요한복음 7장 38절에서 말한 위로부터 온 능력, 즉 성령 세례와 동일하지는 않습니다. 어떤 사람이 거듭났다고 해서 그가 성령으로 충만하게 되었다는 뜻은 아닙니다.

거듭날 때 성령님이 하시는 일

아래 성경 말씀에서 볼 수 있듯이, 거듭날 때 성령님이 하시는 일이 있습니다.

요한복음 3:5-8

"예수께서 대답하시되 진실로 진실로 네게 이르노니 사람이 물과 성령으로 나지 아니하면 하나님의 나라에 들어갈 수 없느니라 육으로 난 것은 육이요 성령으로 난 것은 영이니 내가 네게 거듭나야 하겠다 하는 말을 놀랍게 여기지 말라 바람이 임의로 불매 네가 그 소리는 들어도 어디서 와ㅇ서 어디로 가는지 알지 못하나니 성령으로 난 사람도 다 그러하니라."

로마서 8:16

"성령이 친히 우리 영과 더불어 우리가 하나님의 자녀인 것을 증언하시나니."

성령 세례를 받을 때 성령님이 하시는 일

아래 성경 구절들을 보면, 거듭날 때 성령님이 하시는 일이 있다는 것을 알 수 있습니다. 그러나 하나님은 거듭난 체험에 뒤이어 모든 신자들의 삶 가운데서 행하기 원하시는 성령의 또 다른 일이 있습니다. 그것을 가리켜 성령의 채움(the infilling of the Holy Spirit) 혹은 성령 세례(the baptism of the Holy Spirit)라고 부릅니다. 그것은 예수님이 누가복음 24장 49절과 사도행전 1장 8절에서 이야기한 것입니다.

누가복음 24:49

"볼지어다 내가 내 아버서 약속하신 것을 너희에게 보내리니 너희는 위로부터 능력으로 입혀질 때까지 이 성에 머물라 하시니라."

사도행전 1:8

"오직 성령이 너희에게 임하시면 너희가 권능을 받고 예루살렘과 온 유대와 사마리아와 땅 끝까지 이르러 내 증인이 되리라 하시니라."

나는 성령 세례는 믿지만, *방언* 부분에 대해서는 확신하지 않는다고 주님께 말씀 드렸습니다. 주님은 다시 나에게 "사도행전 2장 4절은 무엇이라고 말하느냐?"라고 질문하셨습니다. 물론 나는 사도행전에서 그 성경 구절을 인용할 수 있었습니다.

그러나 우리는 머리로 그 말씀을 외우고 있다고 할지라도 그 말씀이 의미하는 것을 실제로 안다고 할 수는 없습니다. 즉, 우리가 그 말씀의 의미를 실제로 알고 이해하기 위해서는 영으로 하나님의 말씀에 대한 계시를 받을 필요가 있습니다. 나는 사도행전 2장 4절 말씀을 인용했습니다.

"그들이 다 성령의 충만함을 받고 성령이 말하게 하심을 따라 *다른 언어들로* 말하기를 시작하니라"(행 2:4).

내가 거기까지 말하고 다시 처음으로 돌아가 말했습니다. "그들이 다 성령의 충만함을 받고… 말하기를 시작하니라."

그 때 내가 소리 높여 외쳤습니다.

"아, 이제 알았다! 이제 알았어! 그 구절을 보니 '그들이 다 성령의 충만함을 받고 성령이 말하게 하심을 따라 *다른 언어들로* 말하기를 시작하니라'(행 2:4) 라고 되어있구나! 그러면 내가 성령 충만을 받을 때 나도 다른 언어들로 말하기 시작하면 되겠네. 주님, 이제 해결되었습니다. 지금 바로 순복음 교회 목사님의 집으로 가서 성령을 받겠습니다."

'기다리는 것'은 성령을 받기 위한 방법이 아니다

그런 후에 나는 목사관으로 가서 문을 두드렸습니다.

순복음 목사님이 문으로 나왔습니다.

나는 "성령을 받기 위해서 왔습니다"라고 말했습니다. 그는 "여보게! 자네는 *기다릴* 필요가 있네"(그날 이후 지금까지 나는 누가 어떤 사람에게 성령을 받기 위해 *기다리라*고 말하는 것을 이해할 수가 없습니다!)

혹자는 이렇게 질문할지 모릅니다.

"당신은 성경에서 기다리라고 말하는 구절을 읽어 보지 못했습니까?

"읽어봤죠. 하지만 그것은 성령을 받는 방법이 아닙니다. 왜냐하면 예수님이 실제로 "…너희는 위로부터 능력을 입히울 때까지 *이 성(예루살렘)*에 유하라"(눅 24:49)고 말씀하셨기 때문입니다."

다락방에 모인 120문도는 예루살렘에서 *기다릴* 필요가 있었습니다.

기다리는 것이 성령을 받는 방법이라면 왜 이 구절에서 "예루살렘"이라는 단어를 뺍니까?

바꿔 말하면, 오늘날 우리가 성령 세례를 받기 위해서 기다리는 것이 필요하다면, 우리도 그것을 받기 위해서 당연히 예루살렘으로 가야 할 것입니다!

또한 다락방에 있는 120문도들도 성령 충만을 받을 준비가 되어 있었으므로, 기다렸던 것이 아니었습니다. 그렇습니다. 그들은 오순절이 오기를 기다렸습니다. 성령님은 오순절 날 이전에는 오실 수가 없었습니다. 만약에 그들이 성령을 받기 전에 기다리며 준비하고 있었다면, 성경은 "그들이 *준비되었을* 때 모두가 성령 충만을 받았다"라고 기록되었을 것입니다. 사도행전 2장 1, 4절에서, 성경은 "오순절 날이 이미 이르매 … 저희가 다 성령의 충만함을 받고 …"라고 말합니다(성령을 받기 위해 기다리는 것이 성경적인가 아닌가라는 것에 대하여는 제 6장에서 더 자세히 다룰 것입니다).

어떤 사람은 "*기다리는 것*은 당신이 성령을 받도록 준비시켜줍니다"라고 말합니다.

"아니요, 그렇지 않습니다. *구원을 받는 것*이 당신을 준비시키는 것입니다."

성경은 성령을 받기 위한 유일한 전제 조건을 말합니다.

> "이 약속은 너희와 너희 자녀와 모든 먼 데 사람 곧 주 우리 하나님이 얼마든지 부르시는 자들에게 하신 것이라 하고"(행 2:39).

바꿔 말하면, 성령 세례에 대한 약속은 예수 그리스도를 그들의 구주로 영접한 모든 사람들을 위한 것입니다.

어떤 신자라도 성령을 받을 수 있다

어떤 사람이 "성령을 받기 위해서 기다려야 한다"라고 말하는 것은 실은 "먼저 자신을 깨끗케 해야 한다"라고 말하는 것과 같습니다. 그러나 자백하지 않은 죄를 회개하는 것 외에는 아무것도 여러분을 깨끗하게 할 수 없습니다(요일 1:9). 예수 그리스도의 피가 모든 죄로부터 신자를 깨끗케 하는 것입니다(요일 1:9).

여러분이 피로 씻음을 받았다면, 여러분은 지금 성령을 받을 준비가 된 것입니다. 구원받은 사람이 성실하게 성령 세례를 구한다면 그는 받을 수 있습니다.

누가복음 11:9-13

> "내가 또 너희에게 이르노니 구하라 그러면 너희에게 주실 것이요 찾으라 그러면 찾아낼 것이요 문을 두드리라 그러면 너희에게 열릴 것이니 구하는 이마다 받을 것이요 찾는 이는 찾아낼 것이요 두드리는 이에게는 열릴 것이니라 너희 중에 아버지 된 자로서 누가 아들이 생선을 달라 하는데 생선 대신에 뱀을 주며 떡을 달라 하면 돌을 주며 알을 달라 하는데 전갈을 주겠느냐 너희가 악할지라도 좋은 것을 자식에게 줄 줄 알거든 하물며 너희 하늘 아버지께서 구하는 자에게 성령을 주시지 않겠느냐 하시니라."

기다리지 않고 성령을 받은 신자들의 성경적인 예

어떤 신자라도 아버지께 성령을 구할 수 있고, 기다림이 없이 이 귀한 선물을 받을 수 있습니다. 예를 들면, 고넬료와 그의 가족은 구원 받은 후에 성령을 받기 위해 *기다릴* 필요가 없었습니다. 실제로 그들은 구원받고 거의 동시에 성령 충만을 받았습니다(행 11:14,15).

바꿔 말하면, 구원받은 이후에 그들은 성령을 받기 위해서 "준비할"시간이 없었습니다. 그들은 성령을 받기 위해서 기다리지 않았습니다. 그들은 준비할 필요 없이 즉시 성령을 받았습니다(행 10:30-48).

베드로가 예루살렘에 있는 사도들과 형제들에게 이 체험을 보고하면서 고넬료의 가족들이 선포된 말씀을 받고 구원을 받았다고 말했습니다. 그런 다음에 그들은 곧바로 성령 충만을 받았습니다.

사도행전 11:11-15

"마침 세 사람이 내가 유숙한 집 앞에 서 있으니 가이사랴에서 내게로 보낸 사람이라 성령이 내게 명하사 아무 의심 말고 함께 가라 하시매 이 여섯 형제도 나와 함께 가서 그 사람의 집에 들어가니 그가 우리에게 말하기를 천사가 내 집에 서서 말하되 네가 사람을 욥바에 보내어 베드로라 하는 시몬을 청하라 그가 너와 네 온 집이 구원 받을 말씀을 네게 이르리라 함을 보았다 하거늘 내가 말을 시작할 때에 *성령이 그들에게 임하시기를* 처음 우리에게 하신 것과 같이 하는지라."

또한 사도행전 10장 45-46절에도 방언을 말하는 것이 성령 세례에 동반하는 것임을 말하고 있습니다.

사도행전 10:45, 46

"베드로와 함께 온 할례 받은 신자들이 이방인들에게도 성령 부어 주심으로 말미암아 놀라니 이는 방언을 말하며 하나님 높임을 들음이러라."

여러분도 알다시피, 방언으로 말하는 증거가 없었다면 유대인 신자들은 이방인들을 결코 교회로 맞아들이지 않았을 것입니다. 왜냐하면 방언은 성령이 이방인들에게 부어졌음을 유대인들에게 확증시켜 주는 것이었기 때문입니다.

그 때까지도 엄격하게 말하면 유대인들의 교회이었습니다. 심지어 베드로 자신도 사도행전 10장에 기록된 환상을 보기 전까지는 이방인들이 구원받을 수 있다는 것을 몰랐습니다. 성령이 이방인들에게 부어졌을 때 베드로와 함께 고넬료의 집에 왔던 유대인 신자들은 깜짝 놀랐습니다.

왜 성령의 선물을 받기 위해서 기다리는가?

감사하게도 하나님께서는 나에게 이 주제에 대한 성경 말씀을 보여주셨습니다. 그래서 나는 성령 충만을 받기 전에 기다릴 필요가 없다는 것을 알았습니다.

나는 사도행전에 나오는 신자들이 성령을 받기 위해서 기다릴 필요가 없었다면, 나도 또한 기다릴 필요가 없다는 것을 하나님의 말씀을 통해서 알았습니다. 또한 나도 성령을 받을 때 방언을 말하게 될 것을 알았습니다.

내가 순복음 목사님에게 "성령을 받기 위해서 여기에 왔습니다"라고 말하자 그가 기다리라고 했을 때 나도 모르게 불쑥 말이 튀어나왔습니다. "내가 성령을 받는 데에 시간이 오래 걸리지 않을텐데요."

그 교회는 그날 밤에 부흥회를 하고 있었고, 그 때 시간은 이미 저녁 6시였습니다.

그래서 그는 내가 예배 때 성령 세례를 기다리며 구하기를 원했습니다. 그러나 예배가 시작되는 7시 이후까지 기다려야 한다는 것을 알았습니다. 그 다음에 예배순서가 끝나고, 또 설교가 끝날 때까지 기다려야 했습니다. 그날 저녁 9시 가량이 되어서야 강단 앞에 나아갈 수 있었습니다.

그런데 선물을 받기 위해서 왜 기다려야 합니까?

나는 지금까지 오랜 세월 동안 순복음 사람들과 교제해오고 있는데, 한 번도 누구에게 성령을 받기 위해서 기다리라고 말한 적이 없습니다. 또한 하나님이 말씀을 통해서 우리에게 거저주시는 것을 기다리라고 말한 적이 한 번도 없습니다. 어떤 사람이 구원 받기를 원한다고 말하면 당신은 "기다리세요. 그리고 주일날 교회로 와서 구원을 구하세요"라고 말하지 않습니다. 누군가 당신에게 치유를 위해서 치유기도를 요청한다면 당신은 "기다리세요"라고 말하지 않을 것입니다. 그렇습니다.

아픈 사람은 즉시 치유받기를 원합니다. 특별히 그들이 고통 가운데 있다면 즉시 치유받기를 원합니다. 구원은 선물입니다. 치유도 선물입니다. 그리고 성령 세례도 선물입니다.

내가 열성을 보이자 그 목사님은 마지못해 "그래요. 그러면 들어오세요"라고 말했습니다. 내가 문으로 들어서자, 그 목사님은 나에게 말했습니다. "나는 자네가 지금 곧바로 성령을 받을 수 있다는 걸 알아요. 왜냐하면 사도행전에 그러한 내용이 나오니까. 그러나 자네가 성령을 받기 위해서 오랫동안 기다리면 그 경험은 자네에게 훨씬 더 많은 의미가 있을 것이네."

그 목사님은 계속해서 말했습니다.

"나를 예로 들지. 나는 성령을 받는 데에 3년 6개월이 걸렸다네. 나는 기다리고 또 기다렸지. 나는 기다리고 또 구했어. 내가 마침내 성령을 받았을 때 성령님은 정말로 나에게 특별한 의미가 있었다네."

나는 말했습니다.

"글쎄요. 가련하게도 바울은 그걸 몰랐군요. 목사님께서 바울에게 가서 기다리는 것에 대해 말해줄 수 있었다면 얼마나 좋았을까요. 바울은 아나니아가 안수했을 때 즉시 성령을 받았잖아요. 그는 기다리는 것을 몰랐네요(행 9:17,18). 바울은 기다리거나, 머무르거나, 구하지 않았습니다."

나는 계속 말했습니다.

"그러나 성령을 받은 후 바울은 신약성경의 약 절반을 기록하였습니다! 뿐만 아니라 바울은 그의 몇 년간의 사역을 통해서 혼자 힘으로 다른 어떤 교단이 500년 동안 해온 것보다 더 많은 일을 했습니다. 그런데 만약 목사님이 바울에게 가서 성령세례를 받기 위해서 3년 6개월을 기다려야 한다고 말했다면, 그 때에도 성령님은 그에게 어떤 의미가 있었겠지요!"

나는 거실로 가서 큰 의자 앞에 무릎을 꿇었습니다. 나는 눈을 감고 주위의 모든 것들로부터 차단시킨 다음 하나님을 향해 두 손을 들었습니다. 누구도 그렇게 하라고 말하지 않았지만 나는 그냥 두 손을 들었습니다. 그것은 교단에 속한 청년에게 괜찮은 일이었습니다.

나는 "사랑하는 주님, 성령을 받기 위해서 여기에 와 있습니다" 라고 말했습니다.

나는 방금 사도행전 2장 39절과 2장 4절에서 배웠던 것을 반복해서 기도했습니다. 그런 다음에 나는 이렇게 말했습니다. "주님의 말씀에 성령은 선물이라고 말합니다. 그러므로 성령은 믿음으로 받는다는 것을 나는 깨달았습니다. 나는 믿음으로 구원의 선물을 받았습니다. 나는 믿음으로 내 몸의 치유를 받았습니다. 이제 나는 주께서 주시는 성령의 선물 또한 믿음으로 받습니다."

하나님은 이미 성령을 주셨다. 신자들은 단지 이 선물을 받기만 하면 된다

여기에 사람들이 알 필요가 있는 것이 있습니다. 성령님은 오순절 날에 주어졌고, *그 때 이후로 이 땅에 계십니다!* 하나님은 오순절 날 이후로 누구에게도 성령을 주신 적이 없습니다. 하나님은 오순절 날에 한번 성령의 선물을 주셨고, 그 이후로 그 선물을 거두어 가시지 않았습니다.

이제는 성령을 받는 것은 신자들에게 달린 문제입니다. 나는 사도행전에 나오는 제자들이 누군가에게 "하나님이 당신에게 성령을 주셨습니까?"라고 말하는 것을 보지 못했습니다. 그러나 나는 사도 바울이 " 여러분은 성령을 받았습니까?"라고 질문하는 것을 보았습니다(행 19:2).

바꾸어 말하면, 하나님이 이미 성령을 주셨기 때문에 강조점은 하나님이 *주시는 것*에 있지 않습니다. 강조점은 사람이 *받는 것*에 있습니다. 예수님의 생애에서 우리는 하나님이 이미 주신 것, 즉 성령을 받는 사람의 예를 볼 수 있습니다.

> "하나님이 오른손으로 예수를 높이시매 그가 약속하신 성령을 아버지께 *받아서* 너희가 보고 듣는 이것을 부어 주셨느니라"(행 2:33).

예수님은 아버지로부터 성령에 대한 약속을 받았습니다.

그리고 예수님이 성령에 대한 약속을 받은 후에 성경은 그가 "…너희가 보고 듣는 이것을 부어 주셨느니라"(행 2:33)고 말합니다.

에베소의 제자들

사도행전 19장에서, 우리는 하나님께서 이미 주신 것, 즉 성령을 받는 또 다른 사람의 예를 볼 수 있습니다.

사도행전 19:1, 2

> "아볼로가 고린도에 있을 때에 바울이 윗지방으로 다녀 에베소에 와서 어떤 제자들을 만나 이르되 너희가 믿을 때에 성령을 *받았느냐* 이르되 아니라 우리는 성령이 계심도 듣지 못하였노라."

바울이 에베소를 방문했을 때 "하나님께서 여러분에게 성령을 주셨습니까?"라고 묻지 않았습니다. 그는 "여러분이 믿고나서 성령을 *받았습니까?*"라고 물었습니다(행 19:2).

사마리아 신자들

사도행전 8장을 보면, 사마리아인들이 거듭난 후에 성령을 받는 것은 그들 자신에게 달려 있다는 것을 알 수 있습니다.

사도행전 8:14, 15

> "예루살렘에 있는 사도들이 사마리아도 하나님의 말씀을 받았다 함을 듣고 베드로와 요한을 보내매 그들이 내려가서 그들을 위하여 성령 *받기를* 기도하니."

성경은 "그들이 성령 받기를 기도하니"(행 8:15)라고 말하고 있음을 유의해 보십시오. 베드로와 요한은 하나님께서 그들에게 성령을 부어주시기를 기도하지 않았습니다. 그들은 사마리아인들이 성령을 받도록 기도했습니다. 사도행전 8장 17절은 말합니다.

"이에 두 사도가 그들에게 안수하매 성령을 받는지라"(행 8:17).

다소의 사울

사울은 다메섹 도상에서 거듭났습니다(행 9:4-8). 하나님께서 사울이 시력을 되찾고 성령 충만을 받도록 아나니아를 보내서 안수를 하게 하셨습니다.

사도행전 9:17

"아나니아가 떠나 그 집에 들어가서 그에게 안수하여 이르되 형제 사울아 주 곧 네가 오는 길에서 나타나 셨던 예수께서 나를 보내어 너로 다시 보게 하시고 *성령으로 충만하게 하신다* 하니."

아나니아는 "하나님께서 당신에게 성령ㅅ을 주시기 위해서 나를 보내사 기도해 주라고 하셨습니다"라고 말하지 않았습니다. 또 아나니아는 "하나님께서 당신에게 성령을 부어주시기 위해서 나를 보내사 기도해 주라고 하셨습니다"라고 말하지 않았습니다. 아나니아는 말했습니다.

"… 예수께서 나를 보내어 너로 다시 보게 하시고 성령으로 충만하게 하신다 하니"(행 9:17).

여러분은 하나님께서 구원을 보내사 누군가를 구원하도록 기도하지 않습니다. 하나님은 이미 예수님의 죽음과 장사와 부활을 통해서 이미 그것을 이루셨습니다. 여러분은 그 사람이 구원을 *받도록* 기도합니다.

여러분은 하나님께서 치유를 보내사 누군가를 치유하시도록 기도하지 않습니다. 여러분은 그 사람이 치유를 받도록 기도합니다. 보내는 쪽에는 잘못된 것이 없습니다. 사람들이 하나님께서 주시는 것을 받지 못한다면, 문제는 하나님 쪽에 있는 것이 아니라 받는 쪽에 있습니다.

보내는 쪽이 문제인가, 아니면 받는 쪽이 문제인가?

오래 전에 한 동료 목사님이 암으로 죽어 가고 있는 친척을 방문하기 위해서 서부로 갔습니다. 그 친척은 다른 목사님의 아내였습니다. 아내와 나는 그 사모님을 위해 기도해 주기 위해서 동료 목사님과 함께 그곳으로 가게 되었습니다.

그곳에 도착한 후에, 우리는 모두 이 목사님의 아픈 아내를 위해서 이틀 밤낮을 기도했습니다. 우리는 하루에 한 끼만 먹었습니다. 그리고 밤에 서너 시간만 잠을 잤고, 아침에 일찍 일어나 그 사모님이 몸져 누워있는 방으로 기도하기 위해서 갔습니다. 두 번째 날 밤에 나는 동료 목사님에게 말했습니다.

"뭔가 잘못되고 있네요. 나는 구원 받은 지 16년이 되었고 15년 전에 치유 받았지만, 이렇게 오랫동안 응답을 받지 못하고 기도한 적은 한 번도 없었습니다. 나는 이제 기도하기가 싫어지네요."

"우리의 기도에 뭔가 문제가 있습니다."라고 내가 말했습니다.

"내 말은 이런 뜻입니다. 이 작은 마을에 라디오 방송국이 딱 하나만 있다고 가정해 보지요. 만약 목사님의 차에 있는 라디오가 이 마을의 방송을 수신하지 못한다면 목사님은 마을 방송국에 전화하거나 편지를 써서 목사님의 라디오가 방송을 수신하지 못하므로 라디오 방송국을 수리해야 한다고 말하겠습니까?

보내는 쪽에서는 전혀 문제가 없으니 받는 곳을 수리해야 하지 않겠어요. 그러니까 우리가 아침에 그녀의 방에 들어가면 받는 쪽에 집중을 해봅시다."

그 다음날 아침 우리가 다시 기도하기 위해 사모님의 침대 주위에 모였을 때, 나는 모든 사람들에게 우리가 어딘가에서 뭘 놓치고 있다고 말했습니다. 잘못은 우리에게 있지, 하나님께 있지 않다고 말했습니다.

침대에 누워 있던 사모님이 울면서 말했습니다.

"문제는 나에게 있어요. 내가 실패했어요."

내가 말했습니다.

"잠깐만요. 사모님! 당신 자신을 정죄하지 마세요. 왜냐하면 자신을 정죄하면, 사모님이 말로 믿음에서 벗어나는 거예요. 어쩌면 사모님은 실패했을 수도 있습니다. 우리 중 누구도 실패해 보지 않은 사람은 없습니다. 그러나 사모님은 주님께 용서해 달라고 하셨잖아요? 요한일서 1장 19절은 말합니다. *'만일 우리가 우리 죄를 자백하면 저는 미쁘시고 의로우사 우리 죄를 사하시며 모든 불의에서 우리를 깨끗케 하실 것이요'*(요일 1:9). 그러므로 사모님이 회개하고 하나님께 용서를 구했다면 하나님은 사모님을 용서하셨고, 모든 불의에서 사모님을 깨끗게 하셨습니다. 사모님은 어떤 잘못도 하지 않은 것처럼 하나님 앞에 설 수 있습니다."

내가 설명을 했습니다.

"내가 받는 쪽에 무언가 잘못이 있다고 말할 때 그 말은 어떤 심각한 죄가 있다는 뜻이 아닙니다. 단지 말하자면 뭔가 받을 수 있는 '분위기'(mood)가 조성되어 있지 않았다는 뜻입니다. 왜냐하면 이미 우리에게 주어진 치유를 받는 것은 주는 쪽이 아니라 받는 쪽의 문제이기 때문입니다."

나는 계속해서 말했습니다.

"바꿔 말하면, 사모님의 치유는 이미 십자가상에서 지불되었습니다. 그러므로 우리는 하나님을 설득하여 사모님을 치유해 달라고 말할 필요가 없습니다."

그리스도 안에서 그녀에게 주어진 구속의 권리에 대해서 좀 더 설명을 한 후에 우리는 기도하기 시작했습니다. 암으로 죽어가고 있던 그녀는 구원을 받았고, 성령 충만을 받았으며, 목사의 아내이자 주일학교 교사이었습니다. 하지만 우리는 그녀가 많은 의심과 두려움을 가지고 있다는 것을 알았습니다. 사실은, 의심과 두려움이 하나님께서 이미 그녀를 구원할 때 너무나 자비롭게 공급해 놓으신 치유를 받지 못하도록 방해하고 있었습니다.

우리가 기도하며 하나님을 믿고 그 진짜 문제를 처리했을 때 결과를 얻게 되었습니다. 이 경우에 하나님은 그녀에게서 의심과 두려움의 영을 쫓아내도록 나에게 지시하셨습니다(그 악한 영은 그녀가 신자이므로 그녀의 영(spirit)속에 들어가 있는 게 아니라, 그녀의 마음, 즉 생각(thinking)에 영향을 미치고 있었습니다).

내가 그 악한 영을 그녀의 마음에서 쫓아내자, 그녀는 즉시 침상에서 일어나 하나님을 찬양하기 시작했습니다. 그녀는 거실로 나가서 무릎을 꿇고 찬양하며 하나님께 감사했습니다. 그날 오후에 그녀는 우리와 함께 저녁을 먹었습니다.

성령님은 말을 주신다

내가 지금까지 말한 것은 문제가 보내는 쪽, 즉 하나님께 있는 것이 절대로 아니라는 것을 말하고 싶어서입니다. 우리는 구속 시에 하나님께서 너무나 은혜롭게 주신 그 축복들을 값 없이 받는 법을 배워야만 합니다. 그 축복에는 성령 충만을 받는 것도 포함됩니다.

그래서 나는 1937년 4월 그 순복음 목사관에서 무릎을 꿇고 주님께 말했습니다.

"주님, 성령은 선물입니다. 나는 믿음으로 구원받았습니다. 나는 3년 전에 믿음으로 내 몸의 치유를 받았습니다. 지금 나는 믿음으로 성령의 선물을 받습니다. 나는 성령을 받기 때문에 지금 하나님 아버지께 감사하고 싶습니다."

그런 다음, 나는 주님께 말했습니다.

"믿음으로 나는 지금 성령을 받았습니다. 하나님, 감사합니다. 예수님이 그의 말씀에서 약속하신 대로 성령님은 내 안에 계십니다. 나는 성령을 받았다는 것을 내 마음으로 믿기 때문에 내 입으로 그렇게 말합니다. 믿는 자들이 오순절 날 방언으로 말했으므로, 지금 나도 방언으로 말할 것을 기대합니다. 하나님, 감사합니다. 성령님이 나에게 말을 주실 때 나도 방언으로 말을 할 것입니다."

그렇게 기도한 후에, 나는 방금 성령을 받았고 하나님이 나에게 방언을 주실 것을 감사했기에 "할렐루야, 할렐루야"하고 말했습니다. 그러나 나는 그런 말을 하면서 내 평생에 그렇게 "썰렁한" 감정을 느껴 본 적은 한 번도 없었습니다.

감정과 믿음은 서로 상극입니다. 사실, 믿음이 거의 없는 것처럼 느껴질 때가 있는데, 그 때가 바로 당신이 가장 큰 믿음을 가지고 있는 때입니다. 왜냐하면 당신의 믿음은 감정의 기반 위에 세워진 것이 아니기 때문입니다. 그래서 나는 "할렐루야"를 약 7-8번 외쳤습니다. 심지어 그 말이 나를 질식시킬 것같이 느껴질 정도로 나는 그렇게 했습니다.

내가 "할렐루야"를 7-8번 정도 외치고 나자, 내 속의 깊은 데서, 내 영 안에서 이상한 말들을 들었습니다. 그 말들은 거기서 빙빙 돌고 있는 것 같았습니다. 나는 그것들이 말로 표현된다면 어떤 소리가 될지 알것 같았으므로, 그것들을 큰 소리로 말하기 시작했습니다!

그리하여 나는 그 목사님의 문을 노크한 후 약 8분 만에 방언을 말하게 되었습니다! 그 목사님은 "기다리라"고 말했지만, 나는 기다리는 대신에 예배가 시작하기 전까지 1시간 30분을 방언으로 기도하였습니다! 성령님 없이 기다리는 것보다 성령님과 함께 기다리는 것이 훨씬 좋습니다!

물론 나도 하나님을 기다리는 것을 믿습니다. 우리는 성령 충만한 사람들을 위한 기다리는 모임을 운영해야 합니다. 성령 충만을 받기 전에 하나님의 임재 가운데 기다리는 것보다 성령 충만을 받은 후에 하나님의 임재 가운데 기다리는 것이 훨씬 좋습니다.

또한 여러분이 방언으로 말하지 않는다면 성령을 받아야 한다는 것을 아십시오. 그렇습니다. 여러분은 먼저 성령을 받고 그런 다음, 방언으로 말한다는 것을 압니다.

사도행전 2장 4절은 "저희가 다 성령의 충만함을 받고…"라고 말하고 있음을 유의하십시오.

우리가 4절 전반부만 읽는다면 그들이 성령 충만을 받았다는 것을 알 것입니다. 그러나 후반부도 읽는다면 "…성령이 말하게 하심을 따라 다른 방언으로 말하기를 시작하니라"는 구문을 보게 될 것입니다

(행 2:4).

다른 방언으로 말하는 것은 그 신자들이 성령을 받은 결과였습니다. 여러분도 먼저 성령을 받은 다음, 방언을 말하게 됩니다.

1시간 30분 동안 방언으로 말하면서 나는 주님 안에서 영광스러운 시간을 보냈습니다. 아시다시피, 방언으로 말하는 것은 자기 자신을 세웁니다. 고린도전서 14장 4절은 "방언을 말하는 자는 자기의 덕을 세우고…"라고 말합니다. 그러므로 방언으로 말하는 것은 영적으로 덕을 세우는 수단입니다.

헬라어 언어학자들은 "edify"(덕을 세우다)보다 원 헬라어의 뜻에 더 가까운 현대어가 있다고 말합니다. 그 단어는 "charge"(충전하다)라는 단어입니다. 우리는 배터리를 충전하듯이 우리 자신을 세웁니다.

유다서 1:20
"사랑하는 자들아 너희는 너희의 지극히 거룩한 믿음 위에 *자신을 세우며 성령으로 기도하며.*"

바꿔 말하면, 신자가 성령 안에서 기도할 때 그는 그 자신을 충전하는 것입니다. 그는 배터리를 충전하듯이 그 자신을 충전합니다.

방언을 말함으로 자신의 덕을 세우는 것은 하나님께서 성령 세례를 통해 주신 많은 축복들 중의 하나입니다. 이 놀라운 축복, 즉 이 영광스러운 성령의 선물은 모든 거듭난 신자들을 위한 것입니다.

연구를 위한 질문

1. 초대교회의 모든 신자들이 동시에 기도하고 한 목소리로 크게 소리쳤음을 보여주는 성경 구절을 찾아보십시오.

2. 사도행전 2:38-39에 나오는 "약속"은 무엇을 말하는 것입니까?

3. 신자들을 항상 하나님의 말씀과 일치하도록 인도하시는 분은 누구입니까?

4. 모든 거듭난 신자들은 거듭날 때 한 분량으로 무엇을 받습니까?

5. 사도행전 2:4에 따르면, 다락방에 모인 120문도들은 모두 성령 충만을 받았을 때 무엇을 하기 시작했습니까?

6. 다락방의 120문도들은 무엇을 기다렸습니까? 그리고 왜 기다렸습니까?

7. 기다리는 것이 성령을 받도록 준비시키는 것이 아니라면 무엇이 여러분을 준비시킵니까?

....

....

8. 성령이 이방인들에게도 부어졌다는 것을 유대인들에게 확증시킨 것은 무엇입니까?

....

....

9. 다음 문장을 완성해 보시오.
구원은 (　　　)입니다. 치유는 (　　　)입니다. 그리고 (　　　)도 마찬가지입니다.

10. 어떤 사람이 성령으로 기도할 때 그는 자신을 위해 무엇을 하고 있는 것입니까?

....

....

2

성령에 대한 각 교파의 시각

2

지난 세월 동안, 나는 순복음 단체를 상대로, 또 전국적인 특별 예배를 인도하면서 성령 세례와 성령 충만을 가르치는 특별한 사명을 감당해 왔습니다. 수많은 사람들이 그 예배를 통해서 항상 성령 충만을 받았습니다.

우리가 지금 은사주의 운동(the Charismatic Movement)이라고 부르는 하나님의 역사는 60-70년대에 일어났습니다. 이 하나님의 역사의 특징은 교단과 상관없이 각 교회의 수천 명의 신자들이 성령 충만을 받았다는 것입니다. 그때 나의 사역에서도 여러 교단의 수많은 사람들이 성령을 받는 것을 보았습니다.

예를 들면, 한 번은 텍사스 집회에서 내가 인도한 3개의 성경공부반에서 100명 이상의 사람들이 성령 충만을 받았습니다. 그 공부반 가운데 어떤 교단의 목사님과 사모는 성령을 받고 플로리다에 있는 자신의 교회로 돌아가자마자 교회 소식지를 나에게 보내주었습니다.

그 소식지에 그들은 공개적으로 그들이 성령을 받고 방언을 말했다고 알렸습니다.

또한 나는 그 소식지에서 그 교회 위원회 회장이 성령 충만을 받고 방언을 말한다고 간증하는 것을 보았습니다. 그 교회의 장년 주일성경반에는 5백 명 이상의 사람들이 참석하고 있었습니다. 그 사람들의 이야기 꺼리는 당연히 순복음에 관한 것이었습니다!

또 다른 교단의 목사님과 사모도 이 텍사스 집회에서 성령을 받았습니다. 그리고 시카고에서 온 또 다른 교단의 목사님도 성령 충만을 받았습니다.

매우 보수적인 교단에서 온 2명의 목사님도 이 집회에 참석하였습니다. 다른 교단들과 오순절파들 가운데도 여러 분파가 있는 것처럼 이 특별한 교단에는 여러 다른 분파들이 있습니다.

이 특별한 교단의 모든 분파들은 보수적이었지만, 그 중 일부는 극단적인 보수파였습니다. 텍사스 집회에 참석한 두 분중 한 분 목사님은 극단적인 보수파 출신이었습니다. 보수적인 목사님은 성령 세례를 즉시 받았지만, 극단적인 보수파 목사님은 그 집회의 마지막 날까지 성령세례를 받지 못했습니다. 이 극단적 보수파 목사님을 괴롭히고 성령 세례를 받지 못하게 한 것은 그가 여성 설교자들을 믿지 않는 것이었습니다. 그가 처음으로 성령을 받기 위해 나왔을 때, 2명의 여성 설교자들이 기도해주기 위해 다가갔습니다(자주 이런 일이 일어나는 것 같습니다. 하나님은 우리가 어떤 일에 편견을 갖기를 원치 않으십니다! 하나님은 우리가 그의 말씀에 일치한 삶을 살기 원하십니다).

이 목사님은 여자들은 설교자가 될 수 없다는 선입견 때문에 뒤로 물러나 있었고, 성령을 받지 못했습니다. 그는 나에게 "내가 성령을 받기 전에 저 여자 설교자들을 믿어야 합니까?"라고 질문했습니다.

나는 "아니오, 당신은 믿을 필요가 없습니다. 나도 한때는 여성이 설교자가 되는 것을 믿지 않았습니다. 그러나 그런 생각이 당신을 괴롭히도록 놓아둔다면 그것은 당신의 믿음을 방해할 것이고, 그 결과 성령받는 것도 방해할 것입니다"라고 말해 주었습니다.

우리 역시도 성령을 받는 것은 우리가 모든 것을 안다는 것을 의미하지 않는다는 것을 기억해야만 합니다. 어떤 영역에서는 성령님께서 우리의 생각을 바꾸실 것입니다. 왜냐하면 성령님은 우리를 모든 진리 가운데로 인도하실 것이라고 성경은 말하고 있기 때문입니다(요 16:13).

예를 들면, 베드로와 모든 사도들은 10년 동안 성령 충만하였지만, 이방인들이 구원받을 수 있다는 것을 여전히 몰랐습니다.

그들은 베드로가 지붕 위에서 기도하면서 환상 가운데 "하나님께서 깨끗케 하신 것을 네가 속되다 하지 말라"(행 10:15)는 하나님의 계시를 받고 나서야 그것을 알았습니다(행 10:1-45).

그래서 나는 그 목사님에게 말했습니다.

"당신이 여성들이 설교자 되는 것을 받아들이지 못한다면, 그러한 생각은 당신을 방해할 것입니다. 마귀는 당신의 마음(mind)이 하나님에게서 멀어지도록 하기 위해서 어떤 것이라도 사용할 것이고, 또 딴 것을 가지고 당신을 혼란에 빠뜨리려고 노력할 것입니다. 하나님께 열린 마음을 가지고, 하나님께서 당신에게 알려주기 원하는 것을 하나님이 말씀하시도록 해야 합니다. 만약 당신이 알아야 할 모든 것을 당신이 알고 있고, 또 성령 없이 당신이 마땅히 되어야 할 모든 것이 될 수 있다면, 당신은 무엇 때문에 성령을 필요로 하십니까?"

이 목사님은 마침내 성령 세례를 받았습니다. 물론 그가 성령 충만을 받을 때 한 여성 설교자가 그와 함께 기도하였습니다! 그는 성령 충만을 받은 후에 "이제 나는 여성 설교자를 믿습니다"라고 말했습니다. 그가 생각을 바꾸는 데는 많은 시간이 걸리지 않았습니다.

실제로 여러분이 성령 충만을 받을 때, 여러분이 중요하다고 생각하는 많은 것들이 그렇게 중요하지 않게 될 것입니다. 그리고 마음이 새롭게 될 때, 여러분의 수많은 편견과 선입견들이 하나님의 말씀의 진리에 의해 사라지게 될 것입니다(롬 12:2).

이 목사님은 집으로 돌아갔고 한 달 안에 16명을 성령 충만하게 만들었습니다. 특히 은사주의 운동이 일어난 시절에는 교단과 상관없이 어떤 사람이던지 간에 성령 충만을 받는 것을 볼 수 있었습니다. 그 숫자는 오늘날까지도 여전히 증가하고 있습니다.

예를 들면, 이 경우에서처럼 단 한 사람이 성령을 받은 후 며칠 만에, 성령 충만을 받은 신자의 수는 16명으로 증가한 것을 볼 수 있습니다. 나는 오늘날 하나님이 하시는 일을 보고 기뻐하고 있습니다!

솔직히, 어린 설교자 시절에 나는 60-70년대 은사주의 운동 때 일어난 초자연적인 일들을 내가 살아서 다시 보리라곤 생각하지 않았습니다.

어떤 사람이 나에게 지금 어떤 일이 일어나고 있는지를 오래 전에 물어보았다면, 그것은 내가 도저히 이해할 수 없는 일이라고 말했을 것입니다. 여러 해 전이었다면 나는 나의 사역에서 일어났던 일들조차도 가능하리라고 결코 생각하지 못했을 것입니다! 예를 들면, 나와 같은 교단 출신의 한 목사님이 성령 충만을 받았습니다. 그는 성인 주일성경반 프로그램에만 2,000명이 등록되어 있는 교회의 목사였습니다. 이 목사님 교회의 한 집사님도 성령 충만을 받았습니다.

사실 그 집사님이 먼저 성령 충만을 받았습니다. 그런 다음, 그 집사님이 목사님에게 성령 세례에 대해서 계속 전해주었습니다. 마침내 목사님은 순복음 집회에 참석하게 되었습니다. 목사님은 성경이 성령에 대해서 말하고 있음을 알았고, 성령 충만을 받고 방언으로 말하게 되었습니다!

그 집사님의 형은 거의 20년 동안 오순절 교회의 신자였지만 결코 성령을 받지 못했습니다. 그 목사님과 집사님은 그의 형을 집회에 데리고 왔고 성령 충만을 받도록 하였습니다.

그 반대의 사건도 일어나곤 하였습니다. 오순절 신자들은 대체로 다른 교단의 사람들이 성령 충만을 받도록 하였습니다! 그런데 오래 살다보니 상황이 뒤바뀌는 것을 보게 되었습니다! 왜냐하면 지금은 교단의 사람들이 오순절 교회 사람들에게 성령 충만을 받도록 도우고 있기 때문입니다!

나는 텍사스에 있는 한 교단 교회의 집회에서 설교하고 있었습니다. 그 교회의 95%의 신자들이 성령 충만을 받았고 방언을 말했습니다. 그 집회는 놀라운 간증으로 가득 찬 영광스런 예배였습니다. 그 예배는 여러 해 전의 오순절 예배처럼 훈훈한 빛으로 가득 찼습니다.

은사주의 운동 시기에 하나님이 하시는 일에 동참하게 된 것은 멋지고 유쾌한 일이었습니다. 그리고 내가 오늘날 하나님이 하시는 일에 동참하고 있는 것을 기쁘게 생각합니다!

교단의 차이는 중요하지 않다

우리는 성령 충만의 이 놀라운 경험을 하나님께 목마른 모든 자들과 나누어야 합니다. 예를 들면, 누군가 배에서 떨어졌고 내가 구명구(lifesaver)를 가지고 있다면, 나는 구명구를 던져주기 전에 그가 어느 교회 소속인지 물어보지 않을 것입니다! 그리고 그가 나의 교회 교인이 아니더라도 구명구를 던져 줄 것입니다!

물에 빠져 익사하고 있는 사람은 도움이 필요합니다. 타락의 길을 걷고 있는 자들은 구원이 필요합니다. 그리고 어떤 크리스천이 하나님과 더 깊은 동행을 목말라 하고 있다면, 어떤 특별한 교회의 교인이 되기 전에 먼저 성령 충만해질 필요가 있습니다!

성령은 선물입니다. 우리는 하나님을 더욱 더 갈망하는 신자들이 성령 충만하도록 도와야 합니다. 감사하게도 우리가 그런 일을 하고 있습니다. 물론 우리는 지역 교회의 교인이 아닌 자들이 좋은 교회에 등록하여 신실한 성도들이 되도록 장려해야 합니다. 그러면 그들은 신자의 삶을 살면서 성장해 나갈 수 있습니다. 그러나 어떤 교회에 소속되는 것이 성령을 받는 선결 조건은 아닙니다.

순복음 단체의 어떤 지부에서 단 4번의 집회만으로 143명이 성령 충만을 받는 것을 나는 보았습니다. 그것은 말 그대로 진짜 부흥이었습니다. 그렇지 않나요? 그러나 어떤 사람들은 하나님이 거기에 역사하시지 않았다고 생각합니다! 감사하게도 하나님은 역사하십니다.

당신의 생각이 아니라 성경이 말하는 것이 중요합니다. 누군가 당신에게 말한 것이 중요한 것이 아니라 성경이 말하는 것이 중요합니다. 당신 스스로 하나님의 말씀을 아는 것이 중요합니다. 그러면 하나님께서 따르는 표적으로 자신의 말씀을 확증시켜 주실 것입니다.

성령: 여러분을 위한 하나님의 약속

사도행전 1:5, 8

"요한은 물로 세례를 베풀었으나 너희는 몇 날이 못 되어 *성령으로 세례를 받으리라* 하셨느니라 … 오직 *성령이 너희에게 임하시면* 너희가 권능을 받고 예루살렘과 온 유대와 사마리아와 땅 끝까지 이르러 내 증인이 되리라 하시니라."

사도행전 2:32, 33

"이 예수를 하나님이 살리신지라 우리가 다 이 일에 증인이로다 하나님이 오른손으로 예수를 높이시매 그가 *약속하신* 성령을 아버지께 받아서 너희가 보고 듣는 이것을 부어 주셨느니라."

사도행전 1장 5절과 8절을 보면, 예수님은 그리스도의 몸인 교회에 성령을 부어 주실 것을 약속하고 계십니다. 예수님은 "… 너희가 성령으로 세례를 받으리라 …"고 말씀하셨습니다(행 1:5). 그리고 사도행전 2장에서 그 약속이 성취된 것을 봅니다. "… 그가 약속하신 성령을 아버지께 받아서 너희가 보고 듣는 이것을 부어 주셨느니라"(행 2:33).

그런 다음 사도행전 2장 38-39절을 보면, 베드로는 사람들에게 성령의 약속이 많은 믿는 자들에게 주어졌다고 말했습니다.

사도행전 2:38, 39

"베드로가 이르되 너희가 회개하여 각각 예수 그리스도의 이름으로 세례를 받고 죄 사함을 얻으라 그리하면 *성령을 선물로* 받으리니 이 *약속은* 너희와 너희 자녀와 모든 먼 데 사람 곧 주 우리 하나님이 얼마든지 부르시는 자들에게 하신 것이라 하고."

성령님은 인격체이시다

예수님은 요한복음 14장 16절에서 성령님을 인격체로 언급하고 있습니다.

"내가 아버지께 구하겠으니 그가 또 다른 보혜사를 너희에게 주사 영원토록 너희와 함께 있게 하리니"

성령님은 인격체이십니다. 바꾸어 말하면, 우리가 성령을 받을 때 "그것"(it)이 아니라 신격의 세 번째 인격이신 그분(Him)을 영접하는 것입니다. 예수님은 "… 그가(성령님이) 영원토록 너희와 함께 있게 하리니"(요 14:16)라고 말씀하셨습니다.

어떤 사람들은 그것을 이렇게 표현합니다. "나는 세례를 받았습니다."

그러나 그들은 세례를 받은 것이 아니라 성령을 받은 것입니다. 때때로 사람들은 "나는 세례로 충만합니다"라고 말합니다. 그러나 그들은 세례로 충만한 것이 아닙니다. 그들은 성령의 세례로 충만해진 것도 아닙니다. 그것은 성경적인 표현이 아닙니다.

그렇습니다. 그들은 성령님으로 충만해진 것입니다. 그분은 신격의 세 번째 인격이십니다.

성령을 받는 것은 그저 하나의 체험 정도 그 이상입니다. 당신이 신성한 인격이신 성령을 받으면 그분은 당신 안에 살며, 당신 안에 거하시며, 당신 안에 그의 집을 만드십니다.

성령을 받는 것은 단지 시작일 뿐이다

또한 우리는 밖으로 드러나는 최초의 경험에 너무 집착한 나머지 내주하시는 성령님의 임재를 놓치지는 말아야 합니다. 우리가 성령 충만을 받았다면 깨어있는 동안 매순간 성령님의 내주하심을 의식해야 합니다. 우리는 예전에 예배 중에 체험한 어떤 경험을 인격이신 성령님을 만난 유일한 경험으로 생각하지 말아야 합니다. 성령님은 매일 매일의 우리의 삶속에서 더 실재적인 분이 되어야 합니다.

나는 55년 전보다 더 성령의 채움을 받았습니다. 내가 처음으로 성령을 받았을 때, 나는 1시간 30분을 방언으로 기도했으며 3곡의 노래를 방언으로 불렀습니다. 그러나 그 경험은 성령 충만한 나의 55년의 삶속에서 가장 작은 부분이었습니다. 왜냐하면 그 최초의 경험은 단지 시작에 불과하였기 때문입니다.

그런데 어떤 사람들의 말을 들어보면, 성령을 받은 그 최초의 경험이 그들의 인생에서 일어났던 가장 큰 일이었다는 것입니다. 물론 어떤 의미에서 옳은 말일 수도 있습니다. 왜냐하면 그것은 시작이기 때문입니다. 그러나 일부 사람들은 그 때 이후로 어떤 경험도 하지 못하는 경우도 있습니다!

그러나 성령님이 당신 안에 사신다면, 당신은 매일 하나님과 함께 그의 말씀 안에서 성경적인 경험들을 체험할 수 있습니다. 당신은 단 하나의 경험만 체험하고 그것으로 끝나는 것이 아닙니다. 그렇지 않습니다. 당신이 성령 세례를 받을 때, 하나님이신 성령님이 당신 안에 살기 위해서 오십니다! 매일 당신은 내주하신 성령님의 임재를 체험할 수 있습니다.

성령 세례는 불신죄인들을 위한 것이 아닙니다. 그것은 신자들을 위한 것입니다. 성령 충만을 언급하시면서 예수님은 "그는 진리의 영이라 세상은 능히 그를 받지 못하나니…"(요 14:17)라고 말씀하셨습니다. 세상은 진리의 영인 성령님의 약속을 받을 수 없습니다. 그러나 세상은 영원한 생명을 받을 수 있습니다. 성경은 "하나님이 세상을 이처럼 사랑하사 독생자를 주셨으니 이는 그를 믿는 자마다 멸망하지 않고 영생을 얻게 하려 하심이라"(요 3:16)고 말합니다.

예수 그리스도는 세상을 향한 하나님의 선물이십니다. 세상은 그리스도를 구원자로 영접할 수 있습니다. 죄인들은 거듭날 수 있습니다. 그러나 사람들이 성령 세례를 받기 위해선 먼저 거듭나야 합니다.

교회에 존재하는 극단적인 가르침

오늘날 교회에는 몇 가지 극단적인 가르침들이 있습니다. 내가 교회라고 말할 때 어떤 특별한 집단이나 교단을 지칭하는 것은 아닙니다. 나는 교계 전체를 대상으로 말하고 있습니다.

나는 한 교단에 소속된 설교자로 사역을 시작하였기 때문에 그 특정한 교단의 가르침을 알고 있습니다. 그리고 지금은 순복음 사람들과 오랜 세월을 함께 해왔고 그들의 가르침도 알고 있습니다. 나는 오순절파 가운데에도 비성경적인 극단적 가르침이 있다는 것을 알았습니다.

사람이 거듭날 때 성령 충만을 받을 수 있는가?

내가 소속된 교단의 교회는 사람이 거듭나면 그 사람은 성령을 받는데, 좀 더 말하면 그 사람은 성령이 줄 수 있는 모든 것을 받는다 라고 가르쳤습니다. 그 말은 부분적으로 옳지만, 대부분 잘못된 주장입니다.

당신이 거듭날 때 당신이 성령을 받는다는 그들의 말은 옳은 말입니다. 왜냐하면 성령의 역사로 거듭나기 때문입니다(요 3:5-8, 롬 8:16).

불신죄인의 거듭나지 않은 영에 영생을 주는 것은 바로 성령님이십니다(딛 3:5-7).

죄인의 영을 재창조하시고 그리스도 안에서 새로운 피조물로 만드시는 분은 바로 성령님이십니다(고후 5:17). 거듭난 신자의 영과 더불어 그가 하나님의 자녀임을 증거하시는 분은 바로 성령님이십니다(롬 8:16).

그러나 성령님이 거듭난 신자의 삶에 임재해 있다 할지라도, 위와 같은 것은 성령의 충만(행 1:8), 즉 위로부터 오는 능력을 덧입는 것과는 다른 것입니다.

예수님은 요한복음에서 사람들을 구원함에 있어서 성령님의 일하심을 매우 아름답게 설명하셨습니다. 요한복음 4장에서 예수님은 우물가에 있는 사마리아 여인에게 구원에 대해 말씀하셨습니다.

구원: 샘물

요한복음 4:13, 14

"예수께서 대답하여 이르시되 이 물을 마시는 자마다 다시 목마르려니와 내가 주는 물을 마시는 자는 영원히 목마르지 아니하리니 내가 주는 물은 그 속에서 영생하도록 솟아나는 샘물이 되리라."

여기서 우리는 예수님이 샘물, 즉 구원하심에 있어서 성령님의 사역에 대해서 말씀하신다는 것을 알 수 있습니다. 예수님은 구원을 샘물로 묘사하고 있습니다.

성령 세례: 생수의 강

다음 절에서 예수님은 성령님의 채우심, 즉 성령 세례에 있어서 성령의 역사를 특징짓는 생수의 강에 대해서 말씀하십니다.

요한복음 7:37-39

"명절 끝날 곧 큰 날에 예수께서 서서 외쳐 이르시되 누구든지 목마르거든 내게로 와서 마시라 나를 믿는 자는 성경에 이름과 같이 그 배에서 생수의 강이 흘러나오리라 하시니 이는 그를 믿는 자들이 받을 성령을 가리켜 말씀하신 것이라(예수께서 아직 영광을 받지 않으셨으므로 성령이 그들에게 계시지 아니하시더라)."

요한복음 4장 13, 14절과 요한복음 7장 37-39절에 나오는 물은 성령의 모형입니다. 그러나 구원과 성령의 채우심은 다른 경험임을 말하고 있음을 유의해 보십시오.

첫째로, 사마리아의 우물가에 있는 여인에게 예수님은 "내가 주는 물은 그 속에서 영생하도록 솟아나는 샘물이 되리라"(요 4:14)고 말씀하셨습니다. 이것은 구원, 즉 거듭날 때 성령님이 하시는 일을 말하고 있는 것입니다.

둘째로, 요한복음 7장 37-39절은 "생수의 강"을 말하고 있습니다. 예수님은 "…그 배에서 생수의 강이 흘러나오리라"(요 7:38)고 말씀하셨습니다. 이것은 거듭난 하나님의 자녀들이 삶에서 성령의 채우심을 경험하는 것을 말하고 있습니다.

거듭날 때 역사하신 성령님과 성령 세례 때 역사하신 성령님은 같은 분이시다

나는 한 교단의 신자였고 하나님의 능력으로 치유 받았습니다. 그 후에 나는 순복음 사람들과 교제를 나누었습니다. 왜냐하면 그들은 신유를 설교했고, 그것은 나의 믿음을 자극했기 때문입니다. 당신은 강한 믿음을 유지하기 위해서 같은 믿음을 소유한 사람들과 교제할 필요가 있습니다.

그런데 이 순복음 사람들은 성령 세례와 방언으로 말하는 것도 설교했습니다. 내가 속한 교단의 사람들은 "그 오순절파 사람들은 좋은 사람들이고 많은 면에서 옳습니다. 그들은 좋은 것을 많이 설교합니다. 그리고 그들이 설교하는 대부분은 진실입니다"라고 말했습니다. 그러나 나는 나를 정말로 걱정해 주는 많은 사람들로부터 방언은 마귀에게 속한 것이기 때문에 방언을 조심하라는 경고를 들었습니다.

그런데 드디어 나도 성령 충만을 받고 그 증거로 방언을 말하게 되었습니다. 그리고 나는 경험과 하나님의 말씀으로부터 성령 세례가 마귀에게 속한 것이 아님을 알게 되었습니다. 나는 이전에 받지 않은 내가 알지도 못하는 어떤 영을 받은 것이 아니었습니다. 그것은 동일한 영이신 성령님이셨습니다.

내가 거듭날 때 함께하신 성령님, 내가 하나님의 자녀임을 나의 영과 더불어 증거하신 그 성령님은 나에게 방언의 말을 주신 그 성령님과 동일한 분이셨습니다. 나는 내가 속한 교단 친구들에게 말했습니다.

"당신들은 방언은 마귀의 것이라고 말했지요. 음, 그것이 옳다면 거듭나는 것도 마귀의 것입니다. 나를 그리스도께로 인도하셨고, 내가 하나님의 자녀임을 내 영과 더불어 증거하신 그 동일한 성령님이 나에게 방언의 말을 주셨기 때문입니다."

당신도 알듯이, 당신이 거듭날 때 당신은 성령으로부터 받을 수 있는 모든 것을 받은 것이 아닙니다. 거기에서 한 걸음 더한 경험이 있습니다. 그것은 하나님이 그의 모든 자녀들이 체험하기 원하는 것이고, 거듭난 이후에 오는 경험입니다. 예수님은 "… 누구든지 목마르거든 내게로 와서 마시라"(요 7:37)고 말씀하셨습니다. 그것은 성령의 채우심이며, 누구든지 배부를 때까지 생수의 강을 마실 수 있습니다!

누군가는 "당신은 생수의 강을 배부르게 마셨을 때, 즉 성령 충만을 받은 때를 어떻게 말할 수 있습니까?"라고 질문합니다.

사도행전 2장 4절은 우리가 어떻게 충만해진 때를 알 수 있는가에 대한 답을 줍니다.

> "그들이 다 성령의 충만함을 받고 성령이 말하게 하심을 따라 다른 언어들로 말하기를 시작하니라."

당신이 신자라면 그 답은 예수님이 요한복음 7장 37절에서 말한 것처럼 간단한 것입니다. 여러분은 단지 와서 마시고 배부를 때까지 계속 마시는 것입니다. 그리고 당신이 배부를 때 당신은 방언으로 말하게 될 것입니다. 그것은 당신이 성령 충만하게 되었다는 첫 번째 표시이자, 증거입니다.

방언을 말하는 것은 거듭남의 증거가 아니다

여러분도 알듯이, 대부분의 교단들 가운데 존재하는 극단적인 가르침은 사람이 구원받을 때, 그 사람은 성령으로부터 받을 수 있는 모든 것을 받는다는 것입니다. 그 반대로 순복음 계열 내에 존재하는 또 다른 극단적인 가르침과 오류는 누구든지 방언을 말하지 못한다면, 그는 실제로 구원받은 것이 아니라는 것입니다. 그러나 방언으로 말하는 것은 거듭남의 증거가 아니라 성령 충만의 증거입니다.

우리가 성령 세례를 받고 방언을 말하는 것은 예수님이 요한복음 14장 16,17절에서 말씀하셨듯이 세상, 즉 불신자들을 위한 것이 아님을 알고 있습니다.

요한복음 14:16, 17

"내가 아버지께 구하겠으니 그가 또 다른 보혜사를 너희에게 주사 영원토록 너희와 함께 있게 하리니 그는 진리의 영이라 세상은 능히 그를 받지 못하나니 이는 그를 보지도 못하고 알지도 못함이라 그러나 너희는 그를 아나니 그는 너희와 함께 거하심이요 또 너희 속에 계시겠음이라."

예수님께서 세상은 성령 세례를 경험할 수 없다고 말씀하셨습니다. 하나님은 세상에 하나의 선물을 주셨습니다. 그것은 구원입니다. 하늘의 아버지는 그의 자녀들에게 또 다른 선물을 주셨습니다. 그것은 성령의 선물입니다.

누가복음 11:13

"너희가 악할지라도 좋은 것을 자식에게 줄 줄 알거든 하물며 너희 하늘 아버지께서 구하는 자에게 성령을 주시지 않겠느냐 하시니라."

하나님은 모든 사람의 아버지가 아닙니다. 하나님은 거듭나고 자신의 형상과 모양으로 재창조된 자들의 아버지입니다(고후 5:17). 우리는 하나님의 아버지 되심과 사람들 간의 형제애에 대해서 많이 듣습니다. 즉, 하나님은 우리 모든 인류의 아버지 되시고, 우리는 모두 형제들이라는 것입니다. 그러나 그런 말들은 진실이 아닙니다.

요한복음 8장 44절을 보면, 예수님은 가장 엄격한 유대 종교주의자들인 바리새인들에게 "너희는 너희 아비에게서 났다"라고 말씀하셨습니다. 우리가 알듯이, 하나님은 오직 거듭난 자들의 아버지입니다. 그리고 그 거듭난 자들에게 하나님 아버지는 성령의 선물을 주십니다.

새 포도주: 성령의 모형

마가복음 2:21, 22

"생베 조각을 낡은 옷에 붙이는 자가 없나니 만일 그렇게 하면 기운 새 것이 낡은 그것을 당기어 해어짐이 더하게 되느니라 새 포도주를 낡은 가죽 부대에 넣는 자가 없나니 만일 그렇게 하면 새 포도주가 부대를 터뜨려 포도주와 부대를 버리게 되리라 오직 새 포도주는 새 부대에 넣느니라 하시니라."

예수님은 아무도 새 포도주를 낡은 병에 담지 않는다고 말씀하셨습니다. 그 당시에 사람들은 포도주를 담기 위한 병으로 동물의 가죽을 사용했습니다. 그들은 그 가죽병을 단 한 번만 사용할 수 있었습니다. 왜냐하면 그 가죽병을 1년 이상 두게 되면 가죽이 말라서 금이 가기 때문입니다. 그러므로 새 포도주를 그 가죽 병에 담는다면 그 가죽 병은 터져버리게 됩니다.

성경에서 술은 성령의 모형입니다. 하나님은 어떤 사람이 새 피조물이 되지 않았다면 성령을 충만하게 부어 주실 수 없습니다(감사하게도 예수 그리스도를 통해서 인간은 새 피조물로 거듭날 수 있습니다!).

예수님은 새 포도주를 낡은 가죽 병에 담는다면 그 가죽 병은 터지게 된다고 말씀하셨습니다(마 9:17, 막 2:22, 눅 5:37). 만약 하나님이 거듭나지 않은 사람들에게 성령을 부어주신다면, 그들은 터지고 말 것입니다. 그들은 하나님을 담을 수 없습니다!

사람은 새 술인 성령으로 충만해지기 전에 먼저 새로운 피조물이 되어야만 합니다.

"그런즉 누구든지 그리스도 안에 있으면 새로운 피조물이라 이전 것은 지나갔으니 보라 새 것이 되었도다"(고후 5:17).

당신이 새 피조물로 거듭났다면 새 술인 성령으로 채워질 준비가 된 것입니다.

거듭난 사마리아인들은 성령 충만을 받았다

내가 거듭남과 성령 세례가 다른 경험임을 깨닫도록 도움을 준 성경구절은 사도행전 8장 5절과 12절입니다.

사도행전 8:5, 12

"빌립이 사마리아 성에 내려가 그리스도를 백성에게 전파하니 … 빌립이 하나님 나라와 및 예수 그리스도의 이름에 관하여 전도함을 그들이 믿고 남녀가 다 세례를 받으니."

그 사마리아인들은 구원받았습니까? 예수님의 말씀에 따르면 그들은 구원받았습니다.
예수님은 말씀하셨습니다.

"또 이르시되 너희는 온 천하에 다니며 만민에게 복음을 전파하라 믿고 세례를 받는 사람은 구원을 얻을 것이요 믿지 않는 사람은 정죄를 받으리라"(막 16:15,16).

사도행전 8장 14절을 유의해 봅시다.

"예루살렘에 있는 사도들이 사마리아도 하나님의 말씀을 받았다 함을 듣고 베드로와 요한을 보내매."

그리고 베드로전서 1장 23절을 봅시다.

"너희가 거듭난 것은 썩어질 씨로 된 것이 아니요 썩지 아니할 씨로 된 것이니 살아 있고 항상 있는 하나님의 말씀으로 되었느니라."

그 사마리아인들은 하나님의 말씀을 받았고, 사도 베드로의 말처럼 그들은 거듭났습니다.

바울은 말했습니다.

"내가 복음을 부끄러워하지 아니하노니 이 복음은 모든 믿는 자에게 구원을 주시는 하나님의 능력이 됨이라 첫째는 유대인에게요 또한 헬라인에게로다"(롬 1:16).

빌립은 사마리아로 내려가서 그들에게 그리스도를 전하였습니다. 그들은 예수님을 믿었고, 세례를 받았습니다. 그들은 구원받았습니다.

오래 전에 내가 한 교단의 설교자로 사역할 때, 이 사도행전 8장 5, 12절 말씀은 어떤 사람이 구원받았다면 그는 그의 삶에서 성령이 하신 일을 경험했겠지만 실제로 성령의 채우심(infilling)은 받지 않았다는 것을 깨닫게 해 주었습니다.

이 성경 구절을 보면, 초대교회는 성령을 받는 것이 구원 이후에 오는 경험으로 믿고 있음을 알 수 있습니다.

우리는 "그들이(베드로와 요한) 내려가서 저희를 위하여 성령받기를 기도하니"(행 8:15)라는 성경 말씀을 통해서 이것을 알고 있습니다. 제자들은 사마리아인들이 구원받도록 기도하지 않았습니다. 그들은 이미 구원받았습니다. 베드로와 요한은 사마리아인들이 성령을 받도록 기도하였습니다.

성령: 하나님이 '주셨다'와 인간이 '받았다'의 차이

1장에서 말했듯이, 그리스도의 몸인 교회 안에 다음과 같은 질문들에 대한 많은 오해가 있어 왔습니다.

하나님이 신자들에게 성령을 주십니까? 아니면 하나님이 오순절 날 성령을 이미 주셨기 때문에 신자들은 단지 성령을 받는 것입니까? 나는 또 다시 베드로와 요한이 하나님께서 사마리아인들에게 성령을 주시도록 기도하지 않았음을 강조합니다. 베드로와 요한은 사마리아인들이 성령을 받도록 기도하였습니다. 우리는 흔히 이렇게 기도합니다.

"사랑하는 주님, 오늘 이 예배를 통해서 영혼들을 구원하소서. 사랑하는 하나님, 이 예배를 통해서 병자들을 치유하소서. 신자들에게 성령을 채워주소서."

그러나 나는 신약의 교회가 그런 식으로 기도한 것을 사도행전에서 찾아볼 수 없습니다. 우리는 하나님의 말씀대로 기도해야 합니다.

나는 사람들을 위해 기도하지, 하나님이 사람들을 구원하시라고 기도하지 않습니다. 왜냐하면 하나님은 이미 그들을 구원하기 위한 일을 하셨기 때문입니다. 하나님은 그의 아들을 보내사 모든 인류를 위해 죽도록 하셨습니다. 하나님은 이미 이 땅에 살고 있으며, 이 땅에 태어날 모든 사람들의 구원을 위해 이미 값을 지불하셨습니다

그러나 그러한 사실은 사람이 구원을 받아들이지 않는다면 아무 소용이 없습니다. 그렇기 때문에 하나님은 우리에게 복음의 기쁜 소식을 전하라고 말씀하셨습니다. 사람들이 그들을 위해서 이미 값이 지불되었고, 공짜로 그들에게 제공된 것을 받아들이도록 기도하는 것이 성경적입니다.

나는 하나님이 사람들을 치유하시라고 기도하지 않습니다. 나는 하나님이 공짜로 제공하신 치유를 사람들이 받아들이도록 기도합니다. 나는 하나님이 사람들을 성령으로 채우시라고 기도하지 않습니다. 나

는 베드로와 요한처럼 신자들이 하나님이 제공하신 선물, 즉 고귀한 성령을 받도록 기도합니다.

사도행전 8장 17절을 유의해 보십시오.

"이에 두 사도가 그들에게 안수하매 성령을 받는지라."

성경은 "이에 두 사도가 안수하매 하나님이 그들을 성령으로 채우시니라"고 기록하고 있지 않습니다.

성경은 "… 그들이 성령을 받는지라"고 기록하고 있습니다.

안수 사역

오늘날 교회에는 하나님의 말씀이 가르치고 있는 안수의 교리를 이해하지 못하는 사람들이 많습니다(히 6:2). 그러나 나는 베드로와 요한이 한 것처럼 하면 된다고 믿습니다. 그래서 나는 똑같이 따라합니다. 나는 사람들이 성령을 받도록 하기 위해서 안수를 합니다.

우리는 믿음으로 성령을 받도록 사람들에게 안수를 합니다. 그것은 성경적인 것입니다.

그러나 그리스도의 몸 된 교회들 가운데도 안수 사역을 하는 사람들이 있습니다. 우리는 사도들이 베드로와 요한을 사마리아로 보낸 것을 보았습니다. 왜냐하면 그들은 안수 사역을 하였기 때문입니다. 어떤 사람은 다른 사람들이 하지 않는 분야에서 사역을 합니다. 하나님은 우리가 그의 부르심대로 사역하도록 기름을 부어주십니다.

마술사 시몬은 베드로와 요한에게 돈을 주면서 말했습니다.

"이르되 이 권능을 내게도 주어 누구든지 내가 안수하는 사람은 성령을 받게 하여 주소서 하니"(행 8:19).

어떤 사람들은 시몬이 성령을 사려고 했다고 생각합니다. 그는 성령을 사려고 하지 않았습니다. 그는 사람들에게 안수해서 그들이 성령을 받도록 하는 능력을 사려고 했습니다.

베드로는 그에게 말했습니다.

"네가 하나님의 선물을 돈 주고 살 줄로 생각하였으니 네 은과 네가 함께 망할지어다"(행 8:20).

신약에서 "gift"(선물)로 번역된 헬라어는 최소한 4개의 다른 단어가 있습니다. 이곳 사도행전 8장 20절에 사용된 헬라어 단어는 "gratuity"(사례비, 팁)라는 단어입니다. 바꿔 말하면, 성령은 믿는 자들에게 주어진 공짜 선물입니다. 믿는 자들이 성령을 받도록 안수하는 사역은 돈으로 살 수 없는 것입니다. 베드로와 요한은 사람들에게 안수하고 성령을 받도록 하는 것을 하나님께로부터 공짜로 받았습니다.

오래 전에 주님은 이 안수 사역을 나에게 주셨다고 말씀하셨습니다. 그 즉시 나는 사람들에게 안수하였고, 또한 안수를 하면서 그들의 잘못된 것, 즉 왜 그들이 성령을 받지 못하는지에 대해서 말해 줄 수 있었습니다. 또한 그 안수 사역은 주님이 나에게 주신 선지자 사역과 함께 행해졌습니다.

성령 세례는 마지막 사도와 함께 사라졌는가?

교회 내에 있는 또 다른 극단적인 가르침은 마지막 사도가 죽었을 때 성령 세례는 사라졌고 끝났다는 것입니다. 이것을 믿는 자들은 사도들이 성령을 받았으므로 그들만이 성령을 다른 사람들에게 전해줄 수 있는 유일한 사람들이라고 말합니다.

그들의 주장대로라면, 사도들의 안수를 받고 성령을 받은 사람들은 다른 사람들에게 성령을 전해줄 수 없게 됩니다. 이것을 가르치는 자들은 마지막 사도가 죽었을 때 성령을 전해 줄 사람이 없기 때문에 성령 충만도 끝났다고 말합니다.

그 이론은 빌립이 사마리아인들에게 성령을 전달해주려고 하지 않은 것이 바로 이런 이유라고 말합니다. 빌립은 최초의 열두 사도가 아니었기 때문에 성령을 전달해 줄 수 없었다고 주장합니다.

이것을 믿는 자들은 빌립이 사마리아 개종자들에게 안수하기 위해서 베드로와 요한을 부른 이유가 베드로와 요한은 사도이고, 빌립 자신은 사도가 아니기 때문이라고 주장합니다.

그러나 이런 이론은 진실이 아닙니다. 우리가 다른 신자가 성령 세례를 받도록 하기 위해서 안수를 한 평신도를 성경에서 찾을 수 있다면 확실히 그 이론이 거짓임을 알 수 있을 것입니다.

사도행전 9장에서 우리는 성령을 받도록 안수한 평신도를 발견할 수 있습니다. 그의 이름은 아나니아입니다. 그는 사도가 아니었습니다. 그는 단지 제자이며, 평신도였습니다. 그러나 하나님은 사울이 다메섹 도상에서 회심한 직후에 그에게 안수를 해서 성령을 받도록 하기 위해서 아나니아를 사용하셨습니다.

사도행전 9:10-12, 17

"그 때에 다메섹에 아나니아라 하는 제자가 있더니 주께서 환상 중에 불러 이르시되 아나니아야 하시거늘 대답하되 주여 내가 여기 있나이다 하니 주께서 이르시되 일어나 직가라 하는 거리로 가서 유다의 집에서 다소 사람 사울이라 하는 자를 찾으라 그가 기도하는 중이니라 그가 아나니아라 하는 사람이 들어와서 자기에게 안수하여 다시 보게 하는 것을 보았느니라 하시거늘… 아나니아가 떠나 그 집에 들어가서 그에게 안수하여 이르되 형제 사울아 주 곧 네가 오는 길에서 나타나셨던 예수께서 나를 보내어 너로 다시 보게 하시고 성령으로 충만하게 하신다 하니."

아나니아는 주님께서 초자연적으로 계시해 주신 것 이외에는 사울의 현재 영적인 상태나 최근에 회심한 것에 대해 전혀 몰랐습니다. 주님은 아나니아에게 환상을 보여주시면서 사울이 기도하고 있다는 것과 사울이 환상을 보았는데, 그 환상 속에서 아나니아라고 하는 사람이 사울에게 가서 사역을 하는 것을 보았다고 말씀해 주셨습니다. 바꿔 말하면, 아나니아는 사울이 안수를 받고 성령 세례를 받도록 하기 위해서 하나님께로부터 초자연적인 방법으로 지시를 받았습니다.

우리가 보았듯이, 성경은 성령의 선물은 모든 믿는 자들을 위한 것이라고 말합니다(행 2:39).

성령님은 초대교회 신자들에게 하나님의 선물이었듯이, 오늘날의 신자들에게도 하나님의 선물입니다.

우리는 성령을 받도록 신자들에게 안수하는 사역은 폐지되지 않았으며, 교단과 상관없이 신자들 가운데 역사하시는 하나님을 볼 때, 오늘날에도 여전히 유효한 성경적인 방법임을 알았습니다. 그리고 하나님의 모든 자녀들이 성령의 약속을 받는 것이 하나님의 뜻임을 더 명백히 이해할 수 있었습니다.

연구를 위한 질문

1. 하나님으로부터 더 많은 것을 갈망하는 신자들에게 우리가 무엇을 해 주어야 합니까?

2. 교회에 다니지 않는 신자들을 신앙 안에서 성장하는 자들이 되도록 돕기 위해서 어떤 격려를 해야 합니까?

3. 사도행전 2장 38,39절에 따르면, 성령의 약속은 누구에게 주어졌습니까?

4. 당신이 성령을 받을 때 성령님은 무엇을 하십니까?

5. 성령의 충만은 불신죄인들을 위한 것이 아닙니다. 그것은 신자들을 위한 것입니다. 세상이 받을 수 없는 것은 무엇입니까?

6. 거듭나지 않은 영을 가진 죄인들에게 영생을 주시는 분은 누구입니까?

7. 요한복음 4장 13-14절과 7장 37-39절의 (   )은 (   )의 모형입니다.

8. 마가복음 2장에서 성령의 모형으로 사용된 것은 무엇입니까?

9. 다음 문장을 완성하십시오.
   베드로와 요한은 하나님께서 사마리아인들에게 성령을 ( ) 하도록 기도하지 않았습니다. 베드로와 요한은 사마리아인들이 성령을 ( ) 기도했습니다.

10. 적어도 4개의 다른 헬라어가 신약성경에서 "gift"(은사, 선물)로 번역되었습니다. 사도행전 8:20에 사용된 단어의 헬라어 뜻은 무엇입니까?

3

두 가지 다른 경험:
구원과 성령세례

3

사도행전 8장을 보면, 빌립이 사마리아에서 사역한 내용이 기록되어 있습니다. 이번 주제를 연구함으로서 구원과 성령 세례는 두 가지 다른 경험이라는 것을 명백히 알아봅시다.

사도행전 8:5-8, 12-17

"빌립이 사마리아 성에 내려가 그리스도를 백성에게 전파하니 무리가 빌립의 말도 듣고 행하는 표적도 보고 한마음으로 그가 하는 말을 따르더라 많은 사람에게 붙었던 더러운 귀신들이 크게 소리를 지르며 나가고 또 많은 중풍병자와 못 걷는 사람이 나으니 그 성에 큰 기쁨이 있더라 … 빌립이 하나님 나라와 및 예수 그리스도의 이름에 관하여 전도함을 그들이 믿고 남녀가 다 세례를 받으니 시몬도 믿고 세례를 받은 후에 전심으로 빌립을 따라다니며 그 나타나는 표적과 큰 능력을 보고 놀라니라 예루살렘에 있는 사도들이 사마리아도 하나님의 말씀을 받았다 함을 듣고 베드로와 요한을 보내매 그들이 내려가서 그들을 위하여 성령 받기를 기도하니 이는 아직 한 사람에게도 성령 내리신 일이 없고 오직 주 예수의 이름으로 세례만 받을 뿐이더라 이에 두 사도가 그들에게 안수하매 성령을 받는지라."

7-8절을 보면, 빌립(후에 사도행전 21장 8절에서 복음 전도자 빌립이라 불림)은 사마리아에서 놀라운 사역을 하였습니다.

"많은 사람에게 붙었던 더러운 귀신들이 크게 소리를 지르며 나가고 또 많은 중풍병자와 못 걷는 사람이 나으니 그 성에 큰 기쁨이 있더라"(행 8:7-8).

강력한 기적들이 빌립의 사역에서 계속해서 일어났고, 많은 사람들이 구원 받았습니다. 그러나 8장을 유의해서 보면, 한 사람도 빌립의 사역을 통해서 성령을 받지 못했습니다. 성령을 받도록 하는 것은 빌립의 사역이 아니며, 사람들이 구원받고 치유 받게 하는 것이 그의 사역임을 명백히 알 수 있습니다.

그런데 예루살렘의 사도들이 하나님께서 빌립의 사역을 통해서 사마리아에서 행하신 놀라운 일들을 들었습니다. 그래서 사도들은 새로운 사마리아 개종자들이 안수를 통해 성령을 받도록 하기 위해서 베드로와 요한을 파송하였습니다.

베드로와 요한이 안수한 사람들이 성령을 받지 못했다는 기록은 없습니다. 왜냐하면 베드로와 요한은 이 분야에서 더 탁월한 사역을 하였기 때문입니다. 성경은 "이에 두 사도(베드로와 요한)가 저희에게 안수하매 성령을 받는지라"(행 8:17)고 말합니다.

이 성경 구절은 교단의 교회에서 목회하는 젊은 목사인 내가 구원 이후의 어떤 경험, 즉 성령 충만 혹은 세례로 불리는 것이 있음을 깨닫는데 도움을 주었습니다. 나는 사람이 구원받을 때 성령을 받는다고 배워왔습니다. 성경은 우리가 거듭날 때 하나님의 영으로 거듭난다고 말하고 있기 때문에, 어떤 의미에서 이 말은 맞는 말입니다(요 3:3-8). 그러나 나의 교단은 사람이 거듭날 때 성령이 줄 수 있는 모든 것을 받는다고 가르쳤습니다.

그러나 사도행전 8장을 보면, 이 사마리아인들은 하나님의 영을 통해서 구원받고 거듭났습니다. 그러나 사도들은 그들이 성령으로부터 받을 수 있는 모든 것을 받았다고 생각하지 않은 것처럼 보입니다. 왜냐하면 사도들은 베드로와 요한을 보내어 그들이 성령 세례를 받도록 했기 때문입니다. 그러므로 구원과 성령 충만 혹은 세례를 받는 것은 다른 두 가지의 경험입니다.

빌립의 사역으로 거듭난 사마리아인들

이제 사마리아인들이 빌립의 사역으로 거듭났음을 최종적으로 입증해주는 성경말씀을 봅시다. 이를 통해서 우리는 거듭남과 성령을 받는 것이 별개의 경험이라는 것을 이해할 수 있습니다.

예수님께서 지상명령(the Great Commission)을 주시면서 구원은 복음인 하나님의 말씀을 전함으로써 온다고 말씀하신 것을 우리는 기억합니다.

마가복음 16:15, 16

"또 이르시되 너희는 온 천하에 다니며 만민에게 복음을 전파하라 믿고 세례를 받는 사람은 구원을 얻을 것이요 믿지 않는 사람은 정죄를 받으리라."

첫 번째 성경적 증거

사도행전 8:5

"빌립이 사마리아 성에 내려가 그리스도를 백성에게 전파하니."

성경은 빌립이 사마리아인들에게 그리스도를 전했다고 말합니다. 그리스도를 전하는 것은 예수님을 통한 구원의 기쁜 소식을 전하는 것입니다. 그리스도를 전하는 것은 예수님이 교회에 주신 지상 명령을 순종하는 것입니다.

그 사마리아인들은 빌립이 전한 복음의 메시지를 믿었습니다.

"무리가 빌립의 말도 듣고 행하는 표적도 보고 한마음으로 그가 하는 말을 따르더라"(행 8:6).

예수님이 마가복음 16장 16절에서 말씀하신 대로 사마리아인들은 구원을 받았습니다.

성경은 모든 진리는 두세 증인의 입을 통해서 확인받아야 한다고 말합니다(고후 13:1). 그러므로 이 사마리아인들이 거듭난 또 다른 성경적인 증거를 봅시다.

두 번째 성경적 증거

성경은 우리가 하나님의 말씀으로 거듭난다고 말합니다. 베드로서는 우리가 거듭난 것은 "… 썩어질 씨로 된 것이 아니요 썩지 아니할 씨로 된 것이니 하나님의 살아 있고 항상 있는 말씀으로 되었느니라"(벧전 1:23)고 말합니다.

사도행전 8장 14절은 말합니다.

"예루살렘에 있는 사도들이 사마리아도 하나님의 말씀을 받았다 함을 듣고 …."

그러므로 두 번째 성경적 증거를 통해서, 우리는 사마리아인들이 빌립을 통해 전해진 썩지 아니할 하나님의 말씀을 받고 진짜 구원받았음을 입증했습니다.

세 번째 성경적 증거

세 번째 성경적 증거는 사도들이 사마리아인들이 구원받았음을 인정한 것입니다.

"예루살렘에 있는 사도들이 사마리아도 하나님의 말씀을 받았다 함을 듣고 …"(행 8:14).

그래서 우리는 사마리아인들이 빌립의 사역을 통해서 구원받았음을 알 수 있습니다.

이 사마리아인들은 구원에 관한 하나님의 말씀을 받았지만, 그들은 아직도 여전히 성령 충만을 받아야 한다고 성경은 말합니다.

"이는 아직 한 사람에게도 성령 내리신 일이 없고 오직 주 예수의 이름으로 세례만 받을 뿐이더라"(행 8:16).

거듭날 때 일어나는 성령의 역사가 있지만, 그것을 성령 세례나 성령을 받았다고 말하진 않습니다. 그것은 거듭남, 하나님의 영으로 태어남, 구원받음, 영생을 받음이란 말로 불립니다(요 3:3-8).

그 다음에 성령 세례라고 불리는, 구원을 받은 이후에 체험하는 어떤 경험이 있습니다(행 1:5). 그것은 성령을 받음(행 8:15), 성령 충만하게 됨(행 2:4), 위로부터 능력을 받음(눅 24:49)으로 불립니다.

성령을 받은 사마리아인들

베드로와 요한은 사마리아인들이 성령 세례를 받도록 기도해주는 특별한 목적을 가지고 사마리아로 파송되었습니다.

사도행전 8:14-17

"예루살렘에 있는 사도들이 사마리아도 하나님의 말씀을 받았다 함을 듣고 베드로와 요한을 보내매 그들이 내려가서 그들을 위하여 성령 받기를 기도하니 이는 아직 한 사람에게도 성령 내리신 일이 없고 오직 주 예수의 이름으로 세례만 받을 뿐이더라 이에 두 사도가 그들에게 안수하매 성령을 받는지라."

어떤 사람들은 "왜 베드로와 요한이 사마리아인들이 성령을 받도록 기도해주러 가야 했는가?"라고 질문합니다. 왜 빌립이 그들에게 기도해줄 수는 없었는가?

그러나 우리가 기억해야 할 것은 하나님은 우리 각 사람에 대한 다른 계획을 가지고 계신다는 것입니다. 우리 각자는 자신의 위치를 찾아야 하며, 하나님이 원하시는 각자의 일을 해야 합니다. 하나님은 특별한 사역들을 행하십니다. 하나님은 우리 모두를 똑같은 일을 하도록 부르시지 않았고, 우리 모두에게 똑같은 은사나 사역을 주시지 않았습니다.

빌립은 능력을 행하는 사역을 했지만, 베드로와 요한은 새로운 개종자들에게 안수하고 그들이 성령을 받도록 하는데 쓰임 받도록 주님은 계획하셨습니다.

전에 언급했듯이, 신자라면 누구라도 다른 신자들이 성령 세례를 받도록 믿음으로 안수할 수 있습니다. 그러나 또 다른 일부 사람들은 이와 관련된 더 많은 기름부음과 더 큰 사역을 하는 자들이 있습니다.

예를 들면, 빌립은 사람들을 구원으로 인도하고 치유를 받게 해 주는 더 큰 사역을 하였습니다. 우리가 사도행전 8:12에서 봤듯이, 빌립이 예수 그리스도를 통한 구원의 복음을 전했을 때, 사람들이 구원받았습니다. 그리고 빌립의 사역에서는 많은 치유가 일어났습니다(행 8;6, 7).

반면에, 베드로와 요한은 신자들이 성령 세례를 받도록 하는 부분에서 더 큰 사역을 하였습니다. 그들이 사마리아인들에게 안수했을 때 새로운 개종자들은 성령을 받았습니다.

사도행전 8:17-19

"이에 두 사도가 그들에게 안수하매 성령을 받는지라 시몬이 사도들의 안수로 성령 받는 것을 보고 돈을 드려 이르되 이 권능을 내게도 주어 누구든지 내가 안수하는 사람은 성령을 받게 하여 주소서 하니".

사마리아인들이 성령을 받은 증거

일부 방언으로 말하는 것을 반대하는 사람들은 "사마리아인들이 성령을 받은 것은 사실이지만, 그들은 방언을 말하진 않았다"고 말합니다. 그러나 사마리아인들이 방언으로 말하지 않았다는 어떠한 증거도 없습니다. 실제로 교회 역사학자들은 초대교회의 모든 교부들이 사마리아인들이 방언으로 말했다는데 일치하는 진술을 하고 있습니다.

사마리아인들이 방언을 말한 것은 명백한 사실입니다. 왜냐하면 성경이 "시몬이 사도들의 안수로 성령 받는 것을 보고 돈을 드려"(행 8:18)라고 말하고 있기 때문입니다. 시몬은 무엇을 보았습니까? 사람은 성령을 볼 수 없습니다. 왜냐하면 성령은 영이시며, 육신의 눈에는 보이지 않기 때문입니다.

그러므로 시몬이 사마리아인들이 성령을 받은 것을 알 수 있는 어떤 육체적인 표시나 증거가 있었어야만 합니다. 시몬이 사마리아인들이 성령을 받았다고 말할 수 있도록 육신의 감각으로 인식할 수 있는 어떤 일이 일어났어야 합니다. 시몬은 성령을 받지 않았지만, 다른 사람들이 성령을 받은 것을 볼 수 있었습니다.

어떤 목사님은 "그것은 시몬이 사마리아인들이 기쁨으로 충만한 모습을 본 것일 수도 있다"라고 나에게 말했습니다. 그러나 그 말은 18절 말씀을 설명할 수 없으며, 기쁨은 시몬이 보았던 성령을 받은 표시가 될 수 없습니다. 왜냐하면 그들은 빌립이 그리스도를 전하였을 때 이미 기쁨으로 가득 차 있었기 때문입니다.

사도행전 8:5, 8
"빌립이 사마리아 성에 내려가 그리스도를 백성에게 전파하니… 그 성에 큰 기쁨이 있더라."

그러므로 사마리아인들은 이미 큰 기쁨을 가지고 있었으므로 그 기쁨이 사마리아인들이 성령 충만을 받았던 표시로 시몬이 보았다는 증거가 될 수 없습니다.

내가 이미 말했듯이, 성령은 육신의 눈으로 볼 수 없으므로, 이 사마리아인들이 베드로와 요한이 안수했을 때 성령을 받았다는 것을 시몬이 인식할 수 있는 어떤 표시가 있어야만 하였습니다.

모든 증거를 볼 때 나타났던 표시는 방언으로 말한 것임을 암시합니다. 방언으로 말한 것은 시몬에게 사마리아인들이 성령을 받았다는 의심할 수 없는 확신을 주는 표시였습니다(우리는 이 책 9장에서 성령을 받은 성경적인 증거를 논할 것입니다).

두 가지 다른 경험: 사울의 개종과 성령 세례

사울의 성령 세례를 기록한 사도행전 9장 말씀은 구원을 받는 것과 성령 세례를 받는 것은 두 가지 다른 경험임을 보여 줍니다.

우리는 아나니아가 사울에게 안수했을 때, 사울은 이미 그 전에 거듭나 있었다는 것을 압니다. 그러나 사울은 아직 성령 세례를 받지 않은 상태였습니다.

사울의 개종

우리는 세 가지 이유를 볼 때, 사울이 다메섹 도상에서 이미 개종하였거나 거듭났다는 것을 알 수 있습니다(행 9:1-9). 첫째로, 사도행전 9:15,16에서 예수님이 환상 속에서 아나니아에게 사울은 자신의 택한 그릇이라고 말씀하셨기 때문입니다.

사도행전 9:15, 16
"주께서 가라사대 가라 이 사람은 내 이름을 이방인과 임금들과 이스라엘 자손들에게 전하기 위하여 택한 나의 그릇이라 그가 내 이름을 위하여 얼마나 고난을 받아야 할 것을 내가 그에게 보이리라 하시니."

둘째로, 사울이 거듭났음을 알 수 있는 것은 아나니아가 사울이 머물고 있던 집을 방문하여 그에게 인사할 때 "형제 사울"이라고 불렀기 때문입니다.

사도행전 9:17
"아나니아가 떠나 그 집에 들어가서 그에게 안수하여 이르되 형제 사울아 주 곧 네가 오는 길에서 나타나시던 예수께서 나를 보내어 너로 다시 보게 하시고 성령으로 충만하게 하신다 하니."

아나니아는 사울이 이미 믿음 안에서 한 형제가 된 것을 인정했습니다.

세째로, 아나니아가 사울이 성령을 받도록 안수하기 위해서 갔을 때, 사울은 이미 거듭난 상태였습니다. 왜냐하면 로마서 10:13은 "누구든지 주의 이름을 부르는 자는 구원을 얻으리라"고 말하고 있기 때문입니다. 사울은 다메섹 도상에서 회심할 때 예수님을 "주님"(Lord)이라고 불렀습니다.

사도행전 9:3-6

"사울이 길을 가다가 다메섹에 가까이 이르더니 홀연히 하늘로부터 빛이 그를 둘러 비추는지라 땅에 엎드러져 들으매 소리가 있어 이르시되 사울아 사울아 네가 어찌하여 나를 박해하느냐 하시거늘 대답하되 주여 누구시니이까 이르시되 나는 네가 박해하는 예수라 너는 일어나 시내로 들어가라 네가 행할 것을 네게 이를 자가 있느니라 하시니."

그러나 사울은 예수님을 주님으로 영접했지만 아직 성령 세례를 받지 않았습니다. 전에 보았듯이, 사울은 아나니아가 성령을 받도록 안수하기 전까진 성령 세례를 받지 않은 상태였습니다.

사울의 성령 세례

사도행전 9:17

"아나니아가 떠나 그 집에 들어가서 그에게 안수하여 이르되 형제 사울아 주 곧 네가 오는 길에서 나타나시던 예수께서 나를 보내어 너로 다시 보게 하시고 성령으로 충만하게 하신다 하니."

그래서 우리는 구원과 성령 세례가 두 가지 다른 경험임을 알 수 있습니다.

이방인 고넬료의 가족: 구원과 성령 세례

우리는 또한 구원받고 곧바로 성령 세례를 받은 또 다른 사람들의 사례를 볼 수 있습니다.

우리는 바로 그 다음 장인 사도행전 10장에서 그러한 예를 볼 수 있습니다. 10장을 보면, 베드로가 고넬료의 집을 방문한 내용이 나와 있습니다. 고넬료의 가족들은 모두 이방인이었습니다. 그들은 베드로가 가서 복음을 전하자 구원받았습니다.

사도행전 11장에서 베드로는 예루살렘에 있는 형제들에게 고넬료의 집을 방문한 것을 자세히 보고하고 있습니다.

사도행전 11:13-15

"그(고넬료)가 우리(베드로와 6명의 유대인 형제들)에게 말하기를 천사가 내 집에 서서 말하되 네가 사람을 욥바에 보내어 베드로라 하는 시몬을 청하라 그가 너와 네 온 집이 구원 얻을 말씀을 네게 이르리라 함을 보았다 하거늘 내가 말을 시작할 때에 성령이 그들에게 임하시기를 처음 우리에게 하신 것과 같이 하는지라."

베드로의 보고를 보면, 이 이방인들은 구원과 거의 동시에 성령 세례를 받았습니다(실제로 사람들이 성령 세례를 받는 최적의 시간은 처음으로 구원을 받을 때입니다). 고넬료의 가족 모두가 성령을 받았다는 것을 유의해 보십시오.

잘 보십시오. 아무도 그 이방인들에게 안수를 하지 않았습니다. 그러나 그들 모두는 같은 시간에 성령을 받았습니다. 그리고 한 사람도 성령을 받는데 실패하지 않았습니다.

실제로, 방언으로 말하는 것은 베드로 일행(베드로와 동행한 유대인 신자들)에게 이 이방인들이 성령을 받았음을 완전히 확증시키는 것이었습니다. 유대인 신자들은 성령이 이방인들에게 부어지는 것을 보고 놀랐습니다.

사도행전 10:45, 46

"베드로와 함께 온 *할례 받은* 신자들이 이방인들에게도 성령 부어 주심으로 말미암아 놀라니 이는 방언을 말하며 하나님 높임을 들음이러라."

또한 전에 언급했듯이, 성령 충만을 받기 위해서 기다렸다는 어떤 암시도 없습니다.

에베소 제자들: 구원과 성령 세례

구원과 성령 세례가 두 가지 다른 경험임을 보여주는 또 다른 예를 성경에서 찾아 볼 수 있습니다.

사도행전 19:1-7

"아볼로가 고린도에 있을 때에 바울이 윗지방으로 다녀 에베소에 와서 어떤 제자들을 만나 이르되 너희가 믿을 때에 성령을 받았느냐 이르되 아니라 우리는 성령이 계심도 듣지 못하였노라 바울이 이르되 그러면 너희가 무슨 세례를 받았느냐 대답하되 요한의 세례니라 바울이 이르되 요한이 회개의 세례를 베풀며 백성에게 말하되 내 뒤에 오시는 이를 믿으라 하였으니 이는 곧 예수라 하거늘 그들이 듣고 주 예수의 이름으로 세례를 받으니 바울이 그들에게 안수하매 성령이 그들에게 임하시므로 방언도 하고 예언도 하니 모두 열두 사람쯤 되니라."

이 에베소 제자들 역시 모두 다 이방인들이었습니다. 그들은 모두 세례 요한을 따르는 자들이었지만 예수님이 오셨다는 소식을 듣지 못했으므로, 예수님의 이름으로 구원받거나 세례를 받지 못했습니다. 그들은 요한의 세례를 따라 아버지의 이름으로 세례를 받았습니다.

우리는 그 당시에 뉴스가 지금처럼 전파되지 않았다는 것을 이해해야 합니다. 그 당시엔 평생을 살아도 100마일 떨어진 곳에서 일어난 사건을 듣지 못할 수도 있습니다. 왜냐하면 그 당시의 소식은 구전으로만 전해졌기 때문입니다.

그 사람들은 누군가(예수님)가 와서 죄로부터 그들을 구원하고 성령으로 그들에게 세례를 줄 것이라는 세례 요한의 설교를 들었습니다. 그들은 요한의 메시지를 믿고 요한의 세례를 받았습니다. 그러나 그들은 예수님이 오셨다는 소식을 한 번도 듣지 못했습니다. 물론 그들은 자신들이 가지고 있었던 모든 빛 가운데서 행하고 있었습니다.

그런데 사도행전 19장을 보면, 우리는 바울이 에베소를 방문해서 이 제자들에게 예수님이 약속된 메시야이시며 십자가에게서 죽으시고 부활하신 것을 전하는 것을 볼 수 있습니다.

바울은 이들 에베소 신자들에게 요한이 자기 뒤에 오리라고 말한 그(예수님)가 오셨고, 지금은 그 예수님을 믿고 구원 받아야 됨을 설명하였습니다. 그런 다음 바울은 주 예수님의 이름으로 세례를 주었고 그들 모두는 거듭났습니다(행 19:5, 갈 3:27).

그러나 바울은 거기에서 멈추지 않았습니다(행 19:5, 갈 3:2). 바울은 또한 그들이 성령 충만을 받기 원했습니다. 그래서 성령을 받도록 안수를 했습니다. 바울이 그렇게 하자, 성령이 그들에게 임했습니다.

"…성령이 그들에게 임하시므로 방언도 하고 예언도 하니…"(행 19:6).

새로운 개종자가 된 에베소 교인들은 바울이 안수하자 성령을 받았습니다. 그들 모두는 예외 없이 성령을 받았습니다. 거기에 성령을 받기 위해서 기다린다는 말은 없습니다.

마지막으로, 두 가지 중요한 결론을 요약해 봅시다.

첫째로, 지금까지 보았듯이, 구원과 성령 세례는 성령님이 그 양자에 초자연적으로 관여하시지만 두 가지 별개의 경험이라는 것입니다.

둘째로, 우리가 살펴본 모든 성경 구절을 보면, 초대교회 모든 사람들은 성령 충만을 받기 전에 머물거나 기다리도록 교육받지 않았다는 것입니다.

성경이 성령 세례에 대해서 말하는 것을 찾아봅시다. 우리가 행하는 모든 것의 본보기는 전통이나 인간의 의견이 아니라 성경이 되어야 합니다. 신자들은 성경적인 방법으로 성령 충만이란 이 멋진 경험을 체험할 수 있습니다!

연구를 위한 질문

1. 예루살렘의 사도들은 새로운 사마리아 개종자들이 성령 세례를 받도록 안수해주기 위해서 누구를 보내었습니까?

2. 어떤 경험이 구원받은 이후에 일어나는 것입니까?

3. 사마리아인들이 빌립의 사역으로 거듭났음을 최종적으로 입증해주는 세 가지 구절을 찾아 보십시오.

4. 구원 이후에 성령 세례라고 불리는 경험이 있습니다. 이것은 성령의 (   )(행 8:15), 혹은 성령의 (   )(행 2:4), 혹은 위로부터 온 능력의 (   )(눅 24:49)로 불립니다.

5. 어떤 신자라도 다른 신자가 성령 세례를 받도록 하기 위해서 믿음으로 안수해 줄 수 있습니까?

6. 빌립이 예수님을 통한 구원의 복음을 전했을 때 무슨 일이 일어났습니까?

7. 시몬은 사마리아인들이 성령 충만 받은 것을 알았습니다. 그런데 기쁨이 왜 성령 충만의 증거가 될 수 없습니까?

8. 시몬에게 사마리아인들이 성령을 받았음을 확신시켜 준 표시는 무엇이었습니까?

....

....

9. 사울이 다메섹 도상에서 이미 개종하였거나 거듭났음을 시사하는 세 가지 이유를 말해보십시오.

....

....

10. 구원받은 후 곧바로 성령 세례를 받은 자들의 사례를 성경에서 두 가지 찾아보십시오.

....

....

4

내주하시는 성령:
성령의 내적인 임재

4

이번 장에서는 거듭날 때 신자의 삶 가운데 내주하시는 성령님의 임재를 다룰 것입니다.

요한복음 14:16, 17

"내가 아버지께 구하겠으니 그가 또 다른 보혜사를 너희에게 주사 영원토록 너희와 함께 있게 하리니 그는 진리의 영이라 세상은 능히 그를 받지 못하나니 이는 그를 보지도 못하고 알지도 못함이라 그러나 너희는 그를 아나니 그는 너희와 함께 거하심이요 또 너희 속에 계시겠음이라."

이번 장에서는 요한복음 14:17의 후반부를 집중적으로 살펴보기 원합니다. "그는 너희와 함께 거하심이요 또 너희 속에 계시겠음이라."

거듭나는 것은 그저 어떤 한 경험이 아니라 성령님의 내주하심(the indwelling Presence of the Holy Spirit)을 받는 것입니다. 성령님은 하나님(a Divine Personality)이시며, 우리 안에 그의 처소(His home)를 만들기 위해서 오십니다. 어떤 신자도 위로를 받지 못하거나, 상실감을 느끼거나, 외로움을 느낄 필요가 없습니다. 그리스도께서 성령님을 보내신 목적은 성령님이 우리 안에 살고(to live), 우리 안에 거하도록(to be) 하기 위해서였습니다.

우리를 위하시고(For), 우리와 함께 하시고(With), 우리 안에 (In) 계신 하나님

신약은 하나님이 인간을 위해 세운 세 가지 관계에 대해서 말하고 있습니다.

첫째로, 하나님은 우리를 위하십니다.

둘째로, 하나님은 우리와 함께 하십니다.

셋째로, 하나님은 우리 안에 계십니다.

우리를 위하시는 하나님을 모시면 우리의 성공이 보장됩니다.

"…만일 하나님이 우리를 위하시면 누가 우리를 대적하리요"(롬 8:31).

하나님이 우리 편이라면 인생에서 확실히 승리하게 될 것입니다. 하나님이 당신을 위해 존재하신다면, 그리고 하나님이 당신을 위하여 존재하신다는 것을 당신이 안다면 당신은 인생에서 전혀 겁이 없는 사람이 될 것입니다. 상황이 얼마나 어렵든지 간에, 당신의 삶의 지평선에 걸려 있는 구름이 얼마나 어둡든지 간에 하나님이 당신을 위하기 때문에 당신은 모든 상황에서 승리할 수 있음을 조용히 확신하게 될 것입니다.

하나님이 우리를 위하신다면 패배가 있을 수 없습니다. 감사하게도 하나님은 우리를 위하십니다. 하나님이 우리를 위하신다면 누가 우리를 대적하겠습니까? 또한 여러분은 하나님이 우리를 위하시는 것뿐만 아니라 인생의 모든 곳, 모든 상황에서 하나님이 우리와 함께 계신다는 것을 확신할 수 있습니다.

환경이 어떠하든지 간에 당신이 신자라면 주님은 당신과 함께하십니다. 이와 관련된 하나님의 말씀을 아는 것은 우리의 마음이 기쁨으로 뛰도록 할 것이고, 우리의 영이 믿음과 확신으로 가득 차게 할 것입니다.

신약, 즉 새 언약 하에서 우리는 더 좋은 약속 위에 세워진 더 좋은 언약을 가졌다고 성경은 말합니다(히 8:6). 구약의 언약 하에서 하나님은 이스라엘을 위하시고(for) 이스라엘과 함께(with) 계셨지만, 이스라엘 안에는(in) 계시지 않았습니다. 그러나 신약에서 하나님은 우리와 함께 계시고 우리를 위하시지만 또한 우리는 더 좋은 것을 가졌으니, 곧 하나님이 우리 안에 계시는 것입니다. 우리는 더 나은 언약을 가졌습니다. 하나님은 그의 성전인 우리 몸 안에 그의 처소를 만드십니다(고전 6:19).

신자들은 성령의 전이다

우리의 구속과 관련된 모든 강력한 진리들 가운데서 이것이 우리의 구속의 실제 중 정점에 있는 진리입니다. 그것은 하나님이 우리를 재창조하시고, 그리스도 안에서 새 피조물로 만드시고, 그의 소유된 백성으로 만드신 후에, 하나님이 성령의 인격 가운데서 우리 몸을 그의 처소로 삼으신 것입니다.

고린도전서 3:16

"너희는 너희가 하나님의 성전인 것과 하나님의 성령이 너희 안에 계시는 것을 알지 못하느냐."

고린도전서 3:16(확대번역성경)

"너희(고린도 교회 전체)가 하나님의 성전(하나님의 성소)인 것과 하나님의 성령이 너희 안에 영원히 거하시는 것을 (교회 공동체적으로 또한 개인적으로) 분별하고 깨닫지 못하느냐."

고린도전서 6:19

"너희 몸은 너희가 하나님께로부터 받은 바 너희 가운데 계신 성령의 전인 줄을 알지 못하느냐 너희는 너희의 것이 아니라."

고린도전서 6:19(확대번역성경)

"너희 몸은 너희가 하나님께로부터(선물로서) 받은바 너희 가운데 계신 성령의 전(바로 성소)인 줄을 알지 못하느냐 너희는 너희 자신의 것이 아니라."

고린도후서 6:16

"하나님의 성전과 우상이 어찌 일치가 되리요 우리는 살아 계신 하나님의 성전이라 이와 같이 하나님께서 이르시되 내가 그들 가운데 거하며 두루 행하여 나는 그들의 하나님이 되고 그들은 나의 백성이 되리라."

고린도후서 6:16(확대번역성경)

"하나님의 성전과 우상들(사이에) 어찌 일치가 되리요? 이는 우리가 살아 계신 하나님의 성전임이라. 하나님께서도 말씀하시기를 내가 그들 안에 그들과 함께 그들 가운데서 살 것이며, 그들 안에 그들과 함께 그들 가운데서 다닐 것이며, 나는 그들의 하나님이 되고 그들은 나의 백성이 되리라 하셨느니라."

삼위의 세 번째 인격이신 성령님을 통해서 하나님 자신이 거듭난 체험을 통하여 신자 안에 거하십니다. 하나님은 더 이상 흙으로 만든 지성소 안에 거하지 않으십니다. 우리 몸이 하나님의 성전이 되었습니다.

아시다시피, 옛 언약인 구약 하에서는 하나님이 지성소라는 폐쇄된 공간에 임재하셨습니다. 대제사장을 제외한 누구도 감히 지성소에 접근할 수 없었습니다. 대제사장도 사전에 엄청난 예방조치를 해야만 지성소에 들어갈 수 있었습니다. 다른 사람이 지성소에 겁 없이 침범하게 되면 그는 죽게 되었습니다.

이스라엘의 모든 남자들은 적어도 1년에 한 번은 예루살렘을 방문해야 했습니다. 왜냐하면 예루살렘은 하나님이 지성소에 임재하시는 곳이기 때문입니다. 그리고 하나님에 의해서 임명된 대제사장들이 지성소로 들어가서 희생 제물을 드리고 백성들의 죄를 대속해야 했습니다. 그런데 예수님이 십자가상에서 돌아가시기 전에 "다 이루었다!"(It is finished!)라고 말씀하셨습니다(요 19:30).

예수님이 "다 이루었다!"라고 말씀하셨을 때, 그것은 새 언약을 말하는 것이 아니었습니다. 예수님은 옛 언약이 다 이루어졌음을 말씀하시고 있는 것입니다. 새 언약은 예수님이 죽은 자 가운데서 부활하시고, 승천하시고, 자신의 피를 가지고 천국의 지성소로 들어가셨을 때 새 언약은 완성되었고 승인되었습니다(히 1:3, 10:12).

예수님이 우리를 위해서 영원한 구속을 하셨을 때 히브리서에 나오듯이, 바로 그 때가 새 언약이 완성되고 승인된 시기였습니다. 예수님이 골고다의 험한 산 위에서 거친 십자가에 달리셨을 때 "다 이루었다!"라고 말씀하셨습니다. 바로 그 순간에 성전에 지성소를 막고 있던 휘장이 위에서부터 아래로 둘로 찢어졌다고 성경은 말하고 있습니다(마 27:51).

유대 역사가들은 그 휘장은 폭이 40피트이고, 높이가 20피트이고, 두께가 4인치라고 말합니다. 예수 그리스도가 갈보리 십자가에 못 박히셨을 때, 하나님이 천사를 보내어 지성소에 있는 그 휘장을 위에서부터 아래로 찢도록 하셨습니다. 그것은 옛 언약이 끝났고, 하나님의 임재는 더 이상 사람이 만든 지성소에 갇혀 있지 않을 것이라는 것을 의미합니다. 새 언약 하에서 하나님은 신자들 안에 거하십니다(렘 31:33, 34, 히 8:6-13, 10:1-17).

그 휘장이 어떤 인간에 의해서 찢어졌다면 아래에서 위로 찢어졌겠지만, 아래에서 위로 찢어지지 않았다는 것을 유의해서 보십시오. 그렇습니다.

그 휘장은 위에서부터 아래로 찢어졌는데, 그것은 인간에 의해서 찢어지지 않았다는 것을 의미합니다.

휘장이 찢어졌을 때 흙으로 만든 지성소에서만 머물던 하나님의 임재가 지성소 밖으로 나오게 되었고, 하나님은 그때 이후로 결코 흙으로 만든 지성소에 거하지 않으십니다. 이제 하나님은 신자들 가운데 그의 거처를 만드셨습니다. 그렇기 때문에 우리가 어떤 건물을 하나님의 집이라고 부른다면 그 말은 부분적으로는 옳고, 부분적으로는 틀리는 말이 됩니다.

만약에 하나님이 건물 안에 사시고 거하시기 때문에 건물을 하나님의 집이라고 부른다면 우리는 잘못 이해하고 있는 것입니다. 하나님은 건물 안에 거하시지 않습니다. 그러나 그 건물이 하나님께 예배드리는 장소이기 때문에 하나님의 집이라고 부른다면 그것은 옳은 말입니다. 그러나 하나님은 사람의 손으로 만든 건물 안에 살지 않으십니다. 하나님은 성령의 능력을 통해서 우리 안에 살면서 거하십니다!

상대적으로 극소수의 크리스천들만이 그들 안에 거하시는 하나님을 의식합니다. 그들은 그들 마음과 몸속에 거하시는 하나님을 의식합니다. 사람들이 하나님의 성전이 된 그들 자신 안에 계시는 하나님을 의식한다면, 그들이 평상시에 하던 대로 말하고 행동하지 않을 것입니다. 어떤 크리스천들은 끊임없이 능력이 부족하다고 말합니다. 그러나 그들이 하나님께서 그들 안에 계신다는 것을 깨닫는다면 그들에게 불가능한 것이 전혀 없다는 것을 알게 될 것입니다.

성경이 말하는 것을 믿는 대신에 대부분의 신자들은 느끼는 것만을 믿습니다.

예를 들면, 사람들이 거듭날 때 놀라운 경험을 합니다. 그러나 대부분 그 시간이 지나면 "나는 구원받을 때 굉장한 경험을 했지만, 하나님은 나를 떠나신 것이 틀림없어. 왜냐하면 나는 그때처럼 느끼고 있지 못해"라고 말할 것입니다.

그러나 예수님은 말씀하셨습니다.

> "내가 아버지께 구하겠으니 그가 또 다른 보혜사를 너희에게 주사 영원토록 너희와 함께 있게 하시리니" (요 14:16).

성령님은 단지 며칠만 여러분 안에 머물기 위해서 오신 손님이 아닙니다. 성령님은 잠시 당신 안에 휴가를 온 것이 아닙니다. 성령님은 영원히 당신 안에 집을 짓고 살기 위해서 당신 안에 오셨습니다. 이생에서 성령님의 집은 당신의 몸 안에 있는데, 그것이 바로 하나님의 성전입니다.

성경은 "… 믿는 자에게는 능치 못할 일이 없느니라"(막 9:23)라고 말합니다.

믿는 자에게 모든 일들이 가능한 이유는 하나님 아버지께서 내주하시는 성령님을 통해서 믿는 자 안에 거하도록 계획하셨기 때문입니다. 그래서 그 신자 안에 계신 하나님으로 인해서 불가능한 것이 없습니다!

당신 안에 거하시는 그분이 더 크시다

요한일서 4장 4절은 말합니다.

> "자녀들아 너희는 하나님께 속하였고 또 그들을 이기었나니 이는 너희 안에 계신 이가 세상에 있는 자보다 크심이라"(요일 4:4).

'세상에 있는 자'는 누구입니까? 그는 이 세상의 신인 사탄입니다.

고린도후서 4:4
"그 중에 이 세상의 신이 믿지 아니하는 자들의 마음을 혼미하게 하여 그리스도의 영광의 복음의 광채가 비치지 못하게 함이니 그리스도는 하나님의 형상이니라."

그러나 당신 안에 계시는 성령님은 더 크신 분이십니다. 당신이 거듭났다면 더 크신 분이 당신 안에 계십니다. 하나님 자신이 성령님을 통해서 거듭난 신자 안에 사십니다. 하나님은 당신을 위해서 모든 것을 하실 수 있으십니다. 내주하시는 성령님은 당신을 위하시고 당신 안에 거하십니다.

우리가 우리 안에 계신 더 크신 분을 정말로 의식한다면 마귀를 두려워하지 않을 것입니다. 우리는 "세상에 있는 자"를 두려워하지 않을 것입니다. 왜냐하면 우리 안에 계신 그분이 세상에 있는 자보다 더 크시기 때문입니다. 요한은 "너희 안에 계신 그분이 더 크시다"라고 말했습니다(요일 4:4).

요한복음 14장 16절로 되돌아가 보면, 우리는 예수님이 말씀하신 것을 들을 수 있습니다.

"내가 아버지께 구하겠으니 그가 또 다른 보혜사를 너희에게 주사 영원토록 너희와 함께 있게 하리니."

그런 다음에 17절 후반부에서 "그는 너희 속에 계실 것이다"라고 말씀하셨습니다. 이 구절은 요한일서 4장 4절 "세상에 있는 자보다 너희 안에 계신 이가 더 크시다"라는 구절과 정확히 일치합니다.

어떤 사람들은 "나는 기억력이 없어서 잘 기억할 수 없습니다. 나는 성경 말씀을 잘 기억하지 못합니다"라고 말합니다.

나는 그들에게 "성경 말씀을 기억하려고 노력하지 마세요. 위로자 되신 성령님을 바라보세요. 그리고 당신에게 필요한 것들을 성령님께서 기억나게 해 주시도록 기대하세요"라고 말합니다.

알다시피, 여러분 자신의 정신력으로 어떤 것을 하려고 하는 것과 여러분 안에 계신 더 크신 분을 신뢰하는 것은 다른 것입니다. 성경에서 그분은 모든 것이라고 말하듯이, 그분은 우리 안에서 모든 것입니다. 성경에서 그분이 모든 것을 하실 것이라고 말하듯이, 그분은 우리 안에서 모든 것을 하실 것입니다. 그리고 성경에서 그분이 모든 것이 되실 것이라고 말하듯이, 그분은 우리 안에서 모든 것이 되실 것입니다.

내 안에 계신 분이 천 배나 더 크시다!

믿음을 설교하고 치유의 기적을 행하도록 주님께 크게 쓰임받았던 하나님의 사람인 스미스 위글스워스(Smith Wigglesworth)는 그의 책 「계속 증가하는 믿음」(Ever Increasing Faith)에서 이렇게 말했습니다.

"나는 나의 외부보다 나의 내부가 천 배는 더 강하다"라고 말했습니다(Smith Wigglesworth, *Ever Increasing Faith* (1924; Springfield, Missouri: Gospel Publishing House, 1971), p.95).[1)]

내가 오순절 교회에 다닌지 얼마 되지 않아서 이 구절을 읽었는데, 이 구절은 나의 마음이 말씀으로 충분히 새로워지지 않았기 때문에 이해하기가 쉽지 않았습니다. 물론 나는 겉사람과 속사람이 있다는 것을 알았습니다. 속사람은 우리의 영, 즉 우리 안에 거하는 사람입니다.

위글스워스의 그 글을 읽고 난 후에 책을 내려놓고 어떻게 사람이 외부보다 내부가 천 배나 더 클 수가 있는지 궁금해 했습니다. 예를 들면, '어떻게 더 큰 항아리를 더 작은 항아리에 어떻게 넣을 수 있을까?' 라고 생각했습니다. '발이 신발보다 10배가 더 크다면 어떻게 그 신발에 발을 넣을 수 있을까? 어떤 사람이 외부보다 내부가 천배나 더 크다면 외부는 터지고 말거야'라고 생각했습니다.

그날 밤에 위글스워스의 이 말이 내 마음속에서 계속해서 떠올랐습니다.

성령님이 그 말을 계속 떠오르게 하셨습니다. 그래서 위글스워스의 그 책을 다시 읽기로 하였습니다. 그리고 성령님께 위글스워스의 말을 깨닫는 통찰력을 주시기를 기도했습니다.

그 책을 읽으면서 요한일서 4:4을 접하게 되었습니다.

> "자녀들아 너희는 하나님께 속하였고 또 그들을 이기었나니 이는 너희 안에 계신 이가 세상에 있는 자보다 크심이라"(요일 4:4).

그 때에 그 말씀을 깨닫기 시작했습니다. 그 말씀을 깨닫고 난 이후에, 나는 위글스워스가 "나는 내부가 백만 배는 더 크다"라고 말했어야 했다고 생각했습니다.

그러나 그 말도 여전히 옳은 말이 아닙니다. 하나님은 우리가 생각하거나 상상하는 것보다 더 크신 분이십니다.

어떤 사람이 위글스워스에게 "당신이 그처럼 높은 영성의 단계에 도달할 수 있었던 비밀은 무엇입니까?"라고 물었습니다.

그는 "내가 이제껏 했던 것은 '세상에 있는 자보다 내 안에 있는 그분이 더 크시다'라는 것을 기억하는 것이었습니다"라고 말했습니다.

그 말씀처럼 과감히 행동 하십시오! 이 말씀은 단지 설교자들에게만 해당되는 것이 아닙니다. 단지 설교자들만이 외부보다 내부가 천 배가 더 큰 것이 아닙니다. 단지 설교자들만이 그들 안에 성령님을 가진 것이 아닙니다. 요한은 요한일서 4:4을 평신도들을 위해서 썼던 것입니다.

> "자녀들아 너희는 하나님께 속하였고 또 그들을 이기었나니 이는 너희 안에 계신 이가 세상에 있는 자보다 크심이라"(요일 4:4).

당신은 이 세상에서 아무 도움도 받지 못하는 존재가 아닙니다. 더 크신 분이 당신 안에 계십니다.

내주하시는 성령의 역할

우리는 성령님이 우리 안에 어떻게 거하시게 되었는지 알아보았습니다.

이제는 우리 안에서 무엇을 하시는지 알아봅시다.

내주하시는 성령이 재창조된 영의 열매를 만드신다

신자의 삶 속에서 성령님이 하시는 일을 두 그룹으로 분류할 수 있는데, 그것은 각각 아홉 가지로 구성되어 있음을 유의해 봅시다.

1. 성령의 9가지 열매 : 이것은 내주하시는 성령님이 만들어내신 결과입니다.

2. 성령의 9가지 은사 : 이것은 성령님이 채워 주신 능력의 결과입니다.

우리는 제 5장에서 성령의 채우심, 즉 성령 세례를 통한 성령의 9가지 은사를 토론해 볼 것입니다. 그러나 먼저 거듭난 사람의 영의 열매가 9가지로 나타난 것을 알아봅시다. 그것은 내주하시는 성령님이 만들어 내신 결과입니다.

바울은 갈라디아서 5장에서 그것들을 나열하고 있습니다.

갈라디아서 5:22, 23

"오직 성령의 열매는 사랑과 희락과 화평과 오래 참음과 자비와 양선과 충성과 온유와 절제니 이같은 것을 금지할 법이 없느니라."

요한복음 15:5에서 예수님은 제자들에게 "나는 포도나무요 너희는 가지라"라고 말씀하셨습니다.

열매는 어디에서 자랍니까? 그것은 가지 위에서 자라납니다.

그러므로 바울이 갈라디아서 5장에서 말한 열매는 재창조된 거듭난 사람의 영의 열매를 말하는 것입니다. 그것은 내주하시는 성령님이 만들어 내신 결과로써 신자의 삶 가운데서 자라나는 열매입니다.

누가복음 24:51-53을 보면, 제자들이 성령 충만을 받은 오순절 이전에 이미 거듭난 사람의 영의 열매를 볼 수 있습니다.

누가복음 24:51-53

"축복하실 때에 그들을 떠나(하늘로 올려지)시니 그들이 (그에게 경배하고) 큰 기쁨으로 예루살렘에 돌아가 늘 성전에서 하나님을 찬송하니라."

갈라디아서 5:22을 보면, 기쁨은 거듭나고 재창조된 인간의 영의 열매입니다. 우리는 누가복음 24장에서 제자들이 크게 기뻐한 것을 볼 수 있습니다. 그러나 그들은 아직 성령 충만을 받지 않은 상태입니다. 그러므로 영의 열매는 성령 세례의 결과가 될 수 없습니다. 왜냐하면 오순절이 아직 오지 않았기 때문입니다.

이 구절은 제자들이 위로부터 오는 능력을 받기 전에 영의 열매 중 하나인 기쁨을 이미 가졌다는 것을 보여줍니다. 실제로 그들이 큰 기쁨을 가졌다고 성경이 기록하고 있기 때문에 그들은 큰 열매를 가지고 있었습니다(52절)!

우리가 하나님과 그의 말씀에 순종할 때, 우리 안에 계신 성령의 생명은 영의 열매인 사랑, 기쁨, 화평 등등 이런 것들이 계속 성장할 수 있도록 해줍니다. 그래서 우리는 내주하시는 성령님의 주목적 중의 하나는 열매 맺는 것임을 알 수 있습니다.

내주하시는 성령: 우리를 돕는 자와 위로하는 자

우리는 요한복음 14:16-18을 확대번역성경으로 유의하여 봅시다.

그곳에서는 성령님이 위로자(Comforter), 상담자(Counselor), 돕는자(Helper), 중보자(Intercessor), 변호자

(Advocate), 강하게 하는 자(Strengthener), 대기하는 자(Standby)라고 말하고 있습니다.

요한복음 14:16–18(확대번역성경)

"내가 아버지께 구하겠으니 그가 또 다른 보혜사(위로자, 상담자, 돕는 자, 중보자, 변호자, 강하게 하는 자, 대기하는 자)를 너희에게 주사 영원토록 너희와 함께 있게 하시리니 저는 진리의 영이라 세상은 능히 저를 받지(환영하지, 마음에 담아두지) 못하나니 이는 저를 보지도 못하고 알지도 못하고 인식하지도 못함이라 그러나 너희는 저를 알고 인식하나니 저는 너희와 함께(늘) 거하심이요 또 너희 속에 계시겠음이라 내가 너희를 고아와 같이(위로 없이, 쓸쓸하게, 희망도 없이, 의지할 곳 없이, 무력하게) 버려두지 아니하고 너희에게로 (돌아)오리라."

예수님께서는 성령님이 위로자요, 상담자요, 돕는 자요, 중보자요, 변호자요, 강하게 하는 자요, 대기하는 자라고 말씀하셨습니다. 우리는 위에 열거된 것 그 이상을 필요로 하지 않습니다. 많은 신자들이 성령님이 우리 안에서 계속적으로 하시는 일들의 실제성을 놓쳐 버립니다.

자주 어떤 사람들은 도움을 필요로 할 때 그들을 위해서 기도해 줄 누군가를 찾기 위해서 거의 미친 듯이 돌아다닙니다. 그들은 누군가의 어깨에 기대어서 운 다음에 또 다른 사람의 어깨에 기대어서 거짓 눈문을 흘리며 몇 구절의 성경 말씀을 인용하곤 합니다. 그러나 그들이 혼자 있을 때 그들은 처음과 똑같은 혼란 상태에 여전히 머물러 있습니다. 그들은 그들 안에 돕는 자가 있다는 것을 잊어버리고 있습니다. 그들은 돕는 자를 달라고 기도할 필요가 없습니다. 그들은 이미 돕는 자를 그들 안에 가지고 있습니다.

예수님은 요한복음 16장 7절에서 성령님은 우리의 위로자라고 말씀하셨습니다.

예수님은 또한 말씀하셨습니다.

"그러나 내가 너희에게 실상을 말하노니 내가 떠나가는 것이 너희에게 유익이라 내가 떠나가지 아니하면 보혜사가 너희에게로 오시지 아니할 것이요 가면 내가 그를 너희에게로 보내리니"(요 16:7).

내주하시는 성령: 우리의 일상생활의 인도자

또한 성령님은 우리의 인도자이십니다.

"그러나 진리의 성령이 오시면 그가 너희를 모든 진리 가운데로 인도하시리니..."(요 16:13).

성령님은 우리를 모든 진리 가운데로 인도하실 뿐만 아니라, 예수님은 하나님 아버지께 당신의 말씀은 진리라고 말씀하셨습니다(요 17:17).

또한 성령님은 우리를 하나님의 말씀의 진리로 인도하실 것입니다. 성령님은 모든 일상의 문제들 가운데서 우리를 인도해 주실 것입니다.

"무릇 하나님의 영으로 인도함을 받는 사람은 곧 하나님의 아들이라"(롬 8:14).

그러나 인도자의 손에 자신을 맡기지 않고서는 아무도 인도자의 인도를 받지 못할 것입니다. 바꾸어 말하면, 자신을 인도자의 손에 맡기지 않는다면 "주님, 나를 인도해 주세요. 나에게 방향을 인도해 주세요"라고 기도하는 것은 쓸데없는 시간낭비입니다.

예를 들면, 가이드가 우리를 어떤 곳으로 인도할 때, 가이드를 따라가지 않는다면 우리는 그곳이 어디인지 알지도 못할 뿐더러 심지어 길을 잃을 수도 있습니다. 가이드는 어떤 것들을 설명해 주고 가야할 길을 인도해 줍니다. 예를 들면, 누구도 가이드 없이 칼스벳(Carlsbad) 동굴을 통과하기를 원하지 않을 것입니다. 그 동굴 안에는 칠흑 같은 어두움이 있습니다. 가이드를 따라가지 못한다면 결코 칼스벳 동굴을 빠져나오지 못할 것입니다. 그러나 가이드는 어디에서 불을 밝혀야 하는지 정확하게 알고 있습니다(감사하게도 성령님은 어디에서 불을 밝혀야 하는지 정확하게 알고 있습니다).

많은 사람들이 삶에서 혼란에 빠지는 것은 가이드를 놓쳤기 때문입니다. 즉, 가이드를 따라가고 있지 않기 때문입니다. 성령님은 우리를 인도해 주시지만, 삶에서 인도받기 위해서는 자신을 그의 손에 맡겨야 합니다. 인도를 받을 때 미리 준비할 수 있습니다. 왜냐하면 성령님은 장차 될 일을 보여준다고 성경이 기록하고 있기 때문입니다(요 16:13). 그는 모든 진리 가운데로 인도할 것이고, 또한 모든 일상의 문제들 속에서 인도할 것입니다.

오랜 세월 동안 나는 아내와 어린 자녀들을 집에 둔 채 현장 복음전도 사역을 하기 위해 많은 여행을 하였습니다. 그때 나는 나의 인도자인 성령님을 의지했습니다. 성령님은 항상 나의 가족 안에 있는 위험을 미리 경고해 주시곤 하셨습니다.

자주 가족들과 통화하지 못할지라도 가족 중에 누군가가 아플 때에는 하나님의 영을 통해서 알고 있었습니다. 성령님은 단지 내가 설교자이기 때문에 나를 돕기 위해서 내 안에 계신 것이 아닙니다. 당신도 신자라면 성령님은 돕기 위해서 당신 안에 계십니다. 그리고 그의 말씀을 듣고 그를 바라보는 법을 배운다면 성령님은 당신도 인도하실 것입니다.

내 속에서 해야 할 일을 알 수 있다

예레미야 31:33을 보면, 하나님은 그의 백성들과 더불어 세우실 새 언약에 대해서 말씀하십니다. 이 구절은 신자들이 새 언약 아래에서 어떻게 인도 받아야 하는지 해답을 제공해 줍니다.

예레미야 31:33

"그러나 그 날 후에 내가 이스라엘 집에 맺을 언약은 이러하니 곧 내가 나의 법을 그들의 속에 두며 그들의 마음에 기록하여 나는 그들의 하나님이 되고 그들은 내 백성이 될 것이라 여호와의 말씀이니라."

이 옛 언약의 약속은 거듭날 때, 즉 인간의 영이 재창조될 때 성취되었습니다.

고린도후서 5:17

"그런즉 누구든지 그리스도 안에 있으면 새로운 피조물이라 이전 것은 지나갔으니 보라 새 것이 되었도다."

하나님은 우리의 어떤 부분을 새 피조물로 만들었을까요?
성령에 의해 재창조된 것은 우리의 마음, 곧 영입니다(딛 3:5).

하나님은 그의 법을 우리의 내부(마음 혹은 영)에 새긴다고 말씀하셨습니다. 하나님의 법을 우리의 마음에 새긴 분은 바로 성령님이십니다(고후 3:3). 또한 우리는 거듭났기 때문에 삶의 모든 상황에서 해야 할 일들을 우리 안에 거하시는 성령님을 통해서 알게 될 것입니다.

왜냐하면 성령님은 모든 진리 가운데로 우리를 인도하시는 분이기 때문입니다(요 16:13). 오직 마음속을 보십시오. 당신의 인간 영 안에 거하시는 성령님이 무엇을 하도록 인도하시는지 확인해 보십시오(롬 8:14).

대부분의 사람들의 문제는 안에서 그들을 인도하시는 성령님을 보는 대신에 그들 밖에서 답을 찾고 있다는 것입니다. 그들은 그들에게 답을 줄 누군가를 찾기 위해서 헤매고 다닙니다.

내가 어떤 사람의 예를 들어 보겠습니다. 그 사람은 자신 안에 거하시는 성령님께 답을 구할 필요가 있는 사람이었습니다. 우리는 오하이오 주에서 믿음 세미나를 열고 있었는데, 어느 날 아침 예배를 마친 후에 어떤 남자가 나에게 와서 말했습니다.

"해긴 목사님, 목사님께서 나를 위해서 기도해 주기를 원합니다."

그 남자는 그의 기도 제목을 말했습니다.

"여러 해 동안, 나는 이 도시의 어떤 교회신자였습니다. 그 교회 목사님의 가르침과 나의 생각이 맞지 않아 의견충돌이 있었습니다. 그래서 나는 그 교회를 떠났습니다. 그 이후에 우리의 의견충돌은 회복되었고, 우리는 좋은 친구가 되었습니다. 그러나 나는 현재까지 7년 동안 다른 교회에 다니고 있습니다."

그 남자는 계속 말했습니다.

"최근에 내가 출석하고 있는 교회에 어떤 변화가 있었습니다. 목사님이 떠나셨고, 나도 또한 떠나야 한다는 생각이 들었습니다. 나는 어떻게 해야 할지 알지 못합니다. 내가 출석하고 있는 이 교회에 머물러 있어야 할지, 새로운 교회를 찾아야 할지, 아니면 내가 7년 전에 떠났던 옛 교회로 되돌아가야 할지 알지 못하겠습니다. 주님께서 나를 인도해 주시도록 목사님께서 기도해 주기를 원합니다."

나는 말했습니다.

"좋습니다. 우리가 함께 마음이 일치가 되면 당신은 하나님이 당신에게 무슨 말씀을 하시는지 알게 될 것입니다. 왜냐하면 요한복음 16장 13절은 성령님이 우리의 인도자라고 말하고 있고, 로마서 8장 14절은 하나님의 영으로 인도함을 받는 자는 하나님의 아들이라고 말하고 있기 때문입니다."

그리고 난 뒤 내가 그의 이마에 안수를 하고 나서 기도하기 시작했습니다. 몇 마디의 기도를 하고 나자, 내 속의 하나님의 영이 말씀하셨습니다.

"그의 마음속에 가지고 있는 것이 무엇인지 물어보아라."

알다시피, 성령님이 계시는 곳은 우리의 마음, 곧 영입니다. 당신은 마음속에서 인도함을 찾아야 할 것입니다. 성경은 말합니다.

"사람의 영혼은 여호와의 등불이라 사람의 깊은 속을 살피느니라"(잠 20:27).

"눈을 뜨고 나를 보세요."

내가 기도를 멈추고 그 사람에게 말했습니다.

그가 눈을 뜨자 내가 말했습니다.

"사랑하는 형제님, 당신의 마음, 즉 당신의 영을 바라보세요. 나를 바라보지 마세요. 당신의 머리를 바라보지 마세요. 오직 당신의 내면을 바라보세요."

당신도 알다시피 성경이 마음이라고 말할 때, 그것은 피를 온몸으로 보내고 생명을 유지시키는 육체적인 심장을 말하는 것이 아닙니다. 로마서 10장 10절은 "… 사람이 마음으로 믿어 의에 이르고"라고 말합니다.

당신은 육체적인 코나 발로 믿을 수 없듯이, 육신의 심장을 가지고 믿을 수 없습니다. 그렇습니다. 심장은 사람의 마음, 즉 사람의 영을 설명하기 위해서 사용되었습니다.

나는 그에게 말했습니다.

"당신의 영을 바라보세요. 당신의 영은 무엇을 말하고 있습니까?"

내가 그렇게 말하자, 그가 대답했습니다.

"나는 내가 예전에 다니던 교회로 되돌아가야 할 것 같습니다."

"그것이 정답입니다. 그러면 그 교회로 되돌아가십시오."

그 남자는 내내 그의 마음속에 답변을 가지고 있었습니다. 항상 어떤 일들이 인생에서 일어날 것입니다. 그 중에서 어떤 것은 좋은 일이고, 어떤 것은 나쁜 일입니다. 그 일들이 일어난 이후에 "나는 내내 어떻게 해야 할지를 알았다"라고 말할 것입니다. 어디에서 그것들을 알았습니까? 바로 당신 속에서 그것을 알았습니다.

왜 내면의 소리를 듣지 않습니까? 우리는 영이 하는 소리를 듣는 법을 배웠다면 많은 문제들을 피해갈 수 있었을 것입니다. 사람의 영은 주님의 등불입니다(잠 20:27). 성령님은 우리의 영 안에 거하시며 우리를 인도하십니다.

내주하시는 성령: 예수님을 증거하신다

요한복음을 보면, 예수님은 성령님이 신자 내부에 거하시며, 또 다른 역할을 하신다고 말씀하시고 계십니다. 성령님은 항상 하나님의 말씀과 예수님의 이름을 높이시고 예수님을 증거하십니다.

요한복음 15:26

"내가 아버지께로부터 너희에게 보낼 보혜사 곧 아버지께로부터 나오시는 진리의 성령이 오실 때에 그가 나를 증언하실 것이요."

이제 요한복음 16:14을 유의해 보십시오.

"그가 내 영광을 나타내리니 내 것을 가지고 너희에게 알리시겠음이라."

그리고 요한복음 14:26에서 예수님은 성령님이 우리의 교사가 된다고 말씀하십니다.

요한복음 14:26

"보혜사 곧 아버지께서 내 이름으로 보내실 성령 그가 너희에게 모든 것을 가르치시고 내가 너희에게 말한 모든 것을 생각나게 하리라."

바꿔 말하면, 성령님은 예수님과 하나님의 일들이 당신에게 실재(real)가 되도록 하실 것입니다. 당신이 그것을 필요로 할 때, 성령님은 당신의 마음속에 감추어져 있던 하나님의 말씀을 기억나게 하실 것입니다(시 119:11).

우리를 돕는 분(Helper)이신 성령님은 신자인 우리 안에 그의 거처(His home)를 삼으셨습니다. 우리가 알아야 할 것은 그가 우리를 위해서 존재하신다는 것입니다. 그는 우리의 위로자(Comforter)이시며, 인도자(Guide)이시며, 상담자(Counselor)이시며, 그리고 교사(Teacher)이십니다. 그는 우리 안에서 우리의 삶을 승리로 이끄시는 더 크신 분(the Greater One)이십니다. 우리가 우리 안에 거하시는 그분을 의식한다면, 그리고 하나님의 말씀을 믿는다면 우리가 삶에서 누구를 만나든지 혹은 무엇을 만나든지 두려워하지 않을 것입니다. 우리 안에 거하시는 더 크신 분은 세상에 있는 자보다 더 크십니다. 그는 우리를 인생에서 승리케 하실 것입니다!

연구를 위한 질문

1. 그리스도께서 성령을 보내신 목적은 무엇이었습니까?

2. 신약에서 하나님이 인간을 향해서 세우신 세 가지 관계는 어떤 것입니까?

3.새 언약의 조건은 언제 완성되고 승인되었습니까?

4.새 언약 하에서 하나님은 어디에 거하십니까?

5. 요한일서 4:4에서 세상에 있는 "자"는 누구입니까?

6. 성경에서 신자의 삶 가운데 성령이 하시는 아홉 가지 일을 두 그룹으로 나눌 수 있습니다. 그것들은 무엇입니까?

7. 바울이 갈라디아서 5장에서 말한 것은 어떤 열매입니까?

8. 신자의 삶 가운데 내주하시는 성령님의 가장 주요한 목적 중의 하나는 무엇입니까?

....

....

9. 확대번역성경 요한복음 14:16-18은 성령님을 가리켜 (　　　), (　　　), (　　　), (　　　), (　　　), (　　　), (　　　)라고 말합니다.

10. 잠언 20:27에 따르면 사람의 영은 무엇입니까?

....

....

5

위로부터 임하시는 성령:
성령의 권능으로 채움

5

이 책 제 4장에서 우리는 내주하시는 성령님에 대해서 논하였습니다. 그러나 각 신자의 삶에는 하나님의 두 가지 역사가 나타나야 합니다. 하나님은 그의 모든 자녀들이 삶 속에서 이 성령의 두 가지 역사를 체험하기를 원하십니다. 즉, 거듭날 때 내주하시는 성령님과 성령 세례를 받을 때 임하시는 성령님입니다.

요한복음 14장 16,17절을 보면, 예수님이 내주하시는 성령님을 약속하신 것을 볼 수 있습니다.

"내가 아버지께 구하겠으니 그가 또 다른 보혜사를 너희에게 주사 영원토록 너희와 함께 있게 하리니… 그는 너희와 함께 거하심이요 또 너희 속에 계시겠음이라."

예수님께서 이 말씀을 하셨을 때, 성령님은 제자들이나 예수님을 따르는 어떤 사람 안에도 아직 거하지 않으셨습니다. 그러나 예수님은 요한복음 14장 16,17절에서, 새 언약 아래에서 성령님이 모든 신자들 안에 거하게 된다고 약속하였습니다. 예수님은 제자들에게 "… 그(성령님)는 너희와 함께 거하심이요 또 너희 속에 계시겠음이라"고 말씀하셨습니다.

예수님이 제자들에게 내주하시는 성령님을 주시겠다는 약속은 요한복음 20장 21, 22절에서 부활하신 예수님이 숨을 내쉬면서 "성령을 받으라"고 말씀하셨을 때 이루어졌습니다.

예수님이 그렇게 말씀하신 것은 거듭날 때 성령을 받는 것을 언급하신 것이었습니다. 내주하시는 성령을 받는 것은 제자들이 거듭날 때 일어났습니다. 내주하시는 성령을 받는 것은 제자들이 성령님에 의해 새 생명을 얻을 때 일어났습니다(딛 3:5).

성령의 약속

그러나 예수님은 그것과는 다른 경험, 즉 위로부터 임하는 능력을 제자들과 모든 신자들에 주실 것을 약속하셨습니다.

누가복음 24:49

"볼지어다 내가 내 아버지께서 약속하신 것을 너희에게 보내리니 너희는 위로부터 능력으로 입혀질 때까지 이 성에 머물라 하시니라."

이 구절에서 예수님은 신자들의 삶에 성령의 다른 사역이 있음을 언급하고 계십니다. 즉 그것은 위로부터 오는 능력을 받도록 신자들 위에 성령을 부어주는 것을 말합니다.

사도행전 1:5, 8

"요한은 물로 세례를 베풀었으나 너희는 몇 날이 못되어 성령으로 세례를 받으리라 하셨느니라… 오직 성령이 너희에게 임하시면 너희가 권능을 받고 예루살렘과 온 유대와 사마리아와 땅 끝까지 이르러 내 증인이 되리라 하시니라."

임하시는 성령

누가복음 24:49과 사도행전 1:8에서 성령 세례를 언급하면서 "위에"(upon)라는 단어를 사용한 것을 유의해 보십시오.

"… 내가 내 아버지께서 약속하신 것을 너희에게(upon you) 보내리니 …"(눅 24:49).

"… 성령이 너희에게 임하시면(upon you) 너희가 권능을 받고 …"(행 1:8).

하나님께서 신자들의 삶 가운데 주기 원하는 성령의 사역이 있습니다. 그것은 위로부터 능력을 부여하기 위해서 신자들 위에 성령이 임하는 것입니다. 거듭날 때 내주하시는 성령님이 명확한 경험이듯이, 오늘날 신자들이 진짜 성령 충만을 받는 것도 명확한 경험입니다.

오순절 날 하나님은 다락방에 모인 120문도 뿐만 아니라(행 2:1-4) 그 후의 교회, 즉 예수님을 믿게 될 모든 자들에게 성령을 부어 주셨습니다.

앞장에서 지적했듯이, 신자들에게 성령을 주는 것은 이제 더 이상 아버지의 문제가 아닙니다. 하나님은 이미 오순절 날에 교회에 성령을 주셨습니다. 그렇습니다. 그 이후로 이제 성령을 받는 것은 신자들의 몫입니다. 세상(거듭나지 않은 죄인들)은 성령, 곧 진리의 영을 받을 수 없습니다. 그러나 세상은 거듭남을 받을 수 있습니다. 불신의 죄인들은 예수 그리스도를 그들의 임금(Lord)과 구주(Savior)로 받아들이고 거듭날 수 있습니다. 그러나 성령 충만을 받는 경험은 오직 신자들을 위한 것입니다. 예수님은 성령의 부으심을 "내 아버지의 약속"(the promise of my Father)이라고 불렀습니다(눅 24:49, 행 1:4).

또한 베드로는 사도행전 2장에서 성령의 부으심을 "성령의 약속"과 "성령의 선물"이라고 말했습니다.

사도행전 2:32, 33

"이 예수를 하나님이 살리신지라 우리가 다 이 일에 증인이로다 하나님이 오른손으로 예수를 높이시매 그가 약속하신 성령을 아버지께 받아서 너희가 보고 듣는 이것을 부어 주셨느니라."

사도행전 2:38, 39

"베드로가 이르되 너희가 회개하여 각각 예수 그리스도의 이름으로 세례를 받고 죄 사함을 얻으라 그리하면 성령의 선물로 받으리니 이 약속은 너희와 너희 자녀와 모든 먼 데 사람 곧 주 우리 하나님이 얼마든지 부르시는 자들에게 하신 것이라 하고."

예수님은 누가복음 24장 49절과 사도행전 1장 5, 8절에서 신자들이 위로부터 능력을 받도록 하기 위해서 성령을 주시겠다고 약속하셨습니다.

그런 후 오순절 날에 하나님께서 신자들 위에 임하셨고, 성령을 부어주셨습니다(행 2:33).

그 때 이후로 성령님은 신자들이 받을 수 있도록 여기에 계속 머물러 계십니다.

교회가 시작되었을 때

어떤 사람들은 "교회는 오순절 날 시작되었다"라고 말합니다. 그러나 성경은 그렇게 말하고 있지 않습니다. 사실상 교회는 예수님께서 제자들에게 숨을 내쉬면서 "성령을 받으라"(요 20:22)고 말씀하셨을 때 시작되었습니다.

그 때 성령님은 제자들 안에 거하셨고, 그들의 영을 재창조하셨으며, 그들의 내면을 새로운 피조물로 만드셨습니다(고후 5:17).

예수님이 제자들에게 숨을 내쉬기 전까지 그들은 거듭나지도 않았고 구원에 대한 약속어음만 받은 상태였습니다(요 14:16,17,23).

예수님이 제자들에게 숨을 내쉬기 전까지 성령님은 아직 부어지지 않았고, 사람들은 거듭나는 체험을 하지 못했습니다. 왜냐하면 예수님이 죽음과 장사와 부활을 통해서 아직 인류를 구속하지 않으셨기 때문입니다(요 7:39).

그러나 요한복음 20장 22절에서 부활하신 예수님께서 제자들에게 숨을 내쉬며 "성령을 받으라"고 말씀하셨습니다. 성경을 연구해 보면, 바로 그 때에 제자들 내면에서 어떤 일이 일어났음이 분명합니다. 제자들은 그들의 주님이 십자가에서 죽으시고 장사되는 것을 보았습니다. 그들은 혼란스럽고 당황스러웠습니다. 그러나 부활하신 그리스도를 만나고 거듭날 때에 성령이 그들에게 부어짐으로 변화되었습니다.

우리는 예수님이 제자들에게 숨을 내쉬었을 때 그들에게 어떤 일이 일어났음을 알 수 있습니다. 왜냐하면 예수님이 승천하신 후 오순절이 되기 전인데도 제자들은 크게 기뻐하며 예루살렘으로 돌아갔다고 성경은 기록하고 있기 때문입니다.

"그들이 (그에게 경배하고) 큰 기쁨으로 예루살렘에 돌아가 늘 성전에서 하나님을 찬송하니라"(눅 24:52,53).

그들은 거듭났기 때문에 변하게 되었습니다. 그러므로 요한복음 20장 22절은 교회의 시작을 기록하고 있습니다. 왜냐하면 그때에 제자들이 거듭났기 때문입니다.

거듭났으나 성령의 부으심을 기다림

예수님께서 숨을 내쉬었을 때 성령을 받은 바로 이 사람들이 120문도와 함께 오순절날에 다락방에 모여 있었습니다(행 1:13-15).

바로 이 제자들이 성령의 부으심을 받기 위해서, 즉 성령 세례를 받기 위해서 그리고 성령을 통해 능력을 받기 위해서 다락방에서 기다리고 있었습니다(행 1:8, 눅 24:49).

이것들은 모두 신약의 동일한 경험인 성령의 채우심을 묘사하고 있습니다.

거듭난 이후에 성령으로부터 받는 것이 더 있다

만약에 제자들이 신자가 거듭날 때 성령의 모든 것을 받는다고 가르치는 현대 신학자들과 설교자들의 말을 들었다면, 그들은 성령의 약속과 위로부터 오는 능력을 받기 위해 다락방에서 기다리지 않았을 것입니다.

제자들은 이렇게 말했을 것입니다.

"예수님께서 나에게 숨을 내쉬셨을 때 나는 성령을 받았으므로 성령님은 내 안에 계십니다! 그러므로 나는 성령이 줄 수 있는 모든 것을 받았습니다. 그것이 내가 받은 것의 전부입니다. 끝!"

그러나 우리가 알듯이, 그것이 우리가 받은 전부가 아닙니다. 하나님을 찬양합니다!

하나님께 더 많은 것을 갈망하는가?

오래 전에 나는 순복음 실업인회에서 설교하였습니다. 초청된 강사 중에 한 분인 성령 충만한 성공회 신부가 사람은 거듭날 때 성령으로부터 모든 것을 받는다고 믿는 한 교단의 목사와 나누었던 경험을 전했습니다. 이 성공회 신부가 성령 세례와 방언의 경험에 대해 한 집회에서 설교하고 있을 때, 설교 도중에 그 교단 목사님이 신부가 서 있는 곳으로 달려와 말했습니다.

"내가 당신만큼 성령 충만하다는 것을 알아주기 바랍니다. 그러나 나는 방언을 말하지 않습니다. 또한 방언으로 말할 계획도 없습니다!"

그 성공회 신부는 웃으면서 친절하게 말했습니다.

"좋아요, 목사님! 목사님이 신앙생활에 만족한다면 나도 만족합니다. 그러나 내가 한 가지 질문을 해도 될까요?"

그 교단 목사님이 좋다고 말하자, 신부가 말했습니다.

"당신은 진심으로 당신이 받기 원했던 모든 것을 하나님으로부터 받았습니까? 당신은 필요한 모든 것을 받았습니까? 당신은 하나님께 더 많은 것을 갈망합니까?"

그 목사님은 "예, 그렇습니다. 나는 하나님께 더 많은 것을 갈망합니다"라고 말했습니다.

성공회 신부는 "목사님께서 바로 이 자리에서 무릎을 꿇는다면 내가 안수를 하고 하나님께서 목사님의 갈망을 채워 주시도록 기도하겠습니다"라고 말했습니다.

그 교단 목사님이 무릎을 꿇자, 신부님이 안수를 한 다음 "하나님, 그의 갈급함을 채워주소서!"라고 말했습니다.

그러자 즉시 목사님은 방언을 말하기 시작했습니다. 할렐루야!

성령 세례를 통해서 우리는 하나님께로부터 더 많이 받을 수 있습니다!

위글스워스의 성령 충만에 대한 간증

오랜 세월에 걸쳐서 나는 스미스 위글스워스의 성령 세례에 대한 다양한 사례들을 읽어 보았습니다. 위글스워스가 성령 세례를 받기 전에는 "성령님으로부터 더 받을 필요가 있다"라고 말하는 사람과 논쟁하는 것을 좋아했습니다.

그는 사람들에게 "나는 성령을 받았습니다. 내가 원하는 게 바로 이런 방언입니다"라고 말했습니다.

사람들은 위글스워스에게 말했습니다.

"아니요. 당신에겐 성령 충만이 필요합니다. 그러면 당신은 방언을 말하게 될 것입니다."

그러나 위글스워스는 그가 거듭날 때 이미 받은 것보다 더 많은 것을 성령께 받을 수 있다는 가능성을 인정하지 않았습니다.

그러나 위글스워스는 "그런 방언을 받기"로 결심하였습니다. 그는 집회가 끝나고 집으로 돌아가는 기차를 타기 위해서 준비를 하고 있었습니다. 그는 떠나기 전에 성령 충만한 성공회 신부의 집을 방문하기로 결심하였습니다. 위글스워스가 신부의 집에 도착했을 때 신부는 심방을 나가고 없었습니다.

그러나 신부의 아내가 위글스워스에게 "들어오세요. 내가 기도해 드리겠습니다"라고 말했습니다.

위글스워스는 "사모님께서 내가 그런 방언을 받도록 기도해 주시면 좋겠습니다"라고 말했습니다.

그 신부의 아내는 "당신은 방언을 원하지 말고 성령을 원하세요. 당신이 성령 세례를 받는다면 방언이 성령 세례를 따라오게 될 것입니다. 그러나 방언을 추구하지는 마십시오. 성령을 추구하십시오. 성령으로 세례를 주시는 분이신 예수님을 구하십시오"라고 말했습니다.

위글스워스는 "그러나 나는 이미 성령을 받았습니다. 나는 내가 필요한 것을 알고 있습니다!"라고 주장하였습니다.

신부의 아내는 "조용하시고 눈을 감으세요. 내가 당신을 위해서 기도해 드리겠습니다!"라고 말했습니다.

그녀는 위글스워스의 머리에 안수를 하고 기도를 했습니다.

"오, 주님! 이 가련한 형제님을 도와주세요. 그를 용서하시고 그에게 성령 세례를 주십시오."

그 때 누군가 문을 두드렸고 신부의 아내는 문으로 나갔습니다. 그녀가 가고 나자 위글스워스는 혼자 거기서 무릎을 꿇고 남아 있었습니다. 그 때 갑자기 눈을 감은 채로 환상을 보게 되었습니다. 그 환상 속에서 위글스워스는 텅 빈 십자가와 영광을 받으신 구원자를 보았습니다. 그는 예수님의 보혈이 깨끗하게 하신 것을 알았습니다. 그래서 외쳤습니다.

"정결하다! 정결하다! 정결하다! 나는 예수님의 피로 정결합니다!"

바로 그 때 위글스워스는 그가 더 이상 "정결하다!"라고 말하고 있지 않다는 것을 알게 되었습니다. 그는 이상한 언어로 말하고 있는 것을 알았습니다. 그리고 난후 그는 방언을 말하면서 집으로 되돌아왔습니다(Smith Wigglesworth, *Ever Increasing Faith* (1924; Springfield, Missouri: Gospel Publishing House, 1971), pp.112,113).

위글스워스는 성령 세례를 받은 후에 사람들에게 말했습니다.

"나는 논쟁을 하곤 했습니다. 그러나 이제는 성경 안에 있는 경험을 하고 있으며 논쟁의 영역을 벗어났습니다."

그는 거듭난 이후에 성령으로부터 더 받을 것이 있다는 것을 알았습니다.

방언으로 말하는 것은 거듭남의 증거가 아니다

내가 말했듯이, 하나의 극단이 있는데 그것은 어떤 사람이 거듭날 때 성령으로부터 모든 것을 받을 수 있다는 것입니다. 그리고 또 다른 극단이 있는데 그것은 어떤 사람이 방언을 말하지 못한다면 전혀 성령을 받지 못했다는 것입니다. 이런 주장을 하는 사람들은 예수님께서 제자들이 거듭나도록 숨을 내쉬었을 때 그들은 전혀 성령을 받지 못했다고 주장합니다. 그들은 제자들이 방언으로 말하기 전까지는 성령을 받지 않은 것으로 믿었습니다.

그러나 방언을 말하는 것은 거듭남에 대한 성경적인 증거가 아닙니다. 그것은 성령 세례에 대한 성경적인 증거입니다. 우리는 다음에 이 주제를 자세히 다룰 것입니다.

오직 신자들만이 성령의 채움을 경험할 수 있습니다. 그러므로 제자들은 방언의 증거와 함께 성령 세례를 받기 전에 먼저 거듭나야 했습니다(행 2:4).

그러므로 제자들은 요한복음 20장 22절 말씀처럼 거듭날 때 성령을 받았을까요? 아니면 받지 못했을까요?

그들이 받지 못했다면 예수님은 확실히 제자들에게 우스꽝스런 속임수를 쓴 게 틀림없습니다. 예수님은 확실히 제자들에게 "성령을 받으라"는 말을 하실 때 제자들을 바보 취급한 것이 틀림없습니다!

그러나 그렇지 않습니다.

예수님께서 "성령을 받으라"고 하셨을 때, 그것은 말 그대로의 뜻을 의미했습니다. 제자들은 그 순간에 성령을 받고 거듭남을 체험했습니다. 이때 제자들은 거듭났지만, 50일 후에 똑같은 성령님에 의해 위로부터 오는 능력을 받기 위해서 다른 신자들과 함께 다락방에 모여 있었습니다.

동일한 성령님이 거듭남과 성령 세례에서 역사하신다

나는 젊은 침례교 설교자였을 때 내가 거듭난 것은 성령을 통해서였다는 것을 알았습니다(롬 8:16). 그러나 난 그 당시에 성경을 잘 몰랐습니다. 신자의 삶 속에서 성령님이 두 가지 사역을 약속하고 있다는 것을 이해하지 못했습니다(눅 24:49).

내가 알고 있던 오순절 사람들은 방언을 말하기 전까지는 어떤 성령도 받지 못했다고 말했습니다. 그들의 말을 듣고 난 후, 성령 세례를 받기 위해선 또 다른 "영"을 받아야 한다고 생각했습니다.

내가 성령 세례를 받고 방언을 말했을 때 "아니, 내가 늘 받아서 가지고 있던 것과 똑같은 성령님이네. 두 분의 성령님이 존재하는 것이 아니라, 단지 한 분만 존재하시잖아! 그는 쌍둥이가 아니잖아!"라고 말했습니다.

내가 성령 세례를 받기 전에 나의 침례교 동료들은 내가 오순절파 사람들과 어울리지 말라고 경고를 하곤 했습니다.

그들은 이렇게 말하곤 했습니다.

"오순절 사람들은 착한 사람들이다. 그들은 우리 교회의 사람들보다 더 잘 산다. 하지만 방언을 말하는 것은 마귀에게 속한 것이다."

그들이 그런 말을 할 때 내가 더 이상 대답하지 않았지만, 나는 생각했습니다. '마귀로부터 뭔가 도움이 되는 것을 받는 사람들이 더 나은 삶을 사는 것이 이상하지 않은가'라고 생각했습니다.

특히 침례교 신학교의 한 졸업생은 나에게 오순절 사람들과 방언에 대해서 계속해서 주의하라고 경고를 하였습니다. 내가 성령 세례를 받고 난 후에 나는 서둘러 그를 만나러 갔습니다. 그는 전에 했던 똑같은 경고를 다시 하였습니다.

"해긴 형제님, 나는 당신이 순복음 사람들과 어울리지 않기를 원합니다. 그들이 하는 방언은 마귀에게서 온 것입니다!"

나는 그에게 "그것이 사실이라면 전(全) 남침례교 운동(the whole Southern Baptist movement)은 마귀에게 속한 것입니다!"라고 말했습니다.

그가 놀라서 "무슨 말을 하는 것입니까?"라고 물었습니다.

나는 말했습니다.

"나는 순복음 교회의 목사님 집에서 성령 세례를 받았습니다. 나는 새로운 영을 받은 것이 아닙니다. 내가 침례교에서 거듭날 때 받았던 성령님은 나에게 방언의 말을 주셨던 성령님과 동일한 성령님이십니다!"

나는 성경이 줄 곧 그렇게 가르쳐 왔다는 것을 얼마 전에 알게 되었습니다. 사도행전 2:1-4에서 나오는 제자들처럼, 내가 거듭날 때 나의 영을 재창조하신 그 동일한 성령님으로부터 나는 위에서 오는 능력을 받았습니다.

임하시는 성령: 초자연적인 세계로 들어가는 문

제 4장에서 나누었듯이, 신자들의 삶 가운데 성령님은 아홉 가지의 성령의 열매를 맺는 일과 아홉 가지의 성령의 은사를 나타내는 일을 하신다고 성경은 가르치고 있습니다.

첫째로, 바울이 갈라디아서 5:22, 23에서 열거한 거듭난 사람의 영의 열매가 아홉 가지로 나타납니다. 그 영의 열매는 내주하시는 성령님을 통해서 맺는 것입니다.

두 번째로, 고린도전서 12:7-11에 나오는 아홉 가지 성령의 은사가 있습니다. 그것은 성령의 은사로 알려진 성령의 아홉가지 나타남입니다.

아홉 가지 성령의 초자연적인 나타남으로 들어가는 문은 방언의 증거를 가진 성령 세례입니다.

고린도전서 12:7-11

"각 사람에게 성령을 나타내심은 유익하게 하려 하심이라 어떤 사람에게는 성령으로 말미암아 지혜의 말씀을, 어떤 사람에게는 같은 성령을 따라 지식의 말씀을, 다른 사람에게는 같은 성령으로 믿음을, 어떤 사람에게는 한 성령으로 병 고치는 은사를, 어떤 사람에게는 능력 행함을, 어떤 사람에게는 예언함을, 어떤 사람에게는 영들 분별함을, 다른 사람에게는 각종 방언 말함을, 어떤 사람에게는 방언들 통역함을 주시나니 이 모든 일은 같은 한 성령이 행하사 그의 뜻대로 각 사람에게 나누어 주시는 것이니라."

이 성령의 아홉 가지 은사들은 "… 유익을 주기 …"(고전 12:7) 위해서 주어졌습니다. 바꿔 말하면, 성령의 은사들은 신자들이 다른 사람들을 축복하기 위해서 주어진 것입니다. 우리는 신자의 삶 가운데 역사하는 성령님의 두 가지의 큰 사역을 다음과 같이 정리할 수 있습니다.

내주하시는(indwelling) 성령님은 열매를 맺기(fruit bearing) 위한 것입니다.

충만케 하시는(infilling) 성령님은 봉사(service)를 하기 위한 것입니다.

임하시는 성령: 하나님의 충만함으로 충만해짐

앞에서 보았듯이, 사람이 거듭날 때 성령님이 그 사람 안에 거하시기 위해서 오심으로 성령을 한 분량 받습니다. 성령님은 그 신자 안에서 거하시면서 그를 돕고, 위로하고, 인도하고, 삶에서 열매를 맺도록 하십니다. 그러나 그 신자는 하나님을 더 많이 체험할 수 있습니다. 성령님으로부터 받아야 할 것이 더 많이 있습니다. 멸시하지 않고 더 사모해야 할 깊은 오순절 체험이 있습니다.

하나님은 신자들이 하나님의 모든 충만함 가운데로 들어갈 수 있도록 성령 세례를 통해서 우리 위에 성령을 부어주셨습니다.

에베소서 3:19, 20

"그 너비와 길이와 높이와 깊이가 어떠함을 깨달아 하나님의 모든 충만하신 것으로 너희에게 충만하게 하시기를 구하노라 우리 가운데서 역사하시는 능력대로 우리의 구하거나 생각하는 모든 것에 더 넘치도록 능히 하실 이에게."

바울이 "하나님의 모든 충만하신 것으로 너희에게 충만하게 하시기를 구하노라"라고 말했을 때, 그것은 성령 충만한 신자들을 대상으로 한 말입니다. 바울 서신을 연구할 때, 항상 우리는 그 서신들이 교회들을 대상으로 쓰였다는 것을 기억해야 합니다. 바꿔 말하면, 바울은 거듭나서 영생을 받았을 뿐만 아니라 성령 세례를 받았던 자들에게도 편지를 썼습니다.

신약시대의 교회에서는 모든 사람들이 거듭날 뿐만 아니라 성령 충만을 받고 방언을 말하는 것이 규칙이자 표준이었습니다. 성령 충만을 받지 않은 자들은 규칙을 벗어난 사람들이었습니다. 그러나 오늘날의 교계에서의 상황은 다릅니다. 오늘날의 교계에는 거듭난 자들이 많이 있습니다(나는 순복음 교회들 뿐만 아니라 전체 교계를 두고 하는 말입니다).

그러나 지식이 부족하므로, 많은 신자들이 성령 충만이라는 그들의 풍성한 기업을 누리지 못하고 있습니다. 신자들이 성령 세례를 받을 때에 성령을 더 큰 분량으로 받습니다. 거듭난 신자 안에 성령님이 내주하시는 것은 영의 아홉 가지 열매를 맺도록 들어가는 문이듯이, 성령 충만을 받는 것은 아홉 가지 성령의 은사가 초자연적으로 나타나게 하는 길입니다. 성령 세례를 통하지 않고서 성령의 초자연적인 나타남으로 들어가는 다른 방법은 없습니다.

임하시는 성령: 우리의 삶을 승리하게 하는 능력

바울은 에베소서 3:20에서 우리가 하나님의 충만함으로 충만해져야 한다고 말합니다.

"우리 가운데서 역사하시는 능력대로…"(엡 3:20).

예수님은 제자들에게 말씀하셨습니다.

"오직 성령이 너희에게 임하시면 너희가 권능을 받고…"(행 1:8).

나는 모든 성령 충만한 신자들이 삶에서 승리하기 위해서 필요한 모든 능력을 자기 안에 가지고 있다고 생각합니다. 왜냐구요? 더 크신 분이신 성령님이 내주해 계시기 때문입니다.

이것을 설명하기 위해서 나는 강력한 믿음의 사람이고 성령 충만한 위글스워스의 경험을 인용할 수 있습니다. 한 번은 그가 영국에 있을 때 한 노부부의 딸을 위해서 기도요청을 받은 적이 있었습니다.

그 딸의 부모들은 위글스워스를 위층으로 안내하여, 문을 열더니 그가 들어가도록 뒤로 물러섰습니다. 방바닥에는 한 여인이 누워 있었습니다. 그녀는 제정신이 아니었고 난폭했습니다. 그녀는 5명의 남자들이 붙들어야 했습니다. 문이 열리자, 그 정신나간 여인이 위글스워스를 불타는 눈으로 쳐다보았습니다. 그녀는 방바닥으로부터 일어나면서 5명의 남자를 내팽개쳤습니다. 그들은 그녀를 붙잡을 수 없었습니다. 그녀 안에 있는 악한 영이 위글스워스를 향해 고함을 질렀습니다.

"우리는 많다. 너는 우리를 쫓아낼 수 없다."

위글스워스는 조용히 말했습니다.

"예수님은 쫓아낼 수 있다."

그는 요한일서 4:4 "… 너희 안에 계신 이가 세상에 있는 자보다 크심이라"는 성경 말씀을 기억했습니다. 그리고 그는 그의 밖에 있는 것보다 그의 안에 있는 이가 천 배나 더 크다는 것을 기억했습니다. 그는 하나님이 자신 안에 계심을 담대하게 믿었습니다. 그는 그 여인에게 말했습니다.

"예수님은 할 수 있다. 주 예수 그리스도의 이름으로 명하노니 너희들은 나가라."

마귀는 스스로의 이름을 밝히면서 37마리가 다 나갔습니다. 그 젊은 여인의 정신은 완전히 회복되었습니다. 그녀는 옷을 입고 아래층으로 내려와서 바로 그 날 저녁식사를 함께 하였습니다(*Ever Increasing Faith*, pp.65, 66). 위글스워스가 예수님의 이름으로 그 귀신들을 쫓아냈던 그 동일한 하나님의 능력이 성령 세례를 통해서 모든 신자들에게 부어졌습니다!

임하시는 성령: 초자연적인 기도

우리는 제 4장에서 우리 인생의 인도자로서 성령의 역할을 알아보았습니다. 기억하십시오.

요한복음 16장 13절에서 예수님은 말씀하셨습니다.

"그러나 진리의 성령이 오시면 그(성령님)가 너희를 모든 진리 가운데로 인도하시리니 그가 스스로 말하지 않고 오직 듣는 것을 말하며 장래 일을 너희에게 알리시리라."

성령님은 무엇을 말합니까? 성령님은 하나님이 말한 것을 듣습니다.

성령님은 그가 들은 것을 말할 뿐만 아니라 "… 장래 일을 여러분에게 알리실 것입니다"(요 16:13).

우리는 또한 확대번역성경에서 성령님은 우리의 중보자 되심을 보았습니다.

요한복음 14:16(확대번역성경)

"내가 아버지께 구하겠으니 그가 또 다른 보혜사(위로자, 상담자, 돕는 자, 중보자, 변호자, 힘을 주는 자, 대기자)를 너희에게 주사 영원토록 너희와 함께 있게 하시리니."

성령님이 우리를 인도하시는 첫 번째 방법은 우리 영 안에서 내적 증거를 통해서 인도하십니다. 하지만 또한 성령님은 우리의 기도생활에서 우리를 도우시고 인도하십니다(롬 8:26, 27).

그리고 우리가 성령의 충만을 받을 때 방언기도를 통해서 우리의 개인 기도생활에 새로운 차원이 열리게 됩니다.

기도 중에 내 자신이 체험한 것들

나는 기도 중에 성령님이 나를 인도하시고 장래에 일어날 일들을 보여주시는 많은 체험을 하였습니다. 예를 들면, 오레곤 주에서 집회를 하고 있을 때, 밤에 나는 기도 중에 마음에 많은 부담감을 느꼈습니다. 성령님은 나의 큰 형이 육체적인 어려움을 겪고 있다는 것을 알게 해주셨고, 그러나 곧 괜찮아질 것이라는 것을 보여주셨습니다. 나는 아내에게 말했습니다.

"의사들은 형의 상태가 매우 심각하다고 생각할 거예요. 자연적인 시각에서 보자면 그것은 심각한 상태이지. 그러나 그는 곧 괜찮아질 거예요. 주님께서 그렇게 말씀하셨거든."

바로 몇 시간 후에 나의 누이로부터 장거리 전화를 받았습니다. 그녀는 거의 제정신이 아닌 상태로 말을 했습니다.

"오빠가 사고를 당하였고 허리가 부러졌어요. 그의 상태가 매우 심각해요. 우리가 어떻게 해야 할까요?"

감사하게도 나는 누이에게 말해 줄 수 있었습니다.

"나는 이미 이 일에 대해 내 안에서부터 알고 있었어. 형은 의사들이 생각하는 것처럼 심각하지 않아. 괜찮아질 거야. 초조해 하지 말아라."

후에 의사들이 나의 형에게 말했습니다.

"우리는 이해가 안 됩니다. 엑스레이 상에서 당신의 척추가 완전히 부서졌고 뼈는 두 동강이 났습니다. 당신이 마비되지 않은 이유를 우리는 모르겠습니다."

그러나 나는 이유를 알았습니다. 나의 형은 아이오와 주에 있었고, 오레곤 주에 있는 나에게는 내 안에 중보자가 있었습니다. 성령님께서 이미 그 상황을 알고 대처해 주신 것입니다.

또 한 번은 내가 세인트 루이스에서 사역하기 위해서 혼자 여행하고 있었고, 나의 아내는 아이들을 돌보기 위해서 집에 남아 있었습니다. 어느 날 밤늦게 나는 갑자기 기도할 필요가 있다는 것을 느꼈습니다. 나는 방언으로 기도하기 시작했는데, 계속 기도 중에 집에서 뭔가 잘못된 일이 벌어졌다는 것을 알 수 있었습니다. 나는 누군가의 생명이 위험에 처해졌다는 것을 느꼈습니다. 성령님은 그 사람이 나의 어머니라는 것을 알려 주셨습니다. 나는 계속 기도했습니다.

"주님은 나를 돕는 자입니다. 주님은 나의 중보자입니다. 내가 어머니를 위해서 기도할 수 있도록 도와주십시오."

내가 기도하고 있을 동안에 전화벨이 울렸습니다. 아내가 전화로 어머니가 병원으로 이송되었다고 말했습니다.

"어머니가 매우 심각한 심장발작을 일으켰어요. 의사들은 어머니의 생사여부를 알지 못해요"라고 아내가 말했습니다. 나는 이렇게 말해 주었습니다.

"나는 그것을 알고 있소. 내가 이미 기도하고 있었고, 성령님께서 어머니가 괜찮아질 것이라고 나에게 알려 주었소."

과연 어머니는 괜찮아졌습니다. 하나님을 찬양합니다!

지면이 허락한다면, 나는 이와 관련한 경험들을 더 말할 수 있습니다.

1959년에 아내와 나는 캘리포니아에서 설교하고 있었습니다. 그 때 우리의 딸은 첫 번째 아이를 임신하고 있었습니다. 어느 금요일 밤에 나는 자다가 깨어나게 되었습니다. 나는 자주 깨어서 기도하곤 했습니다. 나는 조용히 누워서 대부분의 기도를 성령님이 주시는 방언으로 기도하곤 하였습니다. 그날 밤 나는 누워서 옆에서 자는 아내를 깨우지 않고 1시간 이상 방언으로 기도하였습니다. 방언기도 후에 예언을 하기 시작했습니다. 때때로 나는 성령님의 인도에 따라 다른 사람에게 뿐만 아니라 내 자신에게도 예언을 하곤 합니다. 내가 계속 예언하고 있을 때, 주님이 말씀하셨습니다.

"나는 팻(Pat)과 함께 있을 것이다. 그녀는 안전하게 순산할 것이다. 그녀의 아기는 태어날 것이니 너는 걱정하거나 두려워할 필요가 없다."

나는 팻(Pat)이 괜찮다는 것을 알고 있었으므로, 주님이 나에게 왜 그런 말씀을 하시는지 의아해 했습니다. 우리는 아기가 태어나기 전에 집에 도착해 있을 것으로 예상했습니다. 나는 바로 그 순간에 딸이 매우 어려운 상황에 처해 있다는 것을 알지 못했습니다. 나는 모든 것이 잘 될 것이고, 딸이 기간을 다 채우고 아기를 낳게 될 것을 주님이 나에게 확신시켜 주는 것이라고 생각했습니다. 주님께서 나에게 말씀하셨습니다.

"너는 나에게 순종했다. 너는 내가 하라고 요구한 것을 다 하였다. 너는 가족과 아이들을 떠나서 그들이 성장하는 8년 동안 85%의 시간을 그들과 떨어져서 지냈다. 너는 내가 하라고 한 것을 다 순종하였으므로 내가 너를 위해서 이 일을 할 것이다."

알다시피, 우리가 하는 일은 우리의 삶뿐만 아니라 우리 아이들과 가족들의 삶에도 영향을 미칩니다. 일주일 후에 우리가 집으로 돌아오는 도중에 담임 목사님으로부터 전화를 받았습니다.

그는 팻(Pat)이 급하게 구급차에 실려서 병원으로 갔다고 말했습니다.

그 목사님은 아기가 조산하게 될 것이라고 우리에게 말했습니다. 그는 이렇게 말했습니다.

"징후가 아주 안 좋습니다. 해긴 목사님! 솔직하게 말씀드리겠습니다. 딸의 상태는 매우 심각합니다. 아기와 산모의 상태는 살아날 가망성이 거의 없어 보입니다."

나는 즉시 기쁨으로 대답했습니다.

"아! 목사님, 그것에 대해서 염려하지 마십시오. 나는 이미 답을 가지고 있습니다. 나는 일주일 전에 답을 받았습니다. 지난 금요일 밤 이 시간쯤 주님께서 나에게 말씀하셨습니다. 아기는 태어날 것이고, 주님께서 팻(Pat)을 순산하게 하실 것이라고 말씀해 주셨습니다. 딸은 건강하게 순산할 것이고 모든 것이 잘 될 것입니다. 나는 기도하지 않을 것입니다. 모든 것이 잘 될 것이기 때문에 나와 함께 기뻐하시면 됩니다."

잠시 후에 성령님이 나에게 "아기가 바로 지금 태어나고 있다"라고 말씀하셨습니다.

나는 시계를 보았고, 아내에게 말했습니다.

"성령님이 방금 나에게 말씀하시기를 아기가 태어나고 있고, 괜찮을 것이라고 말씀하셨소. 아기가 바로 지금 태어나고 있고 살아 있소."

그래서 우리는 주님을 찬양하기 시작했습니다.

그 다음날 아침 사위가 전화를 했습니다.

"모든 것이 잘 되었다고 알려드리려고 전화를 드립니다. 팻(Pat)은 괜찮습니다. 아기도 괜찮습니다. 모든 것이 사랑스럽습니다."

나는 그 아기가 언제 태어났는지 물어보았습니다. 그는 아기가 태어난 정확한 시간을 알려 주었습니다. 그 시간은 성령님이 나에게 알려주신 시간과 정확하게 일치하였습니다. 성령님은 우리의 중보자이시고 인도자이십니다. 우리가 우리의 기도생활에서 그에게 순종한다면 그는 우리를 도와주실 것이고, 때로는 그의 뜻대로 장래에 일어날 일들을 보여주실 것입니다(확대번역성경, 요 14:16, 롬 8:26, 요 16:13).

능력의 원천인 성령과 동역하기

우리는 성령 세례가 성령의 은사들과 하나님의 능력이 초자연적으로 나타나도록 하는 문인 것을 논하였습니다. 하지만 성령의 충만을 받은 많은 신자들이 모든 능력의 원천인 성령과 동역하는 것을 배우는 데에 그들의 가능성을 충분히 발휘하지 못하는 것이 사실입니다.

우리는 자주 성령을 받을 때, 외적인 체험을 너무 신경 쓰거나 자연적인 관점에서 황홀감을 느끼는 것에 너무 관심을 가지므로, 성령 세례를 통해서 우리 안에서 우리를 통하여 계속 일을 하기 위해 오신 성령의 실재성을 놓쳐버립니다.

신자들이 성령 세례를 단지 하나의 체험으로만 여길 때, 그들은 외부적인 나타남인 "그것"에 대해 이야기하면서 그들 안에 거하시는 성령님의 실체를 놓쳐버립니다. 우리는 모든 깨어있는 순간마다 내주하시는 성령님의 존재를 의식해야 합니다.

'더 많은 것'

한 번은 내가 예배를 끝마칠 때 어떤 남자가 나에게 와서 말했습니다.

"해긴 목사님, 목사님께서 나를 위해서 기도해 주시기 원합니다. 나는 내가 현재 가진 것보다 더 많은 것을 필요로 합니다."

나는 말했습니다. "먼저, 왜 당신이 더 많은 것을 필요로 하는지 알아봅시다."

그는 "네, 인생에서 승리하기 위해서입니다"라고 대답했습니다.

나는 말했습니다. "아, 그러면 당신이 인생에서 승리하게 하고, 성공적인 크리스천이 되게 하고, 당신에게 능력을 주고, 당신이 인생에서 시련과 시험을 만날 때 당신을 돕기 위해 당신이 지금 가지고 있는 것보다 더 많은 것을 하나님께서 당신에게 주시도록 내가 기도하기를 원하는군요?"

"예, 예, 예, 바로 그것입니다"라고 그가 소리쳤습니다.

"그래요, 그러면 당신이 지금 가지고 있는 것을 찾아 봅시다. 그리고 당신이 갖고 있지 않은 것을 위해서 우리가 기도할 필요가 있는지 알아봅시다. 당신은 구원 받았습니까?"

"예, 해긴 목사님! 나는 8년 전에 거듭났습니다."

내가 말했습니다. "좋아요. 나는 당신의 간증을 받아들이겠습니다. 마귀가 그것에 대해서 당신에게 시비하지 않도록 주의하십시오."

그리고 나는 계속 말했습니다.

"당신은 예수님께서 '… 우리가(아버지와 예수님) 그에게 가서 거처를 그와 함께 하리라'(요 14:23)고 말씀하시는 이 구절을 읽어보았습니까?"

그는 "예, 읽어 보았습니다"라고 대답했습니다.

"그리고 성령 세례를 받았습니까? 당신은 성령 충만하십니까?"라고 내가 질문했습니다.

"예, 나는 구원받은 1년 후에 성령 충만을 받았습니다."

그런 다음에 나는 그 남자에게 다음 성경 구절을 인용하였습니다.

> "자녀들아 너희는 하나님께 속하였고 또 그들을 이기었나니 이는 너희 안에 계신 이가 세상에 있는 자보다 크심이라"(요일 4:4).

> "너희 몸은 너희가 하나님께로부터 받은 바 너희 가운데 계신 성령의 전인 줄을 알지 못하느냐 너희는 너희 자신의 것이 아니라"(고전 6:19).

그런 다음에 나는 그가 이 성경 구절을 읽어 보았는지 물어 보았습니다.

그는 "예, 나는 그 구절들을 읽어 보았습니다"라고 말했습니다.

"그래요. 당신이 거듭났고 성령 충만하다면 당신은 성부 하나님과, 성자 하나님과, 성령 하나님이 당신 안에 거하시며 당신 안에 살고 계십니다(확대번역성경, 골 2:9, 10). 그러면 형제님! 당신의 인생을 승리로 이끌어 줄 더 이상의 것이 필요 없습니다. 성부 하나님, 성자 하나님, 성령 하나님이 당신을 승리케 못한다면 당신은 결코 승리하지 못할 것입니다!"

"예, 나는 그것을 알고 있습니다. 그러나 나는 능력이 필요합니다."

"나는 당신이 성령을 받았다고 말한 것을 알고 있습니다. 예수님이 말씀하셨습니다. "오직 성령이 너희에게 임하시면 너희가 권능을 받고 …"(행 1:8). 실제로 성령님은 모든 능력의 원천입니다. 만약 당신이 성령 충만을 받았다면 당신 안에 모든 능력의 가능성을 소유하고 있습니다. 당신이 해야 할 일은 능력의 원천인 성령님과 동역하는 것입니다. 당신은 당신이 현재 가진 것에 비추어서 행하는 법을 배워야 합니다. 당신은 당신 안에 계신 성령님이 당신을 위해서 일하시게 하는 방법을 배울 필요가 있습니다."

그가 말했습니다.

"하지만 나는 어떤 능력도 가지고 있지 않는 것처럼 느껴집니다."

나는 다시 사도행전 1:8을 인용해 주었습니다.

"오직 성령이 너희에게 임하시면 너희가 권능을 받고 …"(행 1:8).

"예수님은 여기서 느낌에 대해서 한 말씀도 하시지 않으셨습니다."

그런 다음에 나는 말했습니다.

"사도행전 2:4은 이렇게 말합니다. 저희가 다 성령의 충만함을 받고 성령이 말하게 하심을 따라 다른 방언으로 말하기를 시작하니라"(행 2:4). 이 말씀은 그들이 다른 방언으로 말하는 것처럼 느꼈다고 말하고 있지 않습니다. 이 구절은 그들이 방언을 말했다고 기록하고 있습니다."

나는 그에게 말했습니다.

"예를 들면, 나는 내가 백만 달러를 가진 것처럼 느끼기보다 언제라도 백만 달러를 갖겠습니다. 왜냐하면 느끼는 것은 사용할 수 없기 때문입니다. 그러나 가지고 있는 것은 쓸 수가 있습니다!"

똑같은 원리가 영적인 영역에도 적용이 됩니다. 내가 전혀 기름부음을 느끼지 못했을 때 나는 가장 놀라운 초자연적인 일들이 일어나게 했습니다. 내가 사역을 하면서 내가 아무것도 느끼지 못했을 때 가장 놀라운 치유의 기적들이 일어나게 했습니다. 왜 그렇게 할 수 있었을까요? 그 이유는 더 크신 분이 나를 위해서 일하시도록 하는 법과 느낌과 상관 없이 하나님의 말씀 위에 서는 법을 내가 알고 있었기 때문입니다."

믿음을 느낌이 아닌 말씀 위에 세우기

모든 신자들은 그들 안에 성령님이 내주해 계십니다. 그리고 그들이 성령의 충만을 받았다면 위로부터 오는 능력도 받았습니다. 이 진리는 우리가 어떻게 느끼든지 간에 실재입니다.

성경은 "이는 우리가 믿음으로 행하고 보는 것으로 행하지 아니함이로라"(고후 5:7)고 말합니다. 우리는 우리의 감각이 무슨 말을 하든지 상관없이 하나님의 말씀이 말하는 것을 믿어야만 합니다.

내가 병상에서 믿음의 교훈을 배운 지 55년 이상이 지났습니다. 나는 아무런 느낌이 없었어도 하나님의 말씀에 근거하여 행동하였습니다. 내가 내 속에 계시는 크신 분을 의지하고 단순한 믿음으로 하나님의 말씀 위에서 행동했을 때, 나의 마비된 몸은 10분 안에 즉시 회복되었습니다. 나의 심장병은 사라졌고 불치의 말기 심장질환으로부터 완전히 치유되어서 일어날 수 있었습니다.

그 때 이후로 나는 나의 육체적 감각에 조금도 주의를 기울이지 않았습니다. 왜냐하면 감각은 신자의 삶을 사는데 전혀 어떠한 도움도 주지 않기 때문입니다.

"이는 우리가 믿음으로 행하고 보는 것으로 행하지 아니함이로라"(고후 5:7).

느낌은 육체의 소리입니다. 만일 당신이 느낌에 의해서 살아가고 있다면 당신은 육신에 의해서 지배를 받고 있는 것입니다. 그러나 성경은 우리가 육신을 십자가에 못 박아야 한다고 말하고 있습니다. 육신이 십자가에 못 박힌다면 육신의 소리 또한 십자가에 못 박혀야 합니다. 당신은 느낌에 의해서 살 수 없으며, 느낌에 의해서 살면 성공하는 크리스천이 될 수 없습니다. 왜냐하면 당신이 느낌에 의해서 살아간다면 당신의 영이 아니라 당신의 육이 당신을 지배할 것이기 때문입니다.

또 당신은 이성에 의해서 살 수 없으며, 이성에 의해서 살면 성공하는 크리스천이 될 수 없습니다. 왜냐하면 이성은 혼(mind)의 소리이기 때문입니다. 그러나 당신이 믿음으로 살면 성공하는 크리스천이 될 수 있습니다. 믿음은 영에서 나오기 때문입니다.

믿음으로 사는 것은 당신의 영의 사람이 당신을 지배하도록 하는 것입니다. 믿음으로 사는 것은 당신 안에 거하시는 더 크신 분의 음성을 듣는 것이고 하나님의 말씀과 일치하게 사는 것입니다.

어떻게 우리가 믿음으로 행하고 보는 것으로 행하지 않을 수 있습니까?

우리는 하나님의 말씀을 믿음으로 행하면 됩니다. 보는 것으로 행하면 보상이 전혀 없습니다.

하나님께서 그의 말씀을 통해서 우리에게 말씀하실 때 느낌에 의해서 행하면 아무런 보상이 없습니다.

우리는 하나님의 말씀이 말하는 것을 듣고 그대로 행해야만 합니다. 믿음으로 행하면, 즉 단순히 하나님의 말씀대로 살면 항상 보상이 따릅니다.

왜냐하면 하나님은 약속한 것을 진실하게 지키시는 분이기 때문입니다(히10:23).

우리가 우리 안에 거하시는 더 크신 분을 의존하는 법을 배울 때, 또 우리가 성령 충만해질 때 하나님의 능력이 우리에게 나타나고 성령의 초자연적인 나타남이 성령의 뜻대로 우리를 통해서 작용하게 됩니다. 우리는 우리 안에 거하시고 우리를 충만케 하시는 더 크신 분이 우리를 위해서 일하시게 하는 법을 배울 필요가 있습니다. 우리가 그렇게 할 때 우리는 보는 것으로 행하거나, 환경을 초월하여 보거나, 혹은 느낌에 의해서 지배받을 필요가 없습니다. 우리는 우리의 육체적인 한계와 자연적인 환경을 초월하여, 성령의 능력을 통해서 초자연적인 영역으로 들어갈 수 있습니다!

연구를 위한 질문

1. 예수님께서 제자들에게 내주하시는 성령의 임재를 약속하셨는데, 그 약속은 언제 성취되었습니까?

2. 하나님은 언제 성령을 부어 주셨으며, 누구에게 성령을 부어 주셨습니까?

3. 성령의 부으심, 성령 세례, 능력을 받음은 모두 신약에서 어떤 경험을 묘사하는 것입니까?

4. 방언을 말하는 것은 ( )( )( )( )( )( )의 성경적 증거입니다.

5. 성령의 아홉 가지 초자연적인 나타남으로 들어가는 문은 무엇입니까?

6. 왜 하나님께서 성령 세례를 통해 우리 위에 성령의 은사를 부어 주셨습니까?

7. 모든 성령 충만한 신자들은 삶에서 승리하기 위해 필요한 모든 능력을 자기 안에 가지고 있습니다. 왜 그렇습니까?

8. 성령님이 우리를 인도하는 첫 번째 방법은 무엇입니까?

9. 모든 깨어있는 순간에 우리는 무엇을 의식하고 있어야 합니까?

10. 우리는 하나님의 말씀이 말하는 것을 믿어야만 합니다. 무엇과 상관 없이 믿어야 합니까?

6

방언으로 말하는 것이 얼마나 중요한가?

6

방언을 말하는 것보다 성령 충만하게 되는 것이 더 중요합니다. 그러나 방언은 성령 충만의 첫 번째 증거이므로 성령을 받을 때 빠질 수 없는 중요한 부분입니다(행 2:4).

또한 바울이 "… 방언을 더 말하므로 하나님께 감사하노라"(고전 14:18)고 말한 것처럼, 방언을 말하는 것은 신자의 헌신적인 기도생활에 필수적인 부분입니다.

나 역시도 바울의 말에 동감하며 말합니다. "내가 방언을 말하므로 하나님께 감사합니다."

방언은 폐하여졌는가?

오늘날 교계의 많은 사람들이 이렇게 말합니다. "방언은 폐하여졌습니다. 왜냐하면 성경이 방언은 폐하여질 것이라고 말하고 있기 때문입니다." 성경은 언젠가 방언이 폐하여질 것이라고 말하고 있지만, 그 시기가 현재의 교회시대라고는 말하고 있지 않습니다. 그래서 방언이 이미 폐하여졌다는 것을 입증하기 위해서 사람들은 고린도전서 13:8-12 말씀을 인용하곤 합니다.

고린도전서 13:8-12

"사랑은 언제까지나 떨어지지 아니하되 예언도 폐하고 방언도 그치고 지식도 폐하리라 우리는 부분적으로 알고 부분적으로 예언하니 온전한 것이 올 때에는 부분적으로 하던 것이 폐하리라 내가 어렸을 때에는 말하는 것이 어린 아이와 같고 깨닫는 것이 어린 아이와 같고 생각하는 것이 어린 아이와 같다가 장성한 사람이 되어서는 어린 아이의 일을 버렸노라 우리가 지금은 거울로 보는 것 같이 희미하나 그 때에는 얼굴과 얼굴을 대하여 볼 것이요 지금은 내가 부분적으로 아나 그 때에는 주께서 나를 아신 것 같이 내가 온전히 알리라."

그들은 10절 말씀을 인용하여, 성경이 "온전한 것"인데, 성경은 이미 우리에게 와 있기 때문에 방언이 폐하여졌다고 주장합니다. 그들은 우리가 지금 온전한 형태의 성경을 가지고 있으므로 우리는 더 이상 "부분적으로 하던 것"(이것에 초자연적인 은사들도 포함됨)이 필요하지 않다고 말합니다(고전 13:10).

물론 성경은 온전하지만, 성경에 대한 우리의 깨달음은 온전하지 않습니다.

그러므로 "온전한 것"이 올 때까지 우리는 여전히 이생에서 "거울로 보는 것같이 희미하게" 보게 될 것입니다(고전 13:12). 그러므로 "부분적으로 하던 것"(고전 13:10)은 폐하여지지 않았습니다.

고린도전서 13:8

"사랑은 언제까지나 떨어지지 아니하되 예언도 폐하고 방언도 그치고 지식도 폐하리라."

방언이 폐하였다고 말하는 사람들은 지식(knowledge)이 폐하여졌다는 것에 대해서는 어떤 것도 말하지 않습니다!(고전 13:8). 그러나 그들이 8절 말씀을 인용하려면 8절 전체를 인용할 필요가 있습니다.

"… 예언도 폐하고 방언도 그치고 지식도 폐하리라"(고전 13:8).

10절은 온전한 것이 올 때, 우리는 얼굴과 얼굴을 맞대고 볼 것이고 거울로 보듯이, 희미하게 보지 않을 것이라고 말합니다. 그 때는 예언과 방언과 지식이 사라지고 존재하지 않을 것입니다. 그러나 내가 말했듯이, 그것은 이 교회시대가 아닙니다.

그러나 우리는 여전히 희미한 거울을 통해 보고 있으므로, 온전한 것이 아직 오지 않은 것이 분명합니다. 그러므로 예언과 방언과 지식이 사라지거나 폐하여지지 않았습니다. 지식은 사라지지 않았습니다. 예언도 끝났거나 폐하여지지 않았습니다. 그러므로 방언도 폐하여지지 않았습니다. 그러나 언젠가 방언은 그칠 것입니다. 천국에서는 온전한 것이 올 것이기 때문에 방언이 필요하지 않을 것입니다(고전 13:10).

고린도전서 14:2

"방언을 말하는 자는 사람에게 하지 아니하고 하나님께 하나니 이는 알아 듣는 자가 없고 영으로 비밀을 말함이라."

고린도전서 14:2을 모팻 번역본(Moffatt's translation)으로 봅시다.

고린도전서 14:2(모팻 번역본)

"방언으로 말하는 자는 사람에게 하지 아니하고 하나님께 말을 합니다. 누구도 그의 말을 이해하지 못합니다. 그는 영으로 하나님의 비밀을 말하고 있습니다."

우리가 천국에 갈 때, 그 곳에는 더 이상 신비나 비밀이 없을 것입니다. 그래서 방언으로 말할 필요가 없을 것입니다. 그러나 우리가 이생에 사는 날 동안은 방언이 그치지 않을 것입니다.

방언은 모든 신자들을 위한 것인가?

전에 언급했듯이, 방언을 말하는 것보다 성령 충만하게 되는 것이 더 중요합니다. 그러나 방언으로 말하는 것은 성령 충만하게 된 첫 번째 증거입니다.

방언으로 말하는 것을 믿는다고 주장하지만, 방언이 모든 신자에게 필요하다고는 생각하지 않는 자들이 있습니다. 그러나 성령 세례는 모든 믿는 자들을 위한 것입니다(행 2:38,39).

그러므로 성령 충만의 증거로서 방언으로 말하는 것 또한 모든 믿는 자들을 위한 것입니다.

방언이 모든 신자에게 필요한 것은 아니라고 주장하는 자들은 그들의 주장을 입증하기 위해서 고린도전서 12:30 "… 다 방언을 말하는 자이겠느냐 …"는 말씀을 인용합니다.

그런데 어떤 사람은 성경의 어떤 구절에서 한 부분을 취하거나 문맥과 상관없이 한 구절을 취하여 그 말씀으로 어떤 것을 입증하려 합니다. 그러나 우리는 저자가 말하는 것을 이해하기 위해서 전체 문맥을 읽어야 합니다.

바울이 고린도전서 12:30에서 "… 다 방언을 말하는 자이겠느냐 …"라고 말하는 것을 이해하기 위해서 우리는 고린도전서 12장 전체를 읽어야 합니다. 그렇게 했다면, 27-30절을 특별히 주목해서 봅시다.

고린도전서 12:27–30

"너희는 그리스도의 몸이요 지체의 각 부분이라 하나님이 교회 중에 몇을 세우셨으니 첫째는 사도요 둘째는 선지자요 셋째는 교사요 그 다음은 능력을 행하는 자요 그 다음은 병 고치는 은사와 서로 돕는 것과 다스리는 것과 각종 방언을 말하는 것이라 다 사도이겠느냐 다 선지자이겠느냐 다 교사이겠느냐 다 능력을 행하는 자이겠느냐 다 병 고치는 은사를 가진 자이겠느냐 다 방언을 말하는 자이겠느냐 다 통역하는 자이겠느냐."

사역 은사와 영적 은사의 차이

바울이 이 구절에서 말하는 것은 무엇일까요? 그는 영적 은사가 아니라 *사역 은사*에 대해서 말하고 있습니다. 사역 은사는 오중 사역으로 하나님께 부름 받은 그리스도의 몸된 교회 안에 있는 사람들입니다(엡 4:11,12).

고린도전서 12:27에 열거된 사도들, 선지자들, 교사들 등등은 하나님께서 교회에 세우신 사역 은사입니다.

예를 들어, 첫째로 "사도들"은 영적인 은사가 아니라 한 직분, 즉 *사역 은사*(ministry gift)입니다.

둘째로, "선지자들"은 영적인 은사가 아니라, *사역 은사*입니다.

셋째로, "교사들", 즉 교사의 직분은 영적인 은사가 아니라 사역 은사, 즉 *그리스도의 몸된 교회를 위해 사역하도록 부름 받은 자*입니다.

그러므로 고린도전서 12:27–30에서 바울은 영적인 은사가 아니라 *사역 은사*, 즉 오중 사역을 위해 부름 받은 자들을 얘기하고 있습니다.

사역 은사(ministry gifts)와 *영적 은사*(spiritual gifts)의 차이점을 이해하기 위해서 아홉 가지 영적 은사들, 즉 성령의 은사들을 봅시다. 바울은 12장 첫 부분에서 이것들을 열거하고 있습니다.

고린도전서 12:8–10

"어떤 사람에게는 성령으로 말미암아 지혜의 말씀을, 어떤 사람에게는 같은 성령을 따라 지식의 말씀을, 다른 사람에게는 같은 성령으로 믿음을, 어떤 사람에게는 한 성령으로 병 고치는 은사를, 어떤 사람에게는 능력 행함을, 어떤 사람에게는 예언함을, 어떤 사람에게는 영들 분별함을, 다른 사람에게는 각종 방언 말함을, 어떤 사람에게는 방언들 통역함을 주시나니."

성경은 "각 사람에게 성령의 나타남을 주심은 유익하게 하려 하심이라"(고전 12:7)고 말하고 있으므로, 성령의 은사들은 사역 은사들, 즉 오중 사역에로 부름 받은 자들 뿐만 아니라 평신도를 통해서도 나타날 수 있습니다.

그러나 *그리스도의 몸된 교회 안에서 그들의 직분 혹은 기능을 수행하기 위해서 어떤 성령의 은사들로 특별히 준비된 오중 사역자들이 있습니다.* 우리는 그런 사람들을 영적인 은사들이나 성령의 은사들이라고 부르지 않습니다. 그들은 하나님께서 *교회에 세우신 사역들*(ministries) 혹은 *사역 은사들*(ministry gifts)입니다.

바울은 에베소 교회에 편지를 쓰면서 이 사역의 은사들에 대해서 말하고 있습니다. 바울은 예수님이 승천하실 때 "… 사로잡혔던 자를 사로잡으시고 사람들에게 선물을 주셨다"(엡 4:8)라고 말했습니다.

그 선물들이 무엇입니까? 바울은 그것들을 열거합니다. 그것들은 예수님께서 *교회에 세우신 사역의 은사들(ministry gifts)*입니다.

에베소서 4:11, 12

"그가 어떤 사람은 *사도*로, 어떤 사람은 *선지자*로, 어떤 사람은 *복음 전하는 자*로, 어떤 사람은 *목사*와 *교사*로 삼으셨으니 이는 성도를 온전하게 하여 봉사의 일을 하게 하며 그리스도의 몸을 세우려 하심이라."

다섯 개의 사역 은사들 혹은 직임들이 있습니다. 그들은 하나님에 의해서 오중 사역으로 부름 받은 그리스도의 몸인 교회 안에 있는 자들입니다.

이제 고린도전서 12:28을 문맥을 통해서 봅시다. 그러면 우리는 바울이 "… 다 방언 말하는 자이겠느냐?"(고전 12:30)라고 말한 의미를 이해하게 될 것입니다.

고린도전서 12:28에서도 바울은 사역 은사들을 나열하고 있지만, 약간 다른 방식으로 그것들을 나열하고 있습니다.

고린도전서 12:28

"하나님이 교회 중에 몇을 세우셨으니 *첫째는 사도요 둘째는 선지자요 셋째는 교사요 그 다음은 능력을 행하는 자요 그 다음은 병 고치는 은사와 서로 돕는 것과 다스리는 것과 각종 방언을* 말하는 것이라."

이제 이 사역 은사들의 각각을 살펴 봅시다. 그러면 "다 방언을 말하는 자이겠느냐?"라는 이 구절을 이해할 수 있을 것입니다.

우리가 말했듯이, *고린도전서 12:28에도 언급된 "사도들", "선지자들", "교사들"은 오중* 사역의 직분*을 가진 자들을 나타냅니다.*

또한 바울은 "돕는 사역"도 포함시키고 있습니다. 왜냐하면 돕는 사역을 하는 자들은 오중 사역자들을 돕기 때문입니다. 그러면 "능력"(기적, miracles)과 "병 고치는 은사들"은 무엇입니까?(고전 12:28).

능력(기적)과 병 고치는 은사들

이 "능력"(miracles)의 은사와 "병 고치는 은사들"(gifts of healings)은 사역의 은사, 즉 복음전도자 직분(the office of the evangelist)을 나타냅니다. "능력"과 "병 고치는 은사들"로서 *복음전도자의 직분*을 나타내는 것을 제외하고는 복음전도자의 사역이 여기에 전혀 열거되어 있지 않습니다.

빌립은 신약에 나타난 복음전도자의 유일한 본보기입니다. 우리는 복음전도자의 사역을 나타내는 "능력"(기적)과 "병 고치는 은사들"이 그의 사역에서 나타났음을 알 수 있습니다.

사도행전 8:5-7

"빌립이 사마리아 성에 내려가 그리스도를 백성에게 전파하니 무리가 빌립의 말도 듣고 행하는 표적도 보고 한마음으로 그가 하는 말을 따르더라 많은 사람에게 붙었던 더러운 귀신들이 크게 소리를 지르며 나가고 또 많은 중풍병자와 못 걷는 사람이 나으니."

나중에 빌립은 복음전도자로 부름을 받았습니다.

사도행전 21:8

"이튿날 떠나 가이사랴에 이르러 일곱 집사 중 하나인 전도자 빌립의 집에 들어가서 머무느니라."

어떤 사람이 신약의 복음전도자라면 그는 기적을 행함과 병 고치는 은사들과 같은 초자연적인 은사들로 준비가 되어 있어야 합니다. 실제로 복음전도자의 직분을 충족시키기 위해서는 적어도 이 두 가지 은사들은 가지고 있어야 합니다.

자주 우리는 권고하는 자들(exhorters)을 복음전도자들(evangelists)이라고 부릅니다. 다른 말로 하면, 권고하는 자들은 그저 죄인들이 구원 받도록 권고할 뿐, 실제론 신약의 복음전도자들이 아닙니다. 그들은 권고하는 자들입니다.

권고하는 자들은 그들의 사역에서 기적을 행하는 은사나 병 고치는 은사들이 나타나지 않습니다. 그들은 권고를 하는 자들입니다. 그것이 그리스도의 몸된 교회 안에서 그들이 하는 기능입니다. 그들은 사람들이 구원 받도록 권고는 할 수 있지만, 초자연적인 은사들이 그들의 삶이나 사역에서 꾸준히 나타나지 않습니다. 바울은 로마서에서 권고하는 자들에 대해서 말하고 있습니다(롬 12:8).

돕는 사역

돕는 사역(the ministry of helps)도 고린도전서 12:27-30에 포함됩니다. 오중 사역자들을 돕기 위해서 하나님께 부르심 받고 기름 부음 받은 그리스도의 몸 안에 있는 자들이 있습니다. 28절은 이런 사역을 "돕는 것"(helps)이라고 부릅니다. 그들의 역할은 사역에 부르심 받은 자들을 지원하는 것입니다.

다스리는 사역

또한 목사의 사역이나 직분도 이 구절에는 열거되어 있지 않습니다. 그러나 다스리는 직분(the office of governments)은 목사의 직분을 나타냅니다. 왜냐하면 목사는 교회의 대표이기 때문입니다. 목사는 지역 교회에서 다스리며 목회를 합니다.

각종 방언을 하는 것

고린도전서 12:28에서 열거된 또 다른 *사역 은사*는 각종 방언을 하는 것입니다. 바울은 이 구절에서 주제를 바꾸지 않았습니다. 그는 여전히 성령의 은사들을 말하는 것이 아니라 *사역 은사들* 혹은 오중사역의 직분들에 대해서 말하고 있습니다.

바꿔 말하면, 이 구절에서 바울은 "다 사도이겠느냐(아니다!) 다 선지자이겠느냐(아니다!) 다 교사이겠느냐(아니다!) 다 능력을 행하는 자이겠느냐(아니다!) 다 병 고치는 은사를 가진 자이겠느냐(아니다!) …"(고전 12:29,30)라고 말하고 있으므로, 성령 충만을 받고 개인의 기도 은사인 방언에 대해서 말하고 있는 것이 아닙니다.

그런 다음, 바울은 "… 다 방언을 말하는 자이겠느냐 다 통역하는 자이겠느냐"라고 말합니다(고전 12:30). 그 대답은 "아니다"입니다. 모든 사람이 다 사역 은사로서 방언을 말하지는 않습니다. 바울은 여기서 믿는 자들이 성령 충만을 받고, 개인의 기도생활에서 방언을 하는 것에 대해서 말하고 있지 않습니다. 그러나 모든 신자들이 방언으로 자기 자신과 하나님께 기도하는 것은 장려되어야 합니다(고전 14:2,4).

바울은 통변이 있는 공적 집회에서 사역 은사로서 방언으로 사역하는 것에 대해 말하고 있는데, 모든 사람들이 다 그렇게 할 수 있는 것은 아닙니다. 통변이 있는 공적 집회에서 계속 방언으로 사역하는 것은 선지자 직분과 가장 밀접한 관련성이 있는 각종 방언을 하는 사역 은사를 의미하는데, 모든 신자들이 그 은사를 가진 것은 아닙니다. 이것은 가끔씩 방언이나 통변에 사용되는 신자를 말하는 것이 아닙니다.

물론 모든 신자들은 개인적인 기도생활에서 방언으로 말하는 은사를 가질 수 있습니다. 성령의 은사들은 모든 신자들을 위한 것입니다. 그러나 *사역 은사들*은 오중 사역을 위해 부르심 받은 자들에게만 적용됩니다.

때때로 평신도들도 고린도전서 12:10에 열거된 성령의 은사들인 방언과 통변의 은사가 나타날 수 있습니다. 그러나 고린도전서 12:28에 열거된 각종 방언은 평신도들이 방언으로 말하는 것을 언급하는 것이 아니라 *오중 사역 은사*의 직분을 언급하고 있는 것입니다.

고린도전서 12:28

"하나님이 교회 중에 몇을 세우셨으니 첫째는 사도요 둘째는 선지자요 셋째는 교사요 그 다음은 능력이요 그 다음은 병 고치는 은사와 서로 돕는 것과 다스리는 것과 각종 방언을 하는 것이라."

고린도전서 14:27, 28

"만일 누가 방언으로 말하거든 두 사람이나 많아야 세 사람이 차례를 따라 하고 한 사람이 통역할 것이요 만일 통역하는 자가 없으면 교회에서는 잠잠하고 자기와 및 하나님께 말할 것이요."

바울은 여기서 방언과 통변으로 준비된 오중 사역의 은사 중 하나에 대해서 말하고 있습니다. 이렇게 영적으로 준비된 각종 방언은 오중 사역의 하나인 선지자 직분에 부르심을 받은 자들을 통해서 꾸준히 나타나게 됩니다.

공적인 사역에서의 방언 통변

오랫동안 나는 통변의 은사를 통해서 사람들에게 사역하였습니다. 이제 나는 예언에서도 똑같은 일을 하고 있습니다. 어떤 사람이 한 번에 단지 하나의 은사만을 반드시 드러내는 것은 아니라는 것을 아는 것이 중요합니다. 자주 영적인 은사들은 함께 작용합니다. 무지개의 색깔처럼 그것들은 때로 함께 나타나며, 이쪽에서 다른 쪽으로 흘러넘칩니다.

예를 들어, 나는 통변을 통해서 사람들에게 치유사역을 해 왔습니다. 나는 그들이 죽음에서 살아나는 것을 보았고, 그들은 지금도 건강하게 살아 있습니다. 그러한 경우에 치유의 은사들은 방언통변과 함께 작용합니다. 또한 자주 성령님은 통변을 통해서 사람들의 마음속의 비밀을 드러낼 것입니다. 그리고 때로는 통변을 통해서 하나님의 영이 나를 통해서 목사님들에게 그들의 필요와 그들의 마음의 소원을 말씀해 주셨습니다.

방언의 가치

많은 사람들이 방언은 모든 사람들을 위한 것이 아니고, 방언은 가장 작은 성령의 은사 중 하나라고 믿음으로써, 하나님께서 그들에게 주려고 계획한 축복들을 빼앗깁니다.

나는 성령 세례를 받기 전에 종종 "우리는 지혜와 지식을 가지고 있다. 그리고 그것들이 성령의 더 큰 은사들이다"라고 말하곤 했습니다(성경은 지혜와 지식 자체가 성령의 은사나 영적인 은사라고 말한 적이 한 번도 없습니다. 그러나 그 당시 나는 그것을 알 수 있을 만큼 충분한 이해력을 가지고 있지 못했습니다).

성경은 "어떤 이에게는 성령으로 말미암아 지혜의 말씀을, 어떤 이에게는 같은 성령을 따라 지식의 말씀을"(고전 12:8)이라고 말합니다. 그러나 여기서 성경은 지혜와 지식에 대해서 전혀 말하고 있지 않습니다. 지혜의 말씀과 지식의 말씀, 즉 영적인 은사에 대해서 말하고 있습니다.

전에 말했듯이, 성령 충만을 받기 전에 나는 "우리는 지혜와 지식을 가졌고, 그것들이 중요한 은사다"라고 말하곤 했습니다. 또한 나는 "오늘날 오순절 교단의 일부가 고린도전서 12:8-10 후반부에 언급된 이 작고 오래된 은사(방언의 은사)를 가지고 있을지 모른다. 그러나 그 은사는 그렇게 중요하지 않다. 그래서 우리는 그 은사가 필요하지 않다"라고 말하곤 했습니다.

그러나 놀랍게도, 하나님의 영은 말씀을 통해서 나에게 이 영적 은사가 가치있는 것이며, 나에게 필요한 것임을 보여주기 시작했습니다. 나는 방언의 증거가 따르는 성령 충만을 받을 필요가 있었습니다. 주님은 말씀을 통해서 내가 성령 충만하게 될 때 방언을 말하게 될 것이라고 말씀하셨습니다(행 2:4).

하나님의 영은 말씀을 통해서 방언은 성령 충만의 첫 번째 증거이자 표시임을 나에게 계시해 주셨습니다. 사도행전 2장 4절은 "저희가 다 성령의 충만함을 받고 성령이 말하게 하심을 따라 다른 방언으로 말하기를 시작하니라"고 말하고 있습니다. 그러나 방언은 성령 충만을 받은 첫 번째 경험이고, 그것으로 끝나는 것이 아닙니다. 방언은 하나님을 경배하기 위해서 평생 동안 계속되는 경험입니다.

하워드 카터(Howard Carter)는 "방언은 결코 마르지 않는 흐르는 시내이며, 끊임없이 영적인 삶을 풍성하게 만들어 줍니다"라고 말했습니다(Howard Carter, *Question and Answers on Spiritual Gifts*(Tulsa, Oklahoma: Harrison House, Inc., 1976), p.120).

고린도 교회에 편지할 때 바울은 개인 기도생활에서 방언기도를 하라고 고린도 교인들에게 권면하고 있음을 유의해 보십시오. 그리고 그에 대한 수많은 이유를 말하고 있습니다.

바울은 "방언을(an unknown tongue)말하는 자는 자기의 덕을 세우고…"(고전 14:4)라고 말합니다. "unknown"이라는 이 단어는 킹제임스 번역본을 보면 이탤릭체로 되어 있습니다. 킹제임스 번역본에서 이 탤릭체로 표기된 단어는 원본에는 없는 단어임을 의미합니다. 그 단어는 뜻을 명확히 하기 위해서 번역자들에 의해서 추가된 것입니다(역자 주: 우리 개역개정 또는 개역한글성경에는 '모르는 말' 대신 '방언'으로 번역되어 있는데, 저자는 KJV을 사용하기 때문에 unknown tongue에 대한 설명을 이렇게 자세히 하고 있는 것입니다).

그러므로 어떤 의미에서 보면, 모르는 말(unknown tongue)이란 것은 존재하지 않습니다. 킹 제임스성경의 번역자들은 방언은 말하는 자가 알지 못한다는 생각을 독자들에게 전달하기 위해서 이 "unknown"이라는 단어를 첨가하였습니다.

그러나 방언은 반드시 모든 사람들이 못 알아듣는 것은 아니며, 하나님이 결코 못 알아듣는 것도 아닙니다. 예를 들면, 나는 다양한 모임에서 공적으로 방언을 말할 때 내가 한 번도 배운 적이 없는 수많은 다양한 언어(히브리어나 중국어 같은 언어)를 말합니다. 그리고 참석한 어떤 사람들은 내가 말하는 것을 이해합니다. 그러나 누군가가 지금 나에게 이들 언어를 말하라고 요구한다면, 나는 그것을 한 마디도 하지 못합니다. 그런 의미에서 방언은 나에게는 모르는 말이지만 모든 사람이 못 알아듣는 것은 아닙니다. 그리고 하나님은 그 방언을 다 알아듣습니다.

어떤 유대인이 텍사스에서 열린 나의 집회에 참석하였습니다. 그는 그리스도를 메시아로 믿지 않았고, 신약 성경도 믿지 않았습니다. 내가 설교를 마칠 때 방언으로 말했고 그것은 통변이 되었습니다. 이 유대인은 예배가 끝난 후 나에게 와서 말했습니다.

"목사님, 당신은 오늘밤 내가 다른 어떤 사람에게서도 듣지 못한 아람어로 말했습니다. 사실 아람어로 말하는 유대인은 없습니다. 나는 목사님이 그것을 통역하기 시작했을 때 무엇을 하려고 하는지 의아해했습니다."

"그래요. 내가 어떻게 했었나요?" 내가 말했습니다.

"오, 목사님은 유창하게 말했습니다."

"좋아요. 나는 내가 무슨 말을 하는지 몰랐습니다."

"뭐라고요? 목사님이 아람어를 모른단 말입니까?" 그가 말했습니다.

"예, 나는 모릅니다. 나는 내가 무슨 말을 하는지 몰랐습니다. 나는 신약의 고린도전서 14장에서 말씀하신대로 다른 방언으로 말하고 통변을 했을 뿐입니다." 내가 대답했습니다.

"아, 나는 신약을 믿지 않아요." 그가 대답했습니다.

"그래요. 그러면 나는 당신에게 그것에 대해서 말해 줄 수 없겠군요. 왜냐하면 내가 오늘밤에 한 것(방언과 방언 통변)은 신약에 나오는 것입니다. 당신도 알다시피, 구약에서는 방언과 방언통변을 제외하고 모든 성령의 은사들이 나타났지요. 방언과 방언통변은 하나님의 섭리에 의해 신약시대에 부어진 것입니다."

그가 말했습니다.

"목사님이 오늘밤에 한 것이 신약에 나와 있단 말입니까?"

"예, 그것은 신약에 나와 있습니다. 당신은 구약을 알고 있습니다. 그렇죠?" 내가 물었습니다.

"네, 알고 있습니다. 그러나 나는 예수님을 인정하지 않습니다. 사실은 이번이 내가 처음으로 그의 이름을 부른 것입니다. 그는 메시아가 아닙니다."

"그래요, 당신은 구약을 알고 있습니다. 구약시대에 하나님의 선지자들은 성령으로 기름부음 받았습니다. 우리는 어떤 선지자에게 지혜의 말씀이 부어지는 것을 보았습니다. 그리고 다른 선지자들에게는 지식의 말씀, 영분별, 믿음의 은사 혹은 특별한 믿음이 부어지고 나타나는 것을 보았습니다."

나는 계속해서 말했습니다.

"그리고 우리는 치유의 은사들과 기적을 행하는 은사와 예언의 은사를 보았습니다. 고린도전서 12:8-10에 열거된 모든 성령의 은사들이(방언과 통변을 제외하고) 구약의 여러 시대에 나타났습니다. 구약의 어느 누구도 방언을 말하거나 통변을 한 사람은 없습니다. 왜냐하면 방언과 통변은 하나님의 섭리에 의해 신약시대에 부어진 것이기 때문입니다."

그가 말했습니다. "그것이 신약에 나온다면 나에게 그것을 보여 주세요. 나는 그것을 한 번도 읽어보지 못했지만 한 번 봅시다."

나는 나의 성경책을 펴서 고린도전서 14장을 그에게 읽어 주었습니다.

그러자 그가 말했습니다. "그렇군요. 당신도 알다시피, 내가 틀릴 수도 있겠군요. 나의 인생에서 두 번째로 예수를 저주하지 않고 그의 이름을 말하는군요. 예수가 메시아일 수도 있겠군요. 나는 목사님의 집회에 다시 오겠습니다."

하나님을 찬양합니다. 방언과 방언통변은 단지 신자들의 유익을 위해서만 존재하는 것이 아닙니다. 방언과 통변은 불신자들에게도 역사할 수 있습니다(고전 14:22).

어떤 사람들은 모든 방언은 기도이며, 방언으로 말하는 자들은 하나님께만 기도하는 것이고, 하나님은 그 방언의 말을 이해할 수 있는 유일한 존재라고 믿습니다.

그러나 내가 기도하고 있었더라면 그 유대인은 내가 기도하고 있는 것을 알았을 것입니다.

그러나 나는 기도하고 있지 않았습니다. 나는 방언으로 청중에게 말하고 있었고 그 다음에 통변이 왔습니다. 그 방언통변은 그 남자에게 역사를 한 것입니다.

모든 방언이 기도는 아닙니다. 예를 들면, 다른 사람의 유익(benefit)을 위해서 나타나는 방언과 통변도 있습니다. 또한 방언을 개인 기도생활에 사용하는 경우도 있습니다(고전 14:2).

> "방언을 말하는 자는 사람에게 하지 아니하고 하나님께 하나니 이는 알아 듣는 자가 없고 영으로 비밀을 말함이라"(고전 14:2).

여기서 바울은 각종 방언, 즉 공적인 집회에서 *사역 은사*로서 방언을 하는 것에 대하여 말하고 있지 않습니다. 바울은 성령 충만한 개인이 기도생활에서 방언을 사용하는 것을 말하고 있습니다. 고린도전서 14장 2절은 "… 영으로 비밀을 말함이라"고 말합니다. 모팻 번역본은 "… 그가 성령 안에서 하나님의 비밀들을 말하고 있습니다"라고 말합니다.

성령 충만한 신자들에게 방언을 주신 것은 그 방언으로 하나님을 경배하고 기도하는데 계속 사용하기 위해서입니다. 그리고 하나님을 경배하는 것은 기도의 한 형태입니다.

성경은 사도행전 10장 46절에서 고넬료와 그의 가족들이 방언으로 말한 것을 기록하고 있습니다.

"이는 방언을 말하며 하나님 높임을 들음이러라."

방언으로 말하는 것은 하나님을 높이는 초자연적인 방법입니다. 또한 방언은 영적인 덕을 세우는 데에도 사용됩니다. 성경은 "방언을 말하는 자는 자기의 덕을 세우고 …"(고전 14:4)라고 말합니다. "덕을 세우다"(edify)라는 단어는 "세우다, 확립하다, 쌓아 올리다"(build up)라는 뜻입니다.

헬라어 언어학자들은 "edify"보다 원 헬라어의 뜻에 더 가까운 현대어가 있다고 말합니다. 그 단어는 "charge"(충전하다)라는 단어입니다. 우리는 배터리를 충전할 때 이 "charge"라는 단어를 씁니다.

그래서 고린도전서 14:4을 더 문자적으로 번역하면 "모르는 말로 기도하는 자는 배터리를 충전하는 것처럼 그 자신에게 덕을 세우거나(교화하거나), 확립하거나, 충전하는 것입니다"라는 뜻이 됩니다. 그리고 그것은 단지 몇 명의 하나님의 자녀들을 위한 것이 아닙니다. 그것은 우리 모두를 위한 것입니다. 나는 이 멋진 초자연적인 영적인 덕을 세우는 방법을 주신 하나님께 감사합니다.

방언 기도는 정신적인 덕 세움이나 육체상의 덕 세움이 아니라 영적인 덕 세움임을 유의하십시오.

바울은 "내가 만일 방언으로 기도하면 나의 영이 기도하거니와 …"(고전 14:14)라고 말합니다.

확대번역성경은 "내 영이(내안의 성령을 통해서) 기도합니다. 그러나 나의 마음(mind)은 아무 열매가 없습니다 …"(고전 14:14)라고 말합니다. 그러므로 방언기도는 정신적인 덕 세움이 아니라 영적인 덕 세움을 위한 것입니다.

"방언을 말하는 자는 사람에게 하지 아니하고 하나님께 하나니 이는 알아 듣는 자가 없고…"(고전 14:2).

여기서 바울은 각종 방언에 대해서 말하고 있는 것이 아니라, 공적인 집회에서 *사역 은사*로서 사역하는 방언에 대해서 말하고 있습니다. 또한 바울은 성령 충만한 개인이 기도생활에서 방언을 사용하는 것을 말하고 있습니다. 고린도전서 14장 2절은 "… 그 영으로 비밀을 말함이니라"고 말합니다. 모팻 번역본은 "… 그는 성령 안에서 하나님의 비밀들을 말하고 있습니다"라고 말합니다.

성경은 사도행전 10장 46절에서 고넬료와 그의 가족들이 방언으로 말한 것을 기록하고 있습니다.

"이는 방언을 말하며 하나님 높임을 들음이러라."

방언으로 말하는 것은 하나님을 높이는 초자연적인 방법입니다.

방언: 초자연적인 세계로 들어가는 문

나는 55년 이상의 인생 동안 발견한 것이 있습니다. 그것은 내가 방언으로 더 많이 기도할수록, 즉 방언으로 더 많이 기도하고 하나님을 경배할수록 성령의 다른 은사들이 더 많이 나타난다는 것이었습니다. 그리고 내가 방언으로 더 적게 기도할수록 성령의 초자연적 은사들이 더 적게 나타났습니다.

방언 기도는 모든 다른 영적인 은사들로 들어가는 문입니다. 어떤 사람들은 한 번에 성령의 모든 은사들을 갖고자 뛰어들지만, 우리는 초자연적인 세계로 들어가는 문을 통과해야 합니다. 또한 그것은 우리의 뜻이 아닌 성령의 뜻 가운데 나타납니다(고전 12:11). 바꾸어 말하면, 우리는 성령의 은사들이 나타나도록 강요하거나 덧입을 수 없습니다.

성경은 우리에게 영적 은사들을 사모하라고 가르칩니다(고전 14:1). 또한 성경은 우리가 최고의 은사들을 열심히 구하라고 가르칩니다(고전 12:31). 그러나 이런 구절들은 이미 방언으로 말하는 자들을 위해서 쓰였음을 기억하십시오. 이런 구절들은 방언을 하지 못하는 자들에게 쓰여 진 것이 아닙니다.

실제로, 고린도 교인들은 공적인 모임에서 방언이 풍성하게 나타났습니다. 고린도 교인들이 교회에 갈 때 그들 모두는 동시에 방언을 말하기를 원했던 것 같았습니다. 그러나 모든 사람들이 한 번에 방언을 말한다면, 전 교인들에게 덕이 되거나 세움을 받도록 할 수 없다는 점을 기억하십시오. 왜냐하면 누구도 방언으로 말해지고 있는 것을 이해하지 못할 것이기 때문입니다(고전 14:2-19).

그러므로 바울은 고린도 교인들에게 공적 모임에서는 단지 두 세 사람만 말하고 다른 사람이 통변해야 한다고 가르쳤습니다(고전 14:27).

또한 그 곳에 통변하는 자가 없다면, 그들은 교회에서 조용해야만 합니다(고전 14:28).

바울은 고린도 교인들이 잘못된 은사를 받았다고 말하고 있지 않습니다. 그들은 올바른 은사를 받았지만, 너무 흥분하고 혈기왕성함으로 모든 사람이 한꺼번에 방언을 하기를 원했습니다. 그들은 이 은사를 사용하는 방법을 배울 필요가 있었습니다.

알다시피, 우리 모두가 방언으로 동시에 찬양하는 것은 좋은 것입니다. 그러나 설교자가 설교하거나 가르칠 때 모든 사람들이 방언으로 말하기 시작한다면, 그것은 잘못된 일일 것입니다. 어떤 사람이 통역 없이 방언으로 1시간을 기도하는 것은 옳지 않습니다. 말하는 사람은 덕이 되겠지만, 듣는 사람들은 그 방언으로부터 어떤 것도 얻지 못할 것입니다.

일만 마디의 방언보다(그 방언이 모든 사람들에게 덕이 되도록 통변되지 않는다면) 남들을 가르칠 수 있도록 알아들을 수 있는 몇 마디의 말을 하는 것이 더 좋다고 성경에서 말한 이유가 바로 그것입니다.

고린도전서 14:18, 19

"내가 너희 모든 사람보다 방언을 더 말하므로 하나님께 감사하노라 그러나 교회에서 내가 남을 가르치기 위하여 깨달은 마음으로 다섯 마디 말을 하는 것이 일만 마디 방언으로 말하는 것보다 나으니라."

그러나 어떤 사람들은 이런 영역에서 말하자면 모래언덕을 가지고 산을 만듭니다. 그들은 바울이 고린도 교인들에게 전혀 방언을 하지 말라고 말하고 있다고 주장합니다. 그러나 이러한 주장은 전혀 바울의 의도가 아닙니다. 왜냐하면 바울은 18절에서 "내가 너희 모든 사람보다 방언을 더 말하므로 하나님께 감사하노라"(고전 14:18)고 말했기 때문입니다.

바울은 그가 회중 앞에서 자신의 언어로 다섯 마디 말을 하여 듣는 자들이 이해하고 다른 사람들을 가르치는 것이 통역되지 않은 일만 마디의 방언을 하는 것보다 더 낫다고 말하고 있습니다.

그러나 하나의 오류를 교정하기 위해서, 바울은 방언을 버리고 다른 어떤 것을 하라고 제안하지 않았습니다. 우리는 방언의 공적 사용에 관한 방법을 배워야 합니다. 우리는 최고의 은사를 열심히 구하라는 말을 들었습니다. 그렇게 함으로 우리는 더 큰 능력으로 행하게 될 것이며, 우리의 신앙생활은 더 능률적이게 될 것입니다.

우리는 하나님의 말씀을 믿는 자들에게 하나님께서 약속하신 이 영광스러운 영적인 은사들을 받기 위해서 성령 세례의 문을 통과해야 합니다.

우리가 성령님에게 민감하게 반응한다면, 성령님은 미래에 일어날 일을 아시고 장래 일을 알려주실 것이라 나는 확신합니다(요 16:13). 우리가 성령님께 순종한다면 성령님께서는 인생의 앞 길에 놓여있는 일을 위해서 우리 각 사람을 무장시킬 것입니다. 방언으로 기도하고 말하는 것은 그런 일을 하기 위한 하나의 방법입니다. 그것은 영적으로 세워지기 위한 하나의 방법이며, 그렇게 함으로 우리는 미래의 일어날 일들을(그 일들이 어떤 것이든지) 대비하고 대처할 수 있습니다.

주님이 오늘날 하시는 일들은 너무나 놀랍습니다. 당신은 성령 충만한 신자로서 방언의 은사를 충분히 누리고 있습니까? 하나님은 우리 각자가 자신을 교화하고, 영적으로 자신을 세우도록 초자연적인 방편을 주셨습니다. 하나님은 자신과 교통할 수 있는 초자연적인 수단을 우리에게 주셨습니다. 여러분은 하나님께서 그의 자녀들 각 사람에게 주신 이 방언의 유익을 충분히 누리고 있습니까?

연구를 위한 질문

1. 왜 방언은 성령을 받는데 있어서 빠질 수 없는 중요한 부분입니까?

2. 고린도전서 13:10에 따르면 온전한 것이 올 때 폐하여지고 사라지는 것은 무엇입니까?

3. 천국에서는 왜 방언이 필요하지 않습니까?

4. 사도행전 2:38-39에 따르면, 성령 세례는 누구를 위한 것입니까?

5. 고린도전서 12:27-30에서 바울은 무엇을 말하고 있습니까?

6.사역의 은사들은 (   ) 사역에 하나님에 의해서 부름 받은 그리스도의 몸된 교회 안에 있는 자들입니다.

7. 에베소서 4:11,12에 열거된 것처럼, 예수님께서 교회에 세우신 사역의 은사들에는 어떤 것이 있습니까?

8. 어떤 사람이 신약의 복음전도자라면 그는 무엇으로 준비되어 있어야 합니까?

9. 통변이라고 불리는 성령의 은사는 무엇을 위해 나타납니까?

10. 방언은 개인적인 기도의 도구로 사용될 뿐만 아니라 또한(　　　), (　　　)의 수단으로도 사용됩니다.

7

성령을 기다리는 것이 성경적인가?

7

이 책 제 1장에서, 우리는 성령을 받으려는 자들은 성령 세례를 받고 위에서 오는 능력을 입기 위해서는 기다리거나 머물러야 한다고 믿는 자들이 있다고 말했습니다.

그들은 자신들의 주장을 뒷받침하기 위해서 누가복음 24:49과 사도행전 1:4을 인용합니다. 어떤 사람들은 이 구절들이 성령을 받는 성경적인 방법이라고 주장합니다.

누가복음 24:49

"볼지어다 내가 내 아버지께서 약속하신 것을 너희에게 보내리니 너희는 능력으로 입혀질 때까지 이 성에 머물라 하시니라."

사도행전 1:4, 5

"사도와 함께 모이사 그들에게 분부하여 이르시되 예루살렘을 떠나지 말고 내게서 들은 바 아버지께서 약속하신 것을 기다리라 요한은 물로 세례를 베풀었으나 너희는 몇 날이 못되어 성령으로 세례를 받으리라 하셨느니라."

기다리는 것은 성령을 받기 위한 방법이 아니다

예수님께서 오순절 전에 제자들에게 위의 두 가지 사항들을 말씀하신 것은 사실입니다.

그러나 이 구절들이 성령을 받는 방법이라면, 우리는 이 구절에서 "예루살렘"이라는 단어를 빼낼 권리가 없습니다. 예수님은 제자들에게 기다리고 "머물라"고 말했을 뿐만 아니라 예루살렘에서 기다리라고 말했습니다. 예수님은 왜 베들레헴에서 기다리라고 말하지 않았습니까? 예수님은 왜 여리고에 머물라고 말하지 않았습니까?

제자들이 예루살렘에서 기다리는 것은 교회가 거기에서부터 시작되어야 하기 때문이었습니다. 제자들은 무엇을 기다리고 있었습니까? 그들은 오순절날이 오기를 기다리고 있었습니다. 왜냐하면 성령이 교회에 부어지는 날이 그날이었기 때문이었습니다. 그들은 성령 충만을 받기 위해서 그들 자신을 준비하기 위하여 기다린 것이 아닙니다. 그것이 사실이라면 성경은 다음과 같이 말을 했어야 할 것입니다.

"그들이 완전히 준비되었을 때 성령이 오셨다."

그러나 성경은 그렇게 말하고 있지 않습니다. 사도행전 2:1은 말합니다.

"오순절날이 이미 이르매 저희가 다 같이 한 곳에 모였더니."

그들이 기다린 것은 오순절날이었습니다.

사도행전 2:1-4

"오순절 날이 이미 이르매 그들이 다같이 한 곳에 모였더니 홀연히 하늘로부터 급하고 강한 바람 같은 소리가 있어 그들이 앉은 온 집에 가득하며 마치 불의 혀처럼 갈라지는 것들이 그들에게 보여 각 사람 위에 하나씩 임하여 있더니 그들이 다 성령의 충만함을 받고 성령이 말하게 하심을 따라 다른 언어들로 말하기를 시작하니라."

다음으로, 사도행전 8장을 읽어 봅시다. 베드로와 요한이 사마리아인들이 성령을 받도록 기도하기 위해서 내려간 때를 유의해서 봅시다. 베드로와 요한이 사마리아인들에게 성령 충만을 받기 전에 머물거나 기다리라고 말한 흔적이 전혀 없습니다.

사도행전 8:14-17

"예루살렘에 있는 사도들이 사마리아도 하나님의 말씀을 받았다 함을 듣고 베드로와 요한을 보내매 그들이 내려가서 그들을 위하여 성령 받기를 기도하니 이는 아직 한 사람에게도 성령 내리신 일이 없고 오직 주 예수의 이름으로 세례만 받을 뿐이더라 이에 두 사도가 그들에게 안수하매 성령을 받는지라."

성령 세례는 이미 오순절 날 교회에 값없이ㄱ 선물로 주어졌습니다. 사람들에게 성령 세례를 기다리라고 가르치는 것은 이 선물을 받기 원하는 사람들에게 의심과 혼란만 야기시킵니다.

하워드 카터(Howard Carter) 목사님은 19년 동안 영국 하나님의 성회의 최고 감독이자, 전 세계에서 가장 오래된 오순절 성경학교 설립자입니다. 그는 또한 전 세계 순복음 서클을 선도하는 교사였습니다.

하워드 카터 목사님은 "사람들에게 성령을 기다리라고 가르치는 것은 행위와 불신앙의 결합에 불과한 것"이라고 말했습니다.

이것은 정말 옳은 말입니다.

나는 주님을 기다리는 것이 항상 비성경적이라고 말하는 것은 아닙니다. 나는 주님을 기다리며 기도와 찬양과 경배를 드릴 수 있다는 것을 믿습니다.

대부분 기도 모임에서 우리는 기도로 주님을 5-6시간을 기다립니다. 그래서 나는 하나님 앞에서 오래 기도하고 간절히 기다리는 것을 믿습니다.

그러나 나는 사람들이 성령을 받기 위해서 기다리며 기도하고 외치며 고뇌하는 것을 볼 때마다 그것이 필요하지 않다는 것을 알기에 마음이 아픕니다. 나는 누군가 성령 충만을 받기 위해서 기다리며 울며 고뇌하며 투쟁하거나 머물렀다는 어떤 기록도 성경에서 발견할 수 없었습니다.

어떤 사람은 말합니다. "그러나 나는 옛날 방식으로 성령을 받는 것을 믿습니다."

나 역시도 그렇습니다. 당신은 초대교회가 사도행전에서 성령을 받았던 그 방법보다 더 오래되거나 더 성경적인 방법을 가질 수 없습니다. 나는 우리가 사도행전을 보고 그들이 어떻게 성령 충만하게 되었는지, 그리고 어떻게 다른 사람들을 성령 충만하게 했는지 그들의 본을 따라 하자고 제안합니다.

성령을 받는 성경의 사례들

사도행전을 28장까지 다 읽고서, 누군가는 거기에 기록된 사건들이 며칠, 몇 주 혹은 몇 년 사이에 일어난 일이라고 주장할 수도 있습니다.

그러나 사도행전에 나온 사건들은 오랜 세월을 걸쳐서 일어난 일들입니다.

우리가 연구할 첫 번째 사건은 사마리아에서 일어났습니다.

사마리아 신자들

사도행전 8:5-8

"빌립이 사마리아 성에 내려가 그리스도를 백성에게 전파하니 무리가 빌립의 말도 듣고 행하는 표적도 보고 한마음으로 그가 하는 말을 따르더라 많은 사람에게 붙었던 더러운 귀신들이 크게 소리를 지르며 나가고 또 많은 중풍병자와 못 걷는 사람이 나으니 그 성에 큰 기쁨이 있더라."

8절은 말합니다. 그 성에 큰 기쁨이 있더라(행 8:8) 기쁨은 반드시 성령 충만의 특징이라고 말할 수 없습니다. 왜냐하면 설교를 들은 사마리아인들은 그들이 성령 충만을 받기 전에 큰 기쁨을 가졌기 때문입니다. 당신은 성령 충만을 받기 전에 기쁨을 가질 수도 있고 그 후에 기쁨을 가질 수도 있습니다. 구원받는 것은 기쁜 일입니다. 치유 받고 하나님의 축복을 누리는 것은 즐거운 것입니다.

사도행전 8:12-15, 17-20

"빌립이 하나님 나라와 및 예수 그리스도의 이름에 관하여 전도함을 그들이 믿고 남녀가 다 세례를 받으니 시몬도 믿고 세례를 받은 후에 전심으로 빌립을 따라다니며 그 나타나는 표적과 큰 능력을 보고 놀라니라 예루살렘에 있는 사도들이 사마리아도 하나님의 말씀을 받았다 함을 듣고 베드로와 요한을 보내매 그들이 내려가서 그들을 위하여 성령 받기를 기도하니… 이에 두 사도가 그들에게 안수하매 성령을 받는지라 시몬이 사도들의 안수로 성령 받는 것을 보고 돈을 드려 이르되 이 권능을 내게도 주어 누구든지 내가 안수하는 사람은 성령을 받게 하여 주소서 하니 베드로가 이르되 네가 하나님의 선물을 돈 주고 살 줄로 생각하였으니 네 은과 네가 함께 망할지어다."

빌립은 사마리아에서 영광스러운 구원을 일으켰음이 틀림없습니다.

수백 명이 구원 받았고 수십 명이 치유 받았습니다. 그리고 그들 모두는 성령을 받았습니다.

"이에 두 사도가 그들에게 안수하매 성령을 받는지라"(행 8:17).

그 모든 사마리아인들은 기다리고 기도하거나 고뇌하지 않고 성령을 받았다는 것을 유의해 보십시오. 그들은 예외 없이 성령을 받았습니다.

고넬료와 그의 가족

성경 말씀은 기다리지 않고서도 구원받고 성령 충만을 받은 사람들의 또 다른 예를 보여줍니다.

사도행전 10장, 11장을 읽어 보면, 한 천사가 고넬료에게 나타나서 그의 가족의 구원을 위해서 욥바의 어떤 집에 머무르고 있는 시몬 베드로를 청하도록 사람을 보내라는 메시지를 주는 장면을 볼 수 있습니다.

"그가 너와 네 온 집이 구원 받을 말씀을 네게 이르리라 함을 보았다 하거늘"(행 11:14).

고넬료와 그의 가족들은 구원을 받지 못한 상태였습니다. 그들은 유대교로 개종한 이방인들이었습니다. 어떤 사람도 복음을 듣지 않고서는 구원받을 수 없습니다.

고넬료의 가족들은 예수님이 인류의 죄를 대속해서 죽으셨고, 우리의 의로움을 위해서 죽은 자 가운데서 부활하셨다는 것을 알지 못했습니다. 그래서 베드로는 그들에게 예수님의 죽음, 장사, 부활에 대해서 설교했습니다(행 10:34-43).

그들은 그 복음의 메시지를 믿었고(롬 10:9,10), 베드로가 복음을 전하고 있는 동안 거듭나게 되었습니다(행 11:14). 그런 다음에 베드로가 메시지를 끝마치기도 전에 성령을 받았고, 방언을 말하게 되었습니다.

사도행전 10:44, 45

"베드로가 이 말을 할 때에 성령이 말씀 듣는 모든 사람에게 내려오시니 베드로와 함께 온 할례 받은 신자들이 이방인들에게도 성령 부어 주심으로 말미암아 놀라니."

베드로가 말하는 동안에 고넬료와 그의 가족들은 구원 받았으며, 또한 기다리고, 고뇌하고, 몸부림치는 것 없이 성령 충만을 받고 방언으로 말한 것을 주목해서 보십시오.

유대인 신자들은 성령의 선물이 이방인에게 부어지는 것을 어떻게 알게 되었습니까?

"이는 방언을 말하며 하나님 높임을 들음이러라"(행 10:46).

자주 우리는 일들이 틀에 박힌 방식으로 이루어져야 한다고 생각하므로 실수를 범합니다.

하나님은 틀에 박힌 방식을 사용하지 않으십니다. 베드로가 설교하고 있는 동안 그 이방인들은 성령을 받았습니다. 신자들에게 성령세례 사역을 할 때, 오순절 교회나 은사주의 교회의 많은 신자들은 모든 사람들이 똑같은 방식을 따르기를 원합니다. 그들은 말하자면 똑같은 제과용 칼로 모든 사람의 경험을 잘라내기를 원합니다.

다소 출신의 사울

사도행전 19장에서 사람들에게 안수를 한 바울은 이전에 다소 출신의 사울로 알려진 사람이었습니다.

사도행전 9:11, 12

"주께서 이르시되 일어나 직가라 하는 거리로 가서 유다의 집에서 다소 사람 사울이라 하는 사람을 찾으라 저가 기도하는 중이니라 그가 아나니아라 하는 사람이 들어와서 자기에게 안수하여 다시 보게 하는 것을 보았느니라 하시거늘."

아나니아가 사울에게 말했습니다.

"…예수께서 나를 보내어 너로 다시 보게 하시고 성령으로 충만하게 하신다 하니"(행 9:17).

사울은 바로 그때 성령을 받았습니다. 우리는 바울이 그 후에 고린도전서 14:18을 말한 것으로 보아 성령을 받았음을 알 수 있습니다.

"내가 너희 모든 사람보다 방언을 더 말하므로 하나님께 감사하노라"(고전 14:18).

이 성경 구절은 사울이 성령 충만을 받기 위해서 기다릴 필요가 없었음을 말하고 있습니다. 사울은 아나니아가 안수할 때 즉시 성령 충만을 받았습니다. 사울은 아나니아가 들어와서 안수할 때까지 성령에 대해서 전혀 몰랐을 가망성이 매우 높습니다. 그러나 아나니아는 주님께 순종했고, 사울은 즉시 성령 충만을 받았습니다.

에베소의 제자들

다음 사건은 에베소에서 일어났습니다.

사도행전 19:1-3

"아볼로가 고린도에 있을 때에 바울이 윗지방으로 다녀 에베소에 와서 어떤 제자들을 만나 이르되 너희가 믿을 때에 성령을 받았느냐 이르되 아니라 우리는 성령이 계심도 듣지 못하였노라 바울이 이르되 그러면 너희가 무슨 세례를 받았느냐 대답하되 요한의 세례니라."

다음 사도행전 19:6을 읽어 봅시다.

"바울이 그들에게 안수하매 성령이 그들에게 임하시므로 방언도 하고 예언도 하니."

거기에 모인 에베소 사람들은 성령 충만이나 방언으로 말하는 것을 들어보지도 못했습니다. 그러나 바울이 그들에게 안수하자 성령이 그들에게 임했고, 그들은 방언으로 말하기 시작했습니다. 그들 모든 사람들은 성령 충만을 받았고, 하나님의 영이 그들에게 말을 주자 기다리거나, 고뇌하거나, 분투하거나, 지체하지 않고 방언으로 말을 했습니다.

우리는 20년에 걸쳐서 성령을 받은 사람들의 모든 사례를 신약성경에서 읽어보았습니다. 그 모든 성경 구절에서, 우리는 성령 충만을 받기 위한 "기다리는 모임"이란 것이 전혀 없었음을 알 수 있습니다.

성령을 받기 위해 노력한 모든 사례들을 조사해 보면, 모든 사람들이 즉시 성령을 받았습니다. 한 명도 성령을 받지 못해서 낙심한 채 돌아간 사람이 없었습니다.

우리가 이러한 사실을 오늘날 사람들에게 가르친다면, 그들은 동일한 신약의 방법으로(사도행전의 방법으로) 성령을 받을 것입니다. 나는 55년 이상 성령 세례를 받도록 했지만, 성령을 받기 위해서 기다리거나 머무르라고 말한 적은 한 번도 없었습니다. 나는 항상 사람들에게 말해 왔습니다.

"와서 성령을 받으세요."

그리고 내가 사역하는 모든 곳에서 사람들이 성령을 받는 것을 보아 왔습니다.

와서 성령을 마시라

요한복음 7장을 보면, 예수님이 성령을 받는 것에 대해서 말씀하십니다.

요한복음 7:37-39

"명절 끝날 곧 큰 날에 예수께서 서서 외쳐 이르시되 누구든지 목마르거든 내게로 와서 마시라 나를 믿는 자는 성경에 이름과 같이 그 배에서 생수의 강이 흘러나오리라 하시니 이는 그를 믿는 자들이 받을 성령을 가리켜 말씀하신 것이라(예수께서 아직 영광을 받지 않으셨으므로 성령이 아직 그들에게 계시지 아니하시더라)."

요한복음 4:14에서 예수님이 "… 내가 주는 물은 그 속에서 영생하도록 솟아나는 샘물이 되리라"고 사마리아 여인에게 구원에 대해서 말했기 때문에, 이 구절도 구원에 대해서 말하고 있다고 추측하지 마십시오.

요한복음 4:14은 우물(well)을, 요한복음 7:39은 강(river)을 언급하고 있습니다.

예수님이 요한복음 7:37-39에서 말씀하신 "강"은 무엇을 의미하는 것일까요? 예수님은 성령 충만을 받거나 성령 충만하게 되는 것을 말하고 있었습니다.

또한 예수님은 "와서 마시라"(요 7:37)고 말씀하셨지, 와서 소리치라, 와서 기도하라, 와서 찬양하라, 와서 노래하고 빈손으로 돌아가라고 말씀하시지 않았습니다. 그렇습니다. 예수님은 "… 와서 마시라 나를 믿는 자는 성경에 이름과 같이 그 배에서 생수의 강이 흘러나오리라"고 말씀하셨습니다(요 7:37,38). 우리는 말씀에서 문자만 보고 예수님이 말씀하신 의미를 파악하지 못하므로 많은 실수를 하게 됩니다. 예수님은 "와서 마시라"(come and drink)고 말씀하셨습니다(요 7:37).

또한 마시면서 동시에 말할 수 있는 사람은 몇 명이나 될까요?

예를 들어, 여러분은 물을 마시면서 동시에 말하려고 시도해 본 경험이 있습니까? 혹은 마시면서 노래하거나, 마시면서 동시에 하나님을 찬양할 수 있습니까? 물론 성령님은 방언을 주시기 위해서 존재하십니다. 그러나 여러분은 "와서 마시면서" 동시에 모국어로 말할 수 없습니다.

예수님이 "와서 마시라"고 말씀하셨을 때, 그것은 마시기 위해서 기다리거나 머무를 필요가 없음을 암시합니다. 여러분은 물을 마시는데 얼마나 시간이 걸립니까? 예수님은 성령을 마시는 것, 즉 성령 충만하게 되는 것은 물을 마시거나 물로 배를 채우는 것 만큼이나 쉽다고 말씀하십니다. 바꾸어 말하면, 여러분이 구원받았다면 전혀 기다릴 필요가 없습니다!

또한 물을 마시고 물로 배를 채우는 것의 또 다른 측면을 본다면, 물이 어떤 것을 하는 것이 아니라 여러분이 어떤 것을 한다는 것입니다. 마찬가지로, 성령을 마시고 성령 충만하게 되는 것은 여러분이 하는 것이지, 성령이 하는 것이 아닙니다.

바꾸어 말하면, 여러분이 자신의 역할을 한다면(성령을 받는다면), 성령님은 성령님의 역할(당신이 흘러넘칠 때까지 채우는 것)을 하실 것입니다. 그러면 여러분은 방언을 말하게 될 것입니다.

그러므로 말하는 것을 멈추고, 마시기 시작하십시오! 성령을 마시기만 하십시오. 배부를 때까지 마시십시오. 성령으로 배부를 때, 성령님은 방언의 말을 주실 것입니다. 그러면 새로운, 천국의 기도언어로 말하게 될 것입니다!

어떤 사람은 질문할지도 모릅니다.

"당신은 더 이상 기다릴 필요가 없다는 주장을 주입시키려고 하는군요?"

아니오. 나는 그것을 주입시키려고 하지 않습니다. 나는 그것을 있는 그대로 말해주려 합니다!

더 이상 기다릴 필요가 전혀 없습니다!

"당신은 '오, 주님! 바로 지금 능력을 주십시오'라고 말할 필요가 없다는 주장을 주입시키려고 하는군요?"

아니오. 나는 그것을 주입시키려고 하지 않습니다. 나는 그것을 있는 그대로 말해주려 합니다!

"오, 주님! 바로 지금 능력을 주십시오"라고 말할 필요가 없습니다.

예수님은 "너희들은 와서 마시라"고 말씀하셨습니다. 그리고 당신이 배부를 때까지 성령을 마실 때, 당신의 배에서 생수의 강인 성령님이 흘러날 것입니다. 그리고 예수님은 우리가 성령을 받은 후에 능력(power)을 받을 것을 약속하셨습니다.

사도행전 1:8
"오직 성령이 너희에게 임하시면 너희가 권능(power)을 받고 예루살렘과 온 유대와 사마리아와 땅 끝까지 이르러 내 증인이 되리라 하시니라."

하나님은 "바로 지금" 능력을 보내주실 필요가 없습니다. 여러분이 성령을 받았다면, 사도행전 1:8 말씀에 의거해서 능력은 이미 여러분 안에 들어와 있습니다.

성령은 선물이다

기억하십시오. 바울은 에베소 교인들에게 말했습니다.

"너희가 성령을 받았느냐?"(행 19:2).

그는 "나는 하나님께서 여러분 위에 성령을 붓도록 기도하기 위해서 여기에 왔습니다"라고 말하지 않았습니다. 그리고 예루살렘의 사도들은 사마리아 신자들이 안수받고 성령을 받도록 하기 위해서 베드로와 요한을 사마리아로 보냈습니다(행 8:14-17). 그들은 주님께서 사마리아 신자들에게 능력을 보내 주시도록 기도하라고 베드로와 요한을 보내지 않았습니다.

구원을 살 수 없는 것과 마찬가지로 성령의 선물도 살 수 없습니다. 인간은 성령의 충만을 받을 만큼

공로 있는 일을 하지 못합니다. 그러므로 초신자도 더 성숙한 신자들이 받는 것처럼 성령의 충만을 받을 수 있습니다.

남들보다 더 놀라운 영성의 단계를 거쳤으므로 하나님께서 완벽하다는 인을 찍었기 때문에 성령을 받을 수는 없습니다.

성령은 선물입니다. 성경은 "… 성령을 선물로 받으리니"(행 2:38)라고 말합니다.

그러므로 당신이 거듭났다면, 성령의 선물을 즉시 받을 준비가 되어 있는 것입니다. 만일 거듭난 이후에 성령을 받기 위해 무언가 더 해야 한다면, 성령 세례는 선물이 아니라 보상이 되어야 합니다. 성령은 보상이 아닙니다. 성령은 선물입니다.

어떤 사람은 "나는 아주 쉽게 사람들이 성령을 받도록 할 수 있어요"라고 말합니다. 그러나 성령을 받는 것이 쉽도록 만든 것은 나 자신이 아닙니다. 우리가 이 선물을 받기 쉽도록 만든 것은 하나님이십니다. "와서 마시고 성령으로 채우라"고 말한 분은 내가 아닙니다. 그분은 예수님입니다. 성령 받는 것을 선물로 만든 분은 내가 아니라 하나님입니다.

또 어떤 사람은 "그렇지만 나는 '기차가 빨리 지나가듯이' 사람들이 성령을 받도록 하는 것을 믿지 않습니다"라고 말합니다.

글쎄요, 만일 "기차가 빨리 지나가듯이" 사람들을 재촉하는 것이 그들을 빨리 성령충만 받게 하는 것을 의미한다면, 그렇게 말한 사람은 기차가 빨리 지나가듯이 사람들을 구원받게 하는 것을 확실히 믿지 않습니다. 그러나 그것은 웃기는 주장입니다!

사실, 그것은 기차가 빨리 지나가듯이, 사람들을 재촉하는 문제가 전혀 아닙니다. 우리는 가능한 빨리 사람들이 구원받도록 해야 합니다. 왜냐하면 그들은 내일 죽어서 지옥에 갈지도 모르기 때문입니다. 그리고 누군가 아프다면 우리는 그들이 빨리 치유 받아야 한다고 믿습니다.

구원은 선물입니다. 치유는 선물입니다. 그리고 성령도 선물입니다.

여러분이 다른 것을 빨리 받은 것처럼 이런 선물들도 빨리 받을 수 있습니다.

사도행전을 읽어보면, 초대교회는 사람들이 빨리 구원받고 치유받게 한 것처럼 성령 충만도 빨리 받게 하는 것을 믿었음을 알 수 있습니다(이 주제는 본 과에서 이미 연구하였습니다).

나는 "기차가 빨리 지나가듯" 사람들을 성령 받게 하는 것을 믿을 뿐만 아니라, "비행기가 지나가듯" 빨리 받게 하는 것도 믿습니다.

당신의 것을 소유하기

가나안 땅은 성령 세례의 모형이며, 또한 그리스도 안에 있는 우리의 모든 권리와 특권을 나타내는 모형입니다. 어떤 사람은 그것을 천국의 모형이라고 생각합니다. 그러나 가나안 땅은 천국의 모형은 될 수 없습니다. 왜냐하면 가나안 땅에는 정복해야 할 적이 있었고, 이스라엘 자손들이 싸워야 할 전투가 있었기 때문입니다.

그러나 우리가 들어갈 천국은 정복해야 할 적이나 싸워야 할 전투가 없습니다. 최후의 적은 이미 패배가 되어 있을 것입니다. 그곳에는 정복해야 할 어떠한 적도 없을 것입니다.

가나안 땅은 성령 세례의 모형이며, 또한 그리스도 안에 있는 우리의 권리와 특권을 나타내는 모형입니다.

이스라엘 자손은 이집트를 나왔고, 이집트는 세상의 모형입니다. 그런 다음, 이스라엘 자손들은 모두 세례를 받았습니다. 왜냐하면 홍해를 지나는 것은 물세례의 모형이기 때문입니다.

또한 그들은 모두 그리스도를 마셨습니다. 즉, 물이 흘러나온 그 반석은 그리스도의 모형이며 그림자였습니다(출 17:6, 고전 10:4).

이스라엘 자손은 곧바로 가나안 땅으로 들어갈 수 있었지만, 불신앙과 불순종으로 인해 40년 동안 광야에서 방황해야 했습니다. 결국 그들의 후손들이 가나안에 들어갔지만, 믿지 않는 이스라엘인들은 빙빙 돌았습니다. 여러분이 성령 세례를 받기 위해서 우회하거나 먼 길을 돌아가기 원한다면 그렇게 할 수 있습니다. 예를 들어, 여러분은 성령을 받기 위해서 제단에 불필요하게 머물러 있음으로 우회할 수 있습니다. 여러분은 여러 가지 방법으로 우회할 수 있습니다. 그러나 여러분이 거듭났다면, 바로 들어가 성령을 즉시 받을 수 있습니다. 그것이 하나님의 최선의 방법입니다! 이 값진 선물을 받기 위한 문은 열려 있습니다.

바로 갈 수 있는 길을 택하라!

예를 들면, 여러분이 오클라호마 시티에서 달라스로 가기 원한다면 그곳으로 가는 고속도로를 바로 타고 갈 수 있습니다. 혹은 원한다면 세인트루이스를 지나서, 맴피스로 내려가, 아틀란타로 올라가, 뉴올리언스로 내려가, 휴스톤으로 올라가 최종적으로 달라스에 도착할 수 있습니다. 그렇게 할 필요가 없지만 그렇게 할 수도 있습니다. 성령 세례를 받는 것도 마찬가지입니다. 원한다면 우회할 수도 있고 먼 길을 돌아갈 수도 있습니다. 그러나 바로 갈수 있는 길을 택하는 것이 좋습니다.

어떤 사람은 이렇게 말합니다. "나는 성령 충만을 받기 전에 몇 년 동안 하나님을 구하였습니다. 그 시간은 멋진 시간들이었습니다."

그러면 나는 질문합니다.

"그래요. 그럼 당신은 성령 충만 받은 후에는 하나님을 구하지 않습니까? 왜냐하면 내가 지난 주에 하나님을 구하며 멋진 시간을 보낸 것을 기억하기 때문입니다. 사실, 오늘 하루도 하나님을 구하면서 멋진 시간을 보낸 것을 기억합니다. 나는 하나님을 구하고 하나님 앞에 기다리는 것을 믿습니다! 그러나 성령이나 또는 하나님께서 주시는 것을 받기 위해서 기다리는 것은 믿지 않습니다.

성령 충만한 신자들도 그렇지 않은 신자들 만큼이나 하나님을 구할 필요가 있습니다.

그러나 성령과 함께 하나님을 구하시고, 성령 없이 하나님을 구하지는 마십시오.

어떤 사람이 나에게 말했습니다. "그렇습니다만, 나는 하나님께 성령 세례를 구하기 위해 여러 해를 보내면서 많은 교훈들을 배웠습니다."

나는 대답했습니다. "당신이 성령 없이 했던 그것을 성령과 함께 했더라면 똑같은 교훈을 훨씬 더 빨리 배울 수 있었을 것입니다! 그리고 다른 것도 알려 주겠습니다. 당신이 성령 세례를 받은 후, 배웠어야 할 것은 성령을 받기 위해 기다리고 머무를 필요가 없었다는 것입니다."

그러자 상대방은 웃기 시작했고 나의 등을 두드리며 말했습니다.

"오, 당신이 나에게 확실한 깨달음을 주었군요. 당신의 말이 모두 옳습니다. 내가 성령 세례를 받은 후 첫 번째 한 말이 바로 그 말입니다. 만약 누군가 그런 사실을 일찍 알려주었다면 나는 훨씬 빨리 성령을 받았을 것입니다. 해긴 목사님! 당신이 좀 더 일찍 그것을 알려 주었다면 난 더 빨리 성령을 받았을 것입니다."

나는 55년 전에 혼자서 성령을 받은 후, 누구에게도 성령을 받기 위해서 기다리거나 머물러야 한다는 말을 하지 않았습니다.

다른 어떤 사람은 말합니다.

"다른 어떤 시간보다 자정 이후에 성령을 받은 사람들이 더 많습니다."

그들이 자정 이후에 성령을 받는다면, 그들이 자정 전에는 하나님을 믿지 않았기 때문입니다. 하나님은 자정 전에도 하나님이고 자정 이후에도 하나님이십니다.

또 "육신으로 받는 것을 주의 하십시오"라고 말하는 사람이 있습니다. 나는 그들이 "육신으로"라고 말할 때 무슨 의미로 한 말인지 한 가지 의미에서는 이해합니다. 그러나 또 다른 의미로 생각해보면, 우리는 육신으로가 아닌 다른 어떤 방법으로 성령을 받을 수 없습니다! 성령을 받았던 모든 사람들은 육신을 가지고 있었습니다. 왜냐하면 인간은 모두 영원하지 않은 육신, 곧 육체를 입고 있기 때문입니다.

오순절 날 베드로는 요엘 선지자의 말을 인용하였습니다.

"하나님이 말씀하시기를 말세에 내가 내 영을 모든 육체에 부어 주리니 너희의 자녀들은 예언할 것이요 너희의 젊은이들은 환상을 보고 너희의 늙은이들은 꿈을 꾸리라."(행 2:17).

그리고 사도 바울은 말했습니다.

"너희 몸[육체]은 너희가 하나님께로부터 받은 바 너희 가운데 계신 성령의 전인 줄을 알지 못하느냐 너희는 너희 자신의 것이 아니라"(고전 6:19).

예수님이 요한복음 14장에서 이 주제를 가지고 말씀하신 것을 봅시다.

요한복음 14:17, 23

"그는 진리의 영이라 세상은 능히 그를 받지 못하나니 이는 그를 보지도 못하고 알지도 못함이라 그러나 너희는 그를 아나니 그는 너희와 함께 거하심이요 또 너희[너희 몸, 즉 너희 육체] 속에 계시겠음이라… 예수께서 대답하여 이르시되 사람이 나를 사랑하면 내 말을 지키리니 내 아버지께서 그를 사랑하실 것이요 우리가 그에게 가서 거처를 그와[그의 몸, 즉 그의 육체 안에] 함께 하리라."

성령님은 거듭날 때 우리 안에 거주하시기 위해서 오십니다. 즉, 우리 몸이 성령님의 성전이 됩니다. 그래서 그런 의미로 본다면, 우리 역시도 육신으로 성령을 받는 것입니다.

성령을 받기 위해서는 강렬한 소원을 품고 하나님께 당신의 전 존재를 열기를 바랍니다. 단순한 믿음으로 하나님께서 거저주시는 성령의 선물을 받으십시오. 하나님의 영의 선물을 들이마시십시오.

그러면 여러분들은 귀한 성령 충만을 받게 될 것입니다. 성령 충만하게 된 증거로 방언의 말이 여러분에게 주어질 것입니다. 여러분이 단순하게 믿는 믿음이 있고, 어느 정도 강한 용기가 있다면 성령님이 주시는 말을 즉시 할 수 있습니다. 물을 마실 수 있다면 성령도 바로 지금 마실 수 있습니다. 나는 완전한 권세인 주 예수 그리스도의 말씀을 인용하고 있습니다(요 7:37-39).

연구를 위한 질문

1. 사람들이 성령세례를 받기 위해서 기다려야 한다고 배웠을 때 일어나는 두 가지 일들은 무엇입니까?

2. 사도행전 8:5-8을 보면, 기쁨이 반드시 성령 충만을 나타내는 특징은 아닙니다. 왜입니까?

3. 신약을 보면 신자들이 성령을 구한 사례들이 나옵니다. 그 각각의 경우에 성령을 구할 때 무슨 일이 일어났습니까?

4. 당신의 역할이 성령을 받는 것이라면 성령님은 무슨 역할을 하십니까?

5. 당신이 거듭났다면 무엇을 곧바로 받을 준비가 된 것입니까?

6. "와서 마시고 성령으로 충만해지라"고 말씀하신 분은 누구입니까?

7. 가나안은 무엇의 모형입니까?

8. 애굽은 무엇의 모형입니까?

9. 홍해를 통과하는 것은 무엇의 모형입니까?

10. 성령은 받기 위해서 무엇을 해야 합니까?

8

성령세례에 대한 성경적인 증거

8

성령 세례의 성경적인 증거를 확인하기 위해서 사도행전에서 믿는 자들이 성령을 받은 다섯 가지 사례를 찾아봅시다.

성령 세례의 증거인 방언에 대한 성경적인 증인들

성경은 "… 두세 증인의 입으로 말마다 확증하게 하라"(마 18:16)고 말합니다.

우리가 이 주제를 연구할 때, 방언으로 말하는 것은 어떤 사람이 성령 충만을 받았음을 나타내는 첫 번째 증거이자 표시라는 것을 구체적으로(specifically) 보여주는 세 가지 성경적인 증인들을 유의해 봅시다.

그리고 방언으로 말하는 것은 성령의 충만을 받은 증거임을 암시하는(infer) 두 가지 증인들을 유의해 봅시다.

먼저, 방언으로 말하는 것은 성령을 받은 증거임을 구체적으로 보여주는 세 가지 성경적인 사례들을 봅시다.

첫 번째 증인 : 120문도

가장 먼저 사도행전 2:4을 보면, 우리는 오순절 날 다락방에 모인 120문도가 성령 충만을 받았음을 알 수 있습니다.

사도행전 2:1-4

"오순절 날이 이미 이르매 그들이 다같이 한 곳에 모였더니 홀연히 하늘로부터 급하고 강한 바람 같은 소리가 있어 그들이 앉은 온 집에 가득하며 마치 불의 혀처럼 갈라지는 것들이 그들에게 보여 각 사람 위에 하나씩 임하여 있더니 그들이 다 성령의 충만함을 받고 성령이 말하게 하심을 따라 다른 언어들로 말하기를 시작하니라."

그날 성령 충만을 받은 사람들은 예수님의 제자들만이 아니었습니다. 다락방에 모인 120명이 성령 충만을 받았습니다(행 1:14,15, 2:1-4).

남자뿐만 아니라 여자들도 그 무리 가운데 있었습니다. 예수님의 어머니 마리아도 그곳에 있었습니다(행 1:14). 그들은 모두 성령 충만을 받았고 "성령이 말하게 하심을 따라 다른 방언으로 말하기 시작했습니다"(행 2:4).

두 번째 증인 : 고넬료와 그의 가족

두 번째로 사도행전 10장을 보면, 방언으로 말하는 것은 베드로와 함께 고넬료의 집을 방문한 유대인 신자들에게 이방인들도 성령을 받았음을 확신시키는 동일한 표적이나 증거임을 알 수 있습니다.

사도행전 10:44-46

"베드로가 이 말을 할 때에 성령이 말씀 듣는 모든 사람에게 내려오시니 베드로와 함께 온 할례 받은 신자들이 이방인들에게도 성령 부어 주심으로 말미암아 놀라니 이는 방언을 말하며 하나님 높임을 들음이러라."

이들 할례 받은 형제들은 성령의 선물이 이방인들에게 부어지는 것을 보고 놀랐습니다.

어떻게 그들이 이방인들이 성령을 받았음을 알 수 있었습니까?

"이는 방언을 말하며 하나님 높임을 들음이러라"(행 10:46).

세 번째 증인 : 에베소 제자들

신자들이 성령을 받고 방언을 말한 세 번째 증거는 사도행전 19:1-7에 기록되어 있습니다. 이것은 사도 바울이 에베소 제자들에게 사역한 내용입니다.

이 사건은 오순절이 지난 한참 후의 일입니다.

사도행전 19:1-7

"아볼로가 고린도에 있을 때에 바울이 윗지방으로 다녀 에베소에 와서 어떤 제자들을 만나 이르되 너희가 믿을 때에 성령을 받았느냐 이르되 아니라 우리는 성령이 계심도 듣지 못하였노라 바울이 이르되 그러면 너희가 무슨 세례를 받았느냐 대답하되 요한의 세례니라 바울이 이르되 요한이 회개의 세례를 베풀며 백성에게 말하되 내 뒤에 오시는 이를 믿으라 하였으니 이는 곧 예수라 하거늘 그들이 듣고 주 예수의 이름으로 세례를 받으니 바울이 그들에게 안수하매 성령이 그들에게 임하시므로 방언도 하고 예언도 하니 모두 열두 사람쯤 되니라."

네 번째 증인 : 사마리아 신자들

이제 신자들이 성령을 받았을 때 방언으로 말했음을 구체적으로 말하지는 않으나, 방언으로 말한 것이 첫 번째 증거임을 암시하는 두 가지 성경적인 사례를 봅시다.

사도행전 8장에서 우리는 사마리아인이 성령을 받은 사례를 볼 수 있습니다.

사도행전 8:14-18

"예루살렘에 있는 사도들이 사마리아도 하나님의 말씀을 받았다 함을 듣고 베드로와 요한을 보내매 그들이 내려가서 그들을 위하여 성령 받기를 기도하니 이는 아직 한 사람에게도 성령 내리신 일이 없고 오직 주 예수의 이름으로 세례만 받을 뿐이더라 이에 두 사도가 그들에게 안수하매 성령을 받는지라 시몬이 사도들의 안수로 성령 받는 것을 보고 돈을 드려."

성경은 "… 시몬이 보고 …"(행 8:18)라고 기록하고 있습니다. 이 구절은 시몬의 육신적인 감각으로도 사마리아인들이 성령을 받았음을 알 수 있는 어떠한 표시나 증거가 있었음을 암시합니다.

어떤 사람들은 시몬이 본 것은 사마리아 초신자들의 기뻐하는 모습이라고 주장합니다. 그러나 시몬은 단순히 기뻐하는 모습 이상의 것을 보았음이 틀림없습니다. 사도행전 8:5-8을 읽어보면, 우리는 구원과 거듭남의 메시지로 인해 이미 "그 도시에 큰 기쁨"이 있었음을 알 수 있습니다(행 8:8).

마찬가지로, 시몬이 본 표시나 증거는 축사나 치유가 될 수도 없습니다. 왜냐하면 같은 8장 전반부에서 이미 이런 일들이 일어났기 때문입니다(행 8:7,8).

우리는 육신의 눈으로 성령을 볼 수 없습니다. 왜냐하면 성령은 영이시기 때문입니다.

그러나 시몬의 육신적인 감각으로도 사마리아인들이 성령을 받았음을 알 수 있는 어떠한 표시나 증거가 있었습니다. 그것은 성경 다른 곳에 기록된 성령을 받은 신자들의 동일한 증거인 방언을 말하는 것임을 논리적으로 추론할 수 있습니다.

그리고 실제로 성경을 연구해 보면 사마리아인들이 방언으로 말했음을 알게 됩니다. 왜냐하면 초대 교회 교부들이 전부 그렇게 말하기 때문입니다.

그러나 이것을 확인해보기 위해서 교회사를 공부할 필요는 없습니다. 왜냐하면 사도행전 2,10,19장에서 세 가지 사례를 보았듯이, 성경 그 자체가 방언은 성령의 충만을 받은 증거임을 결정적으로 증거해 주기 때문입니다.

다섯 번째 증인 : 사울

사도행전에서 방언으로 말한 것이 성령을 받은 증거임을 암시하는 두 번째 사례는 사도행전 9장에 나옵니다. 사울(후에 바울로 불림)의 경우, 9장에서 아나니아는 사울이 안수를 받고 성령 충만을 받도록 예수님에 의해 파송되었습니다.

사도행전 9:17

"아나니아가 떠나 그 집에 들어가서 그에게 안수하여 이르되 형제 사울아 주 곧 네가 오는 길에서 나타나셨던 예수께서 나를 보내어 너로 다시 보게 하시고 성령으로 충만하게 하신다 하니."

어떤 사람들은 "그러나 이 구절은 사울이 방언으로 말했다고 기록하고 있지 않습니다"라고 반박합니다. 성경은 사도행전 9:17에서 바울이 방언으로 말했다고 특별히 말하고 있지는 않지만, 우리는 바울이 방언으로 말했다는 것을 알 수 있습니다.

왜냐하면 바울이 고린도전서 14:18에서 이렇게 말을 했기 때문입니다.

"내가 너희 모든 사람보다 방언을 더 말하므로 하나님께 감사하노라."

우리는 바울이 성령을 받기 전에 방언을 말하지 않았다는 것을 압니다.

그러므로 우리는 아나니아가 사울에게 안수를 했을 때, 다른 모든 사람들이 성령을 받고 방언을 말한 것처럼 사울도 그러했으리라고 논리적으로 추론할 수 있습니다.

우리가 성령을 받을 때와 마찬가지로 바울은 성령을 받고 방언으로 말했습니다. 왜냐하면 방언은 성령을 받는 것과 함께 가기 때문입니다.

성령 세례와 방언으로 말하는 것은 함께 간다

나는 50년 전에 한 교단의 목사로서 신약을 읽고 하나님의 영이 이러한 구절들을 깨닫도록 나를 도와주셨을 때, 만약 내가 사도행전에 나오는 신자들이 받았던 그 동일한 성령을 받는다면 나도 그들이 가졌던 동일한 첫 번째 증거인 방언을 말하게 될 것이라고 확신했습니다.

나는 그 밖에는 어떤 것으로도 만족하지 못했습니다. 우리는 방언을 말하는 것은 성령님이 아니고 성령님은 방언을 말하는 것이 아니지만, 이 둘은 함께 간다는 것을 이해할 필요가 있습니다.

예를 들어, 그것은 구두의 코와 같습니다. 구두의 코는 신발이 아니고 신발은 구두의 코가 아니지만, 구두의 코는 신발의 한 부분이고 신발에서 없어서는 안 되는 한 부분입니다. 즉, 구두는 구두의 코가 없이는 구두가 될 수 없습니다.

이것에 대해서 조금 더 예를 들어 설명해 보겠습니다.

당신이 미국에서 자동차 한 대를 사면 자동차 소유증서를 받습니다. 그 소유증서는 그 자동차가 당신의 것임을 증거합니다. 확실히 자동차는 소유증서가 아닙니다. 그리고 소유증서는 자동차가 아닙니다. 그러나 당신은 소유증서가 없이 자동차로 아주 멀리 갈 수 없습니다. 그 자동차는 소유증서가 없이는 법적으로 당신의 것으로 간주되지 않기 때문입니다. 그러므로 그 자동차는 소유증서가 없이는 당신에게 완전한 혜택을 제공해 줄 수 없습니다.

이것은 성령을 받는 것도 마찬가지입니다. 당신이 성령의 충만을 받는다면 그 경험과 함께 성경적인 증거인 방언으로 말하는 것을 가져야 합니다.

"방언으로 말할 필요가 있습니까?"라는 질문에 대한 대답을 나는 이런 식으로 해보겠습니다.

당신이 신약에 나타난 성령세례의 경험을 원하고 사도들과 초대교회가 받았던 그 동일한 성령을 원한다면, 당신은 방언으로 말하는 것을 원할 것입니다. 그것은 초대교회의 신자들이 했던 것이고, 성경이 가르치는 것과 일치하는 것입니다.

에베소의 제자들 : 방언과 예언

사도행전 19장에서 에베소 제자들의 사례를 보면 신자들이 성령을 받았을 때 방언도 하고 예언도 했다는 것을 알 수 있습니다.

사도행전 19:6

"바울이 그들에게 안수하매 성령이 그들에게 임하시므로 방언도 하고 예언도 하니."

때때로 신자들은 성령 충만을 받을 때 방언뿐만 아니라 다른 영적 은사들도 추가적으로 받습니다. 그러나 방언은 성령을 받았다는 증거이고, 항상 먼저 나타납니다. 사도행전 19:6은 그들이 예언을 한 후에 방언을 했다고 기록하고 있지 않습니다.

나는 사람들이 성령을 받고 방언으로 말한 후에 예언을 하는 것을 보았습니다. 나는 또한 사람들이 성령을 받고 방언을 말한 후에 방언 통변을 하는 것을 보았습니다(고전 12:10).

그러나 당신이 성령 충만을 받는 순간에 하나님의 말씀이 말하는 것(신자들은 성령 충만의 첫 번째 증거로서 방언을 말하게 된다는 것) 이상을 기대하지 맙시다(행 2:4).

다른 영적 은사를 추가로 받는다면 그것은 좋은 것입니다. 그러나 영적 은사들은 우리의 뜻이 아니라 성령의 뜻대로 주어진다는 것을 기억해야 합니다(고전 12:11).

하지만 모든 신자들은 성령을 받은 첫 번째 증거로서 방언을 말하게 된다는 것을 기대해야 합니다. 내가 성령을 받았을 때 방언을 말하게 되었으므로 내가 성령을 받았다는 것을 알게 되었습니다. 그러나 나는 또한 그 당시에는 몰랐지만 다른 성령의 은사도 추가로 받았습니다.

그러나 나는 여러분에게 정직하게 말하겠습니다. 내가 성령을 받고 방언을 말했을 때 나는 약간 실망을 했습니다. 아마 어떤 압도적인 특별한 경험을 기대하고 있었다고 생각합니다. 즉, 몇몇 오순절파의 사람들이 성령을 받은 것에 대한 간증을 듣고서 어떤 굉장한 경험을 기대하고 있었습니다. 그러나 나는 그렇지 못했습니다.

나는 후에 중얼거렸습니다. "글쎄, 내가 받은 것은 방언으로 말하는 것이 전부야. 나는 영어로 기도할 때도 이것보단 몇 배 더 큰 축복을 받았었지."

그러나 성령 세례는 단지 어떤 축복을 받는 것이 아닙니다. 그것은 축복 이상입니다. 나는 성경을 알았고 믿음으로 행하는 법을 알았습니다. 그래서 "나는 내가 무엇을 느끼든지, 느끼지 못하든지 신경 쓰지 않겠다. 나는 방언으로 말하고 있으므로 성령을 받았음을 알고 있다. 나는 성령세례에 대한 성경적 증거를 가지고 있다"라고 말했습니다.

나는 약 3일 동안 거의 쉬지 않고 방언으로 계속 기도하며 하나님을 찬양했습니다. 그 후에 나는 내가 성령을 받고 방언을 말함과 동시에 또 다른 성령의 은사인 지식의 말씀도 받았음을 알게 되었습니다.

성령의 열매는 성령을 받은 증거가 아니다

너무도 자주 사람들은 다른 사람들의 말은 듣고 성경의 가르침은 듣지 않습니다. 사람들은 구원이나 성령을 받는 것과 같은 성경적인 경험들을 말씀에 의존하지 않고 그들 스스로 결론을 내버리곤 합니다. 그들은 성경이 말하는 것을 받아들이기보다 그들 자신의 결론을 받아들이고 싶어합니다.

예를 들면, 어떤 사람들은 "그러나 방언을 말하는 수많은 순복음 신자들은 마땅히 가지고 있어야 할 성령의 열매를 가지고 있지 않다. 그러므로 그들은 성령 충만해질 수 없다"라고 말하며 성령 세례를 반대합니다. 그러나 바울이 갈라디아서 5:22-23에서 말한 열매는 성령 세례의 열매가 전혀 아닙니다. 그것은 거듭난 사람의 영이 맺을 열매입니다.

갈라디아서 5:22-23

"오직 성령의 열매는(the fruit of the Spirit) 사랑과 희락과 화평과 오래 참음과 자비와 양선과 충성과 온유와 절제니 이같은 것을 금지할 법이 없느니라."

대부분의 성경 번역자들과 학자들은 22절에 나오는 "성령"(Spirit)이라는 단어가 대문자로 표기된 것은 잘못된 것이므로 거듭난 인간의 영, 즉 재창조된 사람의 영의 열매를 나타내는 소문자 "영"(spirit)으로 표기하는 것이 옳다고 합니다.

그러므로 갈라디아서 5:22-23은 성령 충만을 받은 신자의 삶뿐만 아니라 모든 신자의 삶에서 나타나야 하는 열매에 대해서 얘기하고 있습니다. 예수님은 "나는 포도나무요, 너희는 가지니 …"(요 15:5)라고 말씀하셨습니다.

열매는 가지 위에서 자라는데 신자들은 가지들이라고 예수님께서 말씀하셨습니다. 그러므로 영의 열매는 가지들인 신자들 안에 있는 그리스도의 생명으로 인해 거듭난, 재창조된 신자의 삶에서 자랍니다.

갈라디아서 5장에 나열된 첫 번째 성령의 열매는 사랑입니다. 성령 충만한 신자들이 성령 충만하지 않은 신자들보다 반드시 더 많은 사랑을 갖는 것은 아닙니다. 왜냐하면 예수님께서 모든 신자들은 사랑해야 한다고 단순하게 말씀하셨기 때문입니다.

"너희가 서로 사랑하면 이로써 모든 사람이 너희가 내 제자인 줄 알리라"(요 13:35).

모든 신자들은 사랑의 열매를 맺어야 합니다. 더 나아가 성경은 "우리가(모든 신자) 형제를 사랑함으로 사망에서 옮겨 생명으로 들어간 줄을 알거니와 …"(요일 3:14)라고 말하고 있습니다.

사랑은 거듭난 인간의 영의 열매이고, 성령 세례의 열매가 아닙니다. 그러므로 모든 신자들은 성령 충만의 여부와 상관없이 영의 열매를 맺어야 합니다.

갈라디아서 5장에 열거된 또 다른 영의 열매는 화평입니다. 나는 성령 세례를 받기 전보다 받은 후에 더 화평하지는 않았습니다. 하나님의 말씀은 로마서 5:1에서 "그러므로 우리가 믿음으로 의롭다 하심을 얻었은즉 우리 주 예수 그리스도로 말미암아 하나님으로 더불어 화평을 누리자"라고 말합니다. 그러므로 화평은 거듭남을 통해서 내재하는 그리스도의 생명 때문에 모든 신자의 삶에 나타나야 하는 열매입니다.

그러나 영의 열매에 대해서 우리가 이해하고 있어야 할 한 가지는 자연의 열매와 마찬가지로 영의 열매도 신자의 삶속에서 성장하며 계발될 수 있다는 것입니다.

예를 들어, 초신자들은 한 번에 자라서 열매를 맺지 못합니다. 여러분은 어린 나무가 갑자기 열매를 맺기를 기대하지 않습니다. 나무가 성장하고 가지 위의 열매가 자라서 결실하기 위해서는 시간이 필요합니다. 초신자들도 마찬가지입니다.

그러나 초신자들도 성령 충만을 받고 능력을 입을 수 있으며 심지어 그의 삶속에서 역사하는 성령의 은사들도 가질 수 있습니다.

예를 들면, 고린도 신자들은 아기들이었습니다. 바울은 그들을 그리스도 안에 있는 아기라고 불렀습니다.

> "형제들아 내가 신령한 자들을 대함과 같이 너희에게 말할 수 없어서 육신에 속한 자 곧 그리스도 안에서 어린 아이들을 대함과 같이 하노라"(고전 3:1).

그러나 바울은 또한 "… 너희가 모든 은사에 부족함이 없이 …"(고전 1:7)라고 말했습니다.

그러므로 고린도 신자들은 그리스도 안에서 아기이며, 그들의 삶 속에서 영의 열매를 많이 맺지 못했지만, 그들의 삶에 역사하는 성령의 은사들을 가질 수 있었습니다.

영의 열매는 거룩함을 위한 것입니다. 그러나 성령의 은사는 능력을 위한 것입니다. 여러분은 많은 능력을 가지지 않고도 거룩해질 수 있고, 그렇게 거룩하지 않고서도 능력을 가질 수 있습니다. 그러나 신자의 삶에서 거룩과 능력이 조화롭게 되는 것이 가장 좋습니다. 그리고 그것이 하나님께서 원하시는 바입니다.

나는 삶에서 놀라운 영의 열매를 맺었지만, 능력은 하나도 없는 훌륭한 신자들을 많이 보아왔습니다. 반대로 나는 하나님을 위한 발전소와 같은 신자들도 알고 있습니다. 그러나 그들은 삶에서 영의 열매를 좀 더 많이 성장시켜야 할 필요성이 있습니다.

안수 사역

오래 전에 내가 설교한 텍사스의 한 집회에서 몇 달 동안 밤 예배와 낮 예배를 드렸습니다. 사람들은 매일 참석했으며, 어떤 사람들은 100마일도 넘는 먼 곳에서도 참석을 하였습니다. 내가 7주 동안 성령세례를 가르친 후에는 성령세례를 받지 않고서 집회에 참석하는 사람은 하나도 없었습니다. 사람들은 모든 예배에서 성령을 받았습니다.

우리는 성경의 근본 교리인 안수에 대해서 일주일 동안 설교했습니다(히 6:2).

내가 말했듯이, 초대 교회 당시에 성령을 받기 위해서 안수는 널리 시행되어졌습니다.

사도행전 8:18-20

> "시몬이 사도들의 안수로 성령 받는 것을 보고 돈을 드려 이르되 이 권능을 내게도 주어 누구든지 내가 안수하는 사람은 성령을 받게 하여 주소서 하니 베드로가 이르되 네가 하나님의 선물을 돈 주고 살 줄로 생각하였으니 네 은과 네가 함께 망할지어다."

어떤 사람들은 '시몬이 성령의 은사를 사려고 했다' 라고 생각합니다. 그러나 그것은 옳지 않습니다. 그는 안수를 통해서 사람들에게 성령을 전수해주기 위한 은사나 능력을 사려고 하였습니다.

주 예수님은 오래 전에 환상 가운데 나타나셔서 나에게 신자들이 성령을 받도록 안수하라고 말씀하셨습니다. 그 당시에는 안수가 널리 시행되지 않는 사역 방법이므로 내가 주저하자 주님은 나를 사도행전 8장으로 인도하셨습니다. 주님은 예루살렘에 있던 사도들이 사마리아 사람들이 안수받고 성령을 받도록 하기 위해서 베드로와 요한을 보냈다는 사실을 주목해 보도록 하셨습니다.

빌립은 사마리아에서 훌륭한 사역을 하였습니다. 그는 수백 명의 사람들이 구원받고 수십 명의 사람들이 치유 받도록 하였습니다. 그러나 그는 어떤 사람도 성령 충만하게 하지 못했습니다.

초대교회는 성경에 기록된 특별한 사역들을 인정하였습니다.

그러므로 제자들은 베드로와 요한을 사마리아로 보냈습니다. 왜냐하면 그들은 사람들을 성령 충만하게 하는 특별한 사역을 하였기 때문입니다. 그들은 안수 사역을 하였습니다. 실제로, 베드로는 사람들이 성령을 받게 하는 안수할 수 있는 능력을 "하나님의 선물"이라고 불렀습니다(행 8:20).

내가 이미 성령을 받은 사람들에게 안수할 때 그들이 내게 말은 하지 않았지만, 이미 성령 충만을 받은 사람들이라는 것을 즉시 성령님에 의해 알곤 하였습니다. 그러나 그것을 알기 위해서는 어떤 계시의 은사 중 하나가 작동해야 함을 기억하십시오.

다른 사람들이 이미 받았음을 믿도록 돕기

내가 위에서 언급한 그 텍사스 집회에서, 우리는 사람들이 성령의 충만을 받도록 하기 위해서 기도하고 안수하였습니다. 나는 여러 사람들에게 안수하였고 그들은 모두 받았습니다.

한 번은 내가 어떤 사람에게 안수를 하자 그 즉시 성령의 나타남을 통해서 이 사람이 과거 언젠가 성령을 받았다는 것을 알게 되었습니다.

나는 기도하는 것을 멈추고 "당신은 과거 언젠가 성령을 받았군요. 당신은 이미 성령 충만합니다."라고 말했습니다.

그는 "아니오, 아니오. 나는 받지 않았습니다"라고 말했습니다.

내가 "그럼 어쩌면 내가 잘못한 것일 수도 있겠군요. 나도 인간입니다"라고 말했습니다.

만일 내가 실수한다면 하나님이 실수했기 때문에 그런 것이 아닙니다. 내가 하나님의 말씀을 듣고 반응하는 데 실패했기 때문일 것입니다. 완전한 위치에 도달한 사람은 아무도 없습니다. 심지어 대사도 바울도 "내가 이미 얻었다 함도 아니요 온전히 이루었다 함도 아니라 …"(빌 3:12)라고 말했습니다.

사역자들은 실수할 수 있지만, 그것은 하나님이 실수하셨다거나 사역자가 올바른 은사를 가지고 있지 못하다는 것을 의미하지는 않습니다. 때때로 우리는 하나님이 우리에게 말씀하시는 것을 정확히 듣는데 실패할 수도 있습니다.

예를 들어, 우리는 전화 통화를 할 때 상대방이 하는 모든 말들을 알아듣지 못할 때도 있습니다. 마찬가지로 나도 하나님이 하시는 모든 말을 항상 받을 수는 없습니다. 그러나 그것은 성령의 은사가 가짜라는 말을 의미하는 것은 아닙니다.

나는 다시 그 형제에게 안수하고 기도하기 시작했습니다. 나는 다시 똑같은 계시를 받았고, 그가 이미 성령 충만을 받았다는 것을 알았습니다. 나는 기도를 멈추고 그의 머리에서 손을 떼고 이번에는 더 확신을 가지고 말했습니다.

"형제님, 지금 당신은 언젠가 다른 곳에서 성령을 받았습니다."

다시 그는 성령을 받지 않았음을 강조하면서 말했습니다. 그래서 나는 세 번째 그를 위해 기도하기 시작했습니다.

내가 다시 그 계시를 받았을 때 나는 더 이상 의심하지 않았습니다.

"형제님, 내가 잘못한 것이 아니군요. 눈을 크게 뜨고 나를 보세요. 나는 실수하지 않았어요. 당신은 언젠가 성령 충만을 받았습니다. 다른 어떤 사람이 당신이 성령을 받았음을 말해주지 않던가요?"

"글쎄요, 약 18개월 전에 한 순복음 교회에서 목사님과 2-3명의 사람들이 제단에서 나에게 기도해 주면서 내가 성령을 받았다고 말했습니다."

"그러면 당신은 왜 성령을 받지 않았다고 그렇게 확신하십니까?"라고 내가 물었습니다.

"그 이유는 나의 아내가 말하기를 …."

바로 그때 옆에 서있던 그의 아내가 남편에게 해 주었던 말을 나에게 하기 시작했습니다.

"잠깐만요, 자매님. 성령을 받기 원하는 것은 당신이 아니라 당신 남편입니다. 그가 설명하도록 하세요."

그러자 이 남자는 그의 아내가 성령을 받는 것은 거듭나는 것보다 훨씬 더 큰 경험이라고 말했다고 설명했습니다. 그는 "나는 거듭난 경험이 둘 중에 더 큰 경험이라고 생각했기 때문에 이미 성령 받은 것을 의심했습니다. 그래서 나는 성령 받지 않았다고 확신했습니다"라고 말했습니다.

내가 말했습니다.

"그러면 당신 아내의 말에 따르면, 나도 성령 충만을 받지 않은 것이 됩니다. 왜냐하면 하나님의 자녀가 되는 것은 나에게도 가장 큰 경험이었기 때문입니다. 당신도 알다시피, 당신은 성령 충만을 받지 않고도 천국을 갈 수 있습니다. 그러나 거듭나지 않고서는 천국에 갈 수 없습니다. 하나님은 당신 아내의 말에 따라 성령을 준다고 약속 하시지 않았습니다. 그는 성경 말씀을 따라 당신에게 성령을 주신다고 약속하셨습니다. 당신은 당신 아내나 다른 사람의 말이나 경험, 생각에 따라 성령 충만을 받을 것을 기대할 권리가 없습니다. 당신은 하나님의 말씀을 따라 성령 충만을 받을 권리를 가지고 있습니다."

"나는 영어가 아닌 것을 말했기 때문에 그때에는 성령을 받았다고 생각했습니다. 그러나 그 이후로 방언을 한 번도 말하지 않았습니다."라고 그가 대답하였습니다.

내가 말했습니다.

"당신이 하나님으로부터 받은 것을 의심했기 때문에 방언을 하지 못했습니다. 의심은 당신의 삶에서 하나님의 능력을 마비시킬 것입니다. 당신은 지금 다시 성령을 받을 필요는 없습니다. 당신은 18개월 전에 받은 것을 주장하면 되는 것입니다. 당신 안에 거하시는 성령님을 다시 활성화시킬 필요가 있습니다."

내가 한 번은 어떤 목사님이 라디오에서 말하는 것을 들은 적이 있습니다.

"여러분은 성령을 받을 때 누구도 여러분에게 말해줄 필요가 없습니다. 여러분이 의심한다면 여러분은 성령을 받은 것이 아닙니다."

그러나 나는 그런 주장에 전적으로 동의할 수 없습니다. 우리는 실제로 성령을 받고 방언을 말했지만, 다른 사람의 의견을 따라 의심하게 된 한 남자의 사례를 방금 살펴보았습니다.

이 남자의 사례가 사람들이 자기가 성령을 받았는지 여부를 말해줄 어떤 사람이 필요치 않다는 말에 내가 동의할 수 없는 이유입니다.

이 남자는 실제로 성령을 받았지만, 그것을 의심하고 있었기에 누군가의 격려를 필요로 했습니다. 그는 하나님의 말씀을 청종하는 대신에 아내의 말을 청종했던 것입니다.

물론 마귀는 신자들이 가졌던 성경적인 경험들을 의심하도록 역사할 것입니다. 그러나 신자가 유혹을 받고 의심을 한다고 해서 하나님의 말씀대로 구했던 것을 받지 못했다는 것을 의미하지는 않습니다.

사람들은 종종 하나님께 간구하여 받는 것이 성경이 기대하라고 말하고 있지 않는 어떤 증거를 경험하는 여부에 달려 있다고 믿도록 가르침을 받습니다. 그러나 우리는 하나님의 말씀대로 믿음으로 하나님의 약속을 받습니다. 하지만 성령세례에 관해서는 하나님은 우리가 성령의 충만을 받았음을 확증시켜주시기 위해서 육체상의 증거인 방언으로 말하는 것을 주십니다.

성령을 받은 성경적인 증거를 기대하라

많은 사람들이 성령을 받는 것에 대해서 성경 말씀과 일치하지 않는 다양한 의견들을 가지고 있습니다. 그들은 성령을 받는 것에 대해 자신들만의 증거를 만듭니다. 그러나 우리는 하나님의 말씀이 기대하라고 가르치는 증거를 기대해야 합니다.

성령을 받는 것에 대한 오해들

초대교회 신자들은 구했으나 얻지 못한다든지, 혹은 성령을 받으러 왔다가 받지 못하고 돌아가는 시행착오의 방법을 사용하지 않았습니다.

우리는 성경적이 되어야 하고 사람들에게 하나님의 말씀이 말하는 것을 전해야 합니다.

너무나도 자주 사람들은 그들이 생각하는 것을 사람들에게 전합니다. 그들은 자신의 이론을 주거나 자신의 경험을 말합니다. 그러나 여러분은 자신의 경험을 설교하거나 가르칠 권리는 가지고 있지 않다는 것을 아십니까?

바울은 디모데에게 "너는 말씀을 전파하라 …"(딤후 4:2)고 말했습니다.

그는 "디모데야, 사람들에게 그 주제에 대해서 네가 생각하는 것을 전해주라"고 말하지 않았습니다. 그는 "디모데야, 이제 그 주제에 대한 너의 이론을 사람들에게 주라"고 말하지 않았습니다. 의견이나 이론을 설교하는 것은 의심과 불신만을 가져오고 사람을 속박하게 됩니다.

하나님의 말씀의 진리가 사람들을 해방시킬 것입니다.

"진리를 알지니 진리가 너희를 자유케 하리라"(요 8:32).

하나님의 말씀은 또한 사람들 안에 믿음을 심어줄 것입니다.

"그러므로 믿음은 들음에서 나며 들음은 그리스도의 말씀으로 말미암았느니라"(롬 10:17).

경험이 아닌 말씀을 강조하라

어떤 사람들은 거듭나거나 성령을 받을 때 우리 대부분의 경험과는 다른 특이한 경험을 합니다. 그러한 경험들이 하나님의 말씀과 일치한다면 나누어도 괜찮습니다. 그러나 경험보다 말씀을 강조하십시오. 그런 다음, 각자가 자신들만의 성경적인 경험을 체험하도록 하십시오. 왜냐하면 경험들은 모든 면에서 다르게 나타날 것이기 때문입니다.

특이한 거듭남의 경험은 바울이 다메섹으로 가는 도상에서 일어났습니다. 정오의 햇빛보다 더 밝은 빛이 그의 주변에 비추고 그에게 말하는 한 목소리를 들었습니다.

"… 사울아 사울아 네가 어찌하여 나를 박해하느냐?"(행 9:4).

그러나 내가 거듭날 때 나는 어떤 빛을 보거나 내게 말하는 목소리도 듣지 못했지만, 나는 바울이 거듭난 것처럼 거듭났습니다.

바울은 결코 사람들에게 그가 회심한 것처럼 회심해야 한다고 말하지 않았습니다. 바울은 결코 사람들에게 구원받기 위해서 그가 했던 것처럼 빛을 봐야 한다거나 목소리를 들어야 한다고 말하지 않았습니다. 그가 가끔 그의 경험을 말했지만 그는 성경적인 구원의 방법을 가르쳤습니다.

"네가 만일 네 입으로 예수를 주로 시인하며 또 하나님께서 그를 죽은 자 가운데서 살리신 것을 네 마음에 믿으면 구원을 받으리라 사람이 마음으로 믿어 의에 이르고 입으로 시인하여 구원에 이르느니라"(롬 10:9-10).

우리는 바울에게 거듭난 경험을 주신 하나님께 감사합니다. 그러나 누군가의 경험을 구원을 위한 기준이나 표준으로 삼지 말아야 합니다. 그렇습니다. 우리는 하나님의 말씀을 강조해야 하며, 모든 사람들이 하나님의 뜻대로 그들 자신의 경험을 갖도록 해야 합니다.

성령을 받기 위해서 경험을 추구하지 말라

어떤 사람들은 성령을 받을 때 특이한 경험을 합니다.

젊은 청년 목사였을 때, 나는 매우 신뢰하던 교단의 한 멋진 여성을 알고 있었습니다. 한 번은 그녀가 어떻게 성령 세례를 받았는지에 대해 말해주었습니다. 그녀는 하나님을 구할 때 눈을 감고, 하나님을 찬양한다고 하였습니다. 그녀는 연필만한 크기의 한 줄기 빛을 영 가운데서 보았습니다. 그 빛은 지붕과 천정을 뚫고 내려와서 두 눈 사이의 한 가운데를 비추는 것처럼 보였습니다. 그렇게 했을 때, 그녀는 방언으로 말하기 시작했습니다.

많은 사람들이 말합니다. "나는 성령을 구하는 사람들에 대한 이야기를 들었습니다. 그들은 농구공처럼 큰 불타는 공을 보았습니다. 그것이 와서 그들의 머리 위에서 폭발했을 때 그들은 방언을 말하기 시작했습니다."

나의 경험은 달랐습니다. 나는 결코 어떤 빛줄기나 불타는 공을 보지 못하였습니다. 그러나 다른 사람과 마찬가지로 성령 충만을 받았습니다. 나는 성령 충만의 성경적인 증거인 방언을 말하기 시작했습니다.

나는 다른 경험들도 일어날 수 있음을 의심하지 않습니다. 그러나 하나님의 말씀은 사람이 성령 충만을 받은 첫 번째 표시는 방언으로 말하는 것이 증거임을 유일하게 약속하고 있습니다. 만일 다른 성경적인 경험이 일어난다면 그 경험이 하나님의 말씀과 일치하는 한 괜찮습니다.

하지만 경험들을 추구하지는 마십시오. 그러나 여러분은 성령 충만하고 방언으로 말하는 것을 추구할 권리를 가지고 있습니다. 모든 신자들이 성령을 받을 때 방언을 말하게 될 것이지만, 어떤 사람들은 또한 추가적인 성령의 은사를 처음부터 받게 될 수도 있습니다.

그러나 그것은 그들이 당신이나 내가 받았던 것보다 성령을 더 많이 받은 것을 의미하는 것은 아닙니다.

성령을 받기 위한 성경적인 가르침의 필요

너무나도 자주 사람들은 성령을 받는 방법에 대한 가르침을 받지 못합니다.

설상가상으로 그들은 그릇된 가르침을 받고 그로 인해 성령을 받지 못합니다.

나는 또한 사람들이 성령을 받기 위해서 왔다가 조용히 방언으로 몇 마디의 말을 하는 것을 보았습니다. 그 때 누군가가 그들의 등을 손바닥으로 찰싹 치면서 "이번에 당신은 방언을 받지 못했습니다. 다음 번 행운을 기대하세요"라고 말하는 것을 보았습니다. 그러나 우리는 운으로 하나님의 것을 받지 않습니다.

성경은 우리가 믿음으로 하나님의 약속을 받는다고 말하고 있습니다(히 11:6).

성령의 선물은 우리가 하나님의 말씀을 믿음으로써 받을 수 있는 하나님의 약속 중의 하나입니다.

그리고 만약에 어떤 사람이 방언으로 두 단어만 말했다고 할지라도 그는 방언으로 유창하게 말하는 사람들과 동일하게 성령을 받은 것입니다.

물론 나는 방언으로 몇 마디만 하고 멈춰버린 사람을 칭찬하는 것은 아닙니다. 그러나 사람들이 방언으로 단지 몇 단어밖에 말하지 못했기 때문에 그들이 성령을 받지 못했다는 의미는 아닙니다.

사도행전 2:4은 "그들이 말하기 시작했다 …"라고 말합니다.

많은 사람들이 실제로는 성령을 받고서도 낙심해서 집으로 돌아갑니다. 성령을 받았어야 했던 많은 사람들이 그릇된 가르침과 하나님의 말씀에 대한 지식의 부족 때문에 받지 못했습니다.

성령을 받음에 대한 잘못된 가르침의 사례

오랜 세월 동안 많은 변호사들, 의사들, 대학 교수들, 학교 선생들에게 성령 충만을 받게 하는 것이 나에겐 특별한 사명이 되었습니다. 그들 중 많은 사람들이 성령을 받지 못하게 하는 잘못된 가르침의 사건들을 나에게 이야기해 주었습니다.

다음은 한 남자가 나에게 이야기해 준 것입니다.

"해긴 목사님! 나는 오래 전에 성령을 받는 것은 성경적인 진리라는 것을 알았습니다. 나는 한 순복음 교회에 방문했고, 성령을 받기 위해서 제단에 올라갔습니다. 거기에 있는 사람들이 나에게 말하기를 '당신의 손을 드세요'라고 말했습니다. 나는 성경에서 그에 대한 내용을 읽었기 때문에 거리낌없이 나의 손을 들어 올렸습니다. 그런 다음에 그들은 나에게 '하나님을 찬양하세요'라고 말했습니다. 나는 그 말 또한 성경에 있는 것을 알았기 때문에 하나님을 찬양했습니다. 그러나 그 때 누군가 "글로리"(glory)라고 말하라'고 했습니다. 그래서 나는 '글로리'라고 말했습니다. 누군가가 나에게 그것을 더 빨리 하라고 말했습니다. 그래서 더 빨리 말했습니다. 그러자 누군가가 '글럽 글럽' 이렇게 말하라고 했습니다. 그래서 나는 '글럽 글럽' 이렇게 말했습니다. 그러나 나는 성경에서 그러한 내용을 읽어보지 못한 것을 생각하고 나는 일어나서 그 교회를 빠져 나왔고, 그 때 이후로 은사주의 예배를 가지 않았습니다."

많은 정직하고, 성실하고, 지성적인 사람들이 비성경적인 방법과 그릇된 가르침으로 인해서 내몰리고 있습니다. 우리의 가르침은 단순해야 하고, 하나님의 말씀이 말하는 것만을 가르쳐야 합니다.

우리는 말씀에 따라 사람들을 가르쳐야 합니다.

무엇보다도 성경은 "주의 말씀을 열므로 우둔한 자에게 비취어 깨닫게 하나이다"라고 말합니다(시 119:130).

하나님의 말씀을 올바르게 가르친다면 사람들이 쓸데없는 시간낭비를 줄일 수 있을 것입니다.

입신은 성령을 받은 성경적인 증거가 아니다

한 사역자가 "나는 하나님의 능력으로 쓰러졌고 3시간 동안 입신했기 때문에 성령을 받았음을 알았습니다"라고 말했습니다. 그것은 좋은 것이지만 성령 충만을 받은 성경적인 증거는 아닙니다. 여러분은 성령 충만하거나 성령 충만을 받은 이후에 하나님의 능력으로 넘어지고 입신할 수도 있습니다. 그러나 성경은 "그들이 모두 성령 충만을 받고 입신하였다"라고 말하지 않습니다.

성경은 "그들이 모두 저희가 다 성령의 충만함을 받고 성령이 말하게 하심을 따라 다른 방언으로 말하기를 시작하니라"라고 말합니다(행 2:4).

기쁨을 경험하는 것은 성령을 받은 성경적인 증거가 아니다

성령을 받았던 다른 사람들은 "내가 마땅히 받을 걸로 생각한 그런 기쁨을 받지 못했어요. 나는 큰 기쁨을 받을 걸로 예상했습니다"라고 말했습니다.

그러나 사도행전 8장을 읽어보면 "그 도시에 큰 기쁨이 있었다"(행 8:8)라고 말합니다.

그것은 8절 말씀입니다. 그러나 우리는 17절까지 그들이 성령 충만을 받은 것을 볼 수 없습니다. 다시 말해서 큰 기쁨은 성령 충만을 받은 증거가 아닙니다. 여러분은 크리스천이기 때문에 기뻐해야만 합니다. 예를 들면, 사도행전 8장에서 빌립이 사마리아에서 말씀을 전했을 때 많은 사람들이 거듭났으므로 그 도시에는 큰 기쁨이 있었습니다. 또한 많은 치유와 기적이 일어났고, 귀신이 쫓겨나고, 사람들이 해방 되었으므로 그 도시에는 큰 기쁨이 있었습니다.

여러분도 알다시피 기쁨은 믿음에 대한 자연적인 인간의 반응입니다. 여러분이 하나님을 믿기만 한다면 주님의 기쁨이 저절로 생기게 될 것입니다. 어떤 사람은 성령 충만을 받고도 그가 받을 걸로 생각한 그 기쁨을 받지 못했으므로 나에게 불평을 했습니다.

나는 그에게 말했습니다.

"당신이 오늘밤 집에 돌아가서 무릎을 꿇고 말하십시오. '주님, 나에게 성령 충만을 주셔서 감사합니다. 나는 사도행전에 나오는 신자들처럼 방언을 말했기 때문에 내가 충만을 받은 것을 압니다.' 그런 다음, 잠자리에 들 때 당신이 성령을 받았으므로 하나님께 감사하고 찬양하면서 잠을 자십시오. 아침에 당신이 일어났을 때 맨 처음 할 일은 성령 충만을 받은 것을 주님께 찬양하십시오. 그리고 당신이 성령을 받았기 때문에 당신이 일할 때 하루 종일 주님을 찬양하십시오. 당신이 주위에 아무도 없는 곳에서 일할 때는 큰 소리로 주님을 찬양하십시오. 반대로 주위에 누가 있다면 조용히 찬양을 하십시오."

그 다음날 밤 내가 교회 강단에 섰을 때 나는 마치 어둠 속에서 네온사인을 켠 것처럼 빛을 내고 있는 이 친구를 회중 가운데서 보았습니다. 나는 그에게 물어볼 것도 없이 그가 주님에 대한 기쁨으로 가득한 것을 알 수 있었습니다. 그는 예배 후 곧바로 나에게 와서 말했습니다.

"해긴 목사님! 목사님께서 하라는 대로 했더니 역사가 일어났습니다."

기쁨은 믿음에 대한 자연적인 반응입니다. 여러분이 하나님을 믿는다면 기쁨을 갖는 것에 대해서 걱정할 필요가 없을 것입니다. 여러분이 기쁨을 갖고 있지 않다면 그것은 여러분의 믿음이 하나님과 하나님의 말씀에 견고하게 뿌리를 내리고 있지 않기 때문입니다.

당신이 무엇을 느끼는가가 아니라 당신이 무엇을 하는가이다

누군가가 말하기를 "내가 당연하다고 생각하는 것을 나는 느끼고 있지 않습니다"라고 하였습니다. 그러나 사도행전 2:4은 "그들은 모두 성령 충만을 받고 그들이 당연하다고 생각하는 것을 느꼈다"라고 말하고 있지 않습니다. 그리고 사도행전 9:17은 "그리고 아나니아가 그 집에 들어가서 그에게 안수를 하면서 사울 형제님! 주님이 당신의 눈을 뜨게 하고 당신이 성령 충만을 받고 당신이 당연하다고 생각하는 것을 느끼도록 하기 위해서 나를 보냈습니다"라고 말하지 않습니다.

사도행전 19:6은 "그리고 바울이 그들에게 안수하자 성령이 그들에게 임했습니다. 그리고 그들이 방언으로 말하고 예언하며 그들이 당연하다고 생각하는 것을 느꼈다"라고 말하고 있지 않습니다.

사도행전 10:45-46은 고넬료와 그의 가족이 방언을 말하고 하나님을 높이며 그들이 당연하다고 생각하는 것을 느꼈다 라고 말하고 있지 않습니다. 사도행전 8:15은 베드로와 요한이 사마리아인들에게 안수하자 그들이 성령을 받았고, 그들이 당연하다고 생각하는 것을 느꼈다라고 말하고 있지 않습니다.

실제로 성경 어디에도 신자들이 어떻게 느꼈는지에 대해서 말하는 구절은 없습니다.

여러분이 어떻게 느끼는가가 중요하다면 성경은 그것을 기록했을 것입니다. 중요한 것은 여러분이 성령을 받았을 때 여러분이 무엇을 느꼈는가가 아닙니다. 중요한 것은 여러분이 무엇을 했는가 입니다. 즉, 여러분이 받은 줄로 믿고 성령님께 굴복하여 방언으로 말하는 것입니다.

위에서 언급한 각각의 사례들에서 신자들은 방언으로 말했습니다. 그러므로 만일 당신이 방언으로 말했다면 당신도 성령을 받은 것입니다. 당신이 방언을 말하지 않는다면 당신은 성령을 받은 것이 아니므로 당신의 느낌이 얼마나 좋은가는 중요한 것이 아닙니다. 왜냐하면 방언으로 말하는 것이 성령세례의 성경적인 증거이기 때문입니다. 바꾸어 말하면, 당신이 성령 충만을 받을 때 당신은 방언을 말하게 될 것입니다.

한 번은 내가 오레곤 주에서 설교를 할 때였습니다. 그 집회에서 수많은 사람들이 성령을 받기 위해서 나왔고 나는 그들에게 안수를 했습니다. 내가 라인을 따라 가면서 안수를 하자 그들 모두가 성령을 받고 방언을 말했습니다. 나는 마지막 여자에게 안수하였고, 성령이 그녀에게 임했지만 그녀는 방언을 하지 않았습니다. 그러므로 그녀는 성령 충만을 받지 않았던 것입니다. 그녀는 그날 밤에 방언으로 말하지 않았지만 뛰면서 소리치며 기쁨으로 춤을 추었습니다.

근처에 앉아 있던 한 여인이 "저것이 내가 저들에게 보고 싶었던 모습입니다"라고 말했습니다.

나는 "그러나 그녀는 성령세례를 받지 않았습니다. 다른 사람들은 성령세례를 받았지만 그녀는 받지 않았습니다"라고 말했습니다.

여러분도 알다시피, 근처에 앉아 있던 이 여인은 그 여자가 소리치며 춤추고 있었기 때문에 그녀가 성령 충만을 받았다고 추측하였던 것입니다.

내 집회에서 일어났던 또 다른 사례는 그 교회에 한 남자가 성령 세례를 받기 위해서 나왔습니다.

나는 그에게 안수하였고 그는 방언을 말하기 시작했습니다. 그는 내가 다른 사람들에게 안수하고 있던 15분 동안 방언으로 말했습니다.

그 때 나는 그에게 되돌아가서 말했습니다.

"형제님! 당신의 마음(mind)속에 당신이 성령을 받았다는 사실을 받아들이지 못하게 하는 어떤 생각이 있음을 주님께서 나에게 알려 주십니다. 당신은 당신이 성령을 받을 때 뛰거나 춤추거나 달리고 아주 즐거운 시간을 갖게 될 것이라는 생각을 항상 가지고 있다는 것을 성령님께서 알려주셨습니다."

"그렇습니다. 나는 항상 그러한 생각을 가지고 있습니다"라고 그가 말했습니다.

나는 말했습니다.

"좋습니다. 당신이 달리기를 원한다면 달리세요. 나는 괜찮습니다. 당신이 점프하기를 원한다면 점프하십시오. 그러나 당신이 달리거나 점프하는 것과 상관없이 당신은 성령을 받았습니다."

이 남자는 "목사님께서 내가 소리치는 것을 보신다면 그것은 하나님이 하시는 것일 것입니다"라고 말했습니다.

나는 "그것은 하나님이 하시는 것일 것입니다 라는 말이 무슨 뜻입니까? 하나님은 소리치거나 춤추거나 달리지 않을 텐데요"라고 물었습니다.

그는 "네, 내가 그렇게 했다면 하나님께서 내가 그렇게 하도록 만들었기 때문일 것입니다"라고 대답했습니다.

나는 말했습니다. "그렇다면 당신은 다음에는 결코 그렇게 못할 것입니다. 하나님께서 당신에게 결코 그렇게 하도록 강요하지 않을 것이기 때문입니다."

그는 교회를 떠났고, 그 후에 우리에게 말했습니다.

"나는 다음과 같이 중얼거리면서 실망한 채 집으로 갔습니다. '나는 내가 그럴 것이라고 생각하는 것처럼 느낌이 들지 않아. 그러니 나는 성령을 받지 않은 것이 틀림없어. 만일 내가 성령을 받았다면 이것과는 다른 느낌을 가졌을 거야. 나는 행복하지 않고, 힘도 나지 않고, 황홀한 상태에 있지도 않아. 나는 자주 이보다 더 기분이 좋았고, 더 큰 축복을 받곤 하였지. 나는 성령을 받지 않았던 거야."

그는 계속해서 말했습니다.

"그날 밤 나는 잠을 잘 수가 없었고 이렇게 생각하기 시작했습니다. *어떻게 하면 내가 성령을 받은 것을 알 수 있을까? 성경은 무엇이라고 말하고 있는가?* 사도행전 2:4 말씀이 나에게 떠올랐습니다. '저희가 다 성령의 충만함을 받고 성령이 말하게 하심을 따라 다른 방언으로 말하기를 시작하니라'(행 2:4). 그때 나에게 깨달음이 와서 내가 이렇게 말했습니다. '사랑하는 주님, 내가 의심한 것을 용서하십시오. 나는 분명히 성령을 받았습니다. 사도행전 2:4은 그들이 기분이 더 좋아졌다고 말하고 있지 않습니다. 그들이 모두 성령 충만을 받고 기쁨이 넘쳐서 그들이 당연하다고 생각하는 것을 느꼈다고 그 구절은 말하고 있지 않습니다. 그 구절은 그들이 방언으로 말했다고 기록하고 있습니다. 그리고 나는 방언으로 말했습니다.' 그런 다음 나는 거기에 누워서 방언으로 말하며 밤새도록 주님을 찬양했습니다."

그러므로 사람들은 때때로 도움과 격려가 필요하다는 것을 알 수 있습니다. 가르침은 사람들을 도울 것입니다. 사람들이 성령을 받은 후에 기쁠 것이라고 가르치는 것은 실수입니다. 성령이 예수님께 임한 후에 바로 예수님은 광야로 갔고 마귀의 시험을 받았습니다(마 4:1).

때때로 인생에서 가장 큰 시험이나 유혹은 성령 충만을 받은 직후에 옵니다. 우리는 성경이 가르치는 것보다 더 많은 증거를 요구하지 말아야 합니다. 또한 더 적은 것도 기대하지 말아야 합니다. 우리는 하나님의 말씀이 가르치는 대로 방언을 말할 것을 기대해야 합니다.

연구를 위한 질문

1. 사도행전에서 신자들이 성령을 받은 사례나 증인들 다섯 가지를 말해보십시오.

2. 오순절 날 얼마나 많은 사람들이 다락방에 모여서 모두 성령 충만을 받았습니까?

3. 할례를 받은 형제들이 이방인들도 성령을 받은 것을 어떻게 알게 되었습니까?

4. 사도행전 8:18 "… 시몬이 보고 …"라는 구절이 암시하는 것은 무엇입니까?

5. 어떤 사람들은 시몬이 본 것을 무엇이라 말합니까?

6. 왜 시몬이 본 것이 축사나 치유의 표시나 증거가 될 수 없습니까?

7. "방언으로 말하는 것이 필요한가?"라는 질문에 어떻게 대답해야 합니까?

8. 바울이 갈라디아서 5장에서 말한 열매는 성령 세례의 열매가 결코 아닙니다. 그것은 무엇의 열매입니까?

9. 사도행전 8:18-20에서 시몬은 무엇을 사려고 하였습니까?

10. 우리는 운으로 하나님의 약속들을 받을 수 없습니다. 그것들을 받기 위한 성경적인 방법은 무엇입니까(히 11:6)?

9

왜 모든 신자들이
방언으로 말해야 하는지에 대한
10가지 이유

9

"내가 너희 모든 사람보다 방언을 더 말하므로 하나님께 감사하노라"(고전 14:18).

사도 바울은 방언에 대한 주제를 가지고 자주 편지를 쓰고 설교도 하였습니다. 또한 "내가 너희 모든 사람보다 방언을 더 말하므로 하나님께 감사하노라"(고전 14:18)고 말한 것을 볼 때, 바울은 자신이 설교한 것을 실천했음이 분명합니다.

나도 규칙적으로 방언하는 것을 하나님께 감사합니다. 나는 모든 신자들이 자신의 모든 삶속에서 이러한 방언을 습관화함으로 동일한 축복과 능력의 원천을 누리길 바랍니다.

이번 장을 기록한 목적은 모든 크리스천들이 방언으로 말해야 하는 10가지 이유를 제시해서 그들의 삶 속에서 성령의 능력을 매일 사용함으로 축복을 받도록 하는데 도움을 주기 위한 것입니다.

첫 번째 이유

우리가 성령 충만을 받을 때 하나님의 영이 말을 주심으로 방언을 말하게 된다고 성경은 가르칩니다. 우리가 이제까지 보았듯이, 방언은 성령세례의 최초의 증거이자 표시입니다.

"그들이 다 성령의 충만함을 받고 성령이 말하게 하심을 따라 다른 언어들로 말하기를 시작하니라"(행 2:4).

사도행전 10장을 보면, 베드로와 함께 고넬료의 집을 방문한 할례 받은 형제들은 성령의 선물이 이방인들에게도 부어지는 것을 보고 놀랐습니다. 그들은 구원과 성령 세례는 오직 유대인들만을 위한 것이라고 생각했습니다. 이 유대인들이 어떻게 고넬료의 가족들이 성령의 선물을 받았는지 알았습니까?

"이는 방언을 말하며 하나님 높임을 들음이러라"(행 10:46).

방언은 유대인들이 받은 동일한 선물을 이방인들도 받았음을 확신시켜주는 초자연적인 표시이자 최초의 증거였습니다.

두 번째 이유

고린도서를 보면, 바울은 고린도 교인들이 하나님을 경배할 때 계속 방언 기도를 하라고 격려하고 있습니다. 또한 개인 기도생활에서도 영적인 교화와 덕을 세우는 수단으로 방언을 사용하라고 장려하고 있습니다.

성경은 "방언을 말하는 자는 자기의 덕을 세우고 …"(고전 14:4)라고 말합니다.

유다서 1:20에서도 영적으로 자신을 세우는 것을 방언기도와 연관시켜 말합니다.

> "사랑하는 자들아 너희는 너희의 지극히 거룩한 믿음 위에 자신을 세우며 (building up yourselves) 성령으로 기도하며(praying in the Holy Spirit)"(유 1:20).

오순절 교계에서 영적 은사에 관해서는 가장 탁월한 교사였던 하워드 카터(Howard Carter) 목사님은 방언으로 말하는 것은 성령 충만의 첫 번째 증거이자, 남은 여생 동안 지속되는 경험임을 잊지 말아야 한다고 말했습니다.

무슨 목적으로라고요? 하나님을 경배하는데 도움이 되기 위해서입니다.

카터(Carter) 목사님은 "방언을 하는 것은 결코 말라서는 안되며, 영적으로 우리의 삶을 풍성하게 해 줄 흐르는 시냇물이다"라고 말했습니다(Howard Carter, *Questions and Answers on Spiritual Gifts* (Tulsa, Oklalahoma: Harrison House, Inc., 1976), p.120).

사도 바울은 방언이 우리의 덕을 세우고 영적으로 우리를 세울 것이라고 말했습니다.

> "방언을 말하는 자는 사람에게 하지 아니하고 하나님께 하나니 이는 알아 듣는 자가 없고 영으로 비밀을 말함이라"(고전 14:2).

이 구절을 모팻 번역본으로 보면 "… 그는 성령 안에서 하나님의 비밀을 말하고 있습니다"라고 기록하고 있습니다. 여기서 바울은 하나님께서 자신과 교제할 수 있는 초자연적인, 신적인 방편을 교회에 주셨다고 말합니다. 또한 바울은 고린도전서 14:14에서 "내가 만일 방언으로 기도하면 나의 영이 기도하거니와 나의 마음은 열매를 맺지 못하리라"고 말하고 있습니다.

바울이 "… 나의 영이 기도하거니와 …"라고 말한 것을 유의해 보십시오.

확대 번역본은 "나의 영이(내 안에 있는 성령님을 통해서) 기도합니다"라고 기록하고 있습니다.

하나님은 영이십니다. 여러분이 방언으로 기도할 때, 여러분의 영은 영이신 하나님과 직접 접촉합니다. 여러분이 방언으로 말할 때, 여러분은 초자연적인, 신적인 방편으로 하나님께 말하고 있는 것입니다.

세 번째 이유

사람들이 방언으로 말해야 하는 세 번째 이유는, 방언은 성령님이 우리 안에 내주하고 계신다는 사실을 끊임없이 인식시켜 주기 때문입니다.

방언으로 말하는 것은 성령 충만의 첫 번째 표시 또는 증거일 뿐만 아니라, 계속 방언으로 기도하며 하나님께 경배하는 것은 성령님이 우리 안에 내주하고 계신다는 사실을 늘 의식하도록 도와줍니다.

만일 여러분이 성령님이 당신 안에 내주하고 계신다는 것을 매일 인식한다면 사고 체계와 삶의 방식이 바뀔 것입니다.

언젠가 한 복음전도자가 어떤 목사님의 집에서 경험한 일을 말하는 것을 들었습니다.

그 복음전도자가 우연찮게 어떤 방으로 들어갔을 때, 그 목사님의 12살 된 딸이 흥분하여 소리치는 모습을 보았습니다. 그 딸은 그녀의 어머니에게 화를 내며 소리를 지르고 있었습니다. 그 딸은 갑자기 복음전도자를 보자 머리를 감싸고 울기 시작했습니다. 딸은 말했습니다.

"당신이 내가 이렇게 행동하는 것을 보고 말하는 것을 듣게 해서 죄송합니다."

복음전도자는 그녀에게 말했습니다.

"나보다 더 크신 분이 계시지 않니? 네가 이런 식으로 말하고 행동하는 것을 들으시는 분은 나보다 훨씬 더 크신 분이란다. 너는 크리스천이지 않니?"

"그래요." 그녀는 울면서 대답했습니다.

"성령 충만을 받았니?" 그가 물어보았습니다.

"네." 그녀가 대답하였습니다.

"그러면 성령님이 네 안에 계셔. 성령님은 네가 무엇을 말하고 어떻게 행하는지 알고 계신단다. 회개만 하면 주님께서 너를 용서해 주실 거야."

둘은 함께 기도했고, 그녀는 회개했습니다. 잠시 후, 그녀는 방언으로 하나님을 찬양하기 시작했습니다.

그런 다음, 이 복음전도자가 그녀에게 말했습니다.

"네가 화를 자제하는데 도움을 줄 한 가지 비밀이 있단다. 네가 매일 방언으로 하나님께 기도하고 경배한다면 성령님이 네 안에 계신다는 것을 의식하게 될 것이다. 네가 성령님이 네 안에 계신다는 것을 인식한다면 너는 그런 식으로 행동하지 않을 것이다. 내가 너의 화내는 모습을 보자 너는 부끄러웠고, 네가 어머니에게 그렇게 행동하는 모습을 보였으므로 너는 당황스러웠지. 그러나 성령님은 나보다 더 크신 분이고, 그분도 네가 말하고 행동하는 것을 보셨단다."

몇 년 후 이 복음전도자가 그 교회에 다시 설교하러 갔을 때 그 딸은 말하였습니다.

"나는 목사님께서 말씀하신 것을 결코 잊지 않았습니다. 지난 몇 년 동안 매일 방언으로 기도하며 하나님을 경배했습니다. 그리고 다시는 한 번도 화를 내지 않았습니다."

불행히도 우리는 성령 충만하지만 여전히 화를 내고, 하지 말아야 할 말과 행동을 하는 사람들을 알고 있습니다. 그들은 영이 아니라 육신을 따라 행하고 있기 때문입니다. 그리고 하나님과 교제하고 있지 않기 때문입니다.

여러분이 하나님의 임재(Presence)를 의식하지 않는다면, 화내고 격분하고 이성을 잃는 것이 아주 쉽습니다. 그러나 여러분이 방언으로 하나님과 교제하는 시간을 갖게 되면, 여러분은 계속해서 하나님의 내주하신 임재를 의식할 수 있습니다.

네 번째 이유

방언으로 말하는 것은 우리 기도생활에 들어올 수 있는 이기심의 가능성을 제거합니다.

예를 들어, 내가 이성을 잃고 생각 없이 기도를 한다면 그것은 비성경적일 것입니다. 그것은 이기적인 것일 수도 있습니다. 흔히 우리의 기도는 늙은 농부가 항상 기도했던 것과 같은 모양이 됩니다.

"하나님! 나와 나의 아내와 나의 자식 존과 존의 아내를 축복해 주시옵소서. 이렇게 우리 네 사람만 축복해 주시고 더 이상 다른 사람은 축복해 주지 마시옵소서."

로마서를 보면, 바울은 "… 우리가 마땅히 빌 바를 알지 못하나 …"(롬 8:26)라고 기록하고 있습니다.

이 구절에서 바울은 우리가 기도 방법(how)은 알고 있기 때문에 기도 방법을 모른다고 말하고 있지 않았습니다. 우리는 주 예수 그리스도의 이름으로 아버지께 기도해야 합니다(요 16:23,24).

이것이 올바르게 기도하는 방법(how)입니다. 그러나 내가 기도하는 방법(how)을 안다고 해서 내가 무엇(what)을 마땅히 기도해야 하는지 안다는 것을 의미하지는 않습니다.

그래서 바울은 말했습니다.

"…우리는 마땅히 기도할 바를 알지 못하나 오직 성령이 말할 수 없는 탄식으로 우리를 위하여 친히 간구하시느니라"(롬 8:26).

헬라어 학자이며 사우스웨스턴 성경학교(Southwestern Bible Institute) 설립자인 피.씨. 넬슨(P. C. Nelson)은 로마서 8:26의 헬라어는 문자적으로 다음과 같다고 말했습니다.

"…성령님은 명확한 말(articulate speech)로 표현되어질 수 없는 탄식들로 우리를 위해 중보하신다."

명확한 말이란 우리가 일상적으로 쓰는 말을 의미합니다.

그는 이 헬라어 문장은 기도할 때 입술에서 나오는 탄식들 뿐만 아니라 방언으로 기도하는 것도 이것에 포함되어 있음을 강조한다고 지적하였습니다.

그것은 바울이 고린도전서 14:14에서 말한 것과 일치합니다.

"내가 만일 방언으로 기도하면 나의 영이 기도하거니와…"

확대번역성경은 이렇게 말합니다.

"…나의 영[내 안에 계시는 성령님을 통하여]이 기도하거니와…"

사람들은 방언을 우습게 생각하는 것을 주의해야 합니다.

왜냐하면 사람들이 방언을 우습게 생각할 때 그들은 성령님을 조롱하는 것이기 때문입니다. 당신이 방언으로 기도할 때 그것은 당신 안에 있는 성령을 통해서 당신의 영이 기도하는 것이기 때문입니다. 당신에게 말을 하게 하시는 이는 내주하시는 성령님이시고, 당신은 당신의 영을 통해서 말하고 있는 것입니다.

당신이 말을 하고 성령님은 당신에게 말을 주십니다.

탄식함으로 기도하고 방언으로 기도함으로 성령님은 하나님의 뜻대로 당신이 기도하도록 도와줍니다. 즉, 마땅히 기도해야 될 것을 기도하도록 도와줍니다. 이것은 성령님이 당신과는 별개로 어떤 일을 하고 있다는 것이 아닙니다. 성령님은 당신과는 별개로 탄식하거나 방언을 하지 않으십니다. 명확한 말로 표현되어질 수 없는 이러한 탄식들은 당신 내부, 즉 당신의 영으로부터 나와서 당신의 입술로 말하는 것입니다.

성령님은 당신을 위해서 당신의 기도를 대신 하지는 않을 것입니다. 그는 상담자, 조력자, 중보자, 변호자, 힘을 주는 자 그리고 대기자로서 우리 안에 거하시도록 보냄을 받은 분이십니다(확대번역성경, 요 14:16).

성령님은 우리의 기도생활을 책임지지 않습니다.

성령님은 우리의 기도를 돕기 위해서 보냄을 받은 분이십니다. 방언으로 말하는 것은 성령님께서 말을 주실 때 기도하는 것입니다. 그것은 성령님이 인도하시는 기도입니다. 방언은 우리의 기도에서 이기적인 것들을 제거합니다.

자주 사람들은 이성적으로 기도할 때, 실제로 하나님의 뜻이 아니고 최선의 것도 아닌 환경이 바뀌도록 기도를 합니다. 하나님의 백성들이 어떤 것을 어떤 식으로든 원한다면, 그것이 그들에게 최선의 것이 아니거나 하나님의 뜻이 아닐지라도 하나님께서는 종종 그것을 허락하실 것입니다.

예를 들어, 하나님께서는 이스라엘 백성들이 왕을 두기를 원치 않으셨지만, 그들이 왕을 원했습니다. 그래서 하나님께서 그들에게 왕을 허락하셨습니다(삼상 8:4-7). 그러나 왕은 그들을 위한 하나님의 온전한 뜻이 아니었습니다.

그러므로 방언기도는 이기적인 것을 없애고 하나님 뜻에서 벗어난 기도를 막아줍니다. 왜냐하면 우리가 방언으로 기도할 때 우리는 하나님의 완전한 뜻에 따라 기도하고 있기 때문입니다.

다섯 번째 이유

신자들이 방언으로 말해야 하는 다섯 번째 이유는, 방언은 하나님을 더 신뢰하도록 도움을 주기 때문입니다. 방언으로 말하는 것은 자신의 믿음을 세워줍니다. 성경은 "… 너희는 너희의 지극히 거룩한 믿음 위에 자기를 건축하며 성령으로 기도하며"(유 1:20)라고 말합니다.

방언으로 말하는 것은 믿음을 자극하고 하나님을 더 잘 신뢰하는 법을 배우도록 도와줍니다.

예를 들어, 성령님은 우리가 하는 말을 초자연적으로 지시해 주시기 때문에 방언으로 말하기 위해서는 믿음을 행사해야 합니다. 여러분도 알다시피, 우리는 다음 단어가 무엇이 될지를 모르기 때문에 하나님을 신뢰해야 합니다. 그리고 한 영역에서 하나님을 신뢰하는 것은 다른 영역에서 하나님을 신뢰하는 것을 배우는데 도움을 줍니다.

한 교단의 젊은 목사였을 때, 나는 어떤 지역 교회의 목사였습니다. 내가 담임했던 그 교회에는 주님을 매우 사랑했던 멋진 크리스천 여성이 있었습니다. 그러나 그녀는 병으로 육신이 매우 고통스러운 상태에 있었습니다. 그녀는 위궤양을 가지고 있었고, 의사들은 그것이 위암으로 발전할까봐 염려했습니다. 그녀의 남편은 돈을 잘 벌었지만 의료비에 모두 다 지출하였고, 결국에는 자동차 한 대도 남아 있지 않았습니다. 그는 수천 달러의 돈을 지출했습니다.

이 여인이 성령세례를 받고 난 직후에 나는 그들의 집에 초대 받았습니다. 나는 그녀가 거의 대부분의 음식을 먹을 수 있는 것을 보았습니다. 그러나 이전에 그녀는 유아식이나 우유만 먹을 수 있었고, 그것도 소화하기가 힘든 상태였습니다.

그녀는 나에게 말했습니다. "나는 성령 세례를 받고 방언으로 말할 수 있었을 뿐 아니라 치유도 받았습니다. 나는 완전히 치유되었습니다."

나는 이런 일이 자주 일어나는 것을 목격하였습니다. 여기에는 어떠한 연관성이 있을까요?

우리는 성령 세례를 받는 것이 치유를 일으키지는 못한다는 것을 알고 있습니다.

그러나 방언은 삶의 다른 영역(치유의 영역을 포함해서)들에서 더 하나님을 신뢰하는 법을 배우는 데에 도움을 줍니다.

여섯 번째 이유

모든 크리스천들이 정기적으로 방언을 해야 하는 여섯 번째 이유는, 방언을 말하는 것은 세상의 불경건한 요소들의 오염으로부터 우리를 지켜주는 수단이기 때문입니다.

예를 들어, 직장이나 공공생활을 하다보면, 우리 주변에서는 많은 저속한 말들이 오고 갑니다. 그러나 우리는 자신에게 방언으로 말할 수 있습니다(고전 14:28).

바꾸어 말하면, 여러분이 교회에서 자신과 하나님께 방언으로 말할 수 있다면 일터에서도 다른 사람들을 방해하지 않으면서 방언을 할 수 있습니다.

예를 들어, 이발소에서 사람들이 덕이 안 되는 농담을 하고 있다면, 나는 앉아서 자신과 하나님께 조용히 기도합니다. 기차나 버스 혹은 비행기를 탈 때도 여러분은 자신과 하나님께 기도할 수 있습니다. 일터에서도 여러분은 자신과 하나님께 기도할 수 있습니다.

방언으로 자신과 하나님께 기도하는 것은 세상의 오염으로부터 당신을 보호하는 수단입니다.

일곱 번째 이유

모든 신자들이 방언을 해야 하는 일곱 번째 이유는, 방언은 아무도 기도할 생각을 하지 않거나 의식하지도 못하는 일들을 위해서 기도하도록 길을 열어 주기 때문입니다.

성령님은 마땅히 기도해야 하지만, 기도할 방법을 모르는 일들을 위해서 우리가 기도하도록 돕습니다. 게다가 모든 것을 아시는 성령님은 자연적인 마음으로는 전혀 알지 못하는 것들에 대하여 우리가 기도하도록 하십니다.

한번은 아프리카에서 활동하는 한 선교사가 영국에서 열린 선교대회에서 보고할 때, 한 여성이 그에게 "당신은 일기를 쓰십니까?"라고 물었습니다.

그 선교사가 쓰고 있다고 대답하자 그녀가 말했습니다.

"2년 전에 나는 기도에 대한 부담감을 느끼며 밤에 깬 적이 있습니다. 나는 침실에서 나와서 무릎을 꿇기도 전에 방언으로 기도했습니다. 나는 방언으로 1시간 정도 기도했습니다. 마치 내가 영으로 씨름을 하고 있는 것처럼 느껴졌습니다. 나는 무엇을 위해서 기도해야 할지 알지 못하였지만 기도를 마치고 난 후, 한 오래된 초가집에 선교사님이 있는 것을 환상 속에서 보았습니다. 그 곳에는 백인이 한 명도 없었습니다. 원주민들이 선교사님을 둘러싸고 있었고, 선교사님은 매우 아픈 것처럼 보였습니다. 그 때 선교사님은 죽었습니다. 그 원주민들이 선교사님 머리 위로 천을 씌우고 그 초가집을 나갔습니다. 그런데 갑자기 나는 선교사님이 그 초가집에서 나와서 그 원주민들 가운데 서는 것을 보았습니다. 그러자 그들 모두가 기뻐하는 것을 보았습니다. 그런 일이 당신에게 일어난 적이 있습니까?"

그 선교사가 그녀에게 물어보았습니다. "당신은 일기를 쓰십니까?"

그녀가 "네, 쓰고 있습니다"라고 대답했습니다.

그 선교사가 말했습니다.

"오늘 오후에 당신의 일기장을 가지고 오세요. 나도 일기장을 가지고 오겠습니다. 그래서 서로의 일기장을 비교해 봅시다."

그 둘은 이전에 전혀 알지 못하던 사람들이었습니다. 이 여성은 그 사람이 선교사라는 것만 알고 있었습니다.

그들이 영국과 아프리카의 시간차를 고려하면서 일기장을 비교했을 때, 그 여성이 기도의 부담을 느꼈을 때와 그 선교사가 심한 열병으로 신음하고 있을 때가 정확하게 일치한다는 것을 알 수 있었습니다.

그 선교사는 그의 동료가 이웃 마을에 갔고, 그는 원주민들과 홀로 남았다고 말했습니다. 그 상황들은 그녀가 본 그대로 일어났습니다. 선교사는 죽었고, 원주민들은 그가 죽은 것을 보고 머리 위로 천을 씌웠습니다. 그때 갑자기 선교사가 회복되어 일어났습니다. 왜냐하면 그 여성의 방언기도를 통해서 하나님의 능력이 역사하였기 때문입니다.

1956년 아내와 내가 캘리포니아에서 사역하고 있을 때, 나는 밤에 갑자기 깨어나게 되었습니다. 누군가가 나에게 안수하고 있는 것처럼 느껴졌습니다. 나는 침대에서 똑바로 앉아 있었고, 내 심장은 놀란 것처럼 빠르게 뛰고 있었습니다.

나는 등으로 누워서 말했습니다.

"주님, 무엇이 문제인가요? 나는 어딘가에서 무언가가 잘못되고 있다는 것을 압니다."

성령님이 나를 깨운 것 같았습니다.

"내 안에 계신 성령님! 성령님은 모든 것을 아십니다. 성령님은 모든 곳에 계십니다. 성령님은 내 안에 계실 뿐만 아니라, 동시에 모든 곳에 존재하십니다. 그 문제가 무엇이든지 간에 내가 그 문제를 위해 기도할 수 있도록 나에게 말씀해 주십시오."

그런 다음, 방언으로 기도하기 시작했고, 거기 누워서 약 1시간 정도를 조용하게 기도하였습니다. 그러다가 방언으로 웃으며 노래하기 시작했습니다. 여러분이 이런 식으로 기도할 때는, 찬양이나 승리의 노래가 나올 때까지 항상 계속 기도하십시오.

그것은 당신이 기도하는 것이 어떤 것이든 충분히 기도가 되어졌다는 것을 의미합니다. 나는 이런 승리의 노래가 나의 기도에서 나왔을 때 내가 충분히 기도하였다는 것을 압니다. 나의 기도는 응답되었고, 다시 잠을 잤습니다.

잠이 들었을 때, 나는 꿈에서 막내 동생이 루이지애나 주의 어떤 모텔에 있는 것을 보았습니다. 나는 그가 한밤중에 깨어있는 것을 보았습니다. 나는 누군가가 의사를 부르고 구급차가 오고 있는 것을 보았습니다. 나는 그들이 막내 동생을 구급차에 싣고 병원으로 갈 때 빨간 불이 번쩍이고 있는 것을 보았습니다. 꿈속에서 나는 동생이 있는 병실 밖 복도에 서 있었습니다. 의사가 문을 닫고 나오면서 나를 보았습니다. 의사는 머리를 흔들며 말했습니다.

"그는 죽었습니다."

꿈속에서 나는 말했습니다.

"아니오. 의사 선생님, 그는 죽지 않았습니다. 내 동생이 죽지 않고 살거라고 주님께서 나에게 말씀하셨습니다."

의사는 화를 내며 말했습니다.

"나는 사람이 언제 죽는지 알고 있습니다. 나는 수백 명의 사람들의 죽음을 확인하고 알렸습니다."

그는 나의 손을 잡고 말했습니다.

"이리 와 보세요. 당신의 눈으로 직접 확인할 수 있도록 해 드리겠습니다."

의사는 문을 열고 나를 침대로 인도하였고, 막내 동생의 얼굴을 덮고 있는 천을 걷어버렸습니다. 그렇게 했을 때, 그는 동생이 숨을 쉬며 눈을 뜨고 있는 모습을 보았습니다.

그 의사는 말했습니다.

"아니, 당신은 내가 모르는 것을 알고 있었군요. 그가 살아 있네요."

나는 동생이 멀쩡하게 일어서는 것을 보았습니다.

그런 다음에 꿈에서 깨어났습니다.

나는 그런 일이 내가 기도했기 때문에 일어난 것임을 알았습니다.

석 달 후에 우리는 텍사스로 되돌아갔습니다.

막내 동생이 나를 보기 위해서 잠깐 집으로 들렀습니다.

"나는 형님이 떠나 있을 동안 거의 죽었습니다."

내가 대답했습니다.

"그래 나는 알고 있었다. 너는 루이지애나에 있었지? 그 때는 밤이었고, 너는 어떤 병이 발작해서 구급차를 타고 병원으로 갔지?"

동생이 물었습니다.

"어떻게 그것을 알았어요?"

내가 기도의 부담을 느낀 것과 꿈꾼 것을 말해주자 동생이 말했습니다.

"꼭 그대로 일이 벌어졌습니다. 병원에서 약 40분 동안 침대에 누워 있을 때, 의사는 내가 죽었다고 생각했습니다."

성령 안에서 기도하는 것은 사람들이 자연적으로는 아무것도 모르지만 기도가 필요한 일들을 위해서 기도하도록 돕습니다. 성령님은 모든 것을 아십니다. 그분은 우리의 기도를 도우십니다.

여덟 번째 이유

바울은 고린도전서 14:21에서 "… 내가 다른 방언을 말하는 자와 다른 입술로 이 백성에게 말할지라도 …"(고전 14:21)라고 말합니다.

바울은 이사야서 28:11-12을 참조해서 이 구절을 말하고 있습니다. 그리고 이사야서의 이 말씀은 모든 크리스천이 방언을 말해야 하ㅇ는 여덟 번째 이유를 말해 주고 있습니다.

이사야 28:11, 12

"그러므로 더듬는 입술과 다른 방언으로 그가 이 백성에게 말씀하시리라 전에 그들에게 이르시기를 이것이 너희 안식이요 이것이 너희 상쾌함이니 너희는 곤비한 자에게 안식을 주라 하셨으나 그들이 듣지 아니하였으므로."

안식이 무엇입니까? 상쾌함이 무엇입니까?

이사야서 28:11-12을 보면 안식과 상쾌함은 방언으로 말하는 것이라고 말하고 있습니다.

때때로 의사들은 피로나 어떤 질병에 대한 치유책으로 휴식을 취하도록 추천합니다. 그리고 휴가를 갈 때 여러분은 다시 직장에 출근하기 전에 집으로 와서 휴식을 취해야 합니다.

그러나 나는 이 세상에서 최고의 휴식(안식)이 무엇인지 알고 있습니다. 우리가 매일 이 "휴식 치료"를 가질 수 있다는 사실이 놀랍지 않습니까? 성경은 "… 이것이 안식이요… 이것이 상쾌함이다…"(사 28:12)라고 말합니다. 소란스럽고 당황스럽고 불안한 오늘날에 이러한 휴식과 안식이 필요합니다.

아홉 번째 이유

우리가 방언으로 기도해야 하는 아홉 번째 이유는, 하나님께 감사하기 위해서입니다.

고린도전서 14:15-17

"그러면 어떻게 할까 내가 영으로 기도하고 또 마음으로 기도하며 내가 영으로 찬송하고 또 마음으로 찬송하리라 그렇지 아니하면 네가 영으로 축복할 때에 알지 못하는 처지에 있는 자가 네가 무슨 말을 하는지 알지 못하고 네 감사에 어찌 아멘 하리요 *너는 감사를 잘하였으나* 그러나 다른 사람은 덕 세움을 받지 못하리라."

바울이 "… 무식한 처지에 있는 자 …"라고 말한 자는 영적인 일들에 무지한 자를 말합니다.

내가 이 성경 구절에 대한 예를 들어 보겠습니다.

예를 들면, 여러분이 나를 저녁에 초대해서 "해긴 목사님! 식사를 위해 감사기도를 해 주세요"라고 요청했다 칩시다. 그때 내가 감사기도를 방언으로 한다면, 여러분은 내가 무슨 기도를 했는지 알지 못할 것입니다. 그것은 여러분에게 덕이 되지 못할 것입니다.

바울은 이런 상황에서는 이해할 수 있는 말로 기도하는 것이 더 낫다고 말하고 있습니다. 만일 내가 방언으로 기도했다면 그것을 통변해야 하고 그래야만 내가 무엇을 기도했는지 여러분이 알게 될 것입니다. 그럴 때 여러분에게도 덕이 될 수 있습니다. 그 때문에 바울은 "… 너는 감사를 잘 하였으나 그러나 다른 사람은 덕 세움을 받지 못하리라"(고전 14:17)는 말을 했던 것입니다.

바꾸어 말하면, 방언기도는 감사를 위한 최선의 방법이지만, 방언에 대해서 알지 못하는 사람들이 있을 때에는 이해할 수 있는 말로 기도해서 그들에게 덕이 될 수 있도록 해야 합니다.

이해할 수 있는 말로 감사기도를 드리는 것은 다른 사람들에게 덕을 끼칩니다. 그렇게 할 때 그들은 당신이 기도하는 것을 이해할 수 있기 때문입니다.

바울이 고린도전서 14:17에서 말하는 것을 특히 주의해 보십시오.

방언으로 기도하는 것은 하나님께 감사와 기도를 드리는 가장 완벽한 방법을 제공하고 있다고 바울은 말하고 있습니다. 바울은 당신이 방언으로 감사기도를 할 때 "… 너는 감사를 잘 하였다"라고 말합니다(고전 14:17).

열 번째 이유

모든 신자들이 방언을 해야 하는 열 번째 이유는 야고보서 3:8에서 볼 수 있습니다.

"혀는 능히 길들일 사람이 없나니 쉬지 아니하는 악이요 죽이는 독이 가득한 것이라."

여러분이 방언을 말하기 위해 성령님께 여러분의 혀를 굴복시키는 것은 하나님께 여러분의 모든 지체를 완전히 굴복시키기 위한 하나의 큰 발걸음입니다.

왜냐하면 여러분이 혀를 굴복시킬 수 있다면 하나님께 나머지 모든 지체도 굴복시킬 수 있기 때문입니다. 방언으로 말하는 것은 성령 충만의 첫 번째 증거입니다.

하나님은 이 땅에서 우리의 삶 전반을 통해 우리를 축복하고 덕을 세우고 상쾌하게 하기 위해서 이 놀라운 영적 은사를 우리에게 주셨습니다.

하나님이 제공해 주신 것을 받아서 방언의 유익을 누리도록 합시다!

연구를 위한 질문

1. 이번 장에서는 신자들이 방언으로 말해야 하는 10가지 이유를 열거하고 있습니다. 그것들은 무엇입니까?

2. 고넬료의 가족들이 성령의 선물을 받은 것을 유대인들이 어떻게 알았습니까?

3. 당신이 하나님의 임재를 의식하지 못할 때는 쉽게 무엇이 될 수 있습니까?

4. 방언을 함으로써 하나님과 교제하는 시간을 갖게 된다면 어떤 일이 일어날 수 있습니까?

5. 요한복음 16:23-24에 따르면, 우리는 누구에게 기도해야 합니까?

6. 유명한 헬라어 학자 피.씨.넬슨(P. C. Nelson)에 의하면, 로마서 8:26의 헬라어를 어떻게 문자적으로 번역할 수 있습니까?

7. "명확한 말"은 무엇을 의미합니까?

8. 왜 방언을 우습게 여기는 것을 주의해야 합니까?

9. 사람들이 이성적으로 기도할 때 자주 무엇을 위해 기도합니까?

10. 방언으로 말하는 것은 (　　　)을 자극하고, 하나님을 더 잘(　　　)하는 법을 배우도록 도와 줍니다.

10

성령을 받기 위한 7단계

10

"내가 아버지께 구하겠으니 그가 또 다른 보혜사를 너희에게 주사 영원토록 너희와 함께 있게 하리니 그는 진리의 영이라 세상은 능히 그를 받지 못하나니 이는 그를 보지도 못하고 알지도 못함이라 그러나 너희는 그를 아나니 그는 너희와 함께 거하심이요 또 너희 속에 계시겠음이라"(요 14:16,17).

"이 예수를 하나님이 살리신지라 우리가 다 이 일에 증인이로다 하나님이 오른손으로 예수를 높이시매 그가 약속하신 성령을 아버지께 받아서 너희가 보고 듣는 이것을 부어 주셨느니라"(행 2:32,33).

이번 장은 두 가지 목적을 위하여 쓰였습니다.

첫 번째 목적은, 아직 성령 충만을 받지 못한 자들을 돕기 위한 것입니다.

두 번째 목적은, 성령 충만한 신자들이 성령 세례를 받기 원하는 자들과 함께 기도하는 것을 돕기 위한 것입니다.

어떤 평신도라도 아래 7단계를 따라할 수 있고, 어떤 크리스천도 기다리지 않고 성령 충만을 받도록 도와 줄 수 있습니다.

내가 한 번은 약 65명의 사람들이 성령 충만을 받은 어떤 집회에서 설교하고 있었습니다.

어느 날 예배 때 어떤 사람이 질문했습니다.

"해긴 목사님, 목사님이 떠나시면 우리는 무엇을 해야 합니까?"

여러분도 알다시피, 신자들이 성령 충만을 받기 위해서는 몸부림을 치며 노력해야 한다는 것이 이제까지 사람들이 알고 있는 지식의 전부입니다.

제단을 잘 섬기고 있던 한 여인이 말했습니다.

"매일 아침 모임에서 나는 성령을 받기 위해서 사람들과 항상 목이 쉬도록 기도합니다. 그리고 그 모임이 끝나고 나서 때로는 한 달 동안 후두염에 걸리곤 합니다."

나는 그들에게 성령 충만을 받는 7단계를 말해 주었습니다.

그날 밤 7명의 신자들이 성령을 받기 위해서 나왔지만, 나는 그들을 위해서 기도해 주지 않았습니다. 그 대신에 치유를 받기 위해서 나온 환자들을 위해서 기도해 주고 이 일곱 명의 사람들을 기도실로 보내곤, 제단을 섬기는 자들에게 말했습니다. "좋습니다. 내가 오늘 조금 전에 여러분에게 준 지시사항들을 따라서 그 사람들이 성령 충만하도록 도우십시오."

그들은 기도실로 갔고, 10분 후에 7명 중 6명이 성령 충만을 받게 해주고 나왔습니다!

그드은 일곱 번째 사람이 성령 충만을 받지 못한 것에 대하여 사과하였습니다. 그러나 알고 보니 그는 크리스천이 아니었고, 그는 구원 받기를 원치 않았습니다.

여러분도 알다시피, 먼저 구원을 받지 않고는 성령을 받을 수 없습니다.

제단을 섬기는 사람들 중 한 사람은 사람들이 성령을 받도록 도우는 방법을 배운 것에 너무나 흥분하였습니다. 그래서 꽤 먼 거리에 살고 계시는 그녀의 어머니를 방문하여 성령 충만을 받을 수 있도록 도와주고자 안달하였습니다.

그녀가 나에게 말했습니다.

"나의 어머니는 19년 동안 성령 세례를 받으려고 노력했습니다. 그러나 이제 나는 어머니가 성령 세례를 받을 수 있다는 것을 알고 있습니다."

몇 달 후에 다시 집회를 열기 위해서 그 교회를 방문했을 때 그녀가 나에게 말했습니다.

"나는 약 150마일 떨어진 어머니의 집으로 운전을 하고 갔습니다. 어머니는 바깥에 마중 나와서 기다리고 있었습니다. '어머니, 바로 집 안으로 들어오세요. 나는 오래 여기 머무를 수가 없어요. 나는 바로 집으로 돌아가야 해요. 나는 엄마를 성령 충만하게 해줄 시간밖에 없어요.'

엄마가 대답했습니다.

"그러나 너도 알다시피 나는 굉장히 오랫동안 노력해 왔잖아."

딸이 말했습니다. "나는 엄마에게 이렇게 말했습니다. 나도 알고 있어요. 엄마, 그러나 이제는 받을 겁니다.' 우리는 집으로 들어갔습니다."

내가 말했습니다. "그냥 앉아서 엄마의 성경책을 펴서 사도행전 2장을 보세요."

나는 어머니 옆에 앉았고, 어머니와 함께 그 말씀을 10분 동안 나누었습니다. 그런 다음, 내가 어머니에게 안수를 하였더니, 어머니가 성령을 받고 방언으로 말하기 시작하였습니다!

성령을 받기 위한 7단계

이제 신자들이 성령을 받도록 돕기 위해서 전국적인 부흥회에서 사용한 그 7단계를 열거하도록 하겠습니다.

첫 번째 단계

신자들에게 하나님이 성령을 이미 주셨고, 하나님이 거저 주신 선물을 받는 것은 신자들 자신에게 달려있다는 것을 알도록 도와주십시오. 무엇보다도 그 신자가 성령을 받기 위해서 하나님께 간청하지 않아도 된다는 것을 깨닫도록 도와주십시오.

성령을 부어주실 것이라는 약속은 사도행전 2장에서 성취되었습니다. 성령님은 오순절 날 오셨고, 그 때 이후로 계속해서 이곳에 계십니다.

그 때 이후로 하나님은 누구에게도 성령을 주신 적이 없습니다. 이제 사람들은 단지 성령을 받기만 하면 됩니다. 그 예로 사도 바울이 사도행전 2장에 기록된 사건 이후 몇 년 뒤에 말한 것을 봅시다.

사도행전 19:1-6

"아볼로가 고린도에 있을 때에 바울이 윗지방으로 다녀 에베소에 와서 어떤 제자들을 만나 이르되 너희가 믿을 때에 성령을 받았느냐 이르되 아니라 우리는 성령이 계심도 듣지 못하였노라 바울이 이르되 그러면 너희가 무슨 세례를 받았느냐 대답하되 요한의 세례니라 바울이 이르되 요한이 회개의 세례를 베풀며 백성에게 말하되 내 뒤에 오시는 이를 믿으라 하였으니 이는 곧 예수라 하거늘 그들이 듣고 주 예수의 이름으로 세례를 받으니 바울이 그들에게 안수하매 성령이 그들에게 임하시므로 방언도 하고 예언도 하니."

바울은 이 제자들에게 하나님께서 그들에게 성령을 주시도록 기도하라고 말하지 않았습니다.
성경은 "… 성령이 그들에게 임하시므로 방언도 하고 예언도 하니"(행 19:6)라고 말합니다.
또한 오순절날로부터 몇 년이 지난 후에 일어났던 사도행전 8장의 말씀을 주의해 보십시오.

사도행전 8:14, 15

"예루살렘에 있는 사도들이 사마리아도 하나님의 말씀을 받았다 함을 듣고 베드로와 요한을 보내매 그들이 내려가서 그들을 위하여 성령 받기를 기도하니."

사도들은 하나님께서 사마리아인들에게 성령을 주시도록 기도하지 않았습니다. 그들은 사마리아 사람들이 성령을 받도록 기도했습니다.

"이에 두 사도가 그들에게 안수하매 성령을 받는지라"(행 8:17).

하나님은 오순절 이후로 누구에게도 성령을 주시지 않았습니다. 하지만 사람들은 성령을 받았습니다. 성령님은 신자들이 받도록 이미 여기에 계십니다.

두 번째 단계

성령을 받기 위해 온 사람들에게 구원받은 사람은 누구라도 즉시 성령을 받을 준비가 되어있음을 보여주십시오.

사도행전 2:37, 38

"그들이 이 말을 듣고 마음에 찔려 베드로와 다른 사도들에게 물어 이르되 형제들아 우리가 어찌할꼬 하거늘 베드로가 이르되 너희가 회개하여 각각 예수 그리스도의 이름으로 세례를 받고 죄 사함을 받으라 그리하면 성령의 선물을 받으리니."

38절은 믿는 자는 누구든지 성령의 선물을 즉시 받을 수 있는 준비가 되어 있음을 보여줍니다. 어떤 사람들은 성령 세례를 받기 위해서 자격 요건을 갖추는 어떤 일들을 해야 한다고 생각합니다.

예를 들어, 어떤 사람은 과거의 죄들에 대한 청산을 해야 한다고 생각합니다.

한 번은 동부 텍사스에 살고 있던 한 친구가 말했습니다.

"나는 성령을 받기 전에 내가 훔쳤던 돼지 한 마리를 돌려주어야 했어."

자백되지 않은 죄는 하나님의 축복을 받는 것을 방해할 수 있다는 것은 사실입니다. 그러나 사람들이 구원 받았고 하나님과 교제하고 동행하고 있다면, 그 상태보다 더 깨끗해질 수는 없습니다. 일단 죄를 자백하면 예수 그리스도의 피가 모든 불의로부터 우리를 깨끗하게 하십니다(요일 1:9). 나는 구원받은 사람이 죽으면 천국으로 간다고 믿습니다.

그리고 그들이 천국에 갈 정도로 선하다면 여기 이 땅에서 그들 안에 약간이라도 천국을 가질 수 있을 만큼 충분히 선하다고 볼 수 있습니다!

어떤 사람들은 성령을 받기 위해서 어떤 표준화된 옷을 입어야 한다고 생각합니다.

예를 들어, 우리가 어떤 집회에서 설교하고 있을 때, 한 여인이 성령을 받기 위해서 나왔습니다. 그녀는 성령을 받았고, 15분이나 20분 동안 방언으로 기도했습니다. 그 후에 그녀는 앉아서 영어로 하나님께 찬양을 드리고 있었습니다.

한 사람이 그녀에게 다가가서 그녀는 성령을 받지 않았다고 말했습니다. 왜냐하면 그는 그녀가 방언으로 기도하는 것을 듣지 못했기 때문입니다. 또한 그는 그녀가 결혼 반지를 끼고 있는 것을 유심히 보고 말했습니다.

"자매님! 자매님이 그 결혼반지를 빼버리면 하나님께서 자매님에게 성령을 채워줄 것입니다."

나는 그 남자에게 조용히 말했습니다.

"형제님! 당신은 너무 늦었습니다. 하나님께서 이미 그녀에게 성령을 채워주셨고, 결혼도 이미 이루어 주셨고, 그녀에게 이미 모든 것을 이루어 주셨습니다."

알다시피, 어떤 사람들은 하나님께서 어떤 것을 하시도록 하기 위해서 하나님의 호의를 사야 한다는 잘못된 생각을 갖고 있습니다.

우리가 해야 할 일은 오직 구원 받고 구원의 빛 가운데 걸어가는 것뿐입니다.

물론 교제를 잃어버린 사람들은 하나님과의 교제 가운데로 다시 되돌아가야 합니다.

내가 말했듯이, 어떤 사람들은 성령을 받기 전에 먼저 완벽해져야 한다고 생각합니다. 그러나 대사도인 바울도 자신이 완벽하지 않다고 말했습니다. 그러나 그는 성령을 받았음을 우리는 알고 있습니다.

빌립보서 3:12, 13

"내가 이미 얻었다 함도 아니요 온전히 이루었다 함도 아니라 오직 내가 그리스도 예수께 잡힌 바 된 그것을 잡으려고 달려가노라 형제들아 나는 아직 내가 잡은 줄로 여기지 아니하고 오직 한 일 즉 뒤에 있는 것은 잊어버리고 앞에 있는 것을 잡으려고."

만약 여러분이 성령님 없이 해야 할 모든 것을 할 수 있고, 되어야 할 모든 것이 될 수 있다면, 왜 성령이 필요하겠습니까?

여러분이 혼자 힘으로 모든 것을 할 수 있다면 왜 성령이 필요합니까?

육신적인 크리스천들(육신의 지배를 받거나 감각의 지배를 받는 크리스천들)도 성령 충만을 받을 수 있습니다. 그것을 어떻게 알 수 있습니까?

왜냐하면 성경은 고린도 교인들이 육신적이라고 말하고 있지만, 바울은 그들이 모든 은사에 부족함이 없도록 기도하였기 때문입니다(고전 1:7).

바울은 그들의 육신적인 것을 장려하고 있는 것이 아닙니다. 바울은 그들이 하나님 안에서 성장하여 육신적인 것을 벗어나게 해 주려고 노력했습니다.

그러나 신자들이 성령님께 굴복할 때 성령님은 그들이 육신적인 것을 벗어나 자라도록 도와줄 것입니다. 초신자들도 성령 충만을 받을 수 있습니다.

육신적인 크리스천들과 초신자들뿐만 아니라 모든 신자들이 성령 충만을 받는 것이 대단히 중요합니다. 왜냐하면 성령 충만을 받을 때 자신을 도울 수 있는 능력을 받을 것이기 때문입니다(행 1:8).

또한 그들이 하나님의 말씀의 빛 가운데 동행하며 성령님의 인도함을 받는다면, 성령님은 그들을 모든 진리 가운데로 인도하실 것입니다. 그리고 신자의 삶을 방해하는 것들을 초월해서 성장할 수 있도록 도와주실 것입니다(요 16:13).

그러므로 어떤 사람이 구원받았다면 그는 성령을 받을 준비가 된 것입니다. 성령을 받고자 하는 신자들에게 항상 이 진리를 깨닫도록 인도하십시오.

세 번째 단계

여러분이 사람들에게 안수할 때 성령을 받을 수 있다고 말해 주십시오.

하나님은 믿음을 존중하시기 때문에 누구든지 믿음으로 안수할 수 있습니다. 그러나 또한 안수 사역이라는 것이 있고, 어떤 사람들은 다른 사람들보다 안수 분야에 더 쓰임 받고 있습니다. 하지만 누구든지 접촉점으로서 믿음으로 안수를 할 수 있으며, 다음과 같이 말할 수 있습니다.

"바로 지금이 당신이 성령을 받을 때입니다."

성령은 믿음으로 받을 수 있고 믿음은 항상 "지금", 즉 현재시제입니다(히 11:1).

네 번째 단계

성령을 받으려는 사람에게 그가 성령을 받을 때 무엇을 기대해야 하는지 말해 주십시오.

그렇지 않으면 성령이 그에게 역사하기 시작할 때 무슨 일이 일어나고 있는지 알지 못할 것입니다. 성령님이 발성 기관에 역사하시고 초자연적인 말을 입술에 주실 때 성령님과 협력하여 스스로 말을 해야만 한다고 알려 주십시오. 기억하십시오.

실제로 말을 해야 하는 것은 성령님이 아니라 사람 자신입니다.

성령님이 말을 주실지라도 사람이 실제로 말을 해야 합니다. 어떤 사람들은 너무 오랫동안 비성경적인 것을 가르쳐 왔기 때문에, 그 가르치는 습관을 버리기가 너무 힘듭니다.

예를 들어, 나는 누군가가 막 방언을 하려고 하는 것을 본 적이 있습니다. 하나님의 영이 그의 입술과 성대에 역사하려고 하였습니다. 그 때 누군가가 그에게 이렇게 말하는 것을 들었습니다.

"성령님이 말씀하시게 하십시오."

그러나 말을 해야 할 자는 성령님이 아닙니다. 말을 해야 할 사람은 성령을 받는 사람입니다. 성령을 받으려는 사람에게 성령님께 굴복하라고 말해주는 것은 옳습니다. 그러나 사도행전 2:4을 다시 주목해 보십시오.

"그들이 다 성령의 충만함을 받고 성령이 말하게 하심을 따라 다른 언어들로 말하기를 시작하니라."

주목해서 보십시오. 그들은 모두 성령 충만을 받았고, 그들이 말하기 시작했습니다. 바꾸어 말하면, 성령님이 말을 주시고 성령을 받으려는 사람이 말을 합니다. 많은 사람이 이렇게 생각합니다. 내가 말을 한다면 '그 말하는 사람은 나겠네' 라고 생각합니다.

예, 물론 말하는 것은 당신입니다. 내(해긴)가 말하는 것도 확실히 아닙니다! 그리고 여러분과 함께 기도하고 있는 자들이 말하는 것도 확실히 아닙니다. 당신이 방언으로 말할 때 항상 당신이 말을 한다는 것입니다. 그러나 성령님이 당신에게 말을 주십니다. 그러므로 그 말은 초자연적인 말입니다.

요점은 이것입니다. 성령님은 말하자면 당신을 지배해서, 당신이 어떤 것을 하도록 강요하시지 않습니다. 그러나 당신은 성령님께 반응하고 성령님의 암시를 좇을 수 있습니다. 성령님이 당신에게 말을 주실 것입니다. 그러나 당신이 말을 해야 합니다.

성경 어디에도 성령님이 방언으로 말하셨다는 기록은 없습니다.

모든 성경 말씀은 성령을 받는 사람이 말을 하고, 성령님이 그에게 주시는 초자연적인 말(즉, 방언) 을 말한다고 가르치고 있습니다.

여러 성경 구절들이 신자들의 역할은 방언을 말하는 것이고, 성령님의 역할은 말을 주시는 것이라고 기록하고 있습니다.

사도행전 2:4

"그들이 다 성령의 충만함을 받고 성령이 말하게 하심을 따라 다른 언어들로 말하기를 시작하니라."

사도행전 10:46

"이는 방언을 말하며 하나님 높임을 들음이러라."

사도행전 19:6

"바울이 그들에게 안수하매 성령이 그들에게 임하시므로 방언도 하고 예언도 하니."

고린도전서 14:2, 4, 5

"방언을 말하는 자는 사람에게 하지 아니하고 하나님께 하나니 이는 알아 듣는 자가 없고 영으로 비밀을 말함이니라 … 방언을 말하는 자는 자기의 덕을 세우고 예언하는 자는 교회의 덕을 세우나니 나는 너희가 다 방언 말하기를 원하나 특별히 예언하기를 원하노라 만일 방언을 말하는 자가 교회의 덕을 세우지 아니하면 예언하는 자만 못하니라."

고린도전서 14:14, 15, 18

"내가 만일 방언으로 기도하면 나의 영이 기도하거니와 나의 마음은 열매를 맺지 못하리라 그러면 어떻게 할까 내가 영으로 기도하고 또 마음으로 기도하며 내가 영으로 찬송하고 또 마음으로 찬송하리라 … 내가 너희 모든 사람보다 방언을 더 말하므로 하나님께 감사하노라."

고린도전서 14:27, 28

"만일 누가 방언으로 말하거든 두 사람이나 많아야 세 사람이 차례를 따라 하고 한 사람이 통역할 것이요 만일 통역하는 자가 없으면 교회에서는 잠잠하고 자기와 하나님께 말할 것이요."

위의 모든 말씀들은 성령을 받고 방언으로 기도하고, 공공 집회에서 방언 사역을 할 때 실제로 말하는 것은 항상 그 사람 자신이라는 것을 보여주고 있습니다.

내가 이 사실을 30년 혹은 40년 동안 성령을 추구해온 사람들에게 말해주면 그들은 놀란 표정으로 나를 쳐다보고 이렇게 말합니다.

"내가 그것을 진작 알았다면 지난 30년 동안 방언으로 기도했을 텐데…. 나는 항상 성령의 충동이나 자극을 느꼈습니다. 사실 때때로 내가 할 수 있는 일이라곤 방언을 억제하는 것이었습니다. 그러면서도 성령님이 오셔서 나의 혀를 주관하시도록 기다렸습니다."

어떤 사람은 성령 세례는 사람이 소형 라디오를 삼킨 것과 같은 것이라고 생각합니다. 그래서 하나님이 준비가 되셨을 때 하나님이 "그 라디오"를 켜면 자동으로 작동하거나 말을 하게 된다는 것입니다.

그러나 성령님이 당신에게 말을 주시지만 당신이 말을 해야 합니다. 성령님이 당신의 혀와 입술 위에서 움직이실 때 당신이 해야 하는 것은 목소리를 높이고 소리를 내는 것입니다.

여러분이 성령님의 그런 자극에 순종할 때, 여러분은 방언으로 말하게 될 것입니다. 여러분도 알다시피 여러분은 성령님과 함께 협력해야만 합니다. 방언을 말하는 것은 전적으로 당신 혼자서 하는 것이 아니며, 전적으로 성령님 혼자서 하는 것도 아닙니다. 방언을 말하는 것은 여러분과 성령님 사이의 협력(cooperation)입니다.

다섯 번째 단계

사람들이 성령 세례를 받기 전에 먼저 두려움을 극복하도록 돕는 것이 필요할 수도 있습니다. 성령을 받고자 하는 많은 사람들이 성령 세례를 받을 때 거짓되거나 가짜인 것을 받을 수도 있다는 말을 선의의 사람들로부터 들어왔습니다.

나는 사람들이 말하는 것을 들었습니다.

"당신도 알듯이, 바른 영뿐만 아니라 잘못된 영도 있습니다. 나는 확실히 바른 영을 받기를 원합니다."

나는 사람들이 그렇게 말할 때 누가복음 11장 11-13절을 가르쳐 줍니다.

누가복음 11:11–13

"너희 중에 아버지 된 자로서 누가 아들이 생선을 달라 하는데 생선 대신에 뱀을 주며 알을 달라 하는데 전갈을 주겠느냐 너희가 악할지라도 좋은 것을 자식에게 줄 줄 알거든 하물며 너희 하늘 아버지께서 구하는 자에게 성령을 주시지 않겠느냐 하시니라."

예수님은 이 구절에서 이렇게 말씀하고 계십니다.

"만약 당신의 아이가 부모인 당신에게 빵을 달라고 하면 당신은 돌을 주겠습니까? 만약에 당신의 아이가 생선을 달라고 하면 뱀을 주겠습니까? 만약에 계란을 달라고 하면 전갈을 주겠습니까?"

물론 당신은 그렇게 하지 않을 것입니다.

"너희가 악할지라도 좋은 것을 자식에게 줄 줄 알거든 하물며 너희 하늘 아버지께서 구하는 자에게 성령을 주시지 않겠느냐 하시니라"(눅 11:13).

하나님께 그의 자녀들이 성령을 달라고 할 때 그들에게 가짜를 주지 않으시리라는 것을 우리는 확신할 수 있습니다. 물론 믿지 않는 죄인이 성령을 요구할 때는 완전히 다른 경우입니다.

왜냐하면 죄인은 성령을 받을 수 없기 때문입니다(요 14:17).

그러나 하나님의 자녀가 성령을 구하고 있다면, 그는 악한 영을 받지 않을 것입니다.

누가복음 11장에서 뱀과 전갈이라는 단어가 사용된 것을 주의해 보십시오.

누가복음 10:19로 되돌아가 보면, 예수님께서 다음과 같이 말씀하신 것을 볼 수 있습니다.

"내가 너희에게 뱀과 전갈을 밟으며 원수의 모든 능력을 제어할 권능을 주었으니 너희를 해칠 자가 결코 없으리라"(눅 10:19).

예수님은 악한 영들에 대해 말하기 위해서 뱀과 전갈이라는 용어를 사용하셨습니다. 그래서 예수님은 누가복음 11장에서, 여러분이 성령을 구할 때 뱀이나 전갈을 받지 않을 것이라고 말씀하셨습니다. 여러분이 하나님의 자녀이고 성령을 받기 위해 하늘 아버지께 간다면 받을 것이 무엇이겠습니까? 바로 성령입니다.

내가 거짓 가르침으로 잘못 인도받은 자들에게 이런 성경 말씀으로 새롭게 가르쳐줄 때, 그들이 즉시 방언으로 말하는 것을 보았습니다. 그런 후에 그들은 나에게 말했습니다.

"내가 그것을 알았더라면 오랫동안 방언을 하고 성령 충만을 누리고 살았을 텐데. 그런데 내가 잘못된 영을 받을까봐 두려워했지."

감사하게도, 우리는 하나님의 말씀을 통해서 두려움을 벗어버릴 수 있습니다.

여섯 번째 단계

성령을 받고자 하는 사람에게 입을 열고 입과 성대를 사용할 준비를 하라고 말해 주십시오. 왜냐하면 성령님은 말을 주시지만, 받는 사람은 그 말에 순종해서 목소리를 내야 하기 때문입니다.

동시에 그 신자는 마음으로 하나님께 말해야 합니다.

"나는 바로 지금, 믿음으로 성령을 받습니다."

나는 사람들에게 모국어로는 한마디도 말하지 말라고 강조해서 말하기를 좋아합니다. 그 이유를 본 장에서 성경 구절을 좀 더 제시하겠습니다. 나는 성령님이 신자에게 역사하기 시작하실 때 목소리를 높이고 성령님이 무슨 말을 주시든지, 그 소리가 어떻게 나든지 상관없이 크게 말하라고 이야기해 줍니다. 나는 성령님이 주시는 말들과 언어를 말하기 시작하라고 이야기해 줍니다. 동시에 그 초자연적인 말로 계속해서 하나님을 찬양하며 그 언어가 더욱 더 유창해질 때까지 하나님께 말하라고 이야기합니다.

그 사람이 다른 언어인 방언을 말하는 것을 그 자신이 들을 때 자기가 성령을 받았다고 확신하게 될 것입니다.

요한복음 7:37-39

"명절 끝날 곧 큰 날에 예수께서 서서 외쳐 이르시되 누구든지 목마르거든 내게로 와서 마시라 나를 믿는 자는 성경에 이름과 같이 그 배에서 생수의 강이 흘러오리라 하시니 이는 그를 믿는 자들이 받을 성령을 가리켜 말씀하신 것이라(예수께서 아직 영광을 받지 않으셨으므로 성령이 아직 그들에게 계시지 아니하시더라)."

성령님은 비처럼 우리에게 오실 것이라고 성경은 말하고 있습니다.

그리고 예수님은 요한복음 7장에서 성령은 우리가 와서 마셔야 한다고 말씀하고 있습니다. 바꾸어 말하면, 예수님은 성령을 받는 것은 물을 마시는 것과 같다고 말씀하고 있습니다. 즉, 원리는 동일한 것입니다. 아무도 입을 다문 채로 마실 수는 없습니다. 마찬가지로, 성령을 받고자 하는 사람은 믿음을 행사하여 성령의 기름부음에 반응하여 목소리를 내야 합니다. 입을 다문 채로는 방언을 말할 수 없습니다. 기억하십시오. 성령님은 말을 주시고 실제로 말을 하는 것은 사람이 합니다.

둘째로, 아무도 마시고 말하는 것을 동시에 할 수 없습니다. 나는 사람들이 성령을 받기 위해 나와서 믿음으로 입을 여는 것을 보았습니다. 나는 성령을 받기 위해서 믿음으로 입을 여는 사람들 중에서 곧바로 성령을 받지 못하는 사람을 한 번도 본 적이 없습니다.

나는 모든 교단의 설교자와 목사들, 의사, 변호사, 학교 교사들, 대학 교수들, 노동자들, 농민들 등 모든 직종의 수만 명의 사람들이 성령 충만을 받는 것을 보았습니다.

한 번은 나의 집회에서 5명의 사업가가 성령을 받기 위해서 통로로 내려오는 것을 보았습니다. 그들은 성령을 받으려는 믿음으로 입을 열었고, 그들 모두는 성령 충만을 받았습니다!

이것은 예수님이 "와서 마시라"고 했기 때문에 성경적인 것입니다(요 7:37).

하나님은 성경의 말씀을 존중하시기 때문에 여러분이 하나님의 말씀을 따라 행동한다면, 여러분은 성령뿐만 아니라 그가 약속한 것은 무엇이든지 받을 수 있습니다.

일곱 번째 단계

성령을 받는 자가 산만해지지 않도록 주의하십시오.

예를 들어, 군중들이 여러 가지 지시사항을 한꺼번에 주면서 성령을 받는 자 주위에 모여들지 않게 주의하십시오. 이것은 사람을 혼란스럽게 만들 것입니다.

나는 사람들이 성령을 받는 것을 돕도록 내가 특별히 훈련시킨 사역자들 중에 몇 사람만 사용하는 것을 좋아합니다. 대부분의 사람들은 성령님께 굴복하는 것에 조금 느리지만, 성령님께 굴복할 수 있도록 격려하고 도와주는 사람이 있다면 더 쉽게 성령을 받을 수 있습니다.

예를 들어, 수영하러 갈 때 어떤 사람을 수영하게 만드는 것은 어렵습니다. 그러나 당신이 먼저 수영하면서 "물이 너무나 좋아"라고 말한다면 다른 사람들도 물에 들어가는 것을 어렵지 않게 생각하게 될 것입니다.

마찬가지로, 당신이 성령을 받는 자와 함께 기도한 후에 당신이 먼저 방언으로 기도한다면, 이것은 당신을 따라 그 사람이 말하자면 "물속으로 따라 들어가도록", 즉 성령세례를 받도록 격려하는 것과 같습니다.

나는 50년 이상 순복음 계통에서 사역했는데, 사람들이 성령을 구할 때 일어날 수 있는 거의 모든 종류의 일들을 보았습니다(그것을 다 언급하고 싶지는 않습니다).

한 가지만 예를 들어 보겠습니다. 나는 사람들이 성령 세례를 받기 위해서 애쓰는 모습을 보곤 합니다. 성령을 받고자 하는 사람의 한쪽 편에 있는 사람은 이쪽 귀에다 대고 소리칩니다.

"계속하세요 형제님! 계속하세요."

또 다른 사람들은 저쪽 귀에다 대고 소리칩니다.

"느슨하게 하세요 형제님! 느슨하게 하세요."

바로 뒤에 무릎을 꿇고 있는 사람은 그의 등을 두드리면서 이렇게 말합니다.

"형제님! 어서 말하세요. 어서요."

그러면 바로 앞에 있는 사람은 또 다른 말로 크게 소리칩니다.

많은 사람들이 여전히 이런 방식으로 성령을 받았는데, 이런 행동방식 때문이 아니라 그렇게 함에도 불구하고 성령을 받았습니다. 그러나 허다한 사람들이 성령을 받았다 할지라도 많은 정직하고 신실한 신자들은 성령을 받지 못한 채 돌아갔습니다. 성경적인 원칙을 따른다면 더 많은 사람들이 성령 충만을 받는 것을 보게 될 것입니다.

그러므로 성령을 받고자 하는 사람 주위에 사람들이 몰리게 하지 말아야 합니다. 그리고 한 번에 한 명 이상이 조언하는 말을 하지 않도록 해야 합니다. 그것은 혼란을 유발시키기 때문입니다. 한 사람이 성령께 굴복하는 방법을 지시하도록 합시다.

주위에 대기하고 있는 사람들이 있다면, 그들이 모국어가 아닌 방언으로 조용히 기도하도록 해야 합니다. 주위 사람들이 모국어로 기도한다면, 성령을 받으려는 사람은 그들이 말하는 것을 듣고 정신이 산만해질 것입니다. 바꾸어 말하면, 그는 주위 사람들의 말에 정신을 빼앗길 수도 있습니다. 그리고 대부분 사람들은 주위 사람들이 말하는 것을 듣게 되면 하나님께 굴복하지 못하게 될 것입니다.

여러분은 이상 7단계를 준수함으로 신자들이 기다리지 않고 곧바로 성령을 받도록 도울 수 있음을 알게 될 것입니다. 신자들이 성령을 받도록 여러분이 도와줄 때 여러분은 이런 멋진 성령의 선물을 받도록 일조한 것에 대해 개인적으로 축복과 상급을 받게 될 것입니다.

연구를 위한 질문

1. 이번 장의 두 가지 목적은 무엇입니까?

2. 이번 장은 성령을 받는 7단계를 나열하고 있습니다. 그것들은 무엇입니까?

3. 사도들은 하나님께서 사마리아인들에게 성령을 주시도록 기도하지 않았습니다. 그들은 무엇을 기도했습니까?

4. 사도행전 2:38에 따르면, 성령의 선물을 받기 위해서 누가 준비되어 있어야 합니까?

5. 우리는 육적인 신자들(혹은 감각의 지배를 받거나 육신의 지배를 받는 신자들)이 성령 충만을 받을 수 있다는 것을 어떻게 알 수 있습니까?

6. 초신자들이 하나님의 말씀의 빛 가운데 걸으며 성령의 인도함을 받는다면 어떤 일이 일어납니까?

7. 왜 누구라도 믿음으로 다른 사람들에게 안수할 수 있습니까?

8. 성령은 어떻게 주어집니까?

9. 방언으로 말할 때 누가 말을 하는 것입니까?

10. 하나님의 영이 당신의 혀와 입술에 역사하실 때 무엇을 해야 합니까?

계시하는 은사
(Reveal)

- 지식의 말씀의 은사 1
- 지식의 말씀의 은사 2
- 지혜의 말씀의 은사
- 영분별

11

지식의 말씀의 은사 1

11

> "형제들아 신령한 것에 대하여 나는 너희가 알지 못하기를 원하지 아니하노니 너희도 알거니와 너희가 이방인으로 있을 때에 말 못하는 우상에게로 끄는 그대로 끌려 갔느니라 그러므로 내가 너희에게 알리노니 하나님의 영으로 말하는 자는 누구든지 예수를 저주할 자라 하지 아니하고 또 성령으로 아니하고는 누구든지 예수를 주시라 할 수 없느니라 은사는 여러 가지나 성령은 같고 직분은 여러 가지나 주는 같으며 또 사역은 여러 가지나 모든 것을 모든 사람 가운데서 이루시는 하나님은 같으니 각 사람에게 성령의 나타내심은 유익하게 하려 하심이라 어떤 사람에게는 성령으로 말미암아 지혜의 말씀을, 어떤 사람에게는 같은 성령을 따라 지식의 말씀을, 다른 사람에게는 같은 성령으로 믿음을, 어떤 사람에게는 한 성령으로 병 고치는 은사를, 어떤 사람에게는 능력 행함을, 어떤 사람에게는 예언함을, 어떤 사람에게는 영들 분별함을, 다른 사람에게는 각종 방언 말함을, 어떤 사람에게는 방언들 통역함을 주시나니 이 모든 일은 같은 한 성령이 행하사 그의 뜻대로 각 사람에게 나누어 주시는 것이니라 몸은 하나인데 많은 지체가 있고 몸의 지체가 많으나 한 몸임과 같이 그리스도도 그러하니라 우리가 유대인이나 헬라인이나 종이나 자유인이나 다 한 성령으로 세례를 받아 한 몸이 되었고 또 다 한 성령을 마시게 하셨느니라 몸은 한 지체뿐만 아니요 여럿이니"(고전 12:1-14).

영적 은사들에 무지하지 말라

성령님은 바울을 통해서 고린도 교회에 말씀하셨습니다.

"형제들아 신령한 것에 대하여 내가 너희의 알지 못하기를 원하지 아니하노니"(고전 12:1).

만일 하나님의 영이 바울을 통해서 고린도 교회가 영적 은사에 무지하기를 원치 않는다고 말씀하셨다면, 하나님께서는 오늘날의 교회도 영적 은사에 무지하기를 원치 않는다고 나는 믿습니다.

그러나 오늘날 영적 은사들에 대한 총체적인 무지가 난무하고 있습니다.

어떤 사람들은 성령의 은사에 대하여 아무것도 모르거나, 심지어 성령의 은사들이 있는 것조차 모릅니다. 그들은 성령의 은사들이 폐기되었다고 생각합니다. 또 다른 사람들은 성령의 은사에 대하여 어떤 것을 알고 있지만 그들이 알고 있는 것은 매우 제한적입니다.

영적 은사들은 예수님을 높인다

계속해서 바울은 고린도 교회에 말했습니다.

"너희도 알거니와 너희가 이방인으로 있을 때에 말 못하는 우상에게로 끄는 그대로 끌려 갔느니라"(고전 12:2).

고린도 사람들은 전에 우상들을 숭배하였고, 이런 우상숭배를 하는 가운데 잘못된 영에 이끌려 많은 오류가 있는 말들을 하곤 했습니다.

그 예로 교회사를 보면, 그들 중 일부 사람들이 기독교인의 집회에 참석했는데, 하나님의 영이 나타날 때 그들은 잘못된 영의 인도를 따라 잘못된 영의 영향력 하에서 말하곤 했습니다. 실제로 그들 중 일부는 예배 중에 말하는 은사가 나타날 때 일어나 예수는 저주받았다고 말하기도 했습니다. 그러나 성경은 하나님의 영으로 말하는 자는 예수를 저주받은 자로 말하지 않는다고 기록하고 있습니다.

고린도전서 12:3

"그러므로 내가 너희에게 알리노니 하나님의 영으로 말하는 자는 누구든지 예수를 저주할 자라 하지 아니하고 또 성령으로 아니하고는 누구든지 예수를 주시라 할 수 없느니라."

그렇습니다. 바울은 성령님이 나타나실 때, 성령님은 예수님을 주님으로 높인다고 말하고 있습니다. 만일 말하는 은사, 즉 예언, 각종 방언 혹은 방언 통변의 은사가 나타난다면 그것은 예수를 주님이시라고 하는 말로 분명해집니다. 다른 은사들이 나타날 때도 그 은사들은 항상 예수님의 주 되심을 높일 것이고, 사람을 높이지는 않을 것입니다.

은사들은 어떤 사람에게 주의를 기울이게 하지 않고, 그리스도께 주의를 기울이게 할 것입니다. 만약 누군가가 말하는 은사들 중 하나를 가진 것처럼 사역하면서 예수는 저주받은 자라고 하든지 또는 어떤 식으로든지 예수님을 대적하는 말을 한다면 그는 성령님을 통해서 말하고 있지 않다고 확신해도 좋습니다.

그래서 바울은 고린도전서 12:3에서 어떤 사람도 성령에 의하지 않고는 예수님을 주라고 말할 수 없다고 하였습니다. 바꿔 말하면, 바울은 누군가가 올바른 영, 즉 성령을 통해서 말하고 있다면 그가 하는 말은 예수님의 이름을 높이는 것이라고 말하고 있습니다.

한 번은 내가 치유기도 모임을 인도하고 있을 때, 기도받기 위하여 줄 서 있는 사람들 중에 누군가가 잘못된 영을 가지고 있다는 것을 느꼈습니다. 나는 그 사람이 기도를 받기 위해서 내 앞에 서기 전에 그가 누구인지 나의 영 안에서 알았습니다. 그녀가 기도를 받기 위해 내 앞에 섰을 때, 그녀에게 크리스천인지 물어보았습니다. 그녀는 어떤 특별한 교회에 소속되어 있다고 대답했습니다.

내가 말했습니다. "그래요. 당신은 어느 교회에든 소속될 수 있지만, 그래도 여전히 크리스천이 아닐 수도 있습니다. 당신은 거듭나야 합니다."

그녀가 대답했습니다. "오! 나는 구원받았고, 성령 충만합니다. 목사님께서 내가 방언하는 것을 들어보실래요?"

그런 다음, 그녀는 방언처럼 들리는 것을 말하기 시작했습니다.

내가 말했습니다. "자매님! 진심으로 제가 하는 이 기도를 따라해 보십시오."

나는 하나님 아버지께 기도했고, 그녀는 내 말을 따라 했습니다.

나는 계속해서 말했습니다. "나는 주 예수 그리스도가 하나님의 아들임을 인정합니다. 그리고 나는 예수님께서 육신으로 오신 것을 인정합니다."

그러나 내가 그 말을 했을 때 그녀는 말했습니다.

"예수 그리스도는 하나님의 아들이 아니고, 그는 육신으로 오지 않았습니다."

그 즉시, 나는 그녀가 올바른 영을 통해서 말하고 있지 않다는 것을 명백하게 알았습니다.

그녀가 빠르게 중얼거리고 있는 그 말들, 즉 횡설수설하는 그 말은 하나님의 영으로부터 온 것이 아니었습니다. 나는 두세 번이나 그녀가 나의 기도를 따라하도록 시도하였습니다.

마침내 그녀는 말했습니다.

"내 안에 있는 어떤 것이 목사님이 말하는 것을 따라하지 못하게 합니다."

내가 말했습니다. "알고 있습니다. 당신은 그것으로부터 자유롭게 되기를 원하십니까?"

그녀가 말했습니다. "물론입니다."

나는 예수님의 이름으로 그녀에게서 그 영을 쫓아냈습니다.

그런 후에, 그 영접기도를 따라하게 했고, 그녀는 거듭났습니다.

그 다음 그녀는 성령 충만해져서 방언을 말하며 집으로 돌아갔습니다.

그녀는 "나는 구원받았고, 거듭났으며, 성령 충만합니다"라고 말했습니다.

그러나 그녀는 전혀 그렇지 않았습니다.

사람들은 많은 말을 할 수 있지만, 그것이 그 말들을 진짜로 만들어 주지는 않습니다.

하나님의 영이 나타날 때 성령님께서 예수님을 주님으로 높일 것입니다. 잘못된 영은 예수님을 주님으로 인정하지 않을 것이며, 예수님이 주님이라고 말하지 않을 것입니다.

은사들과 직임들과 역사들

고린도전서 12:4-6

"은사는 여러 가지나 성령은 같고 직분은 여러 가지나 주는 같으며 또 사역은 여러 가지나 모든 것을 모든 사람 가운데서 이루시는 하나님은 같으니."

고린도전서 12장의 이 특별한 성경 구절에 대한 두 가지 주장이 있습니다.

그 중 하나는, 성령의 은사들은 다양한 사람들에게 다양한 방식으로 맡겨진다는 것입니다. 이 견해에 따르면, 고린도전서 12:6 "또 사역은 여러 가지나 …" 이 구절이 바로 그런 의미라고 주장합니다.

다시 말해서 고린도전서 12:6에 나오는 여러 가지 역사들은 성령의 은사들이 다양한 방식으로 나타나지, 여러 사람을 통해 항상 똑같은 방식으로 나타나는 것은 아니라는 것을 의미한다고 생각하는 사람들이 있습니다.

그러나 또 다른 주장은 여러 역사들은 전혀 은사에 관련된 말이 아니라는 주장입니다.

이런 사람들은 다양한 성령의 은사가 있는 것처럼 다양한 역사뿐만 아니라 다양한 성령의 직임도 있다고 주장합니다. 바꿔 말하면, 그들은 바울이 고린도전서 12:4-6은 단지 은사만 얘기하는 것이 아니라, 세 가지 다른 것들에 대해서 말하고 있다고 말합니다. 바울은 은사들과 직임들과 역사들에 대해서 말하고 있습니다.

고린도전서 12:7

"각 사람에게 성령을 나타내심은 유익하게 하려 하심이라."

바울이 성령의 은사들을 나타남(manifestations;현현(顯現))으로 부르고 있다는 것을 주의해 봅시다. 그리고 바울은 "… 각 사람에게 성령을 나타내심은 유익하게 하려 하심이라"(고전 12:7, 개역개정)라고 말합니다.

바울은 여기서 성령의 은사들은 믿는 자들이 그가 원할 때는 언제나 그 은사를 소유하고 나타낼 수 있다는 의미에서의 은사가 아님을 말하고 있습니다.

그것들은 성령의 은사이며, 성령의 뜻대로 각 신자들을 통해서 나타납니다. 성령의 은사들은 단지 개인을 위해서 주어진 것이 아니라, 모든 지역 교회와 모든 지역 교회 신자들의 유익을 위해서 주어졌습니다.

아홉 가지 은사들을 분류하기

고린도전서 12:8

"어떤 사람에게는 성령으로 말미암아 지혜의 말씀을, 어떤 사람에게는 같은 성령을 따라 지식의 말씀을."

바울은 성령의 아홉 가지 은사들을 계속해서 나열하고 있습니다.

성령의 나타남 혹은 성령의 은사 아홉 가지는 일반적으로 다음과 같이 분류할 수 있습니다.

- 세 가지 계시의 은사

  어떤 것을 드러내는 영적 은사들 : 지혜의 말씀, 지식의 말씀, 영분별

- 세 가지 능력의 은사

  어떤 것을 행하는 영적 은사들 : 믿음의 은사, 기적을 행함, 병 고치는 은사

- 세 가지 발성 혹은 영감의 은사

  어떤 것을 말하는 영적 은사들 : 예언, 각종 방언, 방언 통변

매우 자주 이러한 은사들은 방언이 방언 통변과 함께 역사하듯이 함께 역사합니다.

그러나 우리는 그것들을 구별하여 논하기 위해서 여기 고린도전서 12장에서 나누었듯이, 그것들을 나눕니다. 우리는 매우 자주 이러한 성령의 은사들이 함께 나타나는 것을 쉽게 볼 수 있습니다. 예를 들어, 우리가 예언이라고 부르는 것은 실제로 지혜의 말씀이 나타난 것입니다. 그것은 사실 단순한 예언의 은사가 전혀 아닙니다.

왜냐하면 단순한 예언의 은사는 계시(revelation)를 포함하고 있지 않기 때문입니다. 앞서 말하는 것, 즉 예언의 요소는 예언의 은사에 포함되지 않습니다. 단순한 예언의 은사는 덕을 세우고, 권면하며, 위로하는 것입니다(고전 14:3). (우리는 이 주제에 대해서 제 13장에서 더 자세히 논할 것입니다.)

이 은사들은 중요도 순서대로 나열되어 있습니다.

세 가지 계시의 은사 중에서 지혜의 말씀이 최고의 은사입니다.

왜냐하면 그것은 하나님의 계획과 목적에 대한 초자연적인 계시를 가져오기 때문입니다.

세 가지 능력의 은사 중에서 믿음의 은사가 최고의 은사입니다.

왜냐하면 그것은 기적을 행할 수 있는 초자연적인 능력이기 때문입니다.

세 가지 발성의 은사 중에서 예언의 은사가 최고의 은사입니다.

왜냐하면 그것은 그 자체로 완전한 은사이며, 그리스도의 몸인 교회에 덕을 세우고, 권면하며, 위로를 줄 수 있기 때문입니다(고전 14:3).

성경은 최고의 은사를 열심히 추구하라고 말합니다(고전 12:31).

지혜의 말씀은 모든 은사들 중에서 최고의 은사입니다.

왜냐하면 내가 말했듯이, 그것은 하나님의 계획과 목적에 대한 계시를 가져오기 때문입니다. 지혜의 말씀이 가장 먼저 언급되었다고 할지라도 우리는 지식의 말씀을 가장 먼저 연구할 것입니다. 왜냐하면 지식의 말씀을 논한 후에 지혜의 말씀의 은사를 더 잘 이해할 수 있다고 생각되기 때문입니다.

지식의 말씀의 은사

이 은사는 지식의 말씀으로 불리고 있다는 것을 주목해 보십시오.

이것은 지식의 은사(the gift of knowledge)가 아닙니다.

지식이라는 영적인 은사는 없습니다. 그러나 지식의 말씀(the word of knowledge)이라고 불리는 영적인 은사는 있습니다. 지식의 말씀은 *하나님의 마음속에 있는 어떤 사실들을 성령님이 초자연적으로 나타내시는 계시입니다.* 하나님께서는 전지하시며 모든 것을 알고 계십니다.

그러나 하나님께서는 그가 알고 있는 모든 것을 사람들에게 계시하시지는 않습니다. 하나님께서는 그가 알고 계시는 것을 한 단어 혹은 한 부분만을 사람들에게 알려주십니다. 한 단어는 한 문장의 한 조각입니다. 그러므로 하나의 지식의 말씀은 단지 하나님의 전체 지식의 한 조각일 뿐입니다.

하나님께서는 전지하시며 모든 지식을 가지고 계십니다.

그러나 하나님께서는 그 지식 전부를 우리에게 주시지는 않고, 하나의 지식의 말씀만을 우리에게 주십니다. 즉, 적절한 때에 우리가 알아야 하는 것만을 주십니다.

지식의 말씀은 자연적인 지식이 아니다

이 지식의 말씀은 다른 모든 성령의 은사들처럼 어떤 초자연적인 나타남입니다. 성령의 은사들은 자연적인 은사가 아니라, 모두 다 초자연적인 은사입니다. 그것들 중에 하나가 초자연적인 것이므로, 그것들 모두는 초자연적인 것입니다. 그것들 중에 하나가 자연적인 것이라면, 그것들 모두는 자연적인 것입니다. 이 성령의 은사, 즉 지식의 말씀이 자연적인 지식이라고 주장하는 자들이 있습니다. 그것이 사실이라면 모든 성령의 은사들은 초자연적인 것이 아니라 자연적인 것이 됩니다.

그것이 사실이라면, 예를 들어 병 고치는 은사는 초자연적인 치유가 아니라 사람들이 의학을 통해서 배우고 이룩한 것을 통해서 치료하는 것에 지나지 않을 것입니다. 우리는 의학을 믿고, 의학이 할 수 있는 모든 것을 주신 하나님께 감사드립니다.

그러나 이 성경 구절은 성령의 은사들, 즉 초자연적인 지식, 초자연적인 치유 등등을 말하고 있는 것입니다. 만일 이런 성령의 은사들이 자연적인 은사에 불과하다면 각종 방언은 자연적으로 배운 여러 외국어들을 말하는 것에 지나지 않을 것입니다. 그렇다면 구원받지 않은 사람들도 이 은사를 갖게 될 것입니다.

그러나 우리는 각종 방언이 초자연적인 것이라는 것을 압니다. 각종 방언은 자기가 한 번도 배운 적이 없고, 오직 성령께서 주신 언어로 말할 수 있게 해주는 성령의 은사입니다.

성령의 9가지 은사 중 일부가 초자연적인 것이라면, 성령의 9가지 은사 전부가 초자연적인 것이 이치에 맞습니다. 그러므로 이 지식의 말씀의 은사는 자연적인 지식이 아니라 초자연적인 지식입니다. 그것은 하나님의 마음속에 있는 어떤 사실들을 초자연적으로 드러내는 계시입니다. 어떤 사람들은 지식의 말씀과 자연적인 지식을 혼동하여 이렇게 말합니다.

"우리는 이 작은 은사들을 필요로 하지 않습니다. 우리는 지식의 은사를 가지고 있습니다."

그들이 자랑하고 있는 그 지식은 지적인 지식이며, 성령님과 무관하고, 또 하나님의 말씀과도 무관하게 그들이 스스로 얻은 지식입니다. 그것은 고린도전서 12:8이 말하고 있는 것이 아닙니다. 지식의 말씀은 초자연적인 은사입니다.

또한 이 지식의 말씀의 은사는 때때로 성경의 심오한 지식과 혼동되고 있습니다. 언젠가 한 목사님이, 자신은 성경을 아주 많이 연구했기 때문에 지식의 말씀을 가지고 있다고 나에게 주장했습니다.

하나님께서 우리가 말씀을 이해하도록 도우시는 것은 명백한 사실이지만, 그것은 초자연적인 은사가 아닙니다. 지식의 말씀의 은사는 성경과 연계해서 역사할 수 있습니다.

예를 들어, 하나님께서는 우리가 모르는 성경 말씀을 가지고 어떤 것들을 계시하실 수 있습니다. 그러나 모르는 성경 말씀을 계시해 주는 것이 지식의 말씀이 하는 주 역할이라면, 우리는 성경 말씀을 연구할 필요가 없을 것입니다. 왜냐하면 지식의 말씀은 하나님의 마음속에 있는 어떤 사실들을 성령님이 초자연적으로 드러내는 계시이기 때문입니다.

그러나 바울은 젊은 목사인 디모데에게 연구하라고 말했습니다. 신약시대의 교회 목사인 디모데에게 보낸 편지에서 바울은 말했습니다.

"네가 진리의 말씀을 옳게 분별하여 부끄러울 것이 없는 일꾼으로 인정된 자로 자신을 하나님 앞에 드리기를 힘쓰라"(딤후 2:15).

그러므로 그러한 지식, 곧 성경의 심오한 지식은 연구를 통해서 오지만, 지식의 말씀은 초자연적인 계시를 통해서 옵니다.

지식의 말씀은 하나님과의 긴밀한 교제를 통해서 얻은 하나님에 대한 지식이 아니다

지식의 말씀의 은사에 대한 또 다른 오해는, 지식의 말씀은 하나님과 친밀하게 동행함으로 얻은 지식이라는 생각입니다. 사람들은 하나님과 동행함으로 하나님에 대한 참된 지식을 얻을 수 있습니다. 그러나 그러한 지식은 하나님의 마음속에 있는 어떤 사실들을 초자연적인 계시에 의해 얻은 지식과는 다른 것입니다.

우리는 구약에서 하나님이 소년 사무엘에게 어떻게 말씀하셨는지 알고 있습니다(삼상 3:4-10).

사무엘은 늙은 제사장 엘리를 시중들면서 성전에 있었습니다. 어느 날 밤, 사무엘은 그의 이름을 부르는 한 음성을 들었습니다. 사무엘은 엘리 제사장이 그를 부르는 것이라 생각하고 일어나 그에게 갔습니다. 엘리 제사장은 그가 부르지 않았다고 말하였고, 사무엘은 다시 잠자리에 들었습니다. 사무엘이 다시 누워 자려고 하였을 때 어떤 음성이 "사무엘아, 사무엘아" 하고 불렀습니다. 다시 사무엘은 엘리 제사장에게로 갔고, 그는 다시 사무엘을 되돌려 보냈습니다. 이 일이 세 번이나 반복되자, 엘리 제사장은 하나님께서 사무엘을 부르시는 것을 깨닫고, 다음에 그 음성이 들리거든 대답하라고 알려 주었습니다. 하나님께서 다시 사무엘을 부르자 사무엘은 대답하였습니다.

"… 사무엘이 이르되 말씀하옵소서 주의 종이 듣겠나이다"(삼상 3:10).

엘리 제사장은 하나님과 동행했었지만, 그가 마땅히 해야 했던 자식 양육에 있어서는 하나님께 충실하지 않았습니다. 물론 그는 하나님의 일들에 대하여 알고 있었지만, 그날 밤 사무엘이 했던 것처럼 하나님의 목소리를 듣지 않았습니다. 그래서 우리는 이런 종류의 지식은 반드시 하나님과의 오랜 동행의 경험을 통해 오는 것은 아니라는 것을 알 수 있습니다.

전에 언급했듯이, 우리가 친구나 가족들과 동행함으로 더욱 친밀해지는 것처럼 하나님과 동행함으로 얻을 수 있는 하나님에 대한 지식이 있습니다. 우리가 하나님과 동행함으로 하나님에 대한 우리의 지식은 틀림없이 증가하지만, 그것은 지식의 말씀의 은사가 영적으로 나타난 것이 아닙니다.

지식의 말씀의 성경적인 예

신약에 나타나 있는 지식의 말씀의 은사에 대한 몇 가지 성경적인 예를 찾아봅시다.

요한에게 임한 지식의 말씀

예를 들면, 밧모 섬에서 요한은 주님의 날에 성령 가운데 사로잡혀 있었고, 예수님이 그에게 환상 가운데 나타나셨습니다(계 1:10-20). 여기서 우리는 어떻게 이 지식의 말씀이 오는지 배울 수 있습니다. 사도 요한의 이 특별한 사례처럼, 지식의 말씀은 환상을 통해 올수도 있습니다.

요한계시록에 기록되었듯이, 예수님은 환상 가운데 요한에게 소아시아 일곱 교회의 상태를 보여 주셨습니다. 이 계시가 오늘날 우리를 위한 어떤 예언적인 메시지를 가지고 있다고 할지라도, 이들 일곱 교회는 실제로 당시 소아시아에 존재했던 교회였습니다.

밧모 섬에 유배되어 있었던 요한은 이들 도시나 교회들에 어떤 일이 벌어지고 있는지 알 수 없었을테지만, 예수님께서 그들의 영적인 상황을 그에게 계시해 주셨습니다. 그것이 지식의 말씀입니다.

아나니아에게 임한 지식의 말씀

지식의 말씀의 은사가 나타난 또 다른 예는 사도행전 9장에서 발견됩니다.

"그 때에 다메섹에 아나니아라 하는 제자가 있더니 주께서 환상 중에 불러 이르시되 아나니아야 하시거늘 대답하되 주여 내가 여기 있나이다 하니"(행 9:10).

여기서 지식의 말씀이 환상을 통해서 한 평신도에게 임했습니다. 아나니아는 요한처럼 사도가 아니었습니다. 그는 목사도 복음전도자도 교사도 아니었습니다. 성경은 그를 한 제자라고 부릅니다. 그는 다마섹에 있는 교회의 한 성도였습니다.

주님의 뜻이라면 목사들뿐만 아니라 평신도들도 지식의 말씀이나 다른 성령의 은사들이 나타날 수가 있습니다.

사도행전 9:11, 12

"주께서 이르시되 일어나 직가라 하는 거리로 가서 유다의 집에서 다소 사람 사울이라 하는 사람을 찾으라 그가 기도하는 중이니라 그가 아나니아라 하는 사람이 들어와서 자기에게 안수하여 다시 보게 하는 것을 보았느니라 하시거늘."

환상 속에서 주님은 아나니아에게 무엇을 해야 할지 말씀하셨습니다. 자연적인 시각에서 볼 때 아나니아는 어떤 거리의, 어떤 집에서 사울이라고 불리는 사람이 그 시간에 기도를 하고 있는지 알 수 없었습니다. 아나니아는 사울이 아나니아라고 불리는 사람이 들어와서 자기에게 안수하여 눈을 뜨도록 하는 환상을 보았는지 알 수 없었습니다.

아나니아는 초자연적인 계시가 없었다면 이러한 사실을 다른 어떤 방법으로도 알 수 없었을 것입니다. 그는 지식의 말씀을 통해서 그것을 알았습니다. 물론, 하나님께서는 그 시간에 모든 곳에서 기도하고 있는 모든 사람을 알고 계셨습니다. 그러나 하나님께서는 기도하고 있는 모든 사람들에 대한 지식을 아나니아에게 주시지는 않았습니다. 다만 기도하고 있는 한 사람, 즉 다소 사람 사울에 대한 지식만을 아나니아에게 주셨습니다. 그것은 하나님 마음속에 있는 어떤 사실에 대한 초자연적인 계시였습니다.

그것은 환상 중에 아나니아에게 임한 지식의 말씀이었습니다.

베드로에게 임한 지식의 말씀

또 다른 예는 사도행전 10장에서 나타납니다. 베드로는 욥바라는 도시에 있었습니다.

사도행전 10:9-19

"이튿날 그들이 길을 가다가 그 성에 가까이 갔을 그 때에 베드로가 기도하려고 지붕에 올라가니 그 시각은 제 육 시더라 그가 시장하여 먹고자 하매 사람들이 준비할 때에 황홀한 중에 하늘이 열리며 한 그릇이 내려오는 것을 보니 큰 보자기 같고 네 귀를 매어 땅에 드리웠더라 그 안에는 땅에 있는 각종 네 발 가진 짐승과 기는 것과 공중에 나는 것들이 있더라 또 소리가 있으되 베드로야 일어나 잡아 먹어라 하거늘 베드로가 이르되 주여 그럴 수 없나이다 속되고 깨끗하지 아니한 것을 내가 결코 먹지 아니하였나이다 한대 또 두 번째 소리 있으되 하나님께서 깨끗하게 하신 것을 네가 속되다 하지 말라 하더라 이런 일이 세 번 있은 후 그 그릇이 곧 하늘로 올려져 가니라 베드로가 본 바 환상이 무슨 뜻인지 속으로 의아해 하더니 마침 고넬료의 보낸 사람들이 시몬의 집을 찾아 문 밖에 서서 불러 묻되 베드로라 하는 시몬이 여기 유숙하느냐 하거늘 베드로가 그 환상에 대하여 생각할 때에 성령께서 그에게 말씀하시되 두 사람이 너를 찾으니."

베드로는 초자연적인 계시, 즉 지식의 말씀을 받았습니다.

"… 두 사람이 너를 찾으니"(행 10:19).

베드로는 그를 찾고 있는 두 사람이 있다는 것을 몰랐습니다. 그는 입신 가운데 하늘로부터 보자기가 내려오는 환상을 보았습니다. 베드로가 그 환상이 의미하는 것이 무엇인지 생각하고 있을 때, 성령님께서 세 사람이 그를 찾고 있다고 말씀해 주셨습니다. 그 사람들은 이미 문 앞에 서 있었습니다. 베드로는 그 사람들을 본 적이 없었습니다. 베드로는 성령님이 아니면 그들이 거기에 있는지 알 방법이 없었습니다.

지식의 말씀에 대한 오늘날의 예들

이런 성령의 나타남은 단지 초대 교회만을 위한 것이 아니라, 오늘날 우리들을 위한 것이기도 합니다.

여러 해 전에, 침례교 소속의 성령 충만한 형제가 있었습니다. 그는 그 지역 순복음 실업인회의 지회장이었으며, 그가 근무하는 회사의 중역 중 한 분이었는데 어느 날 나에게 지식의 말씀과 관련된 그의 경험을 말해주었습니다.

"나는 자동차를 타고 큰 로마 카톨릭 교회 옆을 지나가고 있었는데, 어떤 음성이 나에게 멈추라고 말하는 것을 들었습니다. 나는 그 교회 주차장에 들어가서 차를 세우고, 잠시 동안 앉아서 기도하였습니다. 그때 그 어떤 음성이 나에게 신부가 사제관에 있는 그의 사무실에서 기도하고 있으니 그에게 가서 안수하면 그가 성령 충만해질 것이라고 말하는 것 같았습니다."

그 침례교 형제가 말했습니다.

"나는 나 자신을 조롱거리로 만들고 싶지 않았기 때문에 한참을 망설였습니다. 나는 거기 앉아서 좀 더 오랫동안 기도했습니다. 그리고 난 후에 나는 내가 그 신부를 찾을 수 있을지, 또 정말 하나님께서 나를 인도하고 계시는지 알아보기 위해 가보는 것도 나쁘지 않을 것이라고 판단했습니다."

사람들은 하나님께서 그들에게 말씀하실 때 하나님을 기다리며 조용히 따라가면서 하나님께서 문을 열도록 하는 대신에 하나님보다 앞서 나감으로 일을 망치는 경우가 많이 있습니다.

그 침례교 형제는 계속 말했습니다.

"나는 마침내 들어가는 길을 찾았고, 그 사제관의 문을 두드렸습니다. 누군가 내게 들어오라고 말했습니다. 내가 문을 열었더니 펼쳐진 책들이 놓여 있는 책상 앞 의자에 한 사람이 앉아 있는 것을 보았습니다. 내가 들어가자 그 신부는 일어나 나를 맞이해 주었고, 우리는 서로 자기소개를 하였습니다. 그 신부는 내가 그 지역 순복음 실업인회의 지회장이라는 말을 듣자 바로 말했습니다. '주님을 찬양합니다. 나는 방금 성령의 감동으로 하나님께서 하시는 일들에 관한 것을 읽고 있었습니다. 나는 성령 세례와 방언에 대하여 읽고 있었는데, 주님께서 이것이 나에게 필요한 것이라고 방금 나의 영에 증거해 주셨습니다.'"

그 신부는 침례교 형제에게 말했습니다.

"나는 나의 영적인 부족함을 깨닫게 되었습니다. 10분 전에 나는 책상에 머리를 숙이고 기도했습니다. '사랑하는 주님! 나는 순복음 사람들을 아무도 모릅니다. 나는 이 도시에서 이런 경험을 가지고 있는 사람들을 아무도 모릅니다. 나와 함께 기도할 사람을 보내 주세요.' 그랬더니 당신이 여기에 오신 것입니다!"

"그 신부는 무릎을 꿇었고, 내가 그 신부에게 안수를 하자, 그는 양손을 하늘로 올려들고 곧바로 방언으로 말하기 시작했습니다. 그런 다음, 그 신부는 너무나 감사했기에 일어나서 나를 껴안았습니다."

그 특별한 교회에서 한 신부가 성령을 받기 위해서 기도하고 있다는 사실을 이 침례교 형제에게 계시해 준 것은 바로 지식의 말씀이 나타난 것이었습니다.

다른 사람들을 축복하기 위해서 사용되는 지식의 말씀

나는 한 여성들의 모임에서 일어난 비슷한 경험에 대해서 들은 적이 있습니다.

그 여성들의 모임은 교회에서 성경공부를 하고, 그 다음에 밖에 나가서 복음전도를 하기 위해 만들어진 모임이었습니다. 그 여성들은 스스로의 힘으로 전도하였지만 큰 성과는 없었습니다. 그들은 몇 주 동안 집집마다 문을 두드리며 전도하고 돌아다녔지만, 단 한 사람도 주님께로 인도하지 못했습니다.

어느 날 아침, 그 교회 목사 사모의 제안으로 방법을 바꾸었습니다.

몇 구절의 성경을 읽고 짧은 기도를 한 후 나가는 대신에, 성경을 읽고 성령님께서 밖으로 인도하심을 확실하게 느낄 때까지 1시간 혹은 그 이상을 기도하기 위해서 그곳에 머물러 있었습니다.

"우리가 성령님의 인도하심을 받는다면 더 많은 일을 할 수 있을 것이라고 나는 믿습니다"라고 사모가 말했습니다.

다음날 오전 그 여성들이 약 1시간 가량 기도하고 있을 때 그 사모가 환상 속에서 어떤 아파트를 보았고, 그곳에 가라는 감동을 받았습니다. 그 사모가 그 여성들 중에 한 사람을 데리고 그 아파트에 가서 문을 두드리자 안에서 누군가가 들어오라고 말했습니다. 그들이 문을 열고 들어가자, 한 여인이 그 방의 모퉁이에 있는 침대에 누워있는 것을 보았습니다. 그 아픈 여인이 그들을 보자 기뻐하며 말했습니다.

"나는 당신들이 문에 들어서는 순간 당신들을 알아보았습니다. 내가 오늘 아침 여섯 시에 기도하고 있었는데, 환상 속에서 당신들이 들어 와서 나에게 안수하자 내가 치유 받는 것을 보았습니다."

그래서 그 두 여인이 그 병든 여인에게 안수를 하고 예수님의 이름으로 기도해 주자, 그 여인은 치유를 받았습니다.

자연적인 지식으로는 그 사모가 그 여인이 병들었는지, 또 그녀가 치유를 위해 기도하고 있었는지 알 수 없었을 것입니다. 심지어 그 여인이 누구인지 조차도 알지 못하였습니다. 그러나 그 사모가 성령 안에서 기도하고 있을 때에 성령님이 지식의 말씀을 그녀에게 주신 것입니다.

하나님께서는 그 때에 모든 병자들이 어디에 있는지 알고 계셨지만, 그 사모에게 그들 모두에 대한 정보는 주시지 않았습니다. 하나님께서는 그 사모를 그들 중 한 사람에게만 보내었습니다. 하나님은 환상의 형태로 지식의 말씀을 그 사모에게 주신 것입니다.

때때로 지식의 말씀은 내적 계시를 통해서 옵니다. 지식의 말씀은 또한 들리는 소리, 즉 성령이 당신에게 말씀하시는 음성으로 올 수도 있습니다. 또한 성령의 은사들은 자주 함께 작용합니다. 우리는 그것들을 정의하기 위해서 나누는 것뿐입니다.

예를 들어 전에 내가 앞서 말했듯이, 지식의 말씀은 방언과 통변을 통해서나 예언의 은사를 통해서 올 수 있습니다. 또는 천사가 와서 어떤 지식의 말씀을 전해 줄 수도 있습니다. 지식의 말씀은, 또한 지혜의 말씀을 동반할 수도 있습니다. 하나님께서는 다양한 방법으로 지식의 말씀을 나타낼 뿐만 아니라 일을 하는 다양한 방법을 가지고 계십니다.

또한 이러한 사례들은 하나님께서 성경시대에 하신 일들을 오늘날도 여전히 행하고 계시다는 것을 나타냅니다. 오늘날 이 땅에서 일어나고 있는 일들은 놀라운 것입니다. 하나님께서는 모든 곳에서 배고픈 심령을 가진 자들을 방문하고 계십니다. 하나님께서는 초자연적인 성령의 은사들을 통해서 그의 능력을 나타내실 것입니다. 그런 은사들 중 하나가 지식의 말씀입니다.

연구를 위한 질문

1. 영적인 은사들은 누구를 높입니까?

2. 누군가가 올바른 영, 즉 성령에 의해서 말하고 있다면 그가 하는 말은 (   )을 높일 것입니다.

3. 고린도전서 12:4-6에 대한 두 가지 주장은 무엇입니까?

4. 세 가지 계시의 은사는 무엇입니까?

5. 세 가지 능력의 은사는 무엇입니까?

6. 세 가지 발성 혹은 영감의 은사는 무엇입니까?

7. 단순한 예언의 은사는 무엇을 가져옵니까?(고전 14:3)

8. 세 가지 계시의 은사 중에서 최고의 은사는 어느 것입니까? 왜 입니까?

9. 세 가지 능력의 은사 중에서 최고의 은사는 어느 것입니까? 왜입니까?

10. 세 가지 발성의 은사 중에서 최고의 은사는 어느 것입니까? 왜입니까?

12

지식의 말씀의 은사 2

12

"각 사람에게 성령을 나타내심은 유익하게 하려 하심이라 어떤 사람에게는 성령으로 말미암아 지혜의 말씀을, 어떤 사람에게는 같은 성령을 따라 지식의 말씀을, 다른 사람에게는 같은 성령으로 믿음을, 어떤 사람에게는 한 성령으로 병 고치는 은사를, 어떤 사람에게는 능력 행함을, 어떤 사람에게는 예언함을, 어떤 사람에게는 영들 분별함을, 다른 사람에게는 각종 방언 말함을, 어떤 사람에게는 방언들 통역함을 주시나니 이 모든 일은 같은 한 성령이 행하사 그의 뜻대로 각 사람에게 나누어 주시는 것이니라"(고전 12:7-11).

고린도에 보낸 첫 번째 서신은 단지 한 사람을 위해서 쓰인 편지가 아닙니다. 그것은 오늘날의 그리스도의 몸인 교회뿐만 아니라, 고린도에 있는 모든 교회를 위해서 쓰인 편지입니다.

어떤 사람들은 이 구절들이 한 개인에게 적용되는 말씀이라고 생각하지만, 바울은 교회 전 성도가 영적 은사를 구하고 갈망하라고 말하고 있습니다. 왜냐하면 모든 그리스도의 몸의 지체들이 영적 은사를 구할 때 성령님은 성령의 은사를 그의 뜻대로 각 사람에게 나누어 주실 것이기 때문입니다(고전 12:11).

성령의 뜻대로

바울은 여기서 모든 사람이 모든 성령의 은사를 소유하지는 못할 것이라는 암시를 주고 있습니다. 바울이 다음과 같이 말했기 때문입니다.

"어떤 사람(모든 사람이 아닌)에게는 성령으로 말미암아 지혜의 말씀을, 어떤 사람에게는 같은 성령을 따라 지식의 말씀을 …"(고전 12:8).

어떤 사람들은 이 구절을 그 문맥에서 떼어내어 성경은 각 개인들이 이 모든 은사들을 구하라고 했다고 생각합니다. 그러나 사실 바울은 한 몸인 교회가 그것들을 구하라고 말하고 있습니다.

깨닫는 것이 부족하므로 많은 사람들이 성령의 기름부음 없이 그들 스스로 성령의 은사를 나타내려고 노력합니다. 어쩌면 성령의 은사는 그들의 삶에 가끔씩 나타날 수도 있습니다. 그러면 그들은 *이제*

나는 그 은사를 소유하였고, 그것을 내 뜻대로 나타낼 수 있다 라고 생각합니다.

그러나 사람들이 그렇게 하려고 한다면 그들은 반드시 곤란한 상황에 처하게 될 것입니다. 왜냐하면 그들은 그들 자신을 사단의 속임수와 잘못된 영에게 문을 열어줄 것이기 때문입니다. 성령의 은사들은 우리의 뜻이 아니라 성령의 뜻대로 나타납니다(고전 12:11).

여러분이 말씀으로부터 멀어질 때, 사단은 초자연적인 나타남들까지 동원하여 여러분을 기만할 수 있습니다. 기억하십시오.

성령은 하나님의 말씀과 일치하여 역사하시며 성경 말씀은 '하나님의 은사는 성령의 뜻대로 작용한다'고 말하고 있습니다. 만일 지역 교회의 전 성도들이 성령의 은사를 구한다면 성령님은 그의 뜻대로 각 사람에게 나누어 주실 것입니다. 나의 뜻도 아니고, 여러분의 뜻도 아니고, 성령님의 뜻대로 나누어 주실 것입니다.

지식의 말씀은 다양한 방법으로 나타난다

성령의 은사들은 공적인 모임에서만 나타나지는 않습니다. 전에 언급했듯이, 지식의 말씀은 때때로 환상을 통해서, 꿈을 통해서, 천사의 메시지를 통해서, 혹은 예언의 은사를 통해서 나타날 것입니다.

지식의 말씀은 또한 방언 통변을 통해서도 나타날 수 있습니다.

그러나 방언 통변은–각종 방언이라는 *사역 은사*로 사용될 때를 제외하고는– 대개는 공적인 모임에서 나타나는 지식의 말씀의 통로는 아닙니다(고전 12:28).

그 이유는 각종 방언이라는 *사역 은사*는 선지자 직분과 더 관련이 있기 때문입니다. 선지자 사역에서는 더 꾸준히 계시의 은사들이 나타날 것입니다. 지역 교회에서의 방언 통변은 대개 단순한 예언(덕을 세우고, 권면하고, 위로함)과 동등한 것입니다.

구약에 나타난 지식의 말씀

신약뿐만 아니라 구약에도 지식의 말씀이 초자연적으로 나타났습니다. 사실, 성령의 모든 은사들은 방언과 방언 통변을 제외하고는 구약에서 작용하였습니다. 왜 이 두 은사들이 포함되지 않았는지는 다음의 장에서 연구해 볼 것입니다.

우리는 구약에서 이 두 가지 은사를 제외하고 다른 모든 성령의 은사들– 지혜의 말씀, 지식의 말씀, 특별한 믿음, 병 고치는 은사, 능력 행함, 예언 및 영 분별– 이 나타났다는 것을 알 수 있습니다. 이러한 성령의 은사들이 신약에서는 예수님의 사역에서 가장 먼저 나타났습니다. 그런 다음, 오순절 이후에는 방언과 방언 통변을 포함한 모든 은사들이 성령 충만한 신자들을 통해 나타나기 시작했습니다.

지식의 말씀의 은사가 구약에서 어떻게 나타났는지 봅시다.

사울의 당나귀에 관하여 사무엘에게 임한 지식의 말씀

우리는 구약에서 지식의 말씀의 은사가 어떻게 잃어버린 소유물을 되찾는데 사용되었는지 알 수 있습니다.

사울이 길을 잃었든지 아니면 도둑맞은 아버지의 당나귀를 찾으러 나갔을 때 누군가가 그에게 말했습니다.

"왜 사무엘에게 가서 물어 보지 않습니까? 그 당나귀가 어디에 있는지 그가 알려줄 것입니다."

사무엘상 9:3, 5, 6, 15, 16, 19, 20

"사울의 아버지 기스가 암나귀들을 잃고 그의 아들 사울에게 이르되 너는 일어나 한 사환을 데리고 가서 암나귀들을 찾으라 하매… 그들이 숩 땅에 이른 때에 사울이 함께 가던 사환에게 이르되 돌아가자 내 아버지께서 암나귀 생각은 고사하고 우리를 위하여 걱정하실까 두려워하노라 하니 그가 대답하되 보소서 이 성읍에 하나님의 사람이 있는데 존경을 받는 사람이라 그가 말한 것은 반드시 다 응하나니 그리로 가사이다 그가 혹 우리의 갈 길을 가르쳐 줄까 하나이다… 사울이 오기 전날에 여호와께서 사무엘에게 알게 하여 이르시되 내일 이맘 때에 내가 베냐민 땅에서 한 사람을 네게로 보내리니 너는 그에게 기름을 부어 내 백성 이스라엘의 지도자로 삼으라 그가 내 백성을 블레셋 사람들의 손에서 구원하리라 내 백성의 부르짖음이 내게 상달되었으므로 내가 그들을 돌보았노라 하셨더니… 사무엘이 사울에게 대답하여 이르되 내가 선견자이니라 너는 내 앞서 산당으로 올라가라 너희가 오늘 나와 함께 먹을 것이요 아침에는 내가 너를 보내되 네 마음에 있는 것을 다 네게 말하리라 사흘 전에 잃은 네 암나귀들을 염려하지 말라 찾았느니라 온 이스라엘이 사모하는 자가 누구냐 너와 네 아버지의 온 집이 아니냐."

물론 사무엘은 하나님께서 그에게 계시해 주신 것만 알았습니다. 왜냐하면 사무엘이 모든 것을 알았다면, 그것은 그를 전지전능하게 만들 것이기 때문입니다. 사무엘은 사울에 대해 한 마디의 지식의 말씀을 가지고 있었습니다. 사무엘은 사울에게 말했습니다.

"네가 오늘 나를 떠나가다가 베냐민 경계 셀사에 있는 라헬의 묘실 곁에서 두 사람을 만나리니 그들이 네게 이르기를 네가 찾으러 갔던 암나귀들을 찾은지라 네 아버지가 암나귀들의 염려는 놓았으나 너희로 말미암아 걱정하여 이르되 내 아들을 위하여 어찌하리요 하더라 할 것이요"(삼상 10:2).

사울에 관하여 사무엘에게 임한 지식의 말씀

구약에서 지식의 말씀이 나타난 또 다른 예는 숨어 있는 어떤 사람을 찾는 것이었습니다. 사무엘이 사울에게 이스라엘의 왕이 되도록 이미 기름 부었지만, 사울은 왕으로 등극하는 시간이 왔을 때 "…짐 보따리들 사이에…" 숨었습니다(삼상 10:22).

사람들은 사울을 찾을 수 없자 그를 찾기 위해서 사람들을 보내는 대신에 주님께 물었습니다(자주 이러한 방법은 해답을 찾는 가장 빠른 방법입니다). 사람들은 사울이 어디에 있는지 주님께서 아신다는 것을 알았습니다. 주님은 사울이 어디에 있는지 정확히 알려 주셨습니다. 하나님께서 그들에게 찾으라고 한 곳을 찾아보았을 때 그들은 그곳에서 사울을 발견하게 되었습니다.

이 사건에 지식의 말씀이 작용하였습니다. 기억하십시오.

지식의 말씀은 하나님의 마음속에 있는 어떤 사실들을 나타냅니다.

잃어버린 딸을 찾는데 작용한 지식의 말씀

지식의 말씀이 구약에 나타난 또 다른 예들을 보기 전에, 하나님께서 잃어버린 자가 어디에 있는지 찾기 위해서 지식의 말씀을 사용하시는 현대적인 예를 하나 말씀 드리겠습니다. 사무엘이 사울의 당나귀와 사울이 숨었을 때 사울의 위치를 찾았던 것처럼 이것도 성경적인 것입니다.

나는 1943년 어떤 교회에서 성령의 은사에 대해서 가르치고 있었습니다. 그 때 어떤 부부가 나에게 와서 주님께서 그들의 잃어버린 딸을 찾아줄 수 있는지 물었습니다.

그들의 딸은 16살이었을 때 한 갱단에 연루되어 있었습니다. 딸이 없어졌을 때 경찰은 그 갱단이 그녀를 죽였을 것이라고 생각했습니다. 그 이후에 22년의 세월이 흘렀고, 그 기간 동안 부모와 형제자매들 모두 구원받았으며, 성령 충만을 받았습니다. 그녀의 어머니를 제외한 모든 가족들은 그녀가 죽었을 것이라고 포기하고 있었습니다. 그녀의 어머니는 그 자신 속에 있는 무언가가 딸이 아직 살아있다고 말한다는 말을 계속하였습니다.

내가 지식의 말씀의 은사를 가르치자 그 부부는 나에게 질문했습니다.

"하나님께서는 우리 딸이 어디에 있는지 혹은 살았는지 죽었는지 모르실까요? 우리가 계속 그것에 대하여 기도하는 것이 올바른 것일까요?"

"물론입니다." 나는 대답하였습니다.

그들이 교회에서 어느 날 그것에 대해서 기도하고 있을 때 기도에 참석한 여성들 중 한 명이 그것에 대한 환상을 보았습니다.

그녀는 지금 38세 된 한 여인이 아들과 딸을 데리고 차고 딸린 아파트에 있는 것을 보았습니다. 그녀는 그 여인이 그 아파트 안에 묶여서 감금된 것을 보았습니다. 그 다음에 환상 속에서 그녀는 편지 한 통이 오는 것을 보았고, 그 딸의 아버지가 그 편지를 받기 위해서 우체국으로 가는 것을 보았습니다. 그 후에 그녀는 그 환상을 그 부부에게 말해 주었습니다. 그리고 30일 내에 그 부부가 그들의 딸이 살아있다는 편지를 받게 될 거라고 말해 주었습니다.

30일째 되는 날 그 아버지는 우체국에 갔고, 22년 동안 죽은 줄로만 생각했던 딸로부터 편지 한 통을 받았습니다. 그녀는 텍사스 휴스톤에 있었습니다. 그 편지는 이렇게 기록되어 있었습니다.

"사랑하는 엄마 아빠! 나는 부모님들이 살아 있는지 죽었는지 모르겠습니다. 그러나 살아 계셔서 이 편지에 답을 주신다면 부모님들을 뵈러 가겠습니다. 나는 살아 있고, 잘 지내고 있습니다. 그리고 내가 부모님들을 뵙게 될 때 모든 것을 설명해 드리겠습니다."

그 딸은 그녀의 부모와 전 가족을 다시 만나게 되었습니다. 그 후 얼마 안 된 어느 주일 아침에 그 딸은 그녀의 두 자녀들과 부모님과 함께 예배에 참석했습니다. 그 날 아침, 그녀와 그녀의 아들은 구원받았고, 그녀의 딸은 나중에 구원받았습니다. 그 여인은 부모님에게 말했습니다.

"내가 잡혀간 이후로 22년의 세월이 흘러갔습니다. 내가 가담한 그 갱단은 엄하게 사법처리 되었고 나는 겨우 16살이었기 때문에 그 갱단은 내가 그들을 밀고할까봐 두려워하였습니다. 그 갱단의 소년들 중의 한 명이 이 사실을 알고 나를 데리고 도망쳤습니다. 우리는 결국 결혼하게 되었지만, 나는 그를 전기의자에 보낼 만큼 그 사람의 죄에 대해 충분히 알고 있었습니다. 그래서 그는 나를 수년 동안 감금시켜 두어야 했습니다. 그는 매일 아침 일하러 가기 전에 나를 묶어 두었습니다. 나는 아파트 실내에서 돌아다닐 수는 있었지만, 밖으로 나갈 수는 없었습니다."

22년 동안 그 부모님은 정말로 하나님께서 그들에게 잃어버린 딸에 대해서 알려주실 수 있다는 생각을 하지 못했습니다. 그들은 심지어 그것에 대하여 기도할 생각도 하지 못했습니다. 그러나 지식의 말씀에 대한 가르침을 듣고 난 후에 그들은 다른 사람들과 함께 그것에 대하여 기도하고자 하는 마음의 감동을 받게 되었습니다.

하나님은 그들이 기도했을 때 그 딸이 살아 있음을 알려주는 지식의 말씀을 주셨습니다. 하나님께서는 또한 그들에게 빠른 시일 내에 딸로부터 소식을 받게 될 것이라는 지혜의 말씀도 주셨습니다(지혜의 말씀은 다음 장에서 나눌 것입니다).

엘리야에게 임한 지식의 말씀

지식의 말씀이 한 낙심한 종을 깨우치고 격려하기 위해서 사용되었음을 우리는 볼 수 있습니다. 엘리야는 산꼭대기에서 하늘로부터 불이 떨어지도록 기도했을 때 엄청난 체험을 하게 되었습니다(왕상 18:37,28).

그러나 누군가가 그에게 "이세벨이 내일 이맘때에는 정녕 네 생명으로 저 사람들 중 한 사람의 생명 같게 하리라 라고 말했다"(왕상 19:2)라고 전해주자, 엘리야는 걱정하고 두려워하게 되었습니다. 그는 로뎀 나무 아래로 기어 들어가 하나님께 자신을 죽여 달라고 간구하였습니다. 그 후에 그는 하나님께 말했습니다.

> "… 내가 만군의 하나님 여호와께 열심이 유별하오니 이는 이스라엘 자손이 주의 언약을 버리고 주의 제단을 헐며 칼로 주의 선지자들을 죽였음이오며 오직 나만 남았거늘 그들이 내 생명을 찾아 빼앗으려 하나이다"(왕상 19:14).

바꿔 말하면, 엘리야는 이렇게 말한 것입니다.

"나를 제외한 모든 사람이 타락했습니다. 모든 사람이 바알에게 무릎 꿇었고 나만 남아있습니다."

그러나 하나님은 엘리야를 격려하고 깨우치는 지식의 말씀을 주셨습니다. 하나님께서 말씀하셨습니다.

> "그러나 내가 이스라엘 가운데에 칠천 인을 남기리니 다 바알에게 무릎을 꿇지 아니하고 다 바알에게 입맞추지 아니한 자니라"(왕상 19:18).

엘리야는 다른 어떤 방법을 통해서도 이러한 사실을 알 수 없었을 것입니다. 나는 엘리야가 그만 홀로 남아 있지 않고 하나님께서 바알에게 무릎 꿇지 않은 7,000명을 남겨 두셨다는 사실을 알게 된 것이 그에게 격려가 되었다고 확신합니다.

게하시에 관하여 엘리사에게 임한 지식의 말씀

구약에서 지식의 말씀은 또한 위선자를 드러내는 것에 사용되어졌습니다.

나아만 장군이 문둥병을 치유받고 선지자 엘리사에게 옷 두 벌과 은과 금을 주고자 했을 때 엘리사는 그것을 거절하였습니다. 그러나 그의 종 게하시는 나아만의 뒤를 쫓아가서 거짓말을 하였습니다.

열왕기하 5: 21-24

"나아만의 뒤를 쫓아가니 나아만이 자기 뒤에 달려옴을 보고 수레에서 내려 맞이하여 이르되 평안이냐 그가 이르되 평안하나이다 우리 주인께서 나를 보내시며 말씀하시기를 지금 선지자의 제자 중에 두 청년이 에브라임 산지에서부터 내게로 왔으니 청하건대 당신은 그들에게 은 한 달란트와 옷 두 벌을 주라 하시더이다 나아만이 이르되 바라건대 두 달란트를 받으라 하고 그를 강권하여 은 두 달란트를 두 전대에 넣어 매고 옷 두 벌을 아울러 두 사환에게 지우매 저희가 게하시 앞에서 지고 가니라 언덕에 이르러는 게하시가 그 물건을 두 사환에게 지우매 그들이 게하시 앞에서 지고 가니라."

나아만은 치유받은 것이 너무 기뻐서 게하시가 요구한 돈의 두 배를 주었습니다. 게하시는 그 돈을 숨겼습니다. 왜냐하면 그는 위선자요, 거짓말쟁이요, 도둑이었기 때문입니다. 엘리사가 게하시에게 어디 갔다 왔느냐고 물었을 때 그는 말했습니다.

"… 종이 아무데도 가지 아니하였나이다"(왕하 5:25).

엘리사가 말했습니다.

"… 그 사람이 수레에서 내려 너를 맞을 때에 내 심령이 감각되지 아니하였느냐…"(왕하 5:26).

어떻게 엘리사가 집안에 앉아 있으면서 수마일 바깥에서 일어나는 일들을 알 수 있었겠습니까? 하나님께서 지식의 말씀을 통해서 계시해 주셨기 때문입니다. 하나님께서 일어난 일들을 초자연적인 계시로 엘리사에게 알려 주셨습니다. 그 계시가 위선자인 게하시를 폭로하였습니다.

시리아에 관하여 엘리사에게 임한 지식의 말씀

또한 구약에서 지식의 말씀은 적들의 공격 계획을 이스라엘 왕에게 알려 주기 위해서 주어졌습니다.

열왕기하 6:8-12

"때에 아람 왕이 이스라엘로 더불어 싸우며 그의 신복들과 의논하여 이르기를 우리가 아무데 아무데 진을 치리라 하였더니 하나님의 사람이 이스라엘 왕에게 보내 이르되 왕은 삼가 아무 곳으로 지나가지 마소서 아람 사람이 그 곳으로 나오나이다 하는지라 이스라엘 왕이 하나님의 사람이 자기에게 말하여 경계한 곳으로 사람을 보내 방비하기가 한두 번이 아닌지라 이러므로 아람 왕의 마음이 불안하여 그 신복들을 불러 이르되 우리 중에 누가 이스라엘 왕과 내통하는 것을 내게 말하지 아니하느냐 하니 그 신복 중에 한 사람이 이르되 우리 주 왕이여 아니로소이다 오직 이스라엘 선지자 엘리사가 왕이 침실에서 하신 말씀을 이스라엘의 왕에게 고하나이다."

적이 이스라엘을 공격하기 위해 매복 계획을 세울 때마다 하나님의 선지자는 적들의 계획을 이스라엘에게 알려주었습니다. 마침내 적국의 왕은 신하들을 모아 놓고 말했습니다.

"… 우리 중에 누가 이스라엘 왕과 내통하는 것을 내게 말하지 아니하느냐"(왕하 6:11).

그 신하들이 대답했습니다.

"… 우리 주 왕이여 아니로소이다 오직 이스라엘 선지자 엘리사가 왕이 침실에서 하신 말씀을 이스라엘의 왕에게 고하나이다"(왕하 6:12).

그것은 하나님께서 선지자 엘리사에게 적군이 이스라엘을 해하려는 계획을 경고해 주신 초자연적인 계시였습니다. 선지자는 적군의 왕이 침실에서 말한 것과 모의한 것을 그가 그 장소에 있지 않았기 때문에 알 수가 없었습니다. 그러나 그 계획들은 지식의 말씀을 통하여 초자연적으로 선지자에게 계시되었고, 이스라엘은 위험으로부터 구원받았습니다.

신약에 나타난 지식의 말씀

이제는 신약에 나타난 지식의 말씀의 사례들을 몇 가지 살펴봅시다.

우선 요한복음 4장에서 예수님이 사마리아 여인에게 사역하실 때 나타난 지식의 말씀의 예를 보겠습니다.

우물가의 여인에 관하여 예수님에게 임한 지식의 말씀

요한복음 4장에 기록된 사마리아에 있는 우물가의 여인을 구원하실 때 예수님은 죄인에게 구원자가 필요하다는 것을 확신시켜 주시기 위해서 지식의 말씀을 사용하셨습니다.

요한복음 4:7, 9, 10, 13-19, 25, 26

"사마리아 여자 한 사람이 물을 길으러 왔으매 예수께서 물을 좀 달라 하시니… 사마리아 여자가 이르되 당신은 유대인으로서 어찌하여 사마리아 여자인 나에게 물을 달라 하나이까 하니 이는 유대인이 사마리아인과 상종하지 아니함이러라 예예수께서 대답하여 이르시되 네가 만일 하나님의 선물과 또 네게 물 좀 달라 하는 이가 누구인 줄 알았더라면 네가 그에게 구하였을 것이요 그가 생수를 네게 주었으리라… 예수께서 대답하여 이르시되 이 물을 마시는 자마다 다시 목마르려니와 내가 주는 물을 마시는 자는 영원히 목마르지 아니하리니 내가 주는 물은 그 속에서 영생하도록 솟아나는 샘물이 되리라 여자가 이르되 주여 그런 물을 내게 주사 목마르지도 않고 또 여기 물 길으러 오지도 않게 하옵소서 이르시되 가서 네 남편을 불러 오라 여자가 대답하여 이르되 나는 남편이 없나이다 예수께서 이르시되 네가 남편이 없다 하는 말이 옳도다 너에게 남편 다섯이 있었고 지금 있는 자도 네 남편이 아니니 네 말이 참되도다 여자가 이르되 주여 내가 보니 선지자로소이다… 여자가 이르되 메시야 곧 그리스도라 하는 이가 오실 줄을 내가 아노니 그가 오시면 모든 것을 우리에게 알려 주시리이다 예수께서 이르시되 네게 말하는 내가 그라 하시니라."

예수님은 여인에게 물을 요구하셨습니다. 그 여인은 예수님이 누구이신지 물어보았습니다. 그러자 예수님께서 대답하셨습니다.

"네가 만일 하나님의 선물과 또 네게 물 좀 달라 하는 이가 누구인 줄 알았더라면 네가 그에게 구하였을 것이요 그가 생수를 네게 주었으리라"(요 4:10).

예수님께서 말씀하셨습니다.

"… 내가 주는 물은 그 속에서 영생하도록 솟아나는 샘물이 되리라"(요 4:14).

이 사마리아 여인은 그 물을 원했습니다.
"나에게 이 물을 주십시오. 그러면 여기에 와서 물을 길을 필요가 없을 것입니다."
그녀는 그 우물의 물을 생각하면서 말했습니다. 그러자 예수님은 그녀의 남편을 데리고 오라고 말씀하셨습니다. 그녀가 남편이 없다고 답변하자 예수님께서 사실상 이렇게 말씀하셨습니다.

"네가 남편이 없다 하는 말이 옳도다 너에게 남편 다섯이 있었고 지금 있는 자도 네 남편이 아니니 네 말이 참되도다"(요 4:17, 18).

예수님은 내적 계시, 즉 지식의 말씀을 통해서 그것을 아셨습니다. 그리고 이 여인을 구원하기 위해서 이 은사를 사용하셨습니다.

아나니아와 삽비라에 관하여 베드로에게 임한 지식의 말씀

신약에서 지식의 말씀은 지역 교회의 부패상을 드러내는 것에도 사용되었습니다. 사도행전 5장에서 우리는 아나니아와 삽비라가 교회와 성령님께 거짓말한 것을 읽게 됩니다(행 5:1–4).

사도행전 5:1–4

"아나니아라 하는 사람이 그 아내 삽비라로 더불어 소유를 팔아 그 값에서 얼마를 감추매 그 아내도 알더라 얼마만 가져다가 사도들의 발 앞에 두니 베드로가 이르되 아나니아야 어찌하여 사탄이 네 마음에 가득하여 네가 성령을 속이고 땅 값 얼마를 감추었느냐 땅이 그대로 있을 때에는 네 땅이 아니며 판 후에도 네 마음대로 할 수가 없더냐 어찌하여 이 일을 네 마음에 두었느냐 사람에게 거짓말한 것이 아니요 하나님께로다."

아나니아와 삽비라가 그들의 재산을 팔아 그 돈의 절반만 교회에 드렸다고 할지라도 그것은 옳은 행동이었을 것입니다. 그런데 그들은 거짓말을 하였습니다. 그들은 자신들을 위하여 그 돈의 일부를 숨겨 놓고서, 땅값의 전부를 교회에 바친다고 말하였습니다.

아나니아가 사도들의 발 앞에 그 돈을 놓았을 때 베드로는 "이것이 그 땅 값이냐?"라고 질문했음이 틀림없습니다. 아나니아가 그렇다고 말하자 베드로가 말했습니다.

"… 어찌하여 사탄이 네 마음에 가득하여 네가 성령을 속이고 땅 값 얼마를 감추었느냐"(행 5:3).

전체 거래 금액이 지식의 말씀을 통하여 베드로에게 계시되었습니다. 아나니아의 아내 삽비라가 들어 왔을 때 똑같은 일이 벌어졌습니다. 그리고 그 둘은 같은 날에 죽었습니다.

지식의 말씀에 관한 나의 경험들

주님께서 나의 사역을 통해서 많은 지식의 말씀을 나타내셨으므로 나는 그것에 대한 많은 경험이 있습니다. 내가 성령 세례를 받은 몇 주 후에 지식의 말씀의 은사가 나를 통해서 나타나기 시작했습니다.

첫 번째 나타난 것은, 어느 날 밤에 예배를 마치고 있을 때였습니다. 나는 축도를 하기 위해서 눈을 감았습니다. 바로 그때 환상이 빠르게 내 앞에 나타났습니다. 나는 회중 속에 있는 한 사람을 보았는데 성령으로 그녀가 초신자인 것을 알았습니다. 환상 속에서 나는 그녀가 전날 밤에 함께 있었던 사람들을 보았고, 그녀가 한 일도 보았습니다. 그녀는 회심한 지 한 달도 되지 않은 여인이었고, 다른 두 사람은 강제로 그녀가 나쁜 짓을 하도록 시켰습니다.

나는 지식의 말씀의 계시를 통해서 이 여인이 하나님은 그녀가 죄를 지었기 때문에 더 이상 그녀를 사랑하지 않는다고 느끼고 있음을 알았습니다. 그녀는 실족하였기 때문에 이 예배를 떠나면 다시는 교회에 오지 않을 것이라고 결심했었습니다. 이런 영적인 환상이 순식간에 나에게 임하였습니다.

나는 다른 어떤 누구도 그녀에게 일어난 일을 알아채지 못하게 하면서, 하나님은 여전히 그 여인을 사랑하시고 돕고 계신다고 회중들 앞에서 선포했습니다.

내가 말을 끝마치기도 전에 이 여인은 울면서 강대상 앞으로 뛰어 나왔습니다. 나는 그녀가 구원받았지만 성령 충만하지 않다는 것을 알았습니다. 그녀가 무릎을 꿇자마자 그녀는 성령세례를 받았습니다. 주님이 그녀를 얼마나 사랑하고 있는지 그녀는 깨달았습니다.

성령님이 지식의 말씀을 통해서 새로운 회심자에 대한 계시를 준 또 다른 예는 내가 목회를 한 마지막 교회에서 일어났습니다.

내가 그날 아침에 면도하고 있을 때 성령님이 나에게 말씀하셨습니다.

"나는 너가 아무개에게 가서 그를 위해 기도하기 원한다. 그가 죄를 지었다."

이 새로운 회심자는 43세의 남자였지만 2주 전에 막 구원받은 상태였습니다. 성령님은 나에게 그가 직장에서 화를 내며 죄를 지은 것을 보여주셨고, 지금 집에서 침대에 누워 있는 것을 보여주셨습니다. 그는 화낸 결과로 아프게 되었습니다.

주님은 내가 가서 그를 회복시켜 주기를 원하셨습니다. 여기에 곤경에 처한 한 남자가 있고, 성령님은 그것에 대해서 모두 알고 계셨습니다. 말할 것도 없이 나의 교회에는 곤경에 처해 있는 다른 사람들이 있었습니다. 그러나 하나님은 그 모든 사람들을 돕도록 하지 않으셨습니다. 하나님은 나를 이 남자에게 보내셨고, 우리는 그를 회복시켰습니다.

몇 년 전에 내가 텍사스 루복에 있는 어떤 교회에서 사역하고 있을 때였습니다. 내가 메시지를 막 끝마치는 순간에 하나님의 영이 나에게 임했습니다.

나는 이전에 한 번도 본 적이 없는 덩치가 큰 한 사람에게 말하고 있었습니다.

"통로 제일 뒤에 서 있는 분은 통로로 나오세요."

그 남자는 키가 매우 컸는데, 카우보이 부츠를 신고 있어서 더 크게 보였습니다. 그는 교회의 가장 뒤쪽에 있었습니다. 내가 말하자 그는 질문이나 주저함 없이 통로로 나왔습니다.

나는 그에게 말했습니다. "당신은 오늘 밤 교회 오기 전에 아내에게 말했습니다 …"

그리고 나는 그가 그의 아내에게 했던 말의 내용을 정확하게 말해 주었습니다. 그는 교회에 오기를 원치 않았습니다. 내가 말을 마치기도 전에 그는 울기 시작했습니다. 하나님은 지식의 말씀을 통하여 그의 마음의 비밀을 드러내셨습니다. 그는 통로로 달려와서 제단 앞에 엎드렸습니다. 그는 그의 인생에서 결코 구원받은 적이 없었습니다. 그의 아내는 구원받았지만 그는 구원과 하나님의 일들에 대해서 그의 아내와 자주 다투었습니다. 그러나 그의 마음의 비밀들이 드러나자 회개하고 거듭났습니다.

나는 성령님을 통하지 않고서는 어떤 방법으로도 그가 교회에 오기 전에 아내에게 했던 말들을 알아내지 못했을 것입니다. 하나님은 이 사람을 그에게로 이끌기 위하여 그와 같은 성령의 초자연적인 나타남을 사용하셨습니다.

우리가 마지막 교회에서 사역할 때가 기억납니다.

아내와 나는 열다섯 살의 조카딸을 돕기 위하여 우리 집으로 데리고 왔습니다. 나의 누이의 집은 이혼으로 망가졌고, 누이는 생계를 위하여 일하러 다녀야 했습니다. 그녀의 다섯 명의 아이들은 오랫동안 아무렇게나 방치되었고, 그 결과 이 열다섯 살 된 조카딸은 나쁜 친구들과 어울리게 되었습니다.

나는 이 조카딸을 보호하기 위하여 법원으로부터 허락을 받아야 했습니다. 왜냐하면 이 소녀는 갱단의 무리들에 연루되어 있었고, 곧 기소될 예정이었기 때문이었습니다.

그녀는 크리스천이 아니었고, 완고하고 고집이 세었습니다. 예를 들어, 우리가 아이들이 등교하기 전에 매일 아침 기도하고 성경을 읽을 때 조카딸은 문 옆에 서서 지켜보기만 하였습니다. 나는 그녀가 어떤 것을 하도록 강요하지 않으려고 노력했습니다. 나는 단지 그녀가 거기에 서 있기를 원한다면 그렇게 하도록 두었습니다.

얼마의 시간이 흐른 뒤, 우리가 기도할 때 그녀는 앉았고, 후에는 우리가 기도할 때 무릎을 꿇고 우리와 함께 기도하기까지 하였습니다. 우리는 조카딸이 따를 수 있도록 어떤 규칙을 정했습니다. 예를 들면, 조카딸이 주말에만 누군가를 만날 수 있도록 하였습니다. 그러자 그녀는 항상 어디를 갈 것이라고 우리에게 말하곤 했습니다. 나는 조카딸에게 말했습니다.

"나는 항상 너를 신뢰할 것이다. 그러나 네가 나의 신뢰를 저버리는 순간에 그러한 혜택은 끝나게 된다."

그녀는 학교에서 가정 경제학 수업을 받고 있었는데, 한 번은 그녀의 반이 학교 이사회 전체를 위한 식사를 준비하는 과제가 있었습니다.

어느 화요일 밤에 그녀가 말했습니다. "우리가 해야 할 과제와 강당을 장식하는 방법을 의논하기 위해서 오늘 밤 어느 친구의 집에서 만나기로 했습니다."

나는 영으로, 그녀가 말하는 것의 일부는 맞고 일부는 거짓말이라는 것을 알았습니다.

내가 말했습니다. "좋다. 그러나 오늘 밤 10시까지는 돌아와 있어야 한다. 또한 목사관 앞에 차를 주차해 놓고, 차 안에서 남자친구와 함께 있지 말아야 한다. 거실이 열려 있으니 안에 들어와서 그 애와 함께 있고 바깥에 있는 차 안에는 있지 말아라."

그날 밤 10시가 되었을 때, 그녀는 집으로 돌아오지 않았습니다. 나는 자러 갔고, 눈을 감은 채로 깊이 생각하고 있었습니다,

그 때 갑자기 어떤 환상을 보았습니다. 조카딸이 그녀의 친구 집에서 다른 십대들과 함께 춤을 추고 있는 것을 보았습니다. 사실은 그들에게 새로운 몇 가지의 스텝을 가르치고 있었습니다. 그런 다음에 밤 11시가 되었을 때, 그녀는 한 소년과 함께 차를 운전해서 목사관 앞에 주차했습니다. 그녀는 그날 밤 11시 30분까지 그 차 안에 앉아 있었습니다.

나는 그날 밤 그녀에게 어떤 말도 하지 않았습니다. 그 다음날 아침, 식사 때까지도 그것에 대하여 어떤 말도 하지 않았습니다. 나는 금요일 그녀가 "마실 것을 사기 위해서 남자 친구와 함께 약국에 갈 겁니다"라고 말할 때까지 그것에 대하여 한 마디도 말하지 않았습니다.

"안 된다. 너는 아무 곳에도 갈 수 없다. 너는 30일 동안 외출 금지다. 너는 학교와 교회 이외에 어떤 곳에도 가서는 안 된다"라고 나는 말했습니다.

그녀가 소리를 질렀습니다. "아니, 왜요? 그 이유를 알고 싶어요!"

내가 말했습니다. "네가 나의 신뢰를 저버리지 않았다면 나는 너를 더욱 신뢰하였을 것이다. 그러나 너는 나의 신뢰를 저버렸다. 나는 지난 화요일 밤에 10시까지 집으로 돌아오라고 했는데, 너는 11시 30분까지 돌아오지 않았다."

그녀가 말했습니다. "아니요. 우리는 과제를 늦게까지 마무리하고 있었어요."

나는 다시 말했습니다. "너는 30분 동안이나 목사관 앞에 앉아 있었다. 그뿐만 아니라 거기서 네 친구들에게 새로운 춤의 스텝을 가르치고 있었다."

그녀가 대답했습니다. "누가 나에 대하여 말했나요?"

"성령님이 나에게 말씀하셨다. 내가 침대에서 눈을 감고 있을 때 갑자기 환상이 보였고, 나는 너의 여자 친구의 집에 가 있었다. 나는 그 곳의 가구들이 어떻게 배치되어 있는지도 정확히 말할 수 있다."

내가 그녀에게 가구가 어떻게 배치되어 있는지 말해 주었을 때 그녀는 눈을 크게 뜨면서 더듬거리기 시작했습니다.

내가 말했습니다. "주님은 너에게 거짓말 하지 않으셨지?"

그녀가 말했습니다. "예. 주님은 거짓말 하지 않았습니다. 그러나 그들은 새로운 춤의 스텝을 모르고

있었기 때문에, 나는 그들에게 새로운 스텝을 가르쳐주어야 한다고 생각했습니다."

나는 말했습니다. "그러나 너는 나의 신뢰를 저버렸다. 그래서 너는 30일 동안 학교와 교회를 제외하고는 아무 곳에도 가지 못할 것이다."

30일이 끝나기도 전에 그녀는 구원받았고, 성령 세례를 받았으며, 그 때 이후로는 말썽을 피우지 않았습니다.

기도를 도와주는 지식의 말씀

지식의 말씀이 사용될 수 있는 가장 큰 영역들 중의 하나는, 곤란에 처한 하나님의 종들을 위해서나 영적 도움이 필요한 자들을 위해서 효과적인 기도로 강력한 도움을 주는 역할을 하는 것입니다.

언젠가 나는 자신의 딸을 키워 선교사로 보낸 후에 십대 소년을 입양한 한 목사 부부에 대한 이야기를 읽은 적이 있습니다. 그 소년은 부모가 없었기 때문에, 그들은 그 소년을 돕고 싶어 했습니다. 그들은 법원으로부터 그 소년에 대한 후견인으로 임명되었습니다. 그때 그 소년은 어떤 골치 아픈 문제를 일으켰고, 법원으로부터 감시와 감독을 받고 있는 상태였습니다. 입양된 후에 그 소년은 구원받았고, 성령 충만하게 되었습니다. 그는 잠시 동안 크리스천의 삶을 살면서 올바르게 처신했습니다. 그러나 그가 고등학교를 졸업한 후에 옛날 습성으로 되돌아가려고 하였습니다. 이것은 그 목사 부부에게 큰 걱정거리와 슬픔이 되었습니다.

어느 날 그는 직업을 구하기 위해서 집을 나갔습니다. 그 사모님은 집에서 설거지를 하고 있었고, 그 때 갑자기 기도해야 한다는 감동이 들었습니다. 그녀는 무슨 일이 일어나고 있는지 알지 못했지만, 하던 일을 멈추고 간절히 기도하기 시작했습니다.

성령 안에서 기도하고 있을 때 그녀는 환상을 보게 되었고, 그 소년이 시내에 있는 것을 보았습니다. 그는 막 내기 당구장에 들어가려 하고 있었습니다. 그 당시 내기 당구장은 타락의 장소였습니다. 그녀는 그 소년에 대해서 걱정하면서 열심히 기도했습니다. 그 때 환상 속에서 그 소년이 문에서 1미터 정도 들어가 있는 모습을 보았습니다. 갑자기 그가 똑바로 서서 주위를 둘러보더니 문 밖으로 나와 계속 거리로 걸어가는 것을 보았습니다. 그런 다음에 환상이 끝났습니다.

그녀는 자기가 승리했다는 것을 알았으므로 성령 안에서 노래하고 즐거워하였습니다. 그리고 기도를 마친 후에 설거지를 마무리 하기 위해 돌아갔습니다.

그날 오후에 그 소년이 돌아왔고, 그녀의 볼에 입 맞추며 말했습니다.

"엄마, 오늘 내가 대단한 승리를 했어요. 그뿐만 아니라 직장도 구했어요."

그녀가 그에게 말했습니다. "네가 오늘 승리한 그 승리가 무엇인지 말해 줄께."

그리고 그녀는 그녀가 환상 속에서 본 일을 말해 주었습니다.

그 소년은 대답했습니다. "그것이 정확하게 오늘 나에게 일어났던 바로 그 일이에요!"

그것은 지식의 말씀을 통한 초자연적인 계시였으며, 기도하는 데 강력한 도움을 주었습니다. 그 사모님은 하나님의 영을 통하지 않고서는 소년에게 일어난 세부 사항을 알 수 없었을 것입니다. 우리 모두는 삶의 모든 영역에서 성령의 은사들이 나타나는 것이 필요합니다. 요즈음 같이 혼란한 시대에는 특별히 십대들의 부모는 성령님의 인도와 성령의 은사들이 나타나는 것이 필요합니다.

또한 지식의 말씀은 악한 영의 존재와 질병을 드러내는 데도 사용되어집니다.

예를 들어, 나의 사역에서 나는 때때로 지식의 말씀을 통해서 어떤 악한 영이 병자의 몸을 억누르고 있는 것을 알곤 하였습니다(물론 내가 사역하고 있는 그 사람이 신자라면 그 악한 영은 그 사람의 영에 있는 것이 아니라 그의 몸에만 존재합니다).

나는 예수님의 이름으로 그 악한 영에게 말하고 떠나라고 명령을 합니다. 그러면 그 사람은 치유를 받게 됩니다.

한 정신병 환자가 지식의 말씀의 은사로 자유롭게 되다

자주 악한 영은 정신병과 관련이 있습니다. 그러나 이것은 항상 그런 것은 아닙니다. 사람은 육체적으로 아플 수 있는 것처럼 정신적으로도 아플 수 있습니다.

예를 들어 어떤 사람이 배가 아플 때가 자주 있습니다. 그것은 악한 영이 그를 억누르거나 귀신이 그의 몸속에 있다는 것을 의미하지 않습니다. 왜 어떤 특별한 육체적인 질병이 존재하는지에 대해 수많은 자연적인 이유들이 있을 수 있습니다. 반면에 어떤 악한 영이 존재할 수도 있으며, 질병을 더 악화시킬 수 있습니다. 이것은 정신적인 질병도 마찬가지입니다.

아내와 내가 텍사스의 한 교회에서 목회를 하고 있을 때, 이와 관련된 일을 처음 경험하게 되었습니다.

한 여인이 정신병원에 입원해 있던 그녀의 자매를 자기 집으로 데리고 와 잠시 쉬도록 하였습니다. 의사는 그 여인에게 말하기를 그 자매는 결코 제정신으로 돌아가지 못할 것이고, 항상 보호시설에서 보호를 받아야 할 것이라고 말했습니다. 이 정신병이 있는 자매는 매우 난폭하였고, 제정신이 아니었습니다. 그 자매는 자신뿐만 아니라 다른 사람들을 죽이려고 하였고, 2년을 넘게 벽에 완충물을 댄 정신병원의 병실에 갇혀 있어야 했습니다. 햇볕을 전혀 쬐지 못했고, 운동을 거의 하지 못하였기 때문에, 그녀의 건강 상태는 악화되었습니다. 의사들은 그 자매가 다시 난폭해지지는 않을 것이지만, 항상 보호시설에서 보호를 받을 필요가 있다고 말했습니다.

의사는 그 자매가 2주 동안 집에 가서 쉬도록 허락해 주었고, 그래서 그 자매는 햇볕을 쬐면서 걸을 수 있었고, 운동도 조금 할 수 있었습니다. 그러나 햇빛과 운동 등 환경변화가 그녀의 건강을 향상시키지 못했으므로 의사는 그 자매가 오래 살 수 없을 거라고 하였습니다. 그녀는 거의 아무것도 하지 않고, 시간을 그냥 보내고 있었습니다.

그 여인은 자매를 우리 목사관으로 데리고 왔습니다. 우리가 기도하고 있을 때 하나님의 영이 나에게 그녀 앞으로 가서 서서 "예수님의 이름으로 명하노니, 너 더러운 영아! 나올지어다!"라고 말하라고 말씀하셨습니다.

나는 내 인생에서 그와 같은 일을 해본 적이 없었습니다. 몇 년 동안 나는 사람들의 치유를 위한 기도를 하면서 이런 초자연적인 영역에 익숙해져 있었습니다. 그러나 이러한 영역에서 성령의 은사로 사역하는 것은 나에게 새로운 것이었으므로 마음이 내키지 않았습니다.

나는 주님이 나에게 말한 것이 확실한지 알기를 원했습니다. 그러나 나는 주님이 그렇게 하신 것을 느졌습니다. 몇 가지 설득을 한 후에 내가 그녀 앞에 서서 말했습니다.

"예수님의 이름으로 명하노니, 너 더러운 귀신아! 나올지어다!"라고 말했습니다.

여러분도 아시다시피, 그녀의 고통은 더러운 영에 의해서 유발된 것임을 나는 계시로 알게 되었습니다. 이 계시는 영분별이 아니라, 지식의 말씀을 통해서 왔습니다. 왜냐하면 나는 어떤 영도 보지 못했기 때문입니다(우리는 14장에서 영분별 은사를 논할 것입니다).

그러나 성령님은 나에게 광기를 유발하는 악한 영의 존재에 대한 지식을 주셨습니다.

악한 영의 존재가 다른 사람에게 계시가 된다고 할지라도 그것을 처리하기 위해서는 여전히 믿음이 필요합니다. 여기에 대부분 믿음의 은사가 작용할 것입니다.

예를 들어, 내가 "예수님의 이름으로 너 '더러운 귀신아, 나오라!"고 말했을 때 눈에 보이는 나타남은 전혀 없었습니다. 내가 볼 수 있는 한 보려고 하였지만, 그 여인의 모습이나 행동에 아무런 변화도 없었습니다. 그녀의 눈동자가 다르게 보이지도 않았습니다. 그녀는 이제까지의 모습 그대로였습니다.

그러나 믿음의 명령이 선포되고, 그러면 그 여인은 해방된다는 것을 나는 알았습니다.

48시간 후에 이 자매의 보호자인 그 여인이 전화를 했습니다.

"해긴 목사님! 기도해 주세요. 여동생이 처음에 발작했을 때처럼 심한 발작을 하고 있어요."

그 소식은 나를 조금도 당황케 하지 않았습니다. 왜냐하면 내 속에는 자연적인 이해를 뛰어 넘어서 나를 붙들어 주고 있는 초자연적인 믿음 또는 지식이 있었기 때문입니다. 그것은 일반적인 믿음을 뛰어 넘는, 즉 믿음의 은사가 작용하고 있었기 때문입니다(우리는 15장에서 믿음의 은사를 논할 것입니다).

별로 걱정하지 않고, 나는 그녀에게 말했습니다.

"걱정하지 마세요. 나는 믿음의 말을 선포했고, 그것은 그대로 됩니다. 마귀는 그가 쫓겨나야 한다는 것을 알고 있습니다. 당신은 성경에서 예수님이 악한 영에게 그 사람에게서 떠나라고 명령한 구절을 읽어 본 적이 있습니까? 그리고 때때로 그 악한 영이 떠나기 전에 그 사람을 던지고 괴롭히는 것을 읽어 본 적이 있습니까(막 1:26)? 마귀는 쫓겨나야 한다는 것을 알고 있습니다. 그 발작이 끝났을 때 그 악한 영은 쫓겨나갈 것이고, 당신의 자매는 결코 또 발작하지 않을 것입니다. 그녀는 정상이 될 것입니다."

확실히 그 발작이 끝났을 때, 그 자매의 정신은 정상이 되었습니다.

사람들이 그 자매를 보호시설로 다시 데리고 가야 했습니다. 왜냐하면 그녀는 여전히 정신병동의 보호를 받는 환자였기 때문입니다. 그러나 정신병 전문의가 그녀를 검사하였고, 검사가 끝난 후에 그녀를 퇴원시켰습니다. 그 의사는 그녀가 완치되었다고 선언하였습니다. 그것은 오래 전의 일이었고, 그 후에 우리가 그녀와 연락을 취했는데 그녀는 여전히 건강하였습니다.

이 여인을 자유롭게 하기 위해서 지식의 말씀의 은사와 믿음의 은사가 이 경우에는 함께 나타났습니다.

기억하십시오. 지식의 말씀이 가져오는 계시는 결코 미래 시제가 아니라, 현재 시제이거나 과거 시제입니다. 반면에, 지혜의 말씀은 미래와 관련된 계획과 목적들을 계시합니다.

지식의 말씀의 은사의 나타남을 통해서 교회는 정결하게 될 수 있고, 고통받는 자들은 위로를 받을 수 있고, 성도들은 기쁘게 될 수 있고, 잃어버린 재산은 회복될 수 있고, 적들의 계획은 패배할 수 있고, 그리고 주 예수 그리스도께서 영광 받으실 수 있습니다.

연구를 위한 질문

1. 고린도전서는 누구에게 쓰여진 서신서입니까?

2. 왜 바울은 전 교회가 영적인 은사들을 사모하라고 하였습니까?

3. 성령님께서는 무엇과 일치하여 역사합니까?

4. 때때로 지식의 말씀은 어떻게 나타납니까?

5. 지식의 말씀의 은사가 어떻게 나타났는지 구약에서 두 가지 예를 들어 보십시오.

6. 신약에 나타난 지식의 말씀의 은사의 두 가지 예를 들어 보십시오.

7. 지식의 말씀이 사용될 수 있는 가장 큰 영역들 중의 하나는 무엇입니까?

8. 지식의 말씀은 무엇을 계시하기 위하여 사용되어집니까?

9. 지식의 말씀이 가져오는 계시는 결코 미래 시제가 아닙니다. 어떤 시제입니까?

10. 지식의 말씀의 은사의 나타남으로 일어날 수 있는 여섯 가지 일은 무엇입니까?

13

지혜의 말씀의 은사

13

"각 사람에게 성령의 나타내심은 유익하게 하려 하심이라 어떤 사람에게는 성령으로 말미암아 지혜의 말씀을, 어떤 사람에게는 같은 성령을 따라 지식의 말씀을, 다른 사람에게는 같은 성령으로 믿음을, 어떤 사람에게는 한 성령으로 병 고치는 은사를, 어떤 사람에게는 능력 행함을, 어떤 사람에게는 예언함을, 어떤 사람에게는 영들 분별함을, 다른 사람에게는 각종 방언 말함을, 어떤 사람에게는 방언들 통역함을 주시나니 이 모든 일은 같은 한 성령이 행하사 그의 뜻대로 각 사람에게 나누어 주시는 것이니라"(고전 12:7-11).

성령의 아홉 가지 은사들을 연구하면서 우리는 이 모든 은사들이 고린도전서 12:11 말씀을 따라 역사한다는 것을 알 수 있습니다.

"이 모든 일은 같은 한 성령이 행하사 그의 뜻대로 각 사람에게 나누어 주시는 것이니라"(고전 12:11).

성령님은 그의 뜻대로 영적 은사를 나누어 주신다

하나의 교회, 즉 지역 교회의 신자들인 우리는 이런 은사들이 우리 가운데 나타나도록 사모해야 합니다. 그리고 성령님이 그의 뜻대로 누구든지 사용하실 수 있도록 해야 합니다.

성령님은 똑같은 방식으로 모든 사람을 사용하시지는 않을 것입니다. 성령님은 그의 뜻대로 모든 사람에게 성령의 은사들의 나타남을 나누어 주신다고 성경은 명백히 말하고 있습니다. 어떤 사람이 어떤 은사에 쓰임 받기를 원할지도 모릅니다. 그러나 이것은 그를 위한 하나님의 뜻이 아닐 수도 있습니다.

우리는 하나님께 열린 마음을 가져야 하며, 영적 은사의 영역에 있어서도 하나님의 뜻이 이루어지도록 해야 합니다.

우리는 하나님이 원하시는 것 대신에 우리가 원하는 것을 갖기 원하고, 우리 스스로 어떤 것을 하기 원하기 때문에 자주 곤경에 처하곤 합니다. 예를 들면, 모든 사람이 자신의 인생에서 모든 성령의 은사가 나타나도록 하지는 못할 것입니다. 왜냐하면 고린도전서 12:8이 그 이유를 말하고 있기 때문입니다.

"어떤 사람에게는 성령으로 말미암아 지혜의 말씀을, 어떤 사람에게는 같은 성령을 따라 지식의 말씀을"(고전 12:8).

명백한 것은 모든 은사들이 모든 사람들에게 주어지지 않았다는 것입니다. 우리는 그리스도의 몸으로서 이런 은사들이 나타나도록 사모하고 성령님이 그의 뜻대로 우리 가운데 그 자신을 나타내도록 해야 합니다.

이것이 기초를 성경 위에 바르게 세우는 것입니다. 우리의 그릇된 생각이 하나님께서 우리를 위해 예비하신 최선의 것을 방해하게 해서는 안 됩니다. 그러므로 성경의 말씀을 따릅시다.

지혜의 말씀의 은사

고린도전서 12:8 말씀을 보고 사람들은 때때로 이것들을 지혜의 은사 혹은 지식의 은사라고 부르곤 합니다.

"어떤 사람에게는 성령으로 말미암아 지혜의 말씀을, 어떤 사람에게는 같은 성령을 따라 지식의 말씀을"(고전 12:8).

그러나 그것은 올바르지 않습니다. 우리는 영적인 은사들을 성경이 부르는 대로 불러야 합니다. 그렇게 하지 않는다면 우리는 혼란에 빠지게 될 것입니다. 예를 들어, 개를 고양이라고 부른다면 사람들은 당신이 혼동하고 있다고 말할 것입니다.

개가 고양이가 아니듯이 지식의 말씀의 은사는 지식의 은사가 아니며, 지혜의 말씀의 은사는 지혜의 은사가 아닙니다. 고린도전서 12:8은 일반적인 의미의 자연적인 지혜와 지식에 대하여 말하고 있는 것이 아닙니다. 이 구절이 말하고 있는 것은 말 그대로 지혜의 말씀과 지식의 말씀입니다. 이들 지혜의 말씀과 지식의 말씀의 은사들은 초자연적으로 주어졌습니다. 그것들은 자연적인 은사가 아닙니다.

하나님은 모든 지식을 가지고 계십니다. 하나님은 모든 것을 아시지만, 결코 어떤 한 사람에게 하나님이 아시는 모든 것을 계시하시지는 않습니다. 하나님은 다양한 사람들에게 자신이 알고 계시는 것의 한 말씀 혹은 한 부분 또는 한 조각을 주십니다.

예를 들어, 한 마디의 지식의 말씀은 하나님이 알고 계시는 지식의 단지 한 조각일 뿐입니다. 지혜의 말씀의 은사도 마찬가지입니다. 즉, 그것은 지혜의 은사가 아니라, 지혜의 말씀입니다. 하나님은 모든 지혜와 모든 지식을 가지고 계십니다. 그러나 하나님은 그것들 중에 일부만을 그 사람이 알아야 할 그 때에 그 사람에게 계시하십니다.

지혜의 말씀은 일상생활의 지혜가 아니다

지혜의 말씀은 자주 일상생활의 단순한 지혜와 혼동이 됩니다. 그러나 일상생활의 단순한 지혜는 영적인 은사가 아닙니다.

여호수아가 사역을 시작할 때, 하나님은 여호수아에게 그의 성공의 열쇠는 하나님의 말씀을 묵상하는데 있다고 말씀하셨습니다. 그리고 그것이 여호수아가 일상 문제들에서 지혜를 얻을 수 있었던 방법이었습니다.

여호수아 1:8

"이 율법책을 네 입에서 떠나지 말게 하며 주야로 그것을 묵상하여 그 안에 기록된 대로 다 지켜 행하라 그리하면 네 길이 평탄하게 될 것이며 네가 형통하리라."

다른 번역본을 봅시다.

"너는 너 자신을 번영하게 만들 것이고, 너는 일상의 문제들에서 지혜롭게 처리할 수 있을 것이다."

하나님의 말씀을 앎으로 얻을 수 있는 지혜가 있습니다. 그러나 그것은 지혜의 말씀의 은사가 초자연적으로 나타난 것은 아닙니다.

어떤 사람은 솔로몬의 지혜가 이 지혜의 말씀이 나타난 것이라고 말합니다. 그러나 그것은 옳지 않은 것입니다. 솔로몬의 지혜는 우리가 야고보서 1:5에서 읽어 본 것처럼 하나님께서 그에게 주신 것입니다.

"너희 중에 누구든지 지혜가 부족하거든 모든 사람에게 후히 주시고 꾸짖지 아니하시는 하나님께 구하라 그리하면 주시리라."

하나님은 이러한 지혜는 그것을 구하는 모든 사람에게 주신다고 약속하셨습니다. 그러한 지혜는 일상의 일들을 다루는 일반적인 지혜입니다. 하나님은 일반적인 지혜를 부어 주시지만, 일반적인 지혜는 지혜의 말씀이 초자연적으로 나타난 것이 아닙니다.

야고보는 교회에 편지를 쓰면서 "누구든지 지혜가 부족하다면, 그는 하나님께 지혜를 구하라"고 말하고 있습니다. 그래서 우리는 일상의 일들을 현명하게 처리할 수 있는 이 일반적인 지혜는 누구든지 그것을 구하는 자들에게 주어진다는 것을 알 수 있습니다. 야고보가 말하고 있는 지혜는 일상의 일들을 현명하게 처리하는 지혜이고, 여러분이 크리스천으로서 어떻게 행동해야 하는지 아는 지혜입니다.

그러나 하나님께서 사람에게 초자연적인 방법으로 하나님 자신의 마음과 목적과 계획을 나타내실 때에는 초자연적인 지혜의 말씀을 통해서 나타내십니다. 지혜의 말씀의 은사의 초자연적인 나타남은 모든 사람에게 주어지지는 않습니다. 바울은 고린도전서 12:8에서 말합니다.

"… 어떤 사람(one)에게는 같은 성령을 따라 지식의 말씀을"(고전 12:8).

이 구절은 영적인 은사들은 성령의 뜻대로 나누어주신다고 설명하면서, 지혜의 말씀의 나타남은 모든 사람에게가 아니라 어떤 사람(one)에게 주어진다고 말합니다. 이 말은 모든 사람이 다 이러한 나타남들을 가지지는 못할 것임을 암시하고 있습니다.

지식의 말씀과 지혜의 말씀의 차이

나는 지식의 말씀은 하나님의 마음속에 있는 어떤 사실들, 즉 사람, 장소, 과거나 현재의 어떤 일들에 관한 사실들에 관하여 성령님이 초자연적으로 계시하는 것이라고 말했습니다.

지혜의 말씀은 하나님의 마음과 뜻 가운데 있는 하나님의 목적과 계획에 관하여 성령님이 초자연적으로 계시하시는 것입니다. 지혜의 말씀은 하나님 마음에 있는 목적과 계획들에 관한 계시이므로 최고의 은사입니다.

이 두 가지 은사의 차이점은 지식의 말씀이 가져오는 계시는 항상 현재시제이거나 과거에 일어났던 어떤 일에 관한 것입니다. 반대로 지혜의 말씀은 항상 미래에 대하여 말하고 있습니다.

지식의 말씀과 지혜의 말씀은 함께 작용할 수 있다

우리는 지혜의 말씀과 지식의 말씀 두 가지 은사를 나누어서 따로따로 분석해 보았습니다. 그러나 내가 언급했듯이, 영적인 은사들은 자주 함께 작용합니다.

우리는 이 두 가지 성령의 은사들이 신약과 구약에서 작용하고 있는 것을 봅니다. 특히 우리는 선지자들이 예언할 때, 지혜의 말씀과 지식의 말씀이 함께 나왔던 것을 볼 수 있습니다.

구약의 선지자들은 자주 예언의 은사와 함께 이 두 은사로 사역하였습니다. 구약의 선지자들은 현재에 대해서 예언했을 뿐만 아니라(지식의 말씀이 작용한 것임) 미래의 일들에 대해서도 예언했습니다(지혜의 말씀이 작용한 것임). 그리고 그들은 가까운 미래의 일들뿐만 아니라 먼 미래의 일들, 즉 새 언약과 오실 메시야에 관한 일들도 예언했습니다.

예언은 다른 은사들이 흘러나오는 통로가 될 수 있다

구약의 선지자들이 선지자 직분에 굳게 서기 위해서는 지혜의 말씀이 그의 사역에서 나타나야 했습니다. 왜냐하면 그는 미래에 대한 예언을 했기 때문입니다.

그러나 단순한 예언의 은사는 미래를 미리 들여다 보는 예측적인 요소를 포함하고 있지 않습니다.

구약의 선지자가 하는 예언은 비록 그것이 예언으로 나왔다 할지라도 실제로는 지혜의 말씀이 작용한 것입니다.

예를 들어, 여러분이 자동차를 탈 수는 있습니다. 그러나 그것이 당신을 자동차로 만들지는 않습니다. 다른 말로 하면, 때론 지혜의 말씀이 예언이라는 통로를 통해 전달될 수 있지만, 실제로 그것은 예언이 아닙니다. 그것은 지혜의 말씀입니다. 달리 말하면, 예언은 지혜의 말씀이 나오는 통로일 뿐입니다.

고린도전서 14:3에 나열된 단순한 예언의 은사는 덕을 세우고, 권면하고, 위로하기 위해서 주어졌습니다. 이런 단순한 예언의 은사는 미리 말해주는 예언의 요소를 포함하고 있지 않습니다. 그러므로 어떤 말은 그 안에(미래에 대한) 어떤 계시를 포함하고 있기 때문에, 단순한 예언의 은사만 나타난 것이 아니라는 것을 알 수 있습니다.

미래를 미리 말해주는 이들 예언적인 요소가 어떤 사람의 사역에서 나타날 때 (특별히 선지자 직분에서) 비록 그 예언이 예언의 은사를 통해서 온다고 할지라도 그것은 실제로 지혜의 말씀이 나타난 것입니다. 그 예언이 선지자 직분의 사역자로부터 온다면 이것은 더욱 더 그러합니다. 그러므로 예언의 은사는 지혜의 말씀이 나오는 통로일 뿐입니다.

지혜의 말씀은 성령 충만한 신자들이 개인 기도생활에서 자신의 삶을 위한 하나님의 계획을 알고자 기도할 때(요 16:13,14), 예언이라는 도구를 통해서 성령님의 뜻대로 나타날 수도 있습니다. 우리는 18장에서 이것에 대해서 더 자세히 논할 것입니다.

그러나 그것은 신자가 예언을 통한 공적인 사역을 할 때에 지혜의 말씀이 그의 삶에 나타나게 된다는 의미는 아닙니다.

공적인 사역에서 지혜의 말씀과 일부 계시의 은사들은 예언이라는 통로를 통해서 나타나는데 특히 더 계속적으로 나타나는 경우는 대개 선지자 직분을 통해서 나타납니다. 계시의 은사들은 또한 오중 사역자로 불리는 자들을 통해서 올 수 있지만, 선지자 직분에서 더 자주 나타날 것입니다. 어떤 사람이 단순한 예언의 은사로만 사역하고, 이러한 계시의 은사들이 나타나지 않는다면 그가 예언한 것은 단순한 예언의 은사가 나타난 것입니다. 그것은 계시가 아니라 덕을 세우고, 권면하고, 위로하기 위해서 사용됩니다.

그러므로 지혜의 말씀은 말하는 발성의 은사인 예언이나 방언과 통변을 통해서 올 수 있습니다.

또한 지혜의 말씀은 환상이나 꿈을 통해서도 올 수 있습니다.

예를 들어, 구약에서 요셉은 꿈을 통해서 지혜의 말씀을 받았는데, 그 꿈은 요셉의 미래에 대한 하나님의 계획과 목적을 그에게 계시해 주었습니다.

모세는 하나님께서 그에게 율법을 주실 때 들리는 목소리로 율법의 계시를 받았습니다. 율법은 이스라엘을 위한 하나님의 목적과 관련이 있습니다. 그러므로 이것은 지혜의 말씀이 나타난 것입니다.

또한 이스라엘의 미래를 예언한 구약의 선지자들은 조만간 성취될 일들까지도 지혜의 말씀을 통해서 예언했습니다.

구약의 선지자들은 그렇게 예언을 했습니다. 그러나 그것은 미래의 사건들을 앞서 말한 것이기 때문에 실제로 나타난 것은 지혜의 말씀이었습니다.

지식의 말씀과 지혜의 말씀이 신약성경에서 함께 나타난 사례들

밧모섬의 사도 요한

신약에서 지식의 말씀과 지혜의 말씀의 은사들이 함께 역사한 사례는 요한계시록에 나옵니다.

우리가 이전 장에서 나누었듯이, 주님은 밧모섬에 있는 요한에게 환상을 통해서 말씀하셨습니다.

예수님은 환상 속에서 그에게 나타나 소아시아 일곱 교회에 대한 현재 상태를 알려 주셨습니다. 그 일곱 교회의 상태는 지식의 말씀이 나타난 것이었습니다. 그 교회들의 현재 상태는 환상 속에서 지식의 말씀으로 요한에게 계시되었습니다.

그런 다음, 주님은 요한에게 지혜의 말씀을 주셨습니다. 주님은 하나님의 계획과 목적에 따라 그 각 교회들이 미래에 어떻게 해야 할지를 말씀해 주셨습니다.

아나니아

우리는 또한 사도행전 9장에서 아나니아라는 사람에 대하여 연구해 보았습니다.

사도행전 9:10–16

> "그 때에 다메섹에 아나니아라 하는 제자가 있더니 주께서 환상 중에 불러 이르시되 아나니아야 하시거늘 대답하되 주여 내가 여기 있나이다 하니 주께서 이르시되 일어나 직가라 하는 거리로 가서 유다의 집에서 다소 사람 사울이라 하는 사람을 찾으라 그가 기도하는 중이니라 그가 아나니아라 하는 사람이 들어와서 자기에게 안수하여 다시 보게 하는 것을 보았느니라 하시거늘 아나니아가 대답하되 주여 이 사람에 대하여 내가 여러 사람에게 듣사온즉 그가 예루살렘에서 주의 성도에게 적지 않은 해를 끼쳤다 하더니 여기서도 주의 이름을 부르는 모든 사람을 결박할 권한을 대제사장들에게 받았나이다 하거늘 주께서 이르시되 가라 이 사람은 내 이름을 이방인과 임금들과 이스라엘 자손들에게 전하기 위하여 택한 나의 그릇이라 그가 내 이름을 위하여 얼마나 고난을 받아야 할 것을 내가 그에게 보이리라 하시니."

여기서 우리는 지혜의 말씀과 지식의 말씀이 함께 역사한 것을 볼 수 있습니다.

지혜의 말씀은 하나님의 계획과 목적을 아나니아에게 계시해 주었습니다. 그리고 지식의 말씀은 아나니아에게 특별한 사실들을 계시해 주었습니다.

아나니아가 사울을 찾으러 가는 것은 하나님의 계획이었습니다. 그러나 지식의 말씀은 어디로 가야 하는지, 심지어 그 거리의 이름이 무엇인지, 어떤 집으로 가야 하는지, 집에서 그가 말해야 할 사람이 누구인지 정확한 사실들을 계시해 주었습니다. 주님은 심지어 사울이 기도하고 있다는 것도 아나니아에게 말씀해 주셨습니다.

> "주께서 이르시되 일어나 직가라 하는 거리로 가서 유다의 집에서 다소 사람 사울이라 하는 자를 찾으라 그가 기도하는 중이니라"(행 9:11).

이상은 모두 현재 시제의 사실들의 지식이었습니다.

또한 주님은 아나니아에게 사울이 아나니아라는 사람이 들어와서 자신에게 안수하자 눈을 뜨게 된다는 환상을 보았다고 계시해 주셨습니다(행 9:12).

그것은 사울에 대한 사실들에 관하여 환상으로, 아나니아에게 주신 계시였습니다. 그러므로 그것은 지식의 말씀이었습니다. 그때 아나니아는 이 환상 속에서 주님께 물어보았습니다.

> "… 주여 이 사람에 대하여 내가 여러 사람에게 듣사온즉 그가 예루살렘에서 주의 성도에게 적지 않은 해를 끼쳤다 하더니 여기서도 주의 이름을 부르는 모든 사람을 결박할 권한을 대제사장들에게서 받았나이다 하거늘"(행 9:13,14).

주님은 환상 속에서 그에 대한 답변을 주시고 더 많은 계시를 그에게 말씀해 주셨습니다. 이 두 번째 계시는 지혜의 말씀이었습니다. 왜냐하면 그것은 하나님의 계획과 목적을 보여주고 있기 때문입니다.

> "주께서 이르시되 가라 이 사람은 내 이름을 이방인과 임금들과 이스라엘 자손들에게 전하기 위하여 택한 나의 그릇이라"(행 9:15).

그것은 하나님의 계획과 목적에 관한 계시였습니다. 그것은 바울이 궁극적으로 주님을 위해서 무엇을 할 것인가에 관한 계시였습니다. 그것은 미래를 내다보고 하나님의 계획과 목적을 계시한 것이므로 지혜의 말씀이었습니다. 여러분도 알다시피, 하나님은 바울을 미래에 이방인과 왕들과 이스라엘 자손들 앞에서 자신의 이름을 드러내는데 사용할 계획이셨습니다. 하나님은 바울이 하나님의 택한 그릇이라고 말씀하셨습니다(행 9:15).

그것은 미래에 대한 계시입니다. 그것은 바울의 미래에 대한 하나님의 계획과 목적에 대한 것이었습니다. 우리는 그것을 지혜의 말씀이라고 부릅니다.

아나니아에게 더 많은 계시를 주면서 하나님은 또한 이렇게 말씀하셨습니다.

"그가 내 이름을 위하여 얼마나 고난을 받아야 할 것을 내가 그에게 보이리라 하시니"(행 9:16).

그것은 바울이 병들게 될 것을 의미하는 것이 아니라, 그가 많은 박해와 고난의 환경에 처하게 될 것을 의미합니다. 실제로 그는 많은 박해와 고난을 겪었습니다(고후 11:23-33). 그것 또한 지혜의 말씀이었습니다. 바울은 돌에 맞고 거의 죽을 지경이 되었습니다(행 14:19).

바울이 가는 곳마다 사단은 사람들을 동요시켜 바울을 대적하게 하였습니다. 바울은 하나님을 위해서 많은 고난을 겪었습니다. 이러한 바울의 미래에 대한 일들은 아나니아에게 주어진 계시였습니다. 이것은 지혜의 말씀이라고 불리는 초자연적인 은사가 나타난 것이었습니다.

빌립

사도행전 8장에서 우리는 평신도인 빌립을 통해서 지식의 말씀과 지혜의 말씀의 은사들이 함께 나타난 예를 볼 수 있습니다. 그 당시 빌립은 집사였고, 식당 봉사를 임명받았습니다(행 6:2,3).

하나님께서는 후에 그를 복음전도자 직분으로 옮겼습니다(행 21:8).

엄청난 박해가 초대교회에 일어났으며 크리스천들은 외국으로 흩어졌습니다.

그들이 흩어졌을 때 그들은 모든 곳에서 복음을 전도하였습니다. 그 당시 복음 설교는 단지 설교자들에게만 국한된 것이 아니었습니다. 초대교회 평신도들도 외국으로 흩어졌고 복음을 설교하였습니다.

초대교회 당시에는 사도들만이 사역자였는데, 그들은 예루살렘에 머물러 있었습니다. 그러나 평신도들은 가는 곳마다 예수님을 전하였습니다.

"빌립이 사마리아 성에 내려가 그리스도를 백성에게 전파하니"(행 8:5).

사도행전 8장 26절을 보면, 빌립이 사마리아 사역을 마친 후에 한 천사가 주님으로부터 메시지를 받아 빌립에게 전해주었다고 성경은 기록하고 있습니다. 기억하십시오.

우리는 지식의 말씀과 지혜의 말씀이 다양한 통로(성령의 들리는 음성, 꿈, 환상, 천사로부터 오는 메시지, 방언과 통변, 예언)를 통해서 나타날 수 있음을 알아보았습니다.

하나님은 다양한 통로를 통해서 성령의 은사들을 나타내십니다.

사도행전 8장 26-29절을 보면, 빌립은 천사를 통해서 지혜의 말씀을 받았습니다.

사도행전 8:26-29

"주의 사자가 빌립에게 말하여 이르되 일어나서 남쪽으로 향하여 예루살렘에서 가사로 내려가는 길까지 가라 하니 그 길은 광야라 일어나 가서 보니 에디오피아 사람 곧 에디오피아 여왕 간다게의 모든 국고를 맡은 관리인 내시가 예배하러 예루살렘에 왔다가 돌아가는데 수레를 타고 선지자 이사야의 글을 읽더라 성령이 빌립더러 이르시되 이 수레로 가까이 나아가라 하시거늘."

천사는 빌립의 가까운 미래에 대한 하나님의 계획을 알려주었습니다.

그 천사는 말했습니다. "광야로 가라."

이것은 빌립의 인생을 위한 하나님의 계획의 한 "말씀", 즉 단지 한 조각에 불과하였습니다. 즉, 가까운 미래에 일어날 일들에 대한 지혜의 말씀이었습니다.

빌립은 순종해서 광야로 갔습니다. 그리고 그 곳에서 에디오피아 내시를 만났습니다. 그때에 성령의 음성을 통해서 지식의 말씀이 빌립에게 주어졌습니다.

"… 이 수레로 가까이 나아가라"(행 8:29).

하나님은 현재 시제의 사실을 빌립에게 알려주셨습니다. 이 사건에서는 내시의 마차에 동승하라는 현재 시제의 지시였습니다. 이 지시는 그때에 하나님의 마음으로부터 빌립에게 온 한 조각의 지식의 "말씀"이었습니다. 이 구절에서 빌립은 천사로부터 지혜의 말씀과 성령의 음성을 통해서 지식의 말씀을 받았습니다. 이 두 가지 계시의 은사의 나타남으로 하나님은 빌립에게 무엇을 해야 하는가에 대한 지시를 주셨습니다.

하나님께서는 내적 증거를 통해서 우리를 인도하실 때 우리 각 사람에게 지시하십니다. 그러나 여기서 빌립은 지혜의 말씀과 지식의 말씀의 나타남을 통해서 영적인 은사들이 작용함으로써 지시를 받았습니다.

그러나 설령 그 지시 사항들이 모든 신자들이 가지고 있는 성령의 내적 증거나 내적 음성보다 더 특별하다고 할지라도, 여전히 빌립이 지식의 말씀을 통해 주신 하나님의 지시사항들을 믿음으로 순종해야 했다는 것을 아는 것이 중요합니다.

앞에서 언급했듯이, 하나님에 의해 주어진 이런 초자연적인 계시의 은사들은 단지 한마디의 지식의 말씀이나 한마디의 지혜의 말씀에 지나지 않습니다. 그것들은 단지 하나님의 지식과 지혜의 한 조각일 뿐입니다.

예를 들어, 당신이 현재나 미래에 어떤 특별할 상황에 대한 법적인 조언이 필요하다면 당신은 당신의 변호사를 부를 것입니다. 그러나 당신의 변호사는 당신에게 그가 가지고 있는 모든 법적인 지혜를 말해주지는 않을 것입니다. 왜냐하면 당신은 그 모든 지혜를 필요로 하지 않을 것이기 때문입니다. 그 변호사는 단지 당신의 특별한 사건에 적용할 수 있는 것으로 그가 가진 법적인 지식의 한 말씀 또는 한 조각만 말해줄 것입니다. 그것이 그때 실제로 당신에게 필요한 전부일 것입니다.

마찬가지로, 빌립 또한 하나님의 지혜와 지식의 일부분만을 필요로 했습니다. 그래서 하나님은 빌립에게 광야로 가라는 한 마디의 지혜의 말씀을 전해주기 위해서 천사를 사용했습니다. 그 말씀은 빌립의 인생을 위한 하나님의 계획과 목적의 한 부분에 관한 계시였습니다.

그 결과, 이 에티오피아 내시는 예수 그리스도를 그의 구원자요, 주님으로 영접하게 되었습니다!

지혜의 말씀에 대한 구약의 예

지혜의 말씀의 은사가 구약에 나타난 사례를 몇 가지 살펴봅시다.

노아에게 나타난 지혜의 말씀

지혜의 말씀의 은사는 또한 미래의 심판이나 위험을 경고하는데 사용되었습니다.

예를 들어, 노아는 세상에 임할 미래의 심판과 위험, 즉 홍수에 관한 지혜의 말씀을 받았습니다. 그래서 노아는 가족들을 구하기 위해서 방주를 지었습니다(창 6:13-18). 만약에 노아가 다른 사람들도 그것을 믿도록 할 수 있었다면 다른 사람들도 구원받았을 것입니다.

하나님이 소돔과 고모라를 멸하시고 롯과 그의 가족들을 구하실 때도 마찬가지입니다(창 19:29). 구약에서도 지혜의 말씀은 다른 사람들에게 경고하고 구원하는데 사용되었습니다.

요셉에게 임한 지혜의 말씀

구약에서 지혜의 말씀은 하나님의 사역에 쓰임 받을 자들에게 하나님의 계획을 계시해 주는데 사용되었습니다.

예를 들어, 하나님은 꿈을 통해 요셉의 미래에 관해서 말씀하셨습니다.

시기심 많은 요셉의 형들은 요셉을 제거하려고 노력했지만, 하나님은 요셉을 구하시고 요셉을 향한 계획을 성취하셨습니다. 요셉은 몇 년 동안 감옥에 갇혀서 많은 고초를 겪었지만, 결국은 애굽의 총리가 되었습니다. 그리고 그의 꿈에 예언된 대로 모든 형제들이 그의 앞에서 절하는 것을 보게 되었습니다(창세기 37장에서 50장까지를 읽어보십시오).

나는 요셉의 이야기를 생각할 때 그의 영혼의 관대함에 대해서 생각하게 됩니다.

동일한 상황이라면 많은 사람들이 그들의 형제들에게 "지금 너의 막내 동생에 대해서 어떻게 생각해?" 혹은 "그봐! 내가 이렇게 될 거라고 말했잖아"라고 말했을 것입니다.

그러나 요셉은 오만하거나 거만하지 않았습니다. 심지어 바로의 2인자임에도 요셉은 고상하고, 겸손하였고, 용서할 줄 아는 마음을 지니고 있었습니다.

그는 복수를 하지도 않았고, 형들을 비난하거나 책망하지도 않았습니다. 그는 단지 그들에게 말했습니다.

"하나님께서 우리 백성들의 후손을 보전하려고 당신들 보다 먼저 나를 보내셨습니다"(창 45:5-8).

요셉은 지혜의 말씀을 통해서 그의 부르심과 그의 인생에 대한 하나님의 계획과 목적을 알았습니다.

신약에 나타난 지혜의 말씀

우리는 또한 신약에 나타난 지혜의 말씀의 예를 볼 수 있습니다.

선지자 아가보

사도행전을 보면, 아가보가 가뭄과 기근이 올 것이라고 예언한 것을 볼 수 있습니다(행 11:28).

아가보는 신실하고 입증된 사역을 하고 있는 사람이었기 때문에, 사람들은 그의 말을 믿었습니다. 아가보가 가뭄을 예언했을 때 사람들은 즉시 가뭄이 올 지역 성도들을 돕기 위해 준비하기 시작하였습니다.

사도행전 21장을 보면 다시 선지자 아가보가 나오는 것을 볼 수 있습니다. 바울과 그의 동료들(그 가운데 사도행전의 저자인 누가가 있었다)은 빌립의 집에 있었습니다.

사도행전 21:10, 11

"여러 날 머물러 있더니 아가보라 하는 한 선지자가 유대로부터 내려와 우리에게 와서 바울의 띠를 가져다가 자기 수족을 잡아매고 말하기를 성령이 말씀하시되 예루살렘에서 유대인들이 이같이 이 띠 임자를 결박하여 이방인의 손에 넘겨 주리라 하거늘."

성령님이 아가보를 통해 어떤 것을 계시하신 것을 주목해 보십시오.

어떤 계시든지 성령의 기름부음을 통해 임했을 때 그것은 항상 지혜의 말씀, 지식의 말씀, 영분별입니다. 왜냐하면 계시의 은사는 단지 이 세 가지뿐이기 때문입니다.

다른 은사들은 성경에 기록되어 있지 않습니다. 또한 사도행전 21:11에 나타난 영적인 은사는 미래에 일어날 어떤 것에 대하여 말하고 있기 때문에 지식의 말씀의 은사가 아닙니다. 지혜의 말씀은 앞으로 일어날 어떤 것에 대해서 말합니다.

지식의 말씀은 현재나 과거와 관련이 있습니다. 그러나 하나님은 그의 신적인 은혜로 미래에 대해 모든 것을 아시기에 미래에 대한 어떤 사실들을 지혜의 말씀을 통해서 사람에게 알려주십니다.

사도행전 21:12, 13

"우리가 그 말을 듣고 그 곳 사람들과 더불어 바울에게 예루살렘으로 올라가지 말라 권하니 바울이 대답하되 여러분이 어찌하여 울어 내 마음을 상하게 하느냐 나는 주 예수의 이름을 위하여 결박 당할 뿐 아니라 예루살렘에서 죽을 것도 각오하였노라 하니."

바울이 말을 마치자 누가는 이런 말을 기록했습니다.

"그가 권함을 받지 아니하므로 우리가 주의 뜻대로 이루어지이다 하고 그쳤노라"(행 21:14).

아가보가 성령을 통해서 계시한 것은 미래에 일어날 하나님의 뜻에 대한 계시였습니다. 그러므로 그것은 지혜의 말씀이었고, 그것은 그대로 일어났습니다.

다른 곳에서 언급했듯이, 지혜의 말씀이 예언이라는 도구를 통해서 전달되었을 수도 있습니다. 혹은 아가보가 "성령이 말씀하시기를"라고 말했을 때, 그는 이전에 이미 주님으로부터 받은 것을 단지 전달했을 수도 있습니다. 그러나 그것이 예언이라는 통로를 사용하였던지 사용하지 않았던지 간에 그것은 지혜의 말씀이 전달되어진 것입니다.

바울에게 임한 지혜의 말씀

지혜의 말씀은 또한 재난의 때에 구원이 가까이 왔다는 것을 확신시키기 위해서 주어집니다.

바울이 시저에게 판결을 받고자 배를 타고 로마로 가고 있을 때 크고 사나운 폭풍이 몰아쳤습니다. 바울은 출항하기도 전에 그 배에 대한 지혜의 말씀을 받았습니다. 그는 말했습니다.

사도행전 27:10
"…내가 보니 이번 항해가 하물과 배만 아니라 우리 생명에도 타격과 많은 손해를 끼치리라 하되."

그러나 그 때에 남풍이 부드럽게 불고 있었기 때문에 그들은 항해를 하게 되었습니다. 배에 탄 사람들이 바울의 말을 경청하기만 했다면 그들은 배와 모든 무역품들을 버리지 않아도 되었을 것입니다. 그러나 그들은 바울의 경고를 듣지 않았고, 결국 물건들을 배 밖으로 던져야 했습니다. 마침내 그들이 구원받으리라는 모든 소망도 사라졌습니다. 그러나 그러한 재난 가운데에서도 바울은 하늘에서 온 메시지를 들었기 때문에 당당할 수 있었습니다.

사도행전 27:23, 24
"나의 속한 바 곧 나의 섬기는 하나님의 사자가 어제 밤에 내 곁에 서서 말하되 바울아 두려워 말라 네가 가이사 앞에 서야 하겠고 또 하나님께서 너와 함께 행선하는 자를 다 네게 주셨다 하였으니."

바울은 말했습니다.

"배는 잃게 되겠지만, 여러분이 내 말을 듣고 배 안에 남아있게 된다면 여러분은 죽지 않을 것입니다."

여러분도 알다시피, 그들은 배를 곧장 떠나려고 하였지만 바울이 천사로부터 받은 계시의 말 때문에 모두가 배에 남게 되었고 단 한 명도 죽지 않았습니다. 바울이 받은 미래에 대한 이런 지혜는 초자연적인 계시에 의한 것이었습니다.

하나님은 그것을 바울에게 계시하셨고 이어서 바울은 그 배에 탄 사람들에게 앞으로 일어날 일을 알려주었습니다. 천사가 메시지나 계시를 전했다고 할지라도 그것은 하나님으로부터 온 초자연적인 계시입니다.

조건적인 지혜의 말씀

구약에는 선지자가 일어나지 않을 말씀을 하나님으로부터 받은 사건들도 있었습니다. 어떤 지혜의 말씀은 그 사람의 순종에 따라 조건적입니다.

예를 들어, 히스기야 왕의 경우를 봅시다. 하나님은 이사야에게 히스기야에게 가서 미래에 대한 지혜의 말씀, 즉 현재 상태 하에서 히스기야의 생명에 대한 하나님의 계획과 목적을 전하라고 하셨습니다.

이사야는 히스기야 왕에게 말했습니다.

"… 너는 집을 정리하라 네가 죽고 살지 못하리라 하셨나이다…"(왕하 20:1).

이사야가 왕에게 그 메시지를 전하고 갔습니다. 히스기야는 얼굴을 벽으로 향하고 하나님께 그의 잘못을 회개하며 통곡하고 기도하였습니다. 그리고 그가 과거에 하나님 앞에서 전심으로 행했던 것들을 하나님께 상기시켜 드렸습니다. 히스기야 왕은 그가 어떤 분야에서는 실수를 했다 할지라도 하나님의 계명을 지켰다고 하나님께 말씀드리고 회개하였습니다. 그러자 이사야가 마당을 나가기도 전에 주님의 말씀이 이사야에게 다시 임하였습니다. 그에게 되돌아가서 히스기야에게 또 다른 지혜의 말씀을 주라는 것이었습니다. 그 말씀 또한 미래와 관련이 있었기 때문에 지혜의 말씀이었습니다.

하나님께서 이사야에게 말씀하셨습니다.

"히스기야 왕에게 말하라. 내가 그에게 십 오년을 더 살게 할 것이다"(왕하 20:5,6).

히스기야에게 주신 첫 번째 예언, 즉 지혜의 말씀과 두 번째 예언, 즉 지혜의 말씀까지도 조건적이었습니다.

첫 번째 지혜의 말씀에 의하면, 현 상태하에서 히스기야 왕은 죽을 것이었습니다. 그러나 이 약속은 조건적이었습니다. 달리 말하면, 히스기야 왕이 회개하지 않았다면 그는 죽었을 것입니다. 두 번째 지혜의 말씀에 따르면, 히스기야 왕은 살아남을 것이고 15년의 수명이 연장될 것입니다.

히스기야 왕은 이 지혜의 말씀의 첫 번째 부분을 바꾸었으므로, 그 지혜의 말씀의 후반부를 바꾸었고 그의 삶을 15년 연장하였습니다(사 43:26).

요나

하나님께서 그 큰 성읍 니느웨 백성들이 회개하고 하나님께로 돌이키지 않는다면 멸망받을 것이라는 지혜의 말씀을 선지자 요나에게 주셨습니다. 이것은 요나에게 임한 하나님의 계획과 목적에 관한 지혜의 말씀이었습니다. 그것은 니느웨 멸망이라는 미래의 사건에 관한 것이었습니다.

요나는 니느웨의 멸망에 관심이 없었으므로 가서 그 백성들에게 경고하기를 원치 않았습니다. 그러나 하나님은 요나를 커다란 물고기 배 속에서 훈련시키시고 니느웨 사람들이 하나님께로 돌이키지 않는다면 곧 심판을 받게 될 것을 경고하고 선포하게 하셨습니다(욘 3:4).

요나가 니느웨 사람들에게 전한 말은 조건적이었습니다. 즉, 그들이 회개한다면 그들은 살아 남을 것이고, 그들이 회개하지 않는다면 그들은 멸망당할 것입니다.

니느웨 사람들은 회개했고, 심판은 당대에 임하지 않았습니다. 그러나 그 심판은 결국 후대에 임하게 되었습니다(나훔서를 읽어 보십시오).

한 동료 목사님을 돕기 위해 나타난 지식의 말씀과 지혜의 말씀

몇 년 전에 나를 통해서 이 조건적인 지혜의 말씀이 나타났습니다.

주님께서는 들리는 음성을 통해서 나에게 지혜의 말씀과 지식의 말씀을 둘 다 주셨습니다.

나는 방금 한 목사님과 대화를 하고 있었고, 그는 약 4천 명이 앉을 수 있는 그의 새로운 건물을 나에게 보여주었습니다. 내가 차를 타고 떠나려고 할 때에 성령님께서 나에게 말씀하셨습니다.

"가서 그에게 전하라. 그가 세 가지 점에서 그 자신을 판단하지 않는다면 그는 죽을 것이라고 전하라. 첫 번째는 그의 식탐이다."

이 목사님은 심한 고도비만이었고, 손에 잡히는 것은 무엇이든지 먹었습니다. 당신도 알다시피, 사람은 실제로 "자기의 치아로 자신의 무덤을 팔"수 있습니다.

주님이 말씀하셨습니다.

"두 번째는, 그가 돈에 대해서 그 자신을 판단해야 한다."

여러분도 알다시피, 설교자들은 돈을 너무 밝히므로 돈이 하나님보다 더 우선시 될 수 있습니다.

"세 번째로, 그는 사랑에 관하여 그 자신을 판단해야 한다."

이 목사님은 동료 목사들에 대하여 사랑으로 행해야 할 필요가 있었습니다.

이것은 지혜의 말씀과 지식의 말씀이 함께 역사한 예였습니다.

주님께서 하신 이 말씀은 명백히 그 목사님의 삶에 존재하는 현재 시제의 상태에 대해서 말씀하신 것입니다. 그 목사님은 그 자신을 판단한 적이 없었습니다. 또한 이 말씀은 지혜의 말씀도 포함하고 있었습니다. 그가 그 자신을 판단하지 않는다면 그는 죽을 것입니다.

고린도전서 11:30-31은 말합니다.

> "그러므로 너희 중에 약한 자와 병든 자가 많고 잠자는 자도 적지 아니하니 우리가 우리를 살폈으면 판단을 받지 아니하려니와."

바울은 여기서 육체적으로 약하고 병들고 일찍 죽은 사람들이 자기 자신을 판단했더라면 살 수 있었을 것이라고 암시합니다. 이 목사님이 하고 있는 일들 중에 그 어느 것도 그를 천국으로 가지 못하게 하지는 않겠지만, 그 일들은 여기 이 땅에서 그의 축복을 앗아갈 것입니다.

이 목사님이 그 자신을 판단해야 한다는 것은 현재 시제의 사실에 대한 계시였습니다. 또한 그것은 미래에 대한 계시였습니다. 그가 그 자신을 판단하지 않는다면 그는 죽을 것이었습니다. 그는 그 자신을 판단하지 않았고, 그래서 죽었습니다.

우리가 성령의 은사들의 나타남을 통해서 하늘로부터 들을 수 있으니 얼마나 감사한 일입니까. 그러나 우리는 이러한 은사들을 통해서 우리에게 전달된 하나님의 메시지를 매우 심각하게 받아들일 필요가 있습니다.

지혜의 말씀의 은사와 같은 성령의 은사들이 초자연적으로 나타나는 것이 오늘날 우리에게 얼마나 절실하게 필요한지요. 우리가 하나님께 순종하는 것을 배울 때 하나님의 계획과 목적은 성령의 뜻대로 지혜의 말씀을 통해서 우리에게 계시될 것입니다.

연구를 위한 질문

1. (   )은 성령의 은사들의 나타남을 (   )의 뜻대로 각 사람에게 나누어 주신다고 성경은 명백히 말합니다.

2. 하나님은 모든 지혜와 지식을 가지고 계십니다. 하나님은 그 중 얼마 만큼을 인간에게 계시하십니까?

3. 지혜의 말씀은 자주 무엇과 혼동됩니까?

4. 야고보서 1:5에서 야고보가 말한 것은 어떠한 종류의 지혜입니까?

5. 지혜의 말씀이 무엇입니까?

6. 다른 은사들이 흘러나올 수 있는 통로가 될 수 있는 것은 무엇입니까?

7. 신약에서 지식의 말씀과 지혜의 말씀이 함께 역사한 사례 두 가지를 말해보십시오.

8. 구약에서 지혜의 말씀이 나타난 예를 두 가지 들어보십시오.

9. 신약에서 지혜의 말씀이 나타난 예를 두 가지 들어보십시오.

10. 어떤 지혜의 말씀의 나타남은 조건적입니다. 그것은 무엇에 달려 있습니까?

14

영분별

14

"각 사람에게 성령의 나타내심은 유익하게 하려 하심이라 어떤 사람에게는 성령으로 말미암아 지혜의 말씀을, 어떤 사람에게는 같은 성령을 따라 지식의 말씀을, 다른 사람에게는 같은 성령으로 믿음을, 어떤 사람에게는 한 성령으로 병 고치는 은사를, 어떤 사람에게는 능력 행함을, 어떤 사람에게는 예언함을, 어떤 사람에게는 영들 분별함을, 다른 사람에게는 각종 방언 말함을, 어떤 사람에게는 방언들 통역함을 주시나니 이 모든 일은 같은 한 성령이 행하사 그의 뜻대로 각 사람에게 나누어 주시는 것이니라"(고전 12:7-11).

우리는 앞 장들에서 어떤 것을 계시하는 세 가지 은사들 중에서 지혜의 말씀, 지식의 말씀 두 가지를 다루어 보았습니다. 이번 장에서는 마지막 계시의 은사인 영분별의 은사에 대해 알아보겠습니다.

이 세 가지 계시의 은사들 중 가장 중요한 것은 물론 지혜의 말씀이며, 중요도 순으로 나열한다면 첫째는 지혜의 말씀, 둘째는 지식의 말씀, 셋째는 영분별입니다.

지식의 영역 내에 있는 모든 것들은 그것이 사실, 사건, 목적, 동기, 근원, 운명-인간적이든, 신적이든, 사탄적이든, 또 자연적이든, 초자연적이든, 과거이든, 현재이든, 미래이든 - 이든 간에 이 세 가지 계시의 은사들 중 한 두 가지의 핵심적 범주내에서 나옵니다.

이 세 가지 은사들이 합할 경우에는 하나님이 알고 계시는 모든 것을 드러낼 수 있습니다.

즉, 하나님이 알고 계시는 모든 것들은 성령의 뜻에 따라 이 세 가지 계시 은사들 중 한 가지나 그 이상을 통해서 사람에게 알려질 수 있습니다.

지혜의 말씀은 하나님의 마음속에 있는 계획과 목적들을 우리에게 계시해 줍니다. 왜 지혜의 말씀이 모든 계시의 은사들 중에서 가장 중요한지 알겠지요. 하나님의 마음속에 있는 계획과 목적들을 계시하는 것은 이 세상 다른 어떤 것보다 더 중요합니다. 그것은 당연한 것입니다. 지식의 말씀은 현재나 과거의 사실들을 우리에게 계시해 줍니다.

영분별은 영계에 대한 초자연적인 통찰력을 드러내는 것입니다.

"분별하다"라는 말은 보거나 들음으로 인지한다는 뜻입니다. 다시 말해, 영분별은 영의 영역에서 보고 듣는 것과 같은 것입니다.

영분별은 실제로 다른 두 계시의 은사인 지혜의 말씀, 지식의 말씀보다 더 제한적인 범위 내에서 작용합니다. 왜냐하면 영분별은 단 한 개의 대상인 영들만을 대상으로 하기 때문입니다.

지혜의 말씀과 지식의 말씀에서 나오는 계시는 더 광범위하여 사람, 장소, 사물에까지 적용됩니다. 영분별은 단지 영들의 영역에 대해서만 초자연적인 통찰력을 제공합니다.

영분별은 영의 세계를 보거나 듣는 것이라는 것을 기억하십시오. 또한 영분별은 초자연적인 나타남 뒤에서 역사하는 영의 종류도 계시해 줍니다.

영분별이 아닌 것

혹자는 말하기를 "어떤 대상의 본질을 알아내는 최고의 방법은 그 대상의 본질이 아닌 것을 알아내는 것이다"라고 했습니다. 그래서 영분별이 아닌 것을 알아봅시다.

영분별은 분별(discernment)이 아닙니다. 나는 사람들이 "나는 분별의 은사를 가지고 있다고 생각해"라고 말하는 것을 들은 적이 있습니다. 그러나 실제로 성경 어디에도 분별의 은사라는 말은 없습니다. 그것은 영분별입니다. 사람들이 자주 말하는 분별의 은사는 실제로는 지식의 말씀의 은사가 작용한 것입니다.

다시 말해, 간혹 사람들은 하나님의 영으로 어떤 일들을 알고, 그것을 "분별"이라고 부릅니다. 그러나 그것은 분별을 뜻하는 게 아닙니다. 그것은 실제로는 지식의 말씀이 작용한 것입니다.

또한 영분별은 사람의 영적인 생각을 읽어내는 것도 아닙니다. 그리고 영분별은 심리학적인 통찰력이나 상대방의 마음을 "투시"하는 것도 아닙니다. 또한 상대방의 결점을 분별하는 능력도 아닙니다. 당신은 신자뿐만 아니라, 비신자도 타인의 결점들을 분별하는 능력을 동일하게 가지고 있다는 것을 알게 될 것입니다. 그러한 "은사"를 가지기 위해서 크리스천이 될 필요가 없습니다. 실제로, 타인의 결점들을 드러내거나 분별하는 능력은 성경에서 엄격히 금지하고 있습니다.

"비판을 받지 아니하려거든 비판하지 말라"(마 7:1).

성령 세례의 한 가지 목적은 타인의 잘못들을 분별하는 이런 "은사"를 멸절시키는 것입니다. 그것은 단지 비판일 뿐입니다. 멸절시킨 다음에 그것을 부드럽고 온유한 관용의 은사로 대체하는 것입니다. 영분별의 은사는 결점을 찾아내는 것이 아닙니다.

이 결점 찾기 은사를 가졌다고 생각하는 자들이 그 은사를 약 15초 정도만 자기 자신에게 적용해 본다면, 다시는 그 은사를 사용하지 않을 것입니다.

그러므로 영분별은 인간의 실패나 실수를 들추어내는 영적 은사가 아닙니다. 크리스천들은 사랑 안에서 행해야 하고, 성경은 "사랑은 허다한 죄들을 덮는다"라고 말하고 있습니다(벧전 4:8). 바울은 에베소 교회에 편지를 보냈습니다.

"서로 친절하게 하며 불쌍히 여기며 서로 용서하기를 하나님이 그리스도 안에서 너희를 용서하심과 같이 하라"(엡 4:32).

바울은 여기서 크리스천들에게 얘기하고 있는 것입니다.

그렇습니다. 영분별은 인격이나 결점들을 분별하는 것이 아닙니다. 심지어 사람들을 분별하는 것도 아닙니다. 영분별은 영들에 대한 분별입니다. 그리고 영적 영역에 존재하는 영들을 다루는 것입니다. 즉, 그 영들이 하나님께 속해 있는지, 사탄에게 속해 있는지, 사람에게 속해 있는지를 다루는 것입니다.

영분별은 단지 마귀를 분별하는 것만이 아니다

이 영분별의 은사는 단지 마귀를 분별하거나 악한 영들을 분별하는 것만을 의미하지는 않습니다. 영분별은 오직 마귀와 관련되어 있다고 말하는 것은 잘못된 가르침입니다. 이 은사는 모든 계층의 영들, 즉 선한 영들, 악한 영들 그리고 인간의 영들 모두를 포함하고 있고 이 모든 영들을 다루고 있습니다. 이 은사는 영들의 세계를 들여다보는 초자연적인 통찰력입니다. 물론 악한 영들을 분별하는 것이 이 은사에 포함되지만, 사람들은 너무 자주 마귀나 귀신을 보는 것이 이 은사의 전부라고 생각합니다. 그들은 잘못 인도받고 있는 것입니다.

귀신들을 다룰 때는 균형을 유지하라

어떤 이들이 귀신에 대해 가르치고 축사하는 방법은 나를 괴롭게 합니다. 왜냐하면 그들이 하는 방식은 실제로 하나님의 말씀과 일치하지도 않고, 사람들을 자유하게 하는 것이 아니라 오히려 묶이게 하기 때문입니다. 예를 들어, 사람들이 마귀라고 말하는 많은 일들이 전혀 마귀가 아닙니다. 그것들은 육체의 일들입니다. 육체의 일들은 갈라디아서 5장 19-21절에 잘 나타나 있습니다.

갈라디아서 5:19-21

"육체의 일은 분명하니 곧 음행과 더러운 것과 호색과 우상 숭배와 주술과 원수 맺는 것과 분쟁과 시기와 분냄과 당 짓는 것과 분열함과 이단과 투기와 술 취함과 방탕함과 또 그와 같은 것들이라 전에 너희에게 경계한 것 같이 경계하노니 이런 일을 하는 자들은 하나님의 나라를 유업으로 받지 못할 것이요."

이 구절을 보면, 시기는 육체에 속한 일이라고 말하고 있습니다.

그러나 어떤 사람이 시기심의 문제가 있을 때, 대부분의 경우 그 사람에게서 축사를 하려고 합니다! 또한 증오도 육체의 일로 규정하고 있습니다. 그러므로 우리는 그 사람에게서 증오의 귀신을 반드시 축사할 필요는 없습니다. 알겠습니까?

우리는 육체를 다루어야 하는 것입니다. 우리는 육체를 다루는 방법을 성경 말씀을 통해서 들었습니다. 우리는 육체의 행위를 십자가에 못 박고 죽여야 하는 것입니다(롬 8:13, 골 3:5).

우리는 이런 일들에 대해서 신중해야 할 필요가 있습니다. 우리는 성경으로 해야 하고, 하나님의 말씀의 진리를 믿고 실천해야 합니다! 우리가 오래 가는 결과들을 얻고자 한다면, 성경이 말하는 것을 주의

깊게 따라갈 필요가 있습니다. 이것은 다른 성경의 교리들에게도 동일하게 적용되는 것입니다.

만약 여러분이 성경의 다른 교리들을 무시한 채 어떤 한 교리만을 지나치게 강조한다면, 여러분은 극단으로 갈수 있고 균형을 잃어버릴 수 있습니다. 나는 항상 기도합니다.

"하나님, 나의 사역이 균형을 잡을 수 있도록 도와주십시오."

예를 들어, 우리는 물세례가 성경적인 교리라는 것을 압니다. 그러나 물세례의 교리를 왜곡시키고 균형을 잃어버린 자들이 있습니다. 그들은 사람들에게 물세례를 받지 않으면 구원받을 수 없다고 말합니다. 또 어떤 이는 사람들을 구원하는 것은 물세례라고까지 말합니다! 또한 어떤 이들은 사람들에게 어떤 형식이나 의식을 따라 물세례를 받지 않는다면 구원받을 수 없다고 가르칩니다.

심지어 나는 어떤 사람이 라디오에서 다음과 같이 말하는 것을 들었습니다.

"얼마나 많은 사람들이 예수님의 이름으로만 세례를 받았든지 나는 관심이 없습니다. 내가 세례를 주지 않으면 여러분은 구원받지 못합니다. 나는 세례를 줄 권위를 가진 유일한 사람입니다. 그러므로 내가 여러분에게 예수님의 이름으로 세례를 주지 않는다면 아무도 천국에 가지 못할 것입니다."

어리석기 짝이 없는 말입니다! 여러분도 알다시피, 이 남자는 극단으로 치우친 것입니다. 그는 하나님의 말씀을 따르지 않고 있으며 오류에 빠진 것입니다.

나도 물세례를 믿습니다만, 그렇다 할지라도 여러분이 물세례나 어떤 성경의 교리가 중요하기 때문에 극단으로 몰아간다면, 확실한 것은 여러분은 사람들에게 선한 것보다는 해를 끼치게 될 수 있다는 것입니다. 나도 악한 영들의 실재를 믿습니다. 그리고 그 악한 영들과 그것들을 다루는 방법을 알 필요가 있다고 믿습니다. 그러나 여러분이 그것을 극단으로 가지고 간다면, 여러분은 선보다 해를 더 많이 끼치게 됩니다. 여러분은 모든 사람들이 그들 안에 마귀를 한 마리씩 가지고 있다고 생각하기 시작해도 되겠습니다.

어떤 이들은 하나님을 의식하기보다 마귀를 더 의식하게 됩니다. 그 결과 그들은 그 마귀에게 자리를 내주고 마귀는 그들의 인생을 파괴해 버립니다. 그러나 예수님은 말씀하십니다.

"진리를 알지니 진리가 너희를 자유롭게 하리라"(요 8:32).

이미 말했듯이, 사람들이 마귀라고 부르는 많은 일들이 전혀 마귀가 아닙니다. 마귀가 육체의 일들이 나타나고 있는 상황들을 이용할 수 있다는 것은 확실합니다. 그러나 여러분이 육체를 다룬다면 마귀는 여러분에게 어떤 일도 할 수 없습니다.

만일 여러분이 성경이 말하는 것을 행한다면, 즉, 여러분의 몸을 하나님이 받으실만한 거룩한 산제사 – 영적 예배 – 로 드리고(롬 12:1), 또 여러분의 몸의 어느 한 부분이라도 불의의 도구로 죄에게 내주지 않는다면(롬 6:13), 마귀는 여러분 안에 어떤 자리도 차지하지 못할 것입니다.

원수 마귀에게 묶여있는 자들이 있는 것은 확실한 사실입니다. 물론 모든 속박은 마귀와 직간접적으로 연관되어 있습니다. 그것이 항상 악한 영과 직접적인 연관성이 있다는 것을 의미하지는 않지만, 악한 영이 그 문제를 더 어렵게 하고 있을 수 있습니다.

그리고 때론 악한 영이 어떤 문제의 직접적인 원인일 때가 있는데, 신자는 영분별의 은사가 성령으로 인해 나타날 때 그 상황에 역사하고 있는 그 악한 영을 볼 수가 있습니다. 그러나 내가 앞에서 말했듯이, 영분별은 단지 악한 영을 분별하는 것 그 이상 훨씬 더 많은 것을 포함합니다.

하나님의 모습을 분별하기

또한 하나님의 모습(similitude, 역주: 하나님이 자신의 본래 모습을 나타내는 것이 아니라, 인간이 볼 수 있는 형태로 자신을 나타내는 것)을 보는 것도 이 은사의 범주에 속합니다.

예를 들어, 출애굽기 33장을 보면, 하나님이 모세에게 하나님의 모습을 보도록 영계를 볼 수 있게 허락하는 장면이 나옵니다.

출애굽기 33:20-23

"네가 내 얼굴을 보지 못하리니 나를 보고 살 자가 없음이니라 여호와께서 또 이르시기를 보라 내 곁에 한 장소가 있으니 너는 그 반석 위에 서라 내 영광이 지나갈 때에 내가 너를 반석 틈에 두고 내가 지나도록 내 손으로 너를 덮었다가 손을 거두리니 네가 내 등을 볼 것이요 얼굴은 보지 못하리라."

모세는 영계를 보고 있었습니다. 그는 성령의 이 은사의 나타남으로 인해 하나님의 모습을 분별할 수 있었습니다. 또 다른 하나님의 모습을 본 사람의 예가 이사야 6장에 나옵니다.

이사야 선지자는 말했습니다.

"웃시야 왕이 죽던 해에 내가 본즉 주께서 높이 들린 보좌에 앉으셨는데 그의 옷자락은 성전에 가득하였고"(사 6:1).

하나님의 말씀(성경)을 두루 살펴보면, 우리는 환상의 형태로 하나님의 모습을 영분별의 은사를 통해서 볼 수 있었던 자들이 나옵니다. 그들은 하나님을 본 것이 아니라, 하나님의 모습을 보았습니다. 하나님이 환상의 형태로 나타나실 때, 그들은 그 영적 세계를 들여다보는 것입니다. 이것은 영분별의 나타남이었습니다. 그래서 우리는 영분별은 단지 악령의 세계만을 보는 것이 아니라는 것을 알 수 있습니다.

부활하신 예수님을 분별하기

영분별을 통해서나, 영계를 들여다봄으로써 어떤 이는 부활하신 그리스도를 분별할 수도 있습니다. 예수님이 승천하시고 높은 곳에 앉으신 이후로(행 1:9; 히 1:3), 누구도 실제로 살과 뼈를 가진 육신의 모습으로 나타나신 예수님을 본 사람은 없습니다(눅 24:39). 왜냐하면 예수님은 지금 하나님 우편에 앉아 계시고, 그곳에서 우리를 위해서 줄곧 중보하시는 삶을 살고 계시기 때문입니다(히 7:25).

그러므로 예수님이 승천하시고 높은 곳에 앉으신 이후로, 누구도 영분별의 은사를 통하지 않고서는 예수님을 본 사람이 없습니다. 그러나 이런 초자연적인 영분별의 은사를 통해서, 몇몇 사람들은 영계를 볼 수 있게 되었고, 부활하신 예수님을 보게 되었습니다.

그런 모든 환상들은 영분별의 은사가 나타난 것입니다. 그러나 이 영분별의 은사는 지혜의 말씀이나 지식의 말씀과 함께 나타날 수도 있습니다. 그러나 환상 그 자체가 영분별이 될 수 있습니다. 왜냐하면 그 사람은 그 때 영적 세계를 보고 있기 때문입니다.

기억하십시오. 영분별의 은사는 악령뿐만 아니라 하나님께 속한 영들이 있는 영계를 보는 초자연적인 통찰력입니다. 또한 영분별은 인간의 영, 즉 그 사람의 영이 선한지, 혹은 악한 성향들을 가지고 있는지를 드러내기 위해 나타날 수도 있습니다.

그러므로 영분별은 세 가지 종류의 영들, 즉 신적인 것, 사탄적인 것, 인간적인 것을 다루고 있습니다. 여러분도 알다시피, 영분별은 하나님의 모습을 분별하는 것, 부활하신 그리스도를 분별하는 것, 혹은 심지어 성령을 분별하는 것일 수도 있습니다.

성령님을 분별하기

밧모 섬에 있던 사도 요한의 예를 봅시다.

그는 환상 속에서 하나님의 보좌 앞에서 일곱 영으로 계시는 성령님을 봤습니다(계 4:5). 이것은 사도 요한이 영계에서 하나님의 영의 일곱 가지 면을 보고 있었다는 것을 의미합니다.

또한 영분별은 그룹들(역주: 둘째 계급의 천사들), 스랍들(역주: 세 쌍의 날개를 가진 천사들), 천사장들 혹은 허다한 하나님의 천사들을 드러낼 수도 있습니다. 영분별은 사탄과 그의 군대들을 드러낼 수도 있으며, 초자연적인 현상이나 어떤 행동방식에 영향을 주고 있는 선한 능력이나 악한 능력을 드러낼 수도 있습니다.

활동이나 역사 뒤에 있는 영을 분별하기

초자연적인 나타남들은 다양한 원천에서 옵니다. 사실 우리에게 일어나는 기적적이고 초자연적인 것처럼 보이는 많은 일들이 실제로는 하나님에게서 오지 않은 것입니다. 우리는 사탄도 초자연적인 존재라는 것을 반드시 기억해야 합니다. 너무나 자주 사람들은 어떤 초자연적 특별한 일이 일어나면, 그것이 하나님께 속한 것인지, 성경적으로 검증해보지도 않은 채 추종하려고 합니다.

진짜 성령의 나타남을 체험하는 것은 좋은 일이지만, 모든 초자연적인 나타남들이 반드시 성령의 작용은 아니라는 것을 깨달아야 합니다. 만일 영분별이 작용한다면 우리는 어떤 나타남이나 작용 뒤에 있는 그 영을 알 수가 있습니다.

이번에는 사도행전 16장의 예를 봅시다.

이 장에서 사도 바울은 한 사건 뒤에 역사하고 있는 악한 영을 다루었습니다. 어떤 점치는 귀신들린 소녀가 바울을 따라 다니면서 외쳤습니다.

"… 이 사람들은 지극히 높으신 하나님의 종들입니다. 그들은 구원의 길을 우리에게 보여주었습니다"(행 16:17).

그 소녀가 계속 따라다니며 그렇게 말하자, 마침내 바울은 그 소녀를 보며 그 영에게 직접 말했습니다. 바울은 그 소녀를 다룬 게 아니라, 그 뒤에 역사하는 영을 다룬 것입니다. 이것은 영분별의 은사가 작동한 것일 것입니다. 왜냐하면 바울은 그 영에게 직접 말했기 때문입니다. 아마도 바울은 그가 보았던 영에게 말했을 것입니다. 바울은 그 영에게 말하고 그 소녀에게서 나오라고 명령했습니다. 그 후에 그 소녀는 다시는 점을 치지 못했습니다. 바울은 사람을 다룬 게 아니라, 그 사람과 관련된 그 영을 다루었습니다.

우리의 인도자인 내적 증거

그러나 영분별의 은사를 가지고 있지 않다 할지라도, 우리가 하나님의 말씀(성경)을 알고 성령 안에서 행한다면, 우리는 내적 증거를 가지고 있으므로 잘못된 영으로 행하는 이들을 분별할 수 있습니다. 우리의 영 안에 계시는 성령님은 우리가 그분께 매우 민감하게 귀를 기울인다면 우리에게 경고를 해주십니다.

예전에 나는 매우 존경받는 성경 교사가 하나님을 올바로 알지 못하는 설교자에게 속아 넘어가는 것을 보았습니다. 그 설교자의 설교 대부분은 오류가 있었으며, 성경적이지 않았습니다. 불행히도 이 유명한 성경 교사 역시도 사람들에게 이 설교자의 가르침을 믿고 따르도록 영향을 미쳤습니다. 나중에 이 성경 교사는 그 설교자의 교리 중 일부가 옳지 않다는 것을 알게 되었습니다. 그러나 대부분 이럴 때 그들은 이미 거짓 가르침에 사로잡혀 있기 때문에 그 사람들을 구해내기에는 이미 늦은 경우가 많습니다.

결국 그 성경 교사는 그 설교자를 찾아가 그의 설교 일부가 성경적이지 않다고 말해 주었습니다.

그 설교자는 대답했습니다.

"목사님, 내가 가르치는 성경의 말씀들을 당신은 이해하지 못할 것입니다. 나는 그것을 넘어섰습니다."

"그러면 당신은 나와는 아무런 상관이 없군요."

그 성경 교사는 이렇게 말하고, 그 설교자와의 관계를 끊어 버렸습니다. 그 성경 교사는 이 거짓 설교자를 멀리할 충분한 빛을 가지고 있었지만, 안타깝게도 그는 다른 사람들이 이 설교자와 그의 가르침을 믿도록 영향을 주었습니다.

최근에 불교에서 개종하여 갓 구원받은 한 여성이 있었습니다.

"나는 그 설교자의 집회에 처음 참석했는데, 성령님이 내 안에서 말씀하셨습니다. '너는 일어나 여기서 나가라. 그의 가르침은 옳지 않다'"라고 그녀는 말했습니다.

이 갓 거듭난 개종자는 성경에 대해서 아무것도 몰랐습니다. 그녀는 주님 안에 들어온 지, 고작 몇 주밖에 되지 않았습니다. 반대로 여기 35년 동안 순복음 교회에서 신앙생활을 해온 유명한 성경 교사는 이 설교자의 거짓 교리에 속아 넘어갔습니다.

이 예를 통해서 우리 안에서 주장하시고, 증거하시는 성령님의 인도하심을 우리가 얼마나 잘 놓치는지를 알 수 있습니다. 하나님은 우리의 영과 대화하십니다. 그리고 우리의 영은 우리 머리가 모르는 것들을 알고 있습니다. 자연적으로 말하면, 갓 개종한 이 여인은 아기 크리스천이기 때문에 이 거짓 설교자에 대해서 아무것도 몰랐고, 그의 가르침의 옳고 그름도 몰랐습니다. 그녀는 정말로 아무것도 모르면서 모든 것을 알고 있다고 생각하는 사람들과는 달랐습니다. 그녀는 주님만을 의지했습니다. 그리고 그녀의 영 속 깊은 데서 들려오는 것을 의존하는 법을 배웠던 것입니다.

우리는 어떤 것이 잘못되고 있음을 알기 위해 영분별을 필요로 하지 않습니다. 우리는 어떤 것이 하나님의 말씀과 일치하지 않을 때 그것을 우리 스스로 알만큼 하나님의 말씀을 충분히 잘 알 필요가 있습니다. 그리고 우리는 내적 증거의 인도함을 받아야 합니다.

"무릇 하나님의 영으로 인도함을 받는 사람은 곧 하나님의 아들이라"(롬 8:14).

이 구절은 모든 하나님의 아들들은 하나님의 영(성령)의 인도함을 받을 수 있음을 암시합니다. 그러나 성경은 모든 하나님의 자녀들이 영분별의 은사가 그들에게 나타나야 한다고 말하지 않습니다. 왜냐하면 성경이 "어떤 이에게는 성령으로 말미암아 지혜의 말씀을, 어떤 이에게는 같은 성령을 따라 지식의 말씀(혹은 성령의 다른 은사)을"(고전 12:8)이라고 말하고 있기 때문입니다. 심지어 이 구절은 모든 사람들이 그들의 삶에서 이러한 은사들이 나타날 것이라고 말하거나 암시하지도 않습니다. 그러나 로마서 8:14은 모든 신자들이 성령의 인도하심을 받을 수 있다고 암시하고 있습니다. 우리는 그 차이를 구별할 필요가 있습니다.

여러분도 알다시피, 영계에 대한 몇몇 사실들은 영분별을 통해서 우리에게 계시됩니다. 영계에 대한 또 다른 사실들은 성령의 내적 증거에 의해서 우리의 영에 계시됩니다. 성령님은 우리의 인도자입니다. 그러나 내적 증거는 영계를 보는 영분별과는 다른 것입니다.

지식의 말씀과 영분별의 차이

성령께서 영의 세계에 대해서 사실들을 계시하시는 또 다른 방법은 지식의 말씀의 은사를 통해서입니다.

30년 동안 성령의 은사를 연구해온 하워드 카터(Howard Carter) 목사는 말하기를 지식의 말씀은 누군가에게 현재 존재하거나 과거에 존재했었던 것을 계시하는 것이라고 했습니다. 지식의 말씀의 은사에 의해 어떤 사람의 몸을 사로잡고 있는 영의 사실은 계시될 수 있지만, 그 은사를 받은 사람은 그 영에 대해 어떤 환상을 본 것은 아닐 것입니다. 그는 악한 영을 분별하지 않을 것입니다.

바꿔 말해서, 여러분이 어떤 영을 분별했다면, 여러분은 그 영을 볼 것입니다. 왜냐하면 영분별은 영의 세계를 들여다보는 것이기 때문입니다.

만일 지식의 말씀의 은사가 작용한다면, 어떤 특별한 상황에 영이 존재하거나 관련되어 있음을 알 수는 있지만, 그 영을 보지는 못할 것입니다. 기억하십시오.

지식의 말씀은 성령님께서 하나님의 마음속에 있는 어떤 사실들을 계시하는 것입니다.

하나님의 영은 어떤 사람이 하나님의 영이 아닌 다른 영에 의해 움직이고 있다면 그것을 우리가 알도록 지식의 말씀을 나타내주실 수 있습니다. 성령님은 나와 함께 그런 일을 하셨습니다.

악한 영은 지식의 말씀에 의해 드러난다

나는 사역하면서 사람들을 위해서 기도할 때, 때론 어떤 영분별이 나타나기도 전에 초자연적으로 사실들을 알 때가 있습니다. 나는 지식의 말씀의 은사를 통해 그것들을 알았습니다. 이런 나타남들은 성령님의 뜻대로 주어지기 때문에 아무도 항상 사역할 때마다 그런 사실들을 알 수는 없습니다.

언젠가 한 남자가 내가 집회하고 있는 교회에서 몇 분 동안 설교하도록 요청받고 연단에 선 적이 있었습니다. 나는 이 남자가 바르게 사는 사람이 아니라는 말을 들었습니다. 물론 성경은 "그들의 열매로 그들을 알리라"(마 7:20)라고 말하고 있습니다.

이 남자는 회중들에게 몇 마디 말을 하기 위해서 일어나 있었고, 나는 뒤에 있는 연단에 앉아 있었습니다. 그 때 나는 성령님의 음성을 들었습니다.

"그는 *속살거리는 영*을 가졌다."(편집주: familiar spirit: 신접자와 마술사들의 몸에 들어있는 점 치는 귀신으로서 여러 가지 정보들을 신접자에게 알려줄 때 마치 새처럼 주절거리고 속살거리며 말한다. –E.J.Young의 이사야 8:19 주해 참고. familiar라는 단어를 사용하는 것은 이 귀신이 가정(family)에 속하는 종으로 간주되고, 신접자가 언제라도 불러올 수 있을 만큼 친근히(familiar) 지내기 때문이다. 그래서 사전에는 '심부름하는 영'으로 나와있다.)

나는 뒤돌아 보았습니다. 나는 이미 내 뒤에는 아무도 없다는 것을 알고 있었습니다. 그러나 그 음성이 너무나 선명해서 뒤를 돌아본 것입니다. 그것은 성령님이 나에게 하신 말씀이었습니다.

그 설교자는 그 사람들의 개인적인 것들을 많이 맞출 수 있었기 때문에, 많은 사람들이 그가 지식의 말씀으로 사역하고 있다고 생각했습니다. 그는 그 사람들의 이름과 주소, 그들의 지갑 안에 얼마의 돈이 들어 있는지, 심지어 그들의 주머니 안에 무엇이 들었는지도 맞추곤 하였습니다.

그러나 하나님의 영은 나에게 말씀하셨습니다.

"그는 속살거리는 영을 가졌다."

구약에서 하나님은 *속살거리는 영*에 대해 말씀하셨고, 하나님의 백성들이 그 영과 관계 맺는 것을 금지하셨습니다. *속살거리는 영*들은 사람들과 친숙하며, 이 영들은 이 사람에 대한 정보를 다른 사람에게 전달할 수 있습니다.

악한 영은 영분별에 의해 드러난다

한 번은 주님께서 환상 가운데 나에게 나타나셔서 말씀하셨습니다.

"내가 너에게 마귀(the devil), 악령들(demons), 악령에 사로잡힘(demon possession)에 대해 가르쳐 주겠다. 오늘 밤부터 성경에 영분별이라고 알려진 그 은사가 네가 성령 가운데 있을 때 너의 삶 속에서 역사하게 될 것이다."

이제껏 얘기했듯이, 나는 예수님을 보았기 때문에 예수님을 본 그 환상은 영분별이 나타난 것이었습니다. 나는 영들의 세계를 들여다보고 있었습니다. 그것이 영분별입니다.

주님의 이러한 방문 후에, 첫 번째 영분별의 나타남이 텍사스 테일러 집회에서 일어났습니다.

그 집회를 주관한 목사님이 왼쪽 폐에 암이 걸린 자기 조카에 대해서 나에게 말했습니다. 의사들은 그 조카를 수술하려고 하였지만, 그녀는 수술을 원치 않았습니다. 악성 종양은 오른쪽 폐로 전이되었고, 마침내 그녀가 수술하고자 해도 너무 늦어버렸습니다.

그녀는 병상에 누웠고, 하루에 여섯 끼의 식사가 제공되었지만 전혀 먹지 못했습니다. 사람들이 그녀를 침실에서 데리고 나와 내가 그곳에서 집회하는 첫 주의 화요일과 금요일 밤에 교회로 데리고 왔습니다. 화요일, 금요일은 치유집회였으므로 나는 그녀를 위해 기도해 주었습니다. 사람들은 다시 둘째 주

화요일과 금요일 밤에 그녀를 다시 데려왔고, 나는 다시 그녀를 위해 기도해 주었습니다.

셋째 주 화요일 밤에 사람들은 그녀를 다시 데려왔고, 그녀는 기도받는 줄의 맨 앞에 있었습니다. 내가 그녀에게 안수를 하자 갑자기 그 방 안에 있는 모든 사람들과 그 밖의 모든 것들이 다 사라져 버린 것 같았습니다. 나는 구름에 휩싸여 있었고, 내가 볼 수 있었던 것은 나 자신과 빛의 원 안에 서 있는 이 어린 소녀였습니다.

나는 영의 세계를 들여다보고 있었습니다. 나는 그녀의 왼쪽 폐 위에서 그녀의 몸에 매달려 있는 한 악령을 보았습니다. 나는 이 악령이 그녀의 암의 원인임을 알았고, 내가 다루어야 할 것임을 알았습니다. 나는 그 악령에게 예수님의 이름으로 그녀에게서 떠나라고 명령하였습니다. 영의 세계에서 나는 이 악한 영을 보았고, 그 악령이 말하는 것을 들었습니다. 그곳에 있는 그 누구도 어떤 것을 보거나 듣지 못했습니다. 이것은 영분별이 나타난 것입니다. 왜냐하면 나는 영의 세계를 들여다보고 있었기 때문입니다. 내가 그 악령에게 떠나라고 명령했을 때, 그 악령은 그녀의 몸에서 떨어져 마룻바닥으로 떨어졌습니다. 그 악령은 바닥에 떨어지자 회초리를 맞은 강아지처럼 낑낑거리며 울기 시작했습니다.

그 악령은 말했습니다.

"나는 떠나기 싫지만, 당신이 떠나라고 말한다면 나는 떠나야 한다는 것을 안다."

나는 말했습니다.

"너는 그녀의 몸을 떠나야 할 뿐만 아니라, 이 건물에서도 떠나야 한다."

그 악령은 복도를 뛰어내려 갔고 교회문 밖으로 나갔습니다. 그리고 그녀는 치유되었습니다.

이 소녀는 그 다음날 의사에게 갔고, 폐를 엑스레이로 찍어달라고 요청했습니다. 그 의사는 그럴 필요가 없다고 말했습니다. 왜냐하면 그 의사들은 이미 그녀의 폐를 충분히 엑스레이로 찍었기 때문입니다.

그러나 그녀는 말했습니다. "어떤 일이 나에게 일어났었어요. 나는 다시 엑스레이를 찍기를 원해요."

그들은 결국 엑스레이를 찍게 되었고, 정말로 어떤 일이 일어났음을 확인했습니다.

"당신의 폐가 완전히 치료되었네요!"

그들이 말했습니다. "암이 사라졌어요."

그 의사들은 더 많은 테스트를 하기 원했고, 그렇게 했습니다. 그녀의 폐는 완전히 깨끗하였고 모든 테스트도 음성으로 나타났습니다.

그 의사들이 그녀에게 물었습니다. "당신에게 무슨 일이 일어났나요?"

그녀가 하나님께서 어떻게 그녀를 치유하셨는지 말하자 그들은 말했습니다.

"어떻게 이런 일이 일어났는지는 모르겠지만, 무슨 일이 일어났는지는 알겠군요. 암이 폐에 있었지만, 지금은 그 암이 사라졌습니다."

그 의사들은 그녀가 폐에 암이 있었지만, 더 이상 그 암이 없다는 소견서를 그녀에게 써줄 거라고 말했습니다. 그 의사들은 치유에 반대하지 않았습니다. 의사들은 치료하는 일을 하고 있습니다. 그리고 의사들은 사람들이 치유되는 것을 보고 기뻐합니다.

3주 후에 그 목사님은 나에게 그의 조카가 16파운드(약 7.25kg)의 살이 쪘다고 말해주었습니다. 수 년이 흐른 후에 그 목사님과 대화를 나누게 되었는데, 그녀가 여전히 건강하다는 것을 알았습니다.

하워드 카터(Howard Carter) 목사는 어떤 영을 드러내는 데 있어서 지식의 말씀과 영분별의 차이를 다음과 같이 말하고 있습니다.

"만약 누군가 어떤 영을 알게 되었지만 그 영의 환상을 보지 않았다면, 그는 그것을 분별한 것이 아닙니다. 자연적인 존재들인 우리들은 영분별을 통해서 우리를 위해 창조된 자연계 너머를 볼 수 있습니다. 우리가 영계에 살고 있는 존재들을 인지할 수 있는 것은 오직 성령의 계시를 통해서만 가능합니다."(Howard Carter, *Question and Answers on Spiritual Gifts*(Tulsa, Oklahoma: Harrison House, Inc., 1976), pp.101,102.)

영의 세계는 비록 우리가 자연적인 감각으로 인지할 수 없다 할지라도 매우 실제적입니다. 하나님께서는 성령의 뜻에 따라 이 영의 세계에 대한 초자연적인 통찰력을 교회에 주기 위해서 영분별의 은사를 주셨습니다.

연구를 위한 질문

1. 영분별은 무엇에 대한 초자연적인 통찰력을 제공해 줍니까?

2. "분별하다"는 말은 무엇을 의미합니까?

3. 영분별은 왜 다른 두 계시의 은사들보다 더 제한된 범위 내에서 작용합니까?

4. 영분별이 아닌 것을 다섯 가지 말해 보십시오.

5. 사람들이 마귀라고 말하는 많은 것들이 전혀 마귀가 아닙니다. 그것들은 무엇입니까?

6. 하나님의 말씀은 우리에게 육신을 어떻게 다루라고 말씀하십니까?

7. 예수님이 승천하시고 높은 곳에 앉으신 후에 왜 그 누구도 육신의 살과 뼈의 몸을 가지신 예수님을 실제로 본 적이 없었을까요?

8. 영분별은 세 가지 종류의 영들을 다룹니다. 세 가지를 말해보십시오.

9. 로마서 8:14은 무엇을 암시합니까?

10. 성령님이 영의 세계에 대한 사실들을 우리에게 드러내시는 또 다른 방법을 말해 보십시오.

행하는 은사
(Do)

- 믿음의 은사
- 능력 행함의 은사
- 병 고치는 은사

15

믿음의 은사

15

"각 사람에게 성령의 나타내심은 유익하게 하려 하심이라 어떤 사람에게는 성령으로 말미암아 지혜의 말씀을, 어떤 사람에게는 같은 성령을 따라 지식의 말씀을, 다른 사람에게는 같은 성령으로 믿음을, 어떤 사람에게는 한 성령으로 병 고치는 은사를, 어떤 사람에게는 능력 행함을, 어떤 사람에게는 예언함을, 어떤 사람에게는 영들 분별함을, 다른 사람에게는 각종 방언 말함을, 어떤 사람에게는 방언들 통역함을 주시나니 이 모든 일은 같은 한 성령이 행하사 그의 뜻대로 각 사람에게 나누어 주시는 것이니라"(고전 12:7-11).

앞장에서도 언급했듯이, 성령의 아홉 가지 은사들은 세 가지로 분류할 수 있습니다.

즉, 어떤 것을 계시하는(reveal) 은사와, 어떤 것을 행하는(do) 은사와, 어떤 것을 말하는(say) 은사로 나누어집니다.

어떤 것을 계시하는 영적 은사는 지혜의 말씀, 지식의 말씀, 영분별 이렇게 세 가지입니다.

그리고 어떤 것을 행하는 영적 은사는 믿음의 은사, 병 고치는 은사들, 기적들을 행하는 것, 이렇게 세 가지입니다. 이 은사들은 종종 "능력의 은사"라고 불립니다.

마지막으로 어떤 것을 말하는 영적 은사는 예언의 은사, 각종 방언을 말하는 것, 방언 통변 이렇게 세 가지입니다. 이 은사들은 영감을 주는 은사 혹은 목소리를 내는 은사라고 불립니다.

성령의 은사들은 초자연적인 것이다

앞장들에서 언급했듯이, 모든 성령의 은사들은 초자연적입니다. 자연적인 것이 아닙니다. 각각의 은사들은 성령의 초자연적인 나타남입니다. 어떤 성경 교사들은 성령의 은사들 중의 일부는 자연적인 것이고, 다른 일부의 은사들은 초자연적인 것이라 말합니다. 그러나 은사들 중 하나가 초자연적인 것이라면, 나머지 모든 은사들도 초자연적인 것입니다. 고린도전서 12:8-10에 나열된 각각의 성령의 은사들은 성령의 초자연적인 나타남입니다.

예를 들어, 방언으로 말하는 것은 초자연적인 것이지 자연적인 것이 아닙니다. 자기 나라의 언어로 말하는 것은 초자연적인 것이 아닙니다. 왜냐하면 여러분은 그 언어로 말하는 방법을 배웠기 때문입니다. 그러나 여러분은 결코 방언으로 말하는 방법을 배우진 않았습니다. 방언은 성령의 초자연적인 말로서 여러분이 성령 세례를 받을 때 초자연적으로 주어진 것입니다.

하나님의 영이 우리 각 사람의 삶을 초자연적인 방식으로 인도하고 지도하는 것은 사실입니다. 왜냐하면 성경은 하나님의 영에 의해 우리가 인도함을 받고 있다고 말하고 있기 때문입니다(롬 8:14).

하나님이 하시는 모든 일은 어떤 의미에서 초자연적이라는 것 또한 사실입니다. 그러나 하나님께서 하시는 모든 일이 반드시 성령의 은사의 작용으로 나타난 것은 아닙니다.

예를 들면, 나의 영 속에는 내적 증거(inward witness)가 있는데, 이는 내가 어떤 일을 행하거나 행하지 않는 데에 영향을 줍니다. 이 내적 증거가 초자연적인 것이라 할지라도 이들 은사 중 하나가 나타난 것은 아닙니다. 내적 증거는 단지 하나님의 영에 의해 인도함을 받는 것이며, 모든 크리스천들은 매일의 삶 속에서 하나님의 영에 인도함을 받아야 합니다(롬 8:14).

나는 자주 내적 증거를 통해서 하나님의 인도를 받습니다. 때론 인도함을 받기 위해 기도함으로 어떤 방향으로 감동을 받습니다. 그러나 이것은 성령의 은사가 초자연적으로 나타난 것이 아닙니다. 나는 내적 감동이나, 내적 증거를 가진 것에 지나지 않습니다. 그것이 성령님께서 나를 인도하시고 지도하시는 방법입니다.

때론 사람들이 자신들의 나아갈 방향을 알려달라고 나에게 기도요청을 할 때가 있습니다.

그러면 나는 그들에게 질문합니다. "당신의 마음이 당신에게 뭐라고 말합니까?"

그들은 대부분 웃으며 말합니다.

"글쎄요. 생각해보니 나는 내가 할 바를 내 속에서 내내 알고 있었던 것 같군요."

내적 증거에 의한 이런 인도함은 성령의 은사로 나타나는 초자연적인 작용이 아닙니다. 이것은 단지 성령의 인도함을 받는 방법들 가운데 하나일 뿐입니다.

그러나 어떤 것을 계시하는 초자연적인 나타남이 있는 곳에는 계시의 은사들, 즉 지혜의 말씀이나 지식의 말씀 혹은 영분별 중 하나가 나타난 것입니다.

특별한 믿음의 은사

이전 장들에서 우리는 성령의 계시의 은사인 지혜의 말씀, 지식의 말씀 그리고 영분별에 대해서 알아보았습니다. 이제 성령의 능력의 은사인 믿음의 은사, 기적들을 행하는 것 그리고 병 고치는 은사들을 알아봅시다.

이번 장에서는 능력의 은사들 중 그 첫 번째인 믿음의 은사에 대해 나누어 봅시다.

확대번역 성경은 "또 어떤 이에게는 (놀라운 일을 행하는), 믿음을 …"(고전 12:9)이라고 기록되어 있습니다. 이 성령의 은사는 또한 특별한 믿음이라고도 불립니다.

특별한 믿음의 은사는 구원의 믿음과는 다른 것이다

모든 신자들은 이미 일반적인 믿음 혹은 구원의 믿음을 가지고 있습니다. 이러한 믿음 또한 하나의 은사(gift)입니다. 에베소서 2:8은 말합니다.

"너희는 그 은혜에 의하여 믿음으로 말미암아 구원을 받았으니 이것은 너희에게서 난 것이 아니요 하나님의 선물이라."

구원의 믿음도 하나님이 주신 하나의 은사(gift)이지만, 성령의 아홉 가지 은사들 중에는 포함되지 않습니다. 구원의 믿음은 하나님의 말씀을 들으므로 주어진 것입니다. 성경이 그렇게 말하고 있습니다.

"그러므로 믿음은 들음에서 나며 들음은 그리스도의 말씀으로 말미암았느니라"(롬 10:17).

우리가 이 장에서 얘기하고 있는 특별한 믿음은 일반적인 믿음, 곧 구원의 믿음과는 다른 것입니다. 이 믿음은 특별한 믿음 혹은 기적을 행하는 믿음을 부여 받은 신자에게 나타나는 성령의 초자연적인 작용입니다. 그래서 이 믿음은 단순한 구원의 믿음을 넘어서는 것입니다.

믿음의 은사는 3가지 능력의 은사들 중 가장 큰 것입니다. 그리고 이 믿음의 은사도 다른 성령의 은사들이 초자연적인 것처럼 초자연적인 것입니다.

믿음의 은사는 신자가 기적을 받도록(receive) 하기위해서 주어진 성령의 은사입니다.

반면에, 기적을 행하는 은사는 신자가 기적을 행하도록(work) 하기 위해서 주어진 성령의 은사입니다. 믿음의 은사는 어떤 것을 받는 것이고, 기적을 행하는 은사는 어떤 것을 행하는 것입니다.

성경이 말하는 것을 주의해서 봅시다.

"어떤 사람에게는 능력 행함을…"(고전 12:10).

다시 말해서, 여러분이 어떤 기적을 받을 때, 여러분은 그 기적을 행한 것이 아닙니다. 그러나 여러분이 성령의 기름부음에 의해 어떤 기적을 행할 때, 그것은 성령의 초자연적인 은사인 기적 행함의 은사를 통해서 기적을 행한 것입니다.

이런 능력의 은사들은 서로 밀접하게 연관되어 있으며 대개 함께 역사합니다. 이런 현상들은 계시의 은사들도 마찬가지입니다. 즉, 계시의 은사들도 밀접한 연관성을 가지며 함께 역사합니다. 또한 말하는 은사들도 마찬가지입니다.

여기서 주목해야 할 것은, 성령의 모든 은사들은 그 은사를 받은 신자가 가지고 있는 일반적인 믿음을 통해서 작용을 한다는 것이 중요합니다. 달리 말하면, 누구든지 믿음으로 행해야 하며, 성령의 인도를 따라야만 합니다. 거기에는 단순한 일반적인 믿음이 들어있는 것입니다. 이 일반적인 믿음은 하나님의 말씀을 들으므로 오는 믿음입니다. 그러므로 성령의 은사들은 믿음의 은사에 의해 작동하는 것이 아니라, 일반적인 보통의 믿음을 통해서 작용하는 것입니다.

기억하십시오. 성경은 말합니다.

"예수께서 이르시되 할 수 있거든이 무슨 말이냐 믿는 자에게는 능히 하지 못할 일이 없느니라 하시니"(막 9:23).

우리가 알다시피, 성령의 9가지 은사 중 하나인 믿음의 은사는 단순한 구원의 믿음과는 다르며, 구별되는 것입니다. 또한 이 믿음의 은사, 곧 특별한 믿음은 갈라디아서 5장에 나오는 성령의 열매인 믿음과도 구별되는 것입니다(갈 5:22).

갈라디아서 5장 22절에 나오는 "믿음"이란 단어는, 헬라어로 보면 "신실함"(faithfulness)으로 번역될 수 있습니다(역자주: 우리말 성경에 '충성'으로 번역된 단어가 KJV에는 faith로, NIV에는 faithfulness로 번역되어 있음). 성령의 열매는 인격에 관한 것이며, 성령의 은사는 능력에 관한 것입니다. 열매는 자라나는 것입니다. 믿음, 곧 신실함은 크리스천의 삶 가운데서 신의 성품에까지 자라가는 하나의 열매입니다.

그러나 믿음의 은사는 성령의 뜻대로 성령에 의해 초자연적으로 주어진 하나의 특별한 은사입니다. 성령의 은사인 특별한 믿음으로 사역하는 자들은 하나님께서 그들의 말을 하나님 자신의 말씀처럼 높이시며 그들이 원하는 결과를 초자연적으로 일으키신다고 믿을 수 있습니다.

따라서 우리는 믿음에도 여러 가지 종류가 있음을 배우게 됩니다. 구원의 믿음은 구원을 가져옵니다. 믿음, 곧 성령의 열매인 신실함(충성)은 구원 이후에 오는 것입니다. 그리고 특별한 믿음의 은사가 나타나는 것은 성령 세례 이후에 성령의 선물로서 오는 것입니다. 그러나 성령의 선물인 믿음의 은사는 우리의 뜻이 아니라 성령님의 뜻대로 작동합니다.

기도처럼 믿음도 사람들이 쉽게 혼동하는 것입니다. 대부분 우리들은 모든 종류의 믿음을 말하자면 한 자루에 집어넣고 뒤섞고 흔들어서 한꺼번에 쏟아냅니다. 그러나 우리는 모든 신자가 가지고 있는 일반적인 믿음, 곧 구원의 믿음과 하나님이 어떤 경우에만 주시는 특별한 믿음을 구별해야 합니다.

내가 일반적인 구원의 믿음에 대해 말하고 있을 때, 사람들이 다음과 같이 말하는 것을 종종 듣습니다.

"글쎄요, 하나님이 나에게 믿음을 주신다면 나는 믿음을 가질 것이고, 주시지 않는다면 나는 믿음을 가지지 못할 것입니다."

그들은 "다른 사람에게는 같은 성령으로 믿음을…"(고전 12:9) 이 말씀을 읽고, 모든 믿음이 이럴 것이라 생각합니다.

그러나 우리가 이미 증명했듯이, 이 특별한 믿음, 곧 이 믿음의 은사는 구원받기 위해서 필요한 일반적인 구원의 믿음과는 다른 것입니다. 그리고 이 특별한 믿음은 하나님이 여러분의 필요를 성경 말씀대로 충족시켜 주실 것이라고 믿는 믿음도 아닙니다. 여러분의 필요가 충족되도록 하는 믿음은 말씀을 들으므로 오며(롬 10:17), 모든 신자들에게는 이런 일반적인 믿음의 분량이 주어져 있습니다(롬 12:3).

또한 내가 이미 지적한 대로 이 믿음의 은사는 크리스천으로서 성숙한 인격을 키워가는데 필요한 믿음의 열매도 아닙니다. 특별한 믿음은 우리가 보통 기도를 통해서 응답을 받는 그런 일반적인 믿음이 아닙니다. 우리가 알듯이, 우리는 일반적인 믿음으로 구원을 받고, 일반적인 믿음으로 성령 세례를 받습니다.

"… 무엇이든지 기도하고 구하는 것은 받은 줄로 믿으라 그리하면 너희에게 그대로 되리라"(막 11:24)고 예수님께서 말씀하셨기 때문에 우리는 일반적인 보통의 믿음을 통해서 기도의 응답을 받습니다. 우리들 대부분은 심지어 성령 세례를 받기 전에도 단지 믿음으로 기도의 응답을 많이 받았습니다. 이런 응답들은 우리가 하나님을 믿고, 믿음으로 성경 말씀의 약속들을 우리의 것으로 주장했기 때문에 온 것입니다. 그러나 이 모든 것들은 고린도전서 12:9 말씀에 나오는 특별한 믿음의 은사가 아닙니다.

만약 이 특별한 믿음의 은사가 기도의 응답을 얻기 위해서, 성령 세례를 받기 위해서, 몸의 치유를 받기 위해서, 혹은 재정적인 필요를 충족시키기 위해서 나타나야 하는 것이라면, 여러분은 구원을 얻고 성령 세례를 받지 않고서는 결코 기도의 응답을 받지 못할 것입니다. 그러나 나뿐만 아니라, 우리 대부분은 성령 세례를 받기 전에 치유를 받았습니다. 우리는 하나님의 말씀을 단순히 믿음으로써 치유를 받았습니다.

또한 만일 이런 일반적인 기도의 응답들이 믿음의 은사의 작용으로 나타나는 결과라면, 모든 사람이 –심지어 성령 세례를 받은 사람이라 할지라도– 다 기도의 응답을 받지는 못할 것입니다. 왜냐하면 모든 사람이 다 이 은사를 나타나게 하지 못할 것이기 때문입니다. 기억하십시오. 성경은 이렇게 말합니다.

> "어떤 사람에게는 성령으로 말미암아 지혜의 말씀을, 어떤 사람에게는 같은 성령을 따라 지식의 말씀을, … 다른 사람에게는 같은 성령으로 믿음을 …"(고전 12:8,9).

그러므로 우리가 기도 응답을 받기 위해서 이 믿음의 은사를 사용해야 한다면, 모든 사람이 다 기도 응답을 받을 수는 없을 것입니다. 알다시피 이것은 진실이 아닙니다.

그러나 모든 신자들이 가지는 믿음이 있는데 그것을 나는 일반적인 믿음이라 부르며, 그 믿음은 하나님의 말씀을 먹고 삶의 현장에서 실천함으로써 증가될 수 있습니다. 우리 모두는 계속 증가하는 믿음을 가질 수 있습니다. 그러나 믿음의 은사는 성령의 뜻대로 주어진 성령의 초자연적인 나타남입니다.

믿음의 은사와 능력을 행하는 은사의 차이점

믿음의 은사와 능력을 행하는 은사는 둘 다 기적을 일으키는 것은 같으나, 차이가 있습니다.

하나는 수동적이고, 하나는 능동적입니다.

기적을 일으키는(능력을 행하는) 은사는 능동적으로 어떤 기적을 일으킵니다.

반면에, 믿음의 은사는 기적을 일으키지는 않고 수동적으로 기적을 받습니다.

다시 말해서, 이 두 은사의 차이점은 기적을 능동적으로 일으키느냐, 아니면 수동적으로 받느냐의 차이입니다.

다니엘이 사자굴 속에 던져졌을 때 그는 기적을 받았습니다. 그 당시뿐만 아니라 유사 이래로 사자굴에 던져진 사람들은 사자의 먹이감이 되었습니다. 왜 그 사자들은 다니엘을 덮치지 않았습니까? 성경은 이렇게 말합니다.

> "… 그들이 다니엘을 굴에서 올린즉 그의 몸이 조금도 상하지 아니하였으니 이는 그가 자기의 하나님을 믿음이었더라"(단 6:23).

하나님은 다니엘을 구원하기 위해서 그에게 성령의 초자연적인 은사인 특별한 믿음을 주셨습니다. 다니엘은 아무것도 하지 않았습니다. 그는 그냥 누워서 잠을 잤습니다. 그의 믿음은 능동적이 아니라 수동적이었지만 기적을 받았습니다.

예수님도 성난 폭풍이 일 때 배 후미에서 잠을 주무시므로 이 믿음의 은사를 사용하셨습니다(막 4:38).

혹자는 이렇게 주장할지도 모릅니다.

"맞습니다. 하지만 그것은 예수님의 경우입니다. 그는 하나님의 아들입니다."

그러나 이 주장은 맞지 않습니다. 예수님은 성령의 능력이 아니고서는 어떤 일도 행하지 않으셨습니다. 예수님은 하나님의 아들로서 그가 가지신 모든 능력을 스스로 내려놓고 이 지구에 오셨습니다(빌 2:7). 예수님은 성령님이 내려와 그에게 기름 붓기 전이나, 후나 동일하게 하나님의 아들이셨습니다. 하지만 예수님은 하나님의 아들로서 그가 가지신 모든 능력을 벗어버리고 이 땅에 오셨기 때문에 세례 요한으로부터 세례를 받고 성령님이 임하기 전까진 어떤 기적도 행하지 않으셨습니다.

여러분도 아시다시피, 예수님은 이 땅에 계셨을 때, 성령의 기름부음 받은 한 인간으로서 사역하셨습니다. 만약에 예수님이 하나님의 아들의 능력으로 기적을 행하셨다면, 예수님은 자신이 행한 일들을 우리에게 행하라고 말하실 수 없습니다. 그러나 예수님은 명백히 말씀하셨습니다.

> "내가 진실로 진실로 너희에게 이르노니 나를 믿는 자는 내가 하는 일을 그도 할 것이요 또한 그보다 큰 일도 하리니 이는 내가 아버지께로 감이라"(요 14:12).

그러나 예수님이 성령의 기름부음 받은 한 인간으로, 그리고 성령의 기름부음과 영감 가운데 사역하셨다면, 신자들도 똑같은 일을 할 수 있습니다.

호수 건너편으로 안전하게 항해하고 있는 제자들을 성난 폭풍이 일어 그들을 위협했지만, 예수님은 배 후미에서 주무시고 계셨습니다(막 4:38). 예수님은 그 폭풍에 전혀 영향을 받지 않으셨습니다. 그리고 사자들이 굴 속에서 어슬렁거리며 돌아다닐 때, 다니엘은 완전한 평강과 침착한 확신 가운데 위험 속에서도 누워서 잠을 잤습니다. 어떻게 그렇게 할 수 있었을까요? 예수님과 다니엘은 모든 신자들이 말씀을 들으므로 가질 수 있는 단순한 일반적인 믿음을 넘어선 특별한 믿음을 소유하고 있었기 때문입니다.

성경 전체에서 우리는 어떻게 이 믿음의 은사가 주로 위험에 처한 사람들에게 역사했는지 볼 수 있습니다. 이 믿음의 은사를 통해, 그들은 초자연적인 침착성과 고요한 확신을 가지게 되었습니다.

기적을 일으키는 은사는 능동적으로 어떤 기적을 일으키는 믿음을 필요로 합니다. 그러나 믿음의 은사는 어떤 지속적인 행위를 함으로써 수동적으로 어떤 기적이 일어나기를 기대하는 믿음을 필요로 합니다. 이것은 믿음의 은사가 필요할 때, 그 특별한 믿음의 은사에 지속이 있다는 것을 의미합니다. 즉, 특별한 믿음의 행위를 계속하는 것입니다.

이 믿음의 은사가 작용할 때, 그 당사자에겐 그 상황에 대한 확신할 만한 어떠한 해결책도 보이지 않는 것 같습니다. 그래서 특별한 믿음은 오랜 시일이 걸리고 수동적으로 기적을 받기 위한 특별한 믿음의 행위가 지속되어야 할 경우도 있습니다.

예를 들어, 구약의 족장들은 그들의 자식들에게 안수하며, 때로는 먼 미래에 언젠가 그들에게 일어날 축복이나 저주를 선포했는데, 이것이 바로 믿음의 은사에 의한 것입니다. 우리는 아브라함, 이삭, 야곱의 이야기를 통해서 이 믿음의 은사가 작용한 것을 볼 수 있습니다.

초자연적인 믿음, 즉 특별한 믿음의 작용을 통해서 족장들은 그들이 말한 것들이 아무리 세월이 흐를지라도 일어날 것이라고 믿었습니다.

이 믿음의 은사는 사람이 말했거나 원한 것 혹은 하나님이 말씀하신 것이 결국에는 일어나도록 하는 신적인 은사 혹은 하나님의 영에 의해 권능이 부여된 은사입니다.

인간적이거나 신적인 기적, 말, 확신, 저주나 축복, 창조나 파괴, 소멸이나 변화, 이러한 것들은 이 특별한 믿음의 은사의 영감(inspiration)하에서 선포되어질 때 결국에는 일어나게 됩니다.

위글스워스와 믿음의 은사

스미스 위글스워스는 말하기를, 만일 여러분이 일반적인 믿음의 단계를 밟아간다면, 그 믿음의 끝에 이르게 될 때 대부분 이 초자연적인 특별한 믿음의 은사가 발휘될 것이라고 하였습니다.

그러나 대부분의 사람들이 그들의 삶 속에서 이 특별한 믿음의 은사의 나타남을 보지 못하는 한 가지 이유는 그들이 이미 가지고 있는 일반적인 믿음을 먼저 사용하지 않기 때문입니다.

위글스워스의 사역에서 적어도 3명의 죽은 사람이 살아났으며, 그보다 훨씬 많은 사람들이 살아났을지도 모릅니다. 죽었다가 살아난 사람들 중에 위글스워스와 친분이 있는 미첼이라는 사람이 있었습니다.

어느 날 위글스워스가 야외 집회를 마치고 집으로 돌아왔을 때, 아내인 폴리가 미첼의 집에 가 있다는 것을 알았습니다. 위글스워스가 미첼의 집을 방문하기 전 날, 미첼은 병들어 죽어가고 있었습니다. 위글스워스가 미첼의 집에 도착하자, 울음소리가 집에서 흘러나왔습니다. 그는 미첼의 방으로 들어가 "미첼이 죽었어요! 죽었다고요!"라고 말하며 울고 있는 미첼 부인을 지나쳐 들어갔습니다.

위글스워스는 그의 경험을 다음과 같이 말했습니다.

> 내가 미첼 부인을 뒤로한 채 방으로 들어갔을 때 이미 미첼은 죽어 있었습니다. 나는 이해할 수 없었지만, 기도하기 시작했습니다. 나의 아내는 늘 내가 상식을 넘어서 더 나아가는 것을 우려하곤 했습니다.
>
> 아내는 나를 붙들고 말했습니다.
>
> "그만해요, 여보! 미첼이 죽었다는 것을 당신도 알잖아요."
>
> 그러나 나는 계속 기도했습니다. 내가 나 자신의 믿음으로 나아갈 수 있는 만큼 나아갔을 때, 하나님이 나를 붙잡아 주셨습니다. 어찌나 강하게 붙들어 주셨는지 나는 무엇이라도 믿을 수 있었습니다. 주 예수님의 믿음이 나를 붙잡아 주시자, 완전한 평강이 나의 마음 속으로 들어왔습니다.
>
> 나는 소리쳤습니다. "미첼이 살아났다! 미첼이 살아났다! 미첼이 살아났다!"
>
> 미첼은 지금도 살아 있습니다(Smith Wigglesworth, *Ever Increasing Faith*(1924; Springfield, Missouri: Gospel Publishing House, 1971), pp.138,139).

죽은 사람을 살려내는 것은 일반적인 믿음을 뛰어넘는 것입니다. 우리의 일반적인 믿음으로 우리는 위글스워스가 한 것을 시도해 볼 수 있습니다. 즉, 우리는 죽은 자를 침상에서 끌어내어 일으켜 세운 뒤 그에게 걸으라고 명할 수 있습니다. 그러나 그러한 행위가 죽은 자를 다시 걷게 할 수 있다고 장담할 수는 없습니다. 왜 그렇습니까? 이와 같은 기적을 받는 것은 초자연적인 하나님의 능력이 작용해야 하기 때문입니다.

능력의 은사들은 자주 함께 역사한다

내가 이미 언급했듯이, 이 세 가지 능력의 은사들– 믿음의 은사, 병 고치는 은사, 능력 행함– 은 흔히 함께 역사합니다.

죽은 사람을 살릴 때 이 세 가지 능력의 은사가 모두 함께 작용합니다. 우리가 죽었다가 살아난 사람들을 자주 볼 수 없는 한 가지 이유가 있습니다. 우리들 중 일부의 사람들은 한 두 개의 능력의 은사를 가지고 있습니다. 그러나 세 가지 능력의 은사 모두를 가진 사람은 너무나 적기 때문입니다. 즉, 죽은 사람을 살릴 때 가장 먼저 필요한 것은 육신을 떠난 영혼을 다시 불러올 수 있는 초자연적인 믿음(특별한 믿음의 은사)입니다. 그 다음 필요한 것은 기적을 행하는 은사입니다. 왜냐하면 나사로의 경우에서처럼 시신은 부패하기 시작하기 때문입니다(요 11:39).

또한 죽은 자를 살릴 때에는 치유의 은사들도 필요합니다. 왜냐하면 죽었다가 살아난 그 사람은 아직 치유되지 않았으므로 그를 죽게 한 그 질병이나 상처가 여전히 몸에 영향을 줄 것이고, 그는 다시 죽을 것이기 때문입니다. 그래서 그 사람은 치유도 되어야 합니다. 그러므로 죽은 자가 살아날 때, 이 세 가지 능력의 은사가 모두 나타나는 것입니다.

때때로 사람들은 병자가 치유될 때 믿음의 은사가 작용했다고 생각합니다. 그러나 치유의 경우에는 병 고치는 은사가 작용한 것입니다. 문둥병자가 깨끗해지고, 불치병이 치유받고, 지체장애자가 걷는 것은 치유의 은사가 작용한 것입니다.

축사(Casting Out Demons)

믿음의 은사가 다른 성령의 은사와 함께 작동하는 또 다른 영역은 악한 영을 쫓아내는 축사의 영역입니다. 축사할 때, 영분별 혹은 지식의 말씀의 은사가 믿음의 은사와 함께 작동합니다. 당신이 그 영을 보거나 분별하지 못한다면, 대부분 그 악령의 실체는 지식의 말씀을 통해 드러납니다. 그러나 그 악령을 쫓아내는 데는 믿음의 은사가 작용해야 합니다.

우리는 우리 자신의 힘으로 마귀를 다룰 수는 없습니다. 그러나 하나님은 우리에게 그의 말씀과 능력, 권세 그리고 우리 삶 속에서 사탄의 패배를 확정짓는데 필요한 모든 영적인 무기를 주셨습니다. 하나님께서 우리에게 주신 그 영적인 무기 중 하나가 바로 이 초자연적인 믿음의 은사입니다.

내가 말한 것처럼, 이 믿음의 은사는 축사하기 위해서, 죽은 자를 살리기 위해서 그리고 일반적인 믿음의 능력을 넘어서서 어떤 사람이 초자연적으로 살아남도록 하기 위해서 작동할 수 있습니다.

믿음의 은사의 목적

이전에 언급했듯이, 기적을 행하는 것은 행위에 더 가깝고, 반면에 믿음의 은사는 과정에 더 가깝습니다. 다시 말해, 기적을 행하는 것은 어떤 기적을 행하는 것이지만, 믿음의 은사는 기적을 받는 것입니다.

요약하자면, 첫째로, 우리는 구약의 족장들의 경우에서 보듯, 축복을 받거나 인간의 말이 성취되는 데에 이 믿음의 은사가 작동하는 것을 보았습니다. 우리가 말했듯이, 대부분 족장들이 죽을 때, 그들은 아들들의 머리에 안수하며 축복을 명했는데, 그들이 어떤 말을 했든지 그 말은 이루어졌습니다. 그들은 초자연적인 믿음의 은사의 나타남으로 이런 일을 행한 것입니다.

둘째로, 우리는 다니엘이 사자굴 속에 있었던 경우처럼, 이 믿음의 은사가 위험에 처한 사람을 보호하기 위해서 어떻게 나타났는가를 보았습니다.

셋째로, 이 믿음의 은사는 기근의 때에 초자연적인 생존을 위해서 나타났습니다. 예를 들어, 엘리야는 까마귀들이 가져다 주는 음식을 먹고 살아 남을 수 있었습니다(왕상 17:3-6).

엘리야의 믿음은 초자연적으로 그에게 주어졌습니다. 왜냐하면 까마귀들이 그를 먹일 것을 믿는 것은 일반적인 믿음을 넘어서는 것이기 때문입니다. 까마귀들은 아침저녁으로 엘리야에게 음식을 갖다 주었습니다.

기억하십시오. 일반적인 믿음은 하나님의 말씀을 들음으로 옵니다(롬 10:17). 그러나 믿음의 은사는 일반적인 믿음이 받을 수 있는 능력을 넘어선 기적을 받도록 하기 위해서 성령님에 의해서 나타나는 것입니다.

넷째로, 이 믿음의 은사는 이미 지적하였듯이, 죽은 자를 살리는데 나타납니다.

다섯 번째, 믿음의 은사는 축사하는데 작용합니다. 당신이 축사할 때, 당신은 하나님께서 당신의 말을 하나님 자신의 말처럼 높이시는 것을 믿는 것입니다.

여섯 번째, 어떤 경우에 이 믿음의 은사는 사람들에게 성령의 충만함을 받도록 안수를 할 때 작용합니다.

갈라디아서 3:5

"너희에게 성령을 주시고 너희 가운데서 능력을 행하시는 이의 일이 율법의 행위에서냐 혹은 듣고 믿음에서냐."

바울이 갈라디아 교인들에게 "… 너희 가운데서 능력을 행하시는 이…"라고 말할 때, 그는 기적을 행하는 은사를 말하고 있는 것입니다. 그러나 그 말씀 전에 바울은 "너희에게 성령을 주시고…"라고 말합니다. 바울은 먼저 성령이 역사하시는 것을 말하고, 그 다음에 기적을 행하는 은사를 말했습니다. 그런 다음에 "율법의 행위에서냐, 듣고 믿음에서냐"라고 질문합니다.

물론, 들음으로 인한 믿음, 곧 모든 신자가 소유한 믿음을 통해서 기적이 일어나는 것입니다.

그러나 그리스도의 몸된 교회에 속한 일부 사람들은 기적을 행하는 사역 쪽에 더 가까운데 이 때 믿음의 은사가 그들의 사역에 동반하게 됩니다.

다시 말해서, 이 믿음의 은사는 대부분 신자들에게 성령 세례를 줄 때 작동합니다. 이 은사는 안수사역과 함께 역사하게 됩니다. 전에 말했듯이, 이런 계통의 사역을 하도록 초자연적으로 준비된 자들이 있습니다.

물론 성령을 받는데 있어서까지도, 어떤 신자이든 일반적인 믿음을 가지고 안수할 수 있으며, 성경의 약속의 말씀을 주장하여 사용할 수 있습니다. 그러나 하나님의 영이 한 사람을 통해서 다른 사람에게 나타나도록 사역할 때, 그곳에는 성령의 은사의 작동이 있어야 합니다.

만일 당신이 성령의 은사의 작동 없이 다른 사람들에게 어떤 축복이나 치유를 위해 안수한다면, 안수받는 그 사람은 말씀이 약속하는 것은 무엇이나 단순히 믿음으로 받을 수 있습니다. 그러므로 안수는 단지 하나의 접촉일 뿐입니다. 즉, 안수받는 자는 안수하는 자의 손이 접촉하는 순간에 하나님의 약속의 말씀을 믿는 그 자신의 믿음을 풀어 놓는 것입니다.

물론 안수받은 자가 그 자신의 믿음으로 축복을 받는다면, 그것 역시 하나님의 능력이 작용한 것입니다.

하나님은 주권적으로 능력이 나타남을 통해서 역사하십니다. 그리고 성령의 은사들이 초자연적으로 나타남을 통해서 역사하시며, 또한 그의 말씀을 믿는 단순한 믿음을 통해서도 역사하십니다.

그러므로 이 믿음의 은사는 하나님이 약속하신 성령의 충만함을 전이시키며, 영혼을 부요하게 하며, 영적인 봉사를 위해 누군가에게 능력을 부여하는 등 신자들에게 성령사역을 하는데 작용할 수 있습니다.

결론적으로, 우리는 믿음의 은사를 통해서 엘리야의 경우처럼, 광폭한 불이 제어될 수 있음을 알 수 있습니다(왕상 18:38). 믿음의 은사를 통해서 기적이 초자연적으로 나타났으며, 어떤 사람은 초자연적으로 음식을 공급받고, 생존할 수 있었습니다(왕상 19:4,6). 또 어떤 이는 음식이나 물도 없이 40일 동안 사역하며 살아남을 수 있었습니다(출 34:28).

이 믿음의 은사가 나타났기 때문에 천사들이 하나님의 종들을 지키고 보호를 하였습니다. 즉, 다니엘이 사자굴에서 구원받은 것처럼, 사나운 짐승들로부터 사람들이 구원을 받았습니다(단 6:22).

믿음의 은사는 이 은사가 나타난 사람들의 영 속에 내적인 고요함을 가져옵니다. 예를 들어, 사형선고를 받은 베드로는 처형 전 날 밤에 잠을 자고 있었지만, 죽음을 면하게 되었습니다(행 12:6-11).

그리고 이 믿음의 은사를 통해서 바다에서 배를 난파시키고 그 배에 탄 사람들을 죽이려고 위협하는 성난 파도가 잠잠해졌습니다(막 4:39).

믿음의 은사는 더러운 영으로 망가진 사람들의 몸에서 그 더러운 영들을 쫓아낼 수 있습니다. 또한 이 믿음의 은사는 성령 세례 사역에서도 작동합니다. 그리고 이 믿음의 은사를 통해서 누군가의 인생을 기적적으로 영원히 바꿀 수 있는 축복이 선포되어질 수 있습니다.

우리가 성령의 은사에 관한 하나님의 말씀을 적용하고 사용할수록, 과거보다 더 자주 하나님의 영이 나타나는 것을 보게 될 것입니다. 그리고 우리가 살고 있는 이 시대에는 성령의 은사를 통해 하나님의 능력이 더 많이 나타나게 될 것입니다. 이러한 성령의 은사들은 하나님이 이 땅에서 하시고자 하는 일들을 하는데 필수적인 것입니다.

연구를 위한 질문

1. 어떤 것을 계시하고, 행하고, 말하는 영적 은사는 각각 세 가지가 있는데 그 각각을 말해 보십시오.

2. 내적 증거에 의한 인도는 어떤 성령의 은사가 초자연적으로 나타난 것입니까?

3. 어떻게 구원의 믿음이 사람에게 주어집니까?

4. 특별한 믿음은 일반적 믿음 혹은 구원의 믿음과 무엇이 다릅니까?

5. 모든 성령의 은사들은 어떻게 작용합니까?

6. 갈라디아서 5:22에 나오는 "믿음"은 헬라어로 어떻게 번역될 수 있습니까?

7. 성령의 열매는 (   )을 위한 것입니다. 성령의 은사는 (   )을 위한 것입니다.

8. 기적을 행하는 것과 믿음의 은사의 차이점은 무엇입니까?

9. 죽은 자를 살리기 위해서 믿음의 은사와 다른 두 가지의 은사가 함께 작용해야 하는데, 그 두 가지 은사는 무엇입니까?

10. 믿음의 은사의 목적 여섯 가지를 말해보십시오.

16

능력 행함의 은사

16

"각 사람에게 성령의 나타내심은 유익하게 하려 하심이라 어떤 사람에게는 성령으로 말미암아 지혜의 말씀을, 어떤 사람에게는 같은 성령을 따라 지식의 말씀을, 다른 사람에게는 같은 성령으로 믿음을, 어떤 사람에게는 한 성령으로 병 고치는 은사를, 어떤 사람에게는 능력 행함을, 어떤 사람에게는 예언함을, 어떤 사람에게는 영들 분별함을, 다른 사람에게는 각종 방언 말함을, 어떤 사람에게는 방언들 통역함을 주시나니 이 모든 일은 같은 한 성령이 행하사 그의 뜻대로 각 사람에게 나누어 주시는 것이니라"(고전 12:7-11).

바울은 위의 구절에서 성령의 아홉 가지 은사들을 나열한 후에, "너희는 더욱 큰 은사(최고의 은사들)를 사모하라…"(고전 12:31)고 말합니다.

'최고의' 은사는 그 때 필요한 그 은사이다

때때로 사람들은 무엇이 최고의 영적 은사인가에 대해 혼란스러워 합니다.

그들은 어떤 은사가 어떤 상황에서는 모든 영적 은사들 중에 최고의 은사라고 할지라도, 다른 상황에서는 최고의 은사, 즉 그 특별한 때에 필요한 은사가 아닐 수도 있다는 사실을 잊어버립니다.

예를 들어, 하나님의 계획과 목적을 계시하는 지혜의 말씀은 성령의 모든 은사들 가운데 가장 큰 은사입니다. 그러나 당신이 아프다면 당신에게 그 은사가 나타날 필요가 없습니다. 당신에게 필요한 것은 치유의 은사가 나타나는 것입니다. 달리 말해서, 그 특별한 환경 하에서 최고의 은사는 지혜의 말씀이 아니라 병 고치는 은사가 되는 것입니다. 그러므로 최고의 은사인 지혜의 말씀도 모든 상황에 항상 필요한 것은 아닙니다. 이러한 의미로 볼 때 최고의 은사는 그 은사가 필요할 때 나타나는 그 은사입니다.

당신의 사역의 자리를 찾으라

우리는 바울이 고린도 교인들에게 보낸 편지에서 "… 더욱 큰 은사(최고의 은사들)를 사모하라 …"(고전 12:31)고 말한 것을 볼 수 있습니다. 또한 바울은 "… 신령한 것들(영적 은사들)을 사모하되 …"(고전 14:1)

고 말합니다.

바울은 고린도 교인들에게 영적 은사들을 추구하도록 격려하고 있습니다. 우리들 대부분은 이 성경 구절을 개인적으로 취합니다. 그리고 이 성경 구절이 각 개인들이 자신의 소유물을 구하듯이, 영적 은사들을 추구하는 것을 의미한다고 생각합니다.

그러나 바울은 주 예수 그리스도의 교회의 어떤 한 개인에게 이 편지를 쓴 것이 아닙니다. 그는 고린도 교회 전체에 이 편지를 쓴 것입니다. 바울은 그들이 하나의 교회로서 하나의 공동체로서 이 은사들을 추구하라고 말하고 있습니다. 또한 이것은 오늘날 그리스도의 몸인 교회에도 동일하게 적용되는 것입니다.

그러므로 한 집단으로서 신자들이 열심히 그들 가운데 영적 은사들이 나타나기를 갈망할 때, 성령님은 자신을 나타내사, "그의 뜻대로 각 사람에게 나누어 주시는"(고전 12:11) 것입니다. 고린도전서 12:11은 우리 각 사람이 모두 동시에 동일한 영적 은사들을 드러내지는 못할 것이라는 암시를 줍니다.

그러나 언제 어떤 상황에서도 오중 사역자로 부름 받은 자들은 그 직위에 맞는 영적 은사들로 무장하고 있어야 합니다. 오중 사역자들은 그리스도의 몸인 교회 내 다른 신자들보다 더 일관성 있게 이런 영적 은사들이 나타나도록 해야 합니다. 그러나 누구도 혼자서 모든 은사들을 소유하고 나타낼 수는 없습니다.

너무나 자주 우리들은 "어중간한 자"가 되려고 노력합니다. 영적으로 말하자면, 우리는 하나님이 우리에게 주신 그 은사를 사용하면서 각자 자기 위치를 지키거나, 혹은 우리가 하도록 부름받은 그 사역에서 일하지 않고, 그 대신에 팔방미인처럼 다방면의 많은 일을 하지만 뛰어나게 잘 하는 것은 없는 자가 되려고 합니다. 예를 들어, 자주 사람들은 다른 동료의 사역이나 일을 하려고 시도하거나, 다른 사람이 쓰임받고 있는 어떤 은사에 쓰임받으려고 노력합니다.

나는 사람들이 "그들이 그것을 할 수 있다면 나도 그렇게 할 수 있다"고 말하는 것을 듣습니다. 그러나 그것은 그리스도의 몸인 교회에서 혼란을 초래할 것이며, 결국에는 작동 불능 상태로 만들어 버릴 것입니다.

예를 들어, 당신의 발이 "눈이 볼 수 있다면, 나도 볼 수 있어"라고 말한다면 당신의 몸은 정말로 혼란에 빠지게 될 것입니다. 물론 당신의 발은 볼 수 없으며, 눈의 역할을 수행할 수 없습니다. 이것은 당연한 것입니다. 역으로 눈도 발의 역할을 수행할 수 없습니다.

한 번은 내가 하워드 카터 목사가 인도하는 집회에 참석하였는데, 집회 후에 한 여성이 "카터 목사님, 목사님께서 나의 치유를 위해 기도 좀 해주십시오"라고 말하는 것을 들었습니다.

카터는 그녀에게 "자매님, 제 아내에게 가 보세요. 나는 병자들의 치유를 위한 안수는 거의 하지 않습니다. 그것은 나의 사역이 아닙니다. 나는 우리 중 누구라도 믿음으로 병든 자를 위해 기도할 수 있다는 것을 압니다. 그러나 하나님은 나의 아내에게 치유의 은사를 주어 사용하십니다. 그 은사는 그녀를 통해서 작동하고 나를 통해서는 작동하지 않습니다. 하나님은 사람들이 성령 충만을 받도록 하는데 나를 사용하십니다. 나는 사람들이 성령 충만하도록 안수하며, 안수받은 사람들 대부분은 성령 충만을 받습니다. 그것이 나의 사역입니다. 믿음의 은사가 나를 통해서 작동하고 나는 안수함으로 성령을 사람들에게 전이시켜 줍니다. 나는 사람들이 성령 충만을 받도록 하는데 거의 실패하지 않으며, 제 아내는 치유를 받게 하는데 거의 실패하지 않습니다. 그러니까 제 아내에게 가 보세요"라고 말했습니다.

물론 하나님은 그를 믿는 사람들의 믿음을 존중해 주실 것입니다. 그러나 당신은 어떤 분야에 특별히 사용받고 있는 사람들을 통해서 더 신속하게 일을 해결할 수 있습니다. 왜냐하면 그들은 초자연적인 영적 은사들로 준비되어 있기 때문입니다. 자연히 그들은 다른 사람들이 하는 것보다 더 빨리 결과를 얻을 수 있습니다.

기적을 행하는 은사에 대한 정의

성령의 은사들을 연구하다보니, 이제 기적을 행하는 은사에 도달하게 되었네요. 먼저, 기적을 행하는 은사(the working of miracles)에 대한 정의를 내려 봅시다.

기적은 자연계의 일상적인 과정에 하나님이 초자연적으로 관여하는 것으로 정의할 수 있습니다.

영어의 다른 많은 단어들과 마찬가지로, "기적"이라는 단어도 일반적으로 사용될 때의 의미와 구체적으로 사용될 때의 의미가 다릅니다.

예를 들어, 때로 "기적"이란 단어는 비유적인 표현으로 사용되어집니다.

예컨대, 우리는 기적의 섬유, 기적의 약, 기적의 세제 등등 이런 말을 합니다.

우리는 자연계에서 아름다운 해돋이를 보고 말합니다. "저것은 기적이야."

우리는 찬란한 색으로 불타오르는 아름다운 장미 정원과 꽃향기가 하늘로 올라가는 것을 보고 말합니다. "저것은 자연의 기적이야."

그러나 이런 것들은 일반적인 의미에서는 기적이지만, 구체적으로 따져본다면 기적이 아닙니다. 해돋이의 장관을 연출하면서 태양은 자연의 법칙에 따라 해야 할 일을 정확히 하고 있는 것입니다. 장미도 자연의 법칙에 따라 하도록 되어 있는 것을 정확히 하고 있습니다. 그러므로 구체적으로 따져보면 이런 일들은 기적이 아닙니다. 왜냐하면 기적은 자연계의 일상적인 과정에 초자연적으로 관여하는 것이기 때문입니다.

또 다른 자연적인 기적, 즉 일반적으로 말하는 기적의 예로는 아기의 출생이 있습니다. 때때로 의학은 그것을 "탄생의 기적"이라고 부릅니다. 일반적으로 말하면 자연적인 탄생은 기적입니다. 그러나 그것은 자연계에서 일상적으로 일어나는 사건이기 때문에 구체적인 의미로 따져본다면 기적이 아닙니다.

마찬가지로, 영계에선 구원의 "기적"이 있습니다. 일반적인 의미로 본다면 구원은 기적입니다. 그러나 구체적으로 따져본다면, 자연적인 출생이 기적이 아닌 것과 마찬가지로 구원도 기적도 아닙니다. 새로운 탄생(거듭남)은 초자연적 세계에선 아주 자연스런 것이며, 일상적인 사건입니다. 이것은 초자연적인 행위이지만 기적을 행하는 은사가 작용한 것은 아닙니다.

그러므로 일반적으로 말하면, 비유적 표현으로서 자연적인 탄생과 사람의 영의 영적인 재탄생은 모두 기적입니다. 그러나 구체적으로 따져본다면, 양쪽 다 자연계의 일상적인 과정에 초자연적인 관여가 없기 때문에 기적이 아닙니다.

새로운 탄생(the new birth)은 영계에서 일어나는 초자연적인 행위입니다. 그러나 우리가 정의를 내린 단어인 "기적 : 자연계의 일상적인 과정에 초자연적으로 관여하는 것"에 비추어 볼 때, 우리는 그것을 기적이라 부르진 않습니다. 구체적인 의미에서 우리가 기적이라 부르는 것은 자연계에서 일어난 초자연적인 행위를 의미합니다.

그러므로 새로운 탄생은 자연계에서는 초자연적인 행위가 아닙니다. 그것은 영계에서 벌어지는 초자연적인 행위입니다. 자연적인 탄생은 자연계에 있습니다. 하나는 영적인 것이고, 하나는 자연적인 것입니다. 그렇지만 양쪽 다 구체적인 의미로 따져본다면 기적이 아닙니다.

성령의 은사들은 하나하나가 더 기적적인 것이며, 모두 다 초자연적인 것입니다.

일반적인 "기적"의 관점에서 본다면, 기적을 행하는 은사 뿐만 아니라, 모든 성령의 은사들은 기적입니다. 그러나 구체적인 의미로 따져본다면, 모든 성령의 은사들이 기적은 아닙니다.

기적을 행하는 은사가 나타날 때, 그곳에는 자연계의 일상적인 과정에 하나님의 관여가 있는 것입니다. 예를 들면, 겉옷을 휘둘러 시냇물을 가르는 것은 기적을 행하는 은사가 작용한 것입니다(왕하 2:14). 엘리야가 회오리 바람 속에서 마차를 타고 하늘로 올라간 후에, 엘리사는 그의 옷을 받아 요단강을 내리쳤습니다. 겉옷을 휘둘러 물을 가르는 사건은 자연계의 일상적인 과정에 초자연적인 관여가 있기 때문에 기적을 행한 것입니다.

치유분야에서 자주 기적이 일어나지만, 거기에 반드시 기적을 행하는 은사가 작용한 것은 아닙니다. 그것들은 단지 치유의 기적들(healing miracles)이라고 불립니다. 하나님이 하시는 모든 것이 어떤 의미에서 기적이라고 말할 수 있습니다. 그러나 초자연적인 방법으로 치유를 받는 것은 한 번의 몸동작으로 먼지를 벌레로 만들거나(출 8:16), 단지 말 한마디로 물을 포도주로 바꾸는 것과 같은 의미의 기적은 아닙니다(요 2:7-11).

위의 두 가지 경우는, 기적을 행하는 은사가 작용한 예입니다.

숙성 과정이나 자연적인 과정을 통해서 물이 포도주로 바뀌는 것은 자연적인 현상입니다. 그러나 예수님께서 하신 것처럼, 단지 말 한마디로 물을 포도주로 바꾸는 것은 자연계의 일상적인 과정에 초자연적인 관여라고 우리가 정의한 것에 의하면 기적인 것입니다.

그러므로 기적은 성령님의 능력에 의해서 일어나는 사건이며, 자연계의 일상적인 과정에 초자연적 관여가 있는 것이며, 익숙한 질서의 일시적인 정지이거나, 우리가 아는 자연계의 시스템이 정지하는 것입니다.

구약에 나타난 기적을 행하는 은사

우리는 기적을 행하는 은사에 대하여 정의를 내렸습니다.

이제 성경 속에서 이 은사가 작용한 예를 보겠습니다.

모세와 이스라엘 백성

기적을 행하는 은사는 하나님의 백성들의 기적적인 구원을 위해서 반복적으로 사용되었습니다. 우리는 하나님이 바로에게 이스라엘을 풀어주라고 말씀하셨을 때, 이 은사가 사용된 것을 볼 수 있습니다(출

7-14장). 수많은 기적들이 그 당시 애굽에서 일어났습니다.

아론이 지팡이를 던졌을 때 그 지팡이는 뱀으로 변하였습니다. 이것은 기적을 행하는 은사가 작동한 예입니다(출 7:9-12). 먼지가 벌레들로 변하고, 모든 역병이 발병했을 때. 이것은 기적을 행하는 은사가 작동한 예입니다(출 8:16-18).

이스라엘 자손들이 출애굽해서 홍해에 다다랐을 때, 바로와 그의 군사들은 추격해서 다시 이스라엘 백성들을 사로잡아 노예로 삼으려고 하였습니다(출 14:5-9).

이스라엘 백성은 한쪽은 광야, 또 다른 한쪽은 산, 정면에는 바다, 그리고 적들은 뒤에 있었습니다. 그들에게는 희망이 없는 것처럼 보였습니다. 그러나 모세는 주님을 바라보았고, 주님은 모세에게 그의 지팡이를 앞으로 내밀라고 말씀하셨습니다. 모세가 지팡이를 앞으로 내밀었을 때 바다가 갈라졌습니다(출 14:15-31).

이것이 기적을 행하는 은사입니다. 이것은 자연계의 일상적인 과정 속에서 하나님이 관여한 것입니다. 실제로 두 가지 성령의 은사가 홍해를 가르는데 작용하였습니다. 기적을 행하는 은사가 바다를 갈랐으나, 무엇이 바다를 갈라진 채로 유지되게 하였습니까? 바다를 갈라진 채로 유지시킨 것은 믿음의 은사가 작동했기 때문입니다.

이런 기적을 계속적인 행위로서 유지하기 위해서는 믿음의 은사가 필요했습니다. 하나님의 백성들은 마른 땅을 걸어서 건너갔습니다. 적들도 똑같이 하려고 했지만, 바닷물은 합쳐졌고, 애굽사람들은 바다 깊이 수장되었습니다.

엘리야와 과부

기적을 행하는 은사는 또한 구약에서 궁핍한 사람들을 먹이기 위해서 사용되었습니다. 예를 들면, 과부의 기름 항아리가 바닥났을 때 이 은사가 작동하여 과부가 가진 모든 병을 채울 때까지 그 항아리는 기름을 뿜어내는 분수와 같이 멈추지 않았습니다(왕상 17:8-16).

신약에 나타난 기적을 행하는 은사

이제 신약에 나타난 기적을 행하는 은사를 몇 가지 보도록 하겠습니다.

오천 명을 먹이신 예수님

우리는 예수님이 어린아이의 점심으로 오천 명을 먹인 것을 볼 수 있는데, 이것은 신약에 나타난 기적을 행하는 은사입니다(요 6:5-14). 나는 때때로 어떤 사람들이 심지어 학식 있는 자라 할지라도 이 사건을 성경과 동떨어진 방법으로 설명하려고 노력하는 것을 보고 놀랐습니다.

예를 들어, 언젠가 한번 나는 여러 종류의 많은 박사학위를 가진 한 친구를 따라 성경책을 읽고 있었습니다. 나는 교육을 반대하는 것은 아닙니다. 그러나 때때로 사람들은 그들의 마음을 교육하는 것을 버리고 그들의 머리를 교육시킵니다. 내가 뒤따라 성경을 읽던 이 특별한 지식인은 성경에 나타난 기적들을 아주 다르게 설명하려고 노력했습니다. 그는 어린아이의 빵으로 오천 명을 먹이신 예수님의 기적을 다음과 같이 설명했습니다.

"그 당시 빵 덩어리는 오늘날의 빵 덩어리보다 더 컸습니다!"

만약 그가 성경의 이 사건을 정말로 읽어 보았다면, 그 빵 덩어리가 작은 어린아이의 점심이라는 것을 알 수 있었을 것입니다(요 6:9). 어린아이 한 명이 오천 명을 먹일 만큼의 충분한 빵을 가지고 왔다고 상상하기는 어렵습니다. 그리고 그 어린아이가 혼자서 그것을 점심으로 다 먹으려고 가지고 왔다고 상상하기는 어렵습니다!

그렇습니다. 한 어린아이의 점심으로 오천 명을 먹인 것은 기적을 일으키는 은사가 작동한 것입니다. 제자들은 식사를 마친 후에 열두 바구니의 빵을 거두기까지 하였습니다(요 6:13)!

아나니아와 삽비라

이 기적을 행하는 은사는 아나니아와 삽비라의 경우처럼 하나님의 심판을 시행할 때에도 사용되었습니다(사 5:1-10). 왜냐하면 이 사건에는 자연계의 일상적인 과정 속에 하나님의 관여가 있었기 때문입니다.

한때 초대교회의 크리스천들은 자신들의 모든 소유를 팔아서 그 돈을 사도들의 발 앞에 갖다 놓았던 때가 있었습니다. 그들은 모든 것을 공동 소유하였습니다. 하나님이 그렇게 하도록 명하시지는 않았습니다. 그러나 그들은 성령의 감동으로 그렇게 하였습니다. 이들의 행동은 현명한 조치라는 것이 입증되었습니다. 왜냐하면 몇 년 후에 그 도시는 함락되었고, 그들은 결국 그들이 소유한 모든 것을 잃게 될 것이었기 때문이었습니다. 아나니아와 삽비라는 그들의 땅을 팔고 받은 돈의 일부를 자신들이 보관하였습니다. 그들이 제자들에게 다음과 같이 말했다면, 그 행동은 전적으로 옳은 행동이었을 것입니다.

"이 돈은 우리 소유를 팔아 얻은 돈의 절반입니다."

하나님이 그들에게 모든 돈을 제자들에게 주라고 요구하지는 않았을 것입니다. 성경 어디에서도 그렇게 하라고 암시한 구절이 없습니다. 그들이 정직하게 "이것이 그 돈의 절반이고, 그 나머지 절반은 우리가 보관하려고 합니다"라고 말했다면 그것은 잘한 일이었을 것입니다.

아나니아가 들어와서 자신의 돈을 겉으로는 다른 성도들이 드린 것과 동일하게 성별해서 헌신적으로, 사도들의 발 앞에 놓았습니다.

베드로가 물었습니다. "이것이 그 땅 값이냐?"

"예, 그 땅 값 전부입니다."

사실처럼 대답했지만, 아나니아는 나머지 일부를 감추어 두었기 때문에, 그것은 거짓말이었습니다. 베드로는 지식의 말씀의 은사를 통해서 아나니아가 돈의 일부를 감추어 두고 있다는 것을 알았습니다.

베드로가 말했습니다. "어찌하여 사단이 네 마음에 가득하여 성령을 속였느냐"(행 5:3).

아나니아는 기적을 행하는 은사를 통한 하나님의 심판의 결과로써 엎드러져 죽었습니다.

제자들은 그의 장례식을 위해서 흩어지지도 않았고, 아무도 아나니아의 아내에게 그가 죽었다고 전하러 가지 않았습니다.

3시간 후에 아나니아의 아내인 삽비라가 들어왔습니다(행 5:7).

나는 아나니아가 들어왔을 때, 그 예배가 얼마나 오랫동안 드려지고 있었는지 모르지만, 3시간 후에도 여전히 그 예배가 드려지고 있었습니다. 한 번은 내가 아나니아와 삽비라에 대한 설교를 듣고 있었는데, 그 설교자가 "삽비라는 약 30분 후에 들어왔습니다"라고 말하는 것을 들었습니다.

그 시간에 대해서 나는 생각해 보고 잠깐만 기다려 보라고 하였습니다.

그리고 나는 다시 그 구절을 찾아 읽었습니다. 삽비라가 들어온 것은 30분 후가 아니라 3시간 후였습니다(행 5:7). 후에 나는 그 설교자에게 이것을 말해 주었습니다. 그는 다시 그 구절을 읽어보았고, 머리를 흔들며 말했습니다.

"내가 예배드릴 때 혼돈했나 봅니다. 오늘날 교회 가운데 이런 일이 벌어졌고, 삽비라가 예배가 시작한 후 30분 이상이 지나서 들어왔다면, 누구도 교회에 남아 있지 않았을 것입니다!"

나는 이것이 사실이라는 것을 인정합니다. 그러나 성령의 은사들이 작용하는 곳에서는 사람들이 하루 종일 교회에 머물러 있는 것을 보았습니다. 하나님의 영이 운행하는 곳에서는 사람들은 서둘러 집으로 돌아가려고 하지 않습니다.

하나님의 심판이 삽비라에게 임하였고, 그녀 또한 엎드러져 죽었습니다. 기적을 행하는 은사가 다시 하나님의 심판을 행할 때 사용되었습니다(행 5:8-10).

바울과 엘루마

기적을 행하는 은사는 또한 전파된 말씀을 확정하는 데에도 사용되어집니다. 바울이 구브로에서 복음을 전하고 있을 때 마술사 엘루마가 대적했습니다. 엘루마는 기적을 행하는 은사의 작용으로 하나님의 능력으로 말미암아 잠시 눈이 멀게 되었습니다.

그것은 주위 사람들에게 초자연적인 표적이 되었습니다(행 13:4-12).

위험으로부터 건져주는 데에 믿음의 은사와 기적을 행하는 은사의 차이점

이 기적을 행하는 은사는 불가피한 위험이나 피해로부터 사람들을 구원하는데 사용되어집니다. 믿음의 은사는 신자가 전혀 피해를 입지 않고 큰 평화와 평강 가운데 위험을 통과하게 합니다. 그러나 기적을 행하는 은사는 다릅니다.

예를 들어, 바울이 파선 당했을 때 폭풍은 스스로 잠잠해질 때까지 그치지 않았습니다(행 27:1-44). 바울은 일어서서 "폭풍아, 멈추어라!"라고 말하지 않았습니다. 그러나 하나님께서 천사를 통해서 메시지를 주셨기 때문에, 바울은 하나님의 보호에 대한 특별한 믿음을 가질 수 있었습니다. 바울은 수동적으로 기적을 받았습니다. 이것은 믿음의 은사가 작동한 것입니다. 비록 그 배는 완전히 파선하였다 할지라도, 바울은 배에 탄 모든 사람들에 대한 하나님의 보호와 안전을 받았습니다.

그러나 또 다른 사건을 봅시다. 예수님께서 배에서 말씀하셨습니다.

"잠잠하라, 고요하라!"(막 4:39).

그러자 폭풍이 멈추었습니다. 이것은 기적을 행하는 은사가 작동한 것이며, 배에 탄 사람은 위험으로부터 구원받게 되었습니다.

이전에 언급했듯이, 믿음의 은사와 기적을 행하는 은사의 차이점은 전자는 기적을 받는 것이고, 후자는 기적을 행하는 것입니다.

기적을 행하는 은사는 하나님의 권능과 위대하심을 드러내는데 사용되어집니다.

영의 성경 용어색인집(Young's Analytical Concordance to the Bible)을 보면 고린도전서 12:10에 나오는 기적이란 단어는 헬라어로 "dunamis"라고 되어있는데 이것은 "능력들의 행동"으로도 번역할 수 있습니다. 달리 말해서, 기적을 행하는 것은 또한 능력들의 행동을 행하는 것이라고 불릴 수도 있습니다. 헬라어 용어색인집(the Greek concordance)에 따르면, 이 단어는 또한 폭발적인 전능함 혹은 감정을 북돋우고 동요하게 하는 이적이나 놀라움을 의미합니다. 즉, 헬라어로 본다면, "어떤 이에게는 감정을 북돋우고 동요하게 하는 이적이나 놀라움 혹은 폭발적인 전능함과 능력들의 행동을 탁월하게 행함을 주셨습니다"(고전 12:10)로 읽을 수 있습니다.

신약에서 더 많이 나타나는 병 고치는 은사

구약시대의 사람들이 병 고치는 은사의 작용으로 치유받았다 할지라도, 병 고치는 은사는 구약보다 신약에서 더욱 더 빈번히 나타났습니다. 반면에, 기적을 행하는 은사는 예수님의 사역에서 나타난 것을 제외하고는, 신약보다 구약에서 더 현저하게 빈번히 나타났습니다. 그러나 "사도들의 손으로 민간에 표적과 기사가 많이 되매 …"(행 5:12)라는 구절 속에 기적을 행하는 은사가 포함될 수도 있을 것입니다.

헬라어-영어대역성경(the Interlinear Greek-English New Testament)의 사도행전 5:12 말씀을 보면, "많은 기적과 역사들이 사도들의 손을 통해서 사람들 가운데 일어났다"고 말하고 있습니다.

성경은 이것들이 어떤 표적과 이적이나, 기적인지 구체적으로 말하고 있지 않지만, 사도들의 사역을 통해서 치유들이 계속 일어났음을 말하고 있습니다(행 5:15-16). 이런 치유들은 실제로는 기적을 행하는 은사가 나타난 것이 아니라, 병 고치는 은사가 작용한 것입니다.

치유와 관련된 어떤 굉장한 나타남이 있었다면, 그것은 병 고치는 은사가 작용한 것입니다.

그러나 사도행전 5:12이 이러한 표적과 이적이 병 고치는 기적인지, 아닌지 구체적으로 말하고 있지 않기 때문에, 특히 기적과 역사가 사도들을 통해서 일어났다고 헬라어가 기록하고 있는 것을 볼 때, 이 구절은 사도들에 의해서 기적을 행하는 은사가 나타난 것으로 볼 수도 있습니다.

그러나 성경은 이것들이 어떤 기적과 역사인지 구체적으로 밝히고 있지 않습니다.

신약에 기적을 행하는 은사를 구체적으로 언급한 다른 예는 사도행전 8장에 나옵니다.

사도행전 8:5,6

"빌립이 사마리아 성에 내려가 그리스도를 백성에게 전파하니 무리가 빌립의 말도 듣고 행하는 표적도 보고 한마음으로 그가 하는 말을 따르더라."

이 구절은 놀라운 치유가 일어났음을 계속해서 말하고 있습니다. 그러나 그것은 기적을 행하는 은사와 동일하지는 않습니다. 6절은 놀라운 치유가 일어났거나, 혹은 다른 여러 가지 기적들이 일어났음을 말하는 것일 수도 있습니다.

성경은 "… 빌립의 말도 듣고 행하는 표적도 보고"(행 8:6)라고 말한 것 외에는, 어떤 기적이 일어났는지 구체적으로 말하고 있지 않습니다. 그래서 치유가 아닌 어떤 기적들이 일어났을 수도 있습니다. 만약 그렇다면 기적을 행하는 은사가 작용했을 것입니다.

우리는 신약에서 기적을 행하는 은사를 직접적으로 언급한 또 다른 구절을 볼 수 있습니다.

사도행전 6:8
"스데반이 은혜와 권능이 충만하여 큰 기사와 표적을 민간에 행하니."

사도행전 15:12
"온 무리가 가만히 있어 바나바와 바울이 하나님께서 자기들로 말미암아 이방인 중에서 행하신 표적과 기사에 관하여 말하는 것을 듣더니."

사도행전 19:11
"하나님이 바울의 손으로 놀라운 능력을 행하게 하시니."

사도행전 6:8과 19:11에 나오는 기적이란 단어는, 동일한 헬라어로 "dunamis"인데, 능력의 행동 혹은(Young's) 강하고 기이한 역사(Strong's)를 의미합니다.

사도행전 15:12에 나오는 "기적"이란 단어는, 헬라어로 "semeion"인데, 용어풀이사전(*Vine's Expository Dictionary*)에 의하면 "표적, 증거, 징조"로 번역될 수 있으며, "하나님의 권능의 표시인 기적과 이적을 나타낼 때 사용됩니다"(W. E. Vine, *Vine's Expository Dictionary of Biblical Words*(Nashville, Tennessee:Thomas Nelson Inc., 1985), p.412).

기적을 행하는 은사의 중요성

하워드 카터는 그의 책 「영적인 은사에 대한 질문과 답변」에서 "기적을 행하는 것은 성령의 매우 중요한 나타남이다. 그것은 하나님의 강력한 능력이 사람을 통해서 흘러나오는 것이다"라고 말했습니다(Howard Carter, *Question and Answers on Spiritual Gifts*(Tulsa, Oklahoma: Harrison House, Inc., 1976), p.63).

이 은사가 신자를 통해서 나타날 때, 그는 하나님이 세상을 창조하실 때 나타난 능력과 동일한 하나님의 능력에 참여하는 것이라고 우리는 말할 수 있습니다.

하나님은 지구와 세상이 존재하라고 말씀하실 때 틀림없이 기적을 행하셨습니다. 주님이 어떤 사람에게 성령의 권능을 통해서 어떤 말을 하라고 허락하셔서 기적이 일어나면 그 때는 세상을 창조하셨던 그 동일한 하나님이 그의 전능하신 능력의 일부를 그 사람을 통해서 나타나도록 허락하신 것입니다.

그러나 기억하십시오. 기적을 행하는 은사를 포함한 이런 성령의 은사들은 성령의 뜻대로 작용합니다.

기적을 행하는 은사를 통해서 한 나라가 재앙을 당하여, 그로 인해 하나님의 백성이 풀려나게 되었고 하나님께 영광을 돌리게 되었습니다(출 7:12).

기적을 행하는 은사를 통해서 히스기야 왕이 살고, 죽지 않을 것이라는 표적으로 해시계에 나아갔던 해의 그림자가 뒤로 10도 물러나는 일이 일어났습니다(사 38:1-8).

기적을 행하는 은사를 통해서 바닥에 던져진 지팡이가 놀랍게도 뱀이 되었습니다(출 7:10).

기적을 행하는 은사를 통해서 불이 하늘에서 내려와 번제단 뿐만 아니라, 번제물까지 태웠습니다(왕상 18:38).

또 기적을 행하는 은사를 통해서 선지자가 천둥과 우박을 만들어 내기도 했습니다(출 9:23).

삼손을 통해서 기적을 행하는 은사가 나타남으로 사자도 굴복당하고 죽임을 당하였습니다. 그러나 다니엘의 경우에 사자들은 굴복 당하지도 않았고, 죽임을 당하지도 않았습니다. 대신에 천사가 내려와 사자들의 입을 막았습니다. 다니엘은 믿음의 은사가 작동함으로 기적을 받았습니다. 그는 굶주리고 포악한 사자들 가운데서 누워 잠을 잤고, 완전한 안전 가운데서 보호를 받았습니다.

성경은 말하기를 다니엘이 나왔을 때 "그의 몸이 조금도 상하지 아니하였으니 이는 그가 자기의 하나님을 믿음이었더라"라고 기록하고 있습니다(단 6:23).

기적을 받는 그러한 종류의 믿음은 모든 크리스천이 소유하는 일반적인 믿음을 뛰어넘는 것입니다(롬 12:3). 이것은 믿음의 은사가 작용한 것입니다.

기억하십시오.

특별한 믿음의 은사는 기적을 받는 것이고, 기적을 행하는 은사는 기적을 행하는 것입니다.

기적을 행하는 은사를 통해서 빵 덩어리들이 증가되었습니다(마 14:17-21, 막 6:38-44, 눅 9:13-17, 요 6:9-14).

기적을 행하는 은사를 통해서 단단한 쇠도끼날이 나뭇조각처럼 물 위로 떠오르게 되었습니다(왕하 6:5-7).

기적을 행하는 은사를 통해서 성난 폭풍이 잠잠하게 되었습니다(막 4:37-41, 눅 8:23-25).

기적을 행하는 은사를 통해서 물고기 떼들이 예수님의 지시를 따라 제자들의 그물을 가득 채웠습니다(요 21:6-8, 11).

기적을 행하는 은사를 통해서 과부의 조그마한 기름 항아리가 기름 샘이 되었고, 과부와 그의 아들이 살아남는데 도움을 주었습니다(왕하 4:1-7).

기적을 행하는 은사는 오늘날 우리들을 위한 것이다

어떤 사람들은 말하기를 "그러나 기적을 행하는 은사는 오늘날 우리들을 위한 것이 아니다"라고 말합니다. 누가 그렇게 말했습니까? 성경은 확실히 그렇게 말하고 있지 않습니다(고전 14:1).

어떤 사람들은 대답합니다. "글쎄요, 기적이 오늘날 우리들을 위한 것이라면, 우리는 우리 가운데서 그러한 기적들이 일어나는 것을 볼 수 있어야 할 것입니다."

그러나 나는 말합니다. 하나님께서 우리가 영적 은사들의 기적적인 역사를 일으킬 수 있다고 말씀하신다면, 우리는 마땅히 그것들을 일으켜야 합니다!

순복음 교인들은 종종 다른 교파의 교인들을 비난합니다.

왜냐하면 이들 교회 대부분은 어떤 근본 진리들을 믿는다고 주장하지만, 실제로는 그것들에 대하여 거의 알지 못하기 때문입니다. 예를 들어, 교회의 교리는 새로운 탄생에 대한 신앙을 진술하고 있다고 할지라도, 대부분의 그 교인들과 목사들은 결코 새로운 탄생을 경험해 보지 못했을 수도 있습니다.

언젠가 한 번은 이런 종류의 문제에 대하여 들어본 적이 있습니다.

어떤 여인이 남편이 다니는 교회에 등록하기 위해서 자기가 다니던 교회를 떠났습니다. 그런 후, 곧바로 거듭나게 되었습니다. 그 후에 그녀는 이전에 다니던 교회의 목사를 만났을 때, 이렇게 질문하였습니다.

"목사님은 주 예수 그리스도를 개인적으로 아십니까?"

그 목사는 대답했습니다.

"나는 조지 워싱턴에 대해서 아는 것처럼 예수님에 대해서 알고 있습니다. 나는 아브라함 링컨이 역사적인 인물이라는 것을 아는 것처럼, 예수님이 역사적인 인물이라는 것을 압니다. 나는 역사책에서 링컨에 대하여 읽었습니다. 그리고 성경책에서 예수님에 대하여 읽었습니다."

이 여인은 그 이전 교회의 목사에게 새로운 탄생을 통해서 예수 그리스도와 개인적으로 친밀하게 되었고, 마음 속에 하나님의 평강을 가졌다고 말했습니다.

그 목사는 질문했습니다. "나도 정말로 그렇게 될 수 있을까요?"

그 여인은 그렇게 될 수 있다고 확신을 주었습니다. 그런 후에 예수 그리스도를 구원자로 영접할 수 있도록 기도해 주었습니다.

그 목사가 섬기는 교회의 교리는 거듭남의 경험에 대한 신앙을 말하고 있습니다.

하지만 여기에 거듭남을 결코 체험하지 못한 목사가 있습니다!

나는 수년 전에 사역으로부터 은퇴한 저명한 목사님의 말을 들었습니다.

그는 당시 약 72세였지만, 평생 동안 사역에서 일한 것보다 은퇴한 후 하나님을 위해 더 많은 일을 하고 있었습니다. 그는 은퇴한 후에 구원받았다고 나에게 말했습니다. 그는 전 인생을 사역을 하면서 보냈지만, 그 때에는 결코 구원받지 못했던 것입니다!

순복음 교인들은 타 교회들이 교리책에 적힌 내용을 실천하지 못하는 것을 때때로 비난하지만, 순복음 교회도 똑같은 잘못을 범할 수 있습니다. 성령의 은사를 믿는다고 주장하는 많은 순복음 교회들이 그들 교회 내에서 그 은사들이 작용하는 것을 보지 못하고 있습니다. 우리는 성령의 은사를 믿는 것뿐만 아니라, 그 은사들이 교회 내에서 나타나도록 해야 합니다.

성령의 은사를 간절히 사모하라

그러면 왜 우리는 성령의 은사들이 더 많이 나타나는 것을 보지 못합니까?

왜냐하면 우리가 하나님의 조건을 충족시키지 못하고 있기 때문입니다.

하나님은 "… 더욱 큰(최고의) 은사를 사모하라!"(고전 12:31)라고 말했습니다. 우리가 지역 교회로서 우리 가운데서 성령의 은사가 나타나고 있지 않다면, 그것은 우리가 마땅히 사모하고 갈망해야 할 은사들을 구하지 않기 때문입니다.

나는 우리가 성령의 은사를 간절히 구하고 갈망할 때, 그것들은 이전보다 더 많이 나타나게 될 것이라고 확신합니다. 그러나 우리가 둘러앉아서 은사에 대한 얘기만 하고, 은사가 우리 가운데서 나타나기를 바라고만 있기 때문에 은사가 오지 않습니다.

하나님은 성령의 은사를 사모하라고 말씀하셨습니다. 만일 누군가가 정말로 어떤 것을 갈망한다면, 그가 바라는 것이 일어나는 것을 보기 위해서 그 방면으로 어떤 노력을 할 것입니다.

바울은 말했습니다.

"더욱 큰(최고의) 은사를 사모하라…"(고전 12:31).

사전은 "사모하다" 라는 단어를 "간절히 갈망하다"라고 정의하고 있습니다. 다시 말해서 바울은 영적인 은사를 간절히 갈망하라고 말했습니다. 많은 사람들이 갈망은 가지고 있지만, 그 갈망을 이루기 위해서 열심을 내지는 않습니다. 그러나 우리는 성령의 은사들이 우리 가운데 나타나도록 사모합시다.

우리가 그리스도의 몸된 교회의 신자들로서 영적인 은사들을 갈망하고, 그것들이 우리 가운데 나타나도록 사모합시다!

전능하신 성령님께서 성경에 기록된 대로 우리 가운데 자신을 나타내사 그의 뜻대로 각 사람에게 영적인 은사를 나눠주시도록 기도하는 것이 마땅합니다(고전 12:11).

특별한 믿음의 은사, 기적을 행하는 은사 그리고 치유의 은사 등 모든 성령의 은사들이 이전보다 더 많이 우리 가운데 나타나도록 기도합시다.

나는 믿는 신자인 여러분들이 영적 은사들이 충만하게 나타나도록 기도하라고 격려하고 싶습니다.

그것은 한 번 기도하고 그만두는 그런 기도가 아닙니다. 매일 주님께 기도하십시오.

"주님! 이들 성령의 나타남은 오늘날 우리를 위한 것입니다. 주님은 교회로부터 성령의 은사들을 거두지 않았습니다. 주님은 성령의 은사들이 교회를 위해서 주시는 것이라고 말씀하셨습니다. 성령의 은사들이 우리에게 주어졌으니 그것들은 마땅히 나타나도록 해야 합니다. 주님! 성령의 은사들이 우리 가운데 나타나게 하여 주시옵소서."

그런 다음에는, 그리스도의 몸된 교회의 신자들로서 그것들을 열렬히 갈망합시다. 영적 은사들을 간절히 사모합시다.

기적을 행하는 은사는 "강력한 은사이며, 모든 능력의 근원이신 하나님을 영화롭게 하는 것입니다. 그리고 하나님의 백성의 믿음을 자극하고 악인들의 불신앙을 놀라게 하고 흔들어 꺾어버립니다"라고 하워드 카터는 말합니다(Howard Carter, *Question and Answers on Spiritual Gifts*(Tulsa, Oklahoma: Harrison House, Inc., 1976), p.64).

나는 이 시간 하나님께서 이 기적을 행하는 은사가 더 탁월하게 나타나기를 원하신다고 확신합니다. 그 결과 나타나는 "폭발적인 전능함" 은 불신자들에게 표적이 될 수 있고, 모든 사람들에게 하나님의 능력을 강력하게 드러낼 수 있습니다. 하나님께서 이 땅에 쏟아 부으시는 말세지말의 이 시대에 기적을 행하는 은사가 그리스도의 몸된 교회에 얼마나 중요합니까!

연구를 위한 질문

1. 바울이 성령의 아홉 가지 은사들을 열거한 후에 "더욱 큰(최고의) 은사를 간절히 사모하라"(고전 12:31)고 말했습니다. 일반적으로 말해서 성령의 은사 중 최고의 은사는 무엇입니까?

2. 때때로 오중 사역자로 부름받은 자들은 무슨 목적을 위해서 어떤 성령의 은사들로 준비되어 있어야 합니까?

3. "기적" 이라는 말을 정의해 보십시오.

4. 왜 어린아이의 탄생이 진짜 기적이 아닙니까?

5. 새로운 탄생은 어떤 영역에서 일어나는 초자연적인 행위입니까?

6. 기적을 행한 예를 구약에서 두 가지 들어보십시오.

7. 기적을 행한 예를 신약에서 두 가지 들어보십시오.

8. 영(Young)의 성경 용어분석색인집에 따르면, 고린도전서 12:10에 나오는 "기적"이란 단어는 헬라어로 무엇입니까?

9. 기적을 행하는 것은 또한 ______________ 을 행하는 것이라고 불릴 수도 있습니까?

10. 사전에서 "사모하다"(covet) 라는 단어를 어떻게 정의하고 있습니까?

17

병 고치는 은사

17

> "각 사람에게 성령의 나타내심은 유익하게 하려 하심이라 어떤 사람에게는 성령으로 말미암아 지혜의 말씀을, 어떤 사람에게는 같은 성령을 따라 지식의 말씀을, 다른 사람에게는 같은 성령으로 믿음을, 어떤 사람에게는 한 성령으로 병 고치는 은사를, 어떤 사람에게는 능력 행함을, 어떤 사람에게는 예언함을, 어떤 사람에게는 영들 분별함을, 다른 사람에게는 각종 방언 말함을, 어떤 사람에게는 방언들 통역함을 주시나니 이 모든 일은 같은 한 성령이 행하사 그의 뜻대로 각 사람에게 나누어 주시는 것이니라"(고전 12:7-11).

병 고치는 은사는 어떤 자연적인 수단이나 자료 없이 초자연적으로 질병을 치유하기 위해서 나타납니다. 이전에 언급했듯이, 성령의 아홉 가지 은사들은 모두 초자연적인 것입니다.

어떤 은사들이 다른 은사들보다 더 특별하게 나타난다 할지라도, 그것들은 모두 다 초자연적인 것입니다. 우리는 우리의 제한된 지식 때문에 다른 은사들을 정의하는 것에 어려움을 겪을 수 있습니다. 그러나 이 병고치는 은사를 정의하는 것에는 어려움이 없다고 생각합니다.

기본적으로 우리들 대부분은 치유에 대한 것을 이해하고 있습니다.

치유는 예수님의 지상 사역 가운데서 탁월한 것이었습니다. 예수님은 치유사역을 하셨고, 제자들에게도 치유하는 권세를 주셨습니다(마 10:8). 병자를 치유하는 것은 또한 지상명령에 포함됩니다(막 16:18).

병 고치는 은사는 의학이 아니다

첫째로, 나는 병 고치는 은사의 초자연적인 성격을 강조하고 싶습니다. 병 고치는 은사는 의학이나 인간의 지식과 관련이 없습니다.

의사인 누가는 바울의 전도 여행에 자주 동행하였습니다. 누가는 누가복음뿐만 아니라 사도행전을 기록하였습니다. 그는 배가 파선되어 멜리데 섬에 상륙했을 때 바울과 함께 있었습니다. 그러나 성경 어디에도 누가가 의학적인 지식을 가지고 그 섬의 원주민들에게 사역하였다고 기록하고 있지 않습니다. 추장의 부친이 아팠을 때 바울이 그에게 안수하고 그를 치유하였습니다. 여기에 병 고치는 은사가 나타난 것입니다.

그러자 그 섬사람들은 그 섬에 있는 모든 병자들을 데리고 왔으며, 바울은 그들에게 사역하였고, 그들은 모두 치유되었습니다.

물론 나는 의학을 믿습니다. 그리고 하나님께서 의학을 주신 것에 대하여 감사드립니다. 물론 나는 의사들을 반대하지도 않습니다. 그러나 어떤 사람들은 의학과 병 고치는 은사를 혼돈합니다.

언젠가 나는 라디오에서 병 고치는 은사는 하나님이 의사들과 의학계에 주신 것이라고 말하는 것을 들었습니다. 그러나 병 고치는 은사는 의사도 의학도 아닙니다. 만약에 의학이 하나님의 치유방법이라면 의사들은 어떤 치료비도 받지 말아야 합니다.

성경은 "너희가 거저 받았으니 거저 주라"(마 10:8)라고 말하고 있기 때문에 의학적 치료는 무료가 되어야만 합니다. 그러나 의사로부터 어떤 치유를 받은 사람은 알듯이, 의학적 처방은 공짜가 아닙니다. 또한 의사들과 의학이 하나님의 치유방법이라면 의학적 치유는 항상 완전하게 일어나야 하고 의사들은 실수가 없어야 합니다.

그러나 우리가 알다시피, 이것은 사실이 아닙니다. 의사나 의학은 자연적인 치료방법입니다.

병 고치는 은사와 여타 하나님의 치유 방법들은 초자연적인 것입니다. 나는 의사, 병원, 의학에 대해서 경시하는 투로 말하고 있는 것이 아닙니다. 왜냐하면 그것들은 인류를 위해 많은 선한 일을 하고 있기 때문입니다. 나는 수많은 크리스천 전문의를 주신 하나님께 감사드립니다. 그들은 진심으로 환자를 위해 최고의 관심을 보이며 훈련받은 전문의로서 그들의 자연적인 능력을 가지고 환자들에게 의술을 베풉니다.

그러나 초자연적인 치유는 진단이나 처방과는 관련이 없습니다. 하나님의 치유는 안수와 기름으로 바름, 혹은 때로는 성경말씀을 선포함으로, 혹은 성경에 나오는 치유 사례를 몇 가지 언급함으로 일어납니다.

나는 자연적인 치유를 믿으며, 그것을 주신 하나님께 감사드립니다.

나는 의학에서 가장 뛰어난 분야 중에 하나로서, 가장 장족의 발전을 한 분야는 예방의학 분야라고 생각합니다. 그러나 나는 자연적인 치유를 믿을 뿐만 아니라 또한 초자연적인 하나님의 치유도 믿습니다.

신약에서 두드러진 병 고치는 은사

성경에 나오는 몇 가지 사례들을 살펴봄으로써 병 고치는 은사의 작용과 목적을 이해하는데 도움을 받을 수 있습니다. 무엇보다도 먼저 우리는 이 은사의 목적은 병자를 구원하고 사람의 몸 속에 있는 마귀의 역사를 멸하는 것임을 압니다. 그리고 성경은 그러한 사례들로 가득합니다.

우리는 기적을 행하는 은사를 논하였고, 기적을 행하는 은사가 신약보다 구약에 더 두드러졌다는 사실을 나누었습니다. 그러나 병 고치는 은사는 그 반대입니다. 병 고치는 은사는 구약보다 신약에 더 두드러지게 나타납니다. 신약에서는 기적을 일으키는 은사가 작용하는 사례가 많지 않습니다. 그리스도의 사역에서 몇 가지 사례들이 있지만, 사도행전에서는 더 적게 나타났습니다. 그러나 병 고치는 은사의 사례는 신약에 많이 나타나 있습니다.

예수님은 성령의 기름부음 받은 한 인간으로서 사역하셨다

예수님은 하나님의 아들로서가 아니라, 성령의 기름부음 받은 한 인간으로서 사역하셨습니다. 예수님은 30세에 하나님의 아들이었던 것처럼 25세 때에도 하나님의 아들이었습니다. 그러나 25세 때에 예수님은 단 한 사람도 치유하지 않으셨습니다. 단 하나의 치유의 기적도 30세에 성령의 기름부음을 받기 전까지는 일어나지 않았습니다. 심지어 예수님이 30세에 요단강에서 세례를 받고 그가 사역하도록 기름 붓기 위해 그에게 성령이 임하시기 전날에도 하나님의 아들이셨고, 세례를 받은 후에도 예수님은 하나님의 아들이셨습니다. 그러나 예수님이 성령에 의해 기름부음을 받기 전까지는 한 사람도 치유하지 않으셨습니다. 예수님이 성령에 의해서 기름부음을 받기 전에는 그의 사역에서 아무런 하나님의 능력이 나타나지 않았습니다.

성령의 은사들이 그의 사역에서 나타나기 시작한 것은 성령님이 그가 사역하도록 기름 붓기 위해서 비둘기같이 내려앉은 이후였습니다. 실제로 예수님 자신이 말씀하셨습니다.

"… 아버지께서 내 안에 계셔서 그의 일을 하시는 것이라"(요 14:10).

예수님은 그 자신이 혹은 자신의 힘으로 그 일을 하신다고 주장하지 않으셨습니다. 예수님은 "내 안에 계신 나의 아버지가 그 일을 하신다"고 말씀하셨습니다. 어떻게 예수님이 그 일들을 하셨습니까? 성령의 능력을 통해서였습니다. 예수님은 그의 고향의 회당에서 다음과 같은 성경 구절을 읽었습니다.

"주의 성령이 내게 임하셨으니 이는 가난한 자에게 복음을 전하게 하시려고 내게 기름을 부으시고…" (눅 4:18).

베드로는 고넬료와 그 식구들에게 설교할 때 말했습니다.

"하나님이 나사렛 예수에게 성령과 능력을 기름 붓듯 하셨으매 그가 두루 다니시며 선한 일을 행하시고 마귀에게 눌린 모든 사람을 고치셨으니 이는 하나님이 함께 하셨음이라"(행 10:38).

예수님은 항상 하나님의 아들이셨지만, 성령과 능력으로 기름부음 받기 전까지는 아무도 치유하지 않으셨습니다. 이것은 예수님이 삼위 하나님의 제2위이신 하나님의 아들로서 그 안에 내재된 어떤 능력으로 병자를 치유하지 않았다는 것을 결정적으로 입증해 줍니다. 예수님은 오늘날 하나님의 부르심을 받은 사람이면 누구나 병자를 치유하는 것처럼 병자를 치유하셨습니다. 즉 성령의 기름부음을 통해서, 치유의 은사를 통해서, 그리고 하나님의 말씀을 선포함으로써 치유하셨습니다.

하나님의 말씀은 요한복음에서 그리스도가 성령을 한량없이 받았다고 말씀하고 있습니다(요 3:34).

그러므로 우리는 예수님의 사역에서 모든 성령의 은사들이 나타난 것을 볼 수 있는데, 이것은 다른 어떤 사람들의 사역에서도 볼 수 없는 것입니다. 왜냐하면 요한복음 3:34에서 언급하고 있듯이, 예수님은 성령을 한량없이 가지셨기 때문입니다. 성령을 한량없이 가진 사람은 한 사람도 없습니다.

그러나 요한복음 3:34이 암시하고 있는 것처럼, 그리스도의 몸된 교회의 전체 성도들은 예수님이 개인적으로(individually) 가지고 계셨던 것과 동일한 분량의 성령을 집단적으로(collectively) 가질 수 있다고 생각됩니다. 그러므로 단 한 사람이 예수님이 지상에서 가지셨던 치유의 은사를 가지고 사역한다고 할지라도 동일한 분량의 성공을 거둘 수는 없습니다.

왜냐하면 예수님은 성령을 한량없이 가지셨기 때문입니다. 예수님은 한량없는 성령을 가지심으로 지상에서 방언과 방언통변을 제외한 모든 성령의 은사들을 나타내셨습니다. 방언과 방언통변의 은사는 예수님이 문지기로서 문을 연 교회 시대를 위하여 남겨둔 것입니다. 물론 모든 병 고치는 은사들은 예수님의 사역에서 나타난 영적 은사들에 포함됩니다.

병 고치는 은사

나는 고린도전서 12장에 나오는 몇 가지 구절을 지적하고 싶습니다.

9절, 28절, 30절에서 병 고치는 은사가 언급되고 있습니다.

고린도전서 12:9, 28, 30

"다른 사람에게는 같은 성령으로 믿음을, 어떤 사람에게는 한 성령으로 병 고치는 은사(gifts of healing)를… 하나님이 교회 중에 몇을 세우셨으니 첫째는 사도요 둘째는 선지자요 셋째는 교사요 그 다음은 능력을 행하는 자요 그 다음은 병 고치는 은사(gifts of healings)와 서로 돕는 것과 다스리는 것과 각종 방언을 하는 것이라 … 다 병 고치는 은사(gifts of healing)를 가진 자ㅇ이겠느냐 다 방언을 말하는 자이겠느냐 다 통역하는 자이겠느냐."

28절을 주목해서 보십시오.

"은사들"(gifts)과 "치유들"(healings)은 둘 다 복수형으로 되어 있으며, 이 은사가 언급된 모든 구절들은 복수형으로 진술되어 있습니다. 헬라어로 28절을 보면 "병 고치는 은사(gifts of healings), 서로 돕는 것, 다스리는 것, 각종 방언을 하는 것"으로 나옵니다. 그리고 바인 성경용어해설사전(Vine's Expository Dictionary of Biblical Words)을 보면 9절, 28절, 30절에 나오는 "치유"(healings)라는 이 단어는 헬라어로 복수형입니다.

이것은 고린도전서 12장에 나열된 영적인 은사들 중에서 유일한 복수형이라는 것에 주의하시기 바랍니다. 여타의 모든 성령의 은사들은 방언(tongues)을 제외하고는 다 단수형입니다. 방언은 이후의 장에서 다루겠습니다.

병 고치는 은사는 왜 "치유의 은사들"(gifts of healing)이 아니고, "치유들의 은사들"(gifts of healings)이라고 되어 있을까요?(역주: 개역한글이나 번역본들은 이 은사를 단수형로 번역하였습니다. 그래서 우리는 보통 다른 은사들이 단수형으로 표현 되듯이, 치유의 은사도 단수형으로 표현하는데 익숙합니다. 그러나 원어성경이나 영어성경에서는 항상 이 은사를 복수형으로 표기하고 있습니다. 이 책에서도 어색하지 않게 익숙한 단수형으로 번역하였지만, 원문은 다 복수형(치유들의 은사들)으로 되어 있습니다.)

성경은 그 이유를 특별히 말하고 있지는 않지만, 그것이 왜 그렇게 기록되었는지에 대한 타당한 의견을 나는 가지고 있습니다. 우리 중 누구도 성경적으로 그것에 대한 확실한 답을 가지고 있다고 생각하진 않습니다. 왜냐하면 성경이 특별히 그것을 말하고 있지 않기 때문입니다.

그러나 다양한 종류의 질병이 있고, 하나의 은사가 모든 종류의 질병을 치유할 수 없기 때문에 치유들의 은사들(gifts of healings)이라고 기록했을 수도 있습니다.

예를 들어, 나는 나의 사역뿐만 아니라 치유의 은사를 가진 다른 사역자들의 사역을 주목하여 보았습니다. 나는 치유 사역을 할 때 어떤 영역에서는 다른 영역에서 보다 더욱 성공적입니다. 다른 사역자들에게도 동일한 현상이 나타나는 것을 보았습니다.

예를 들면, 그들은 자신의 사역에서 좀처럼 치유할 수 없는 어떤 종류의 질병이 있다고 나에게 말해 주었습니다. 그러나 다른 질병들에 대해서는 기도해 주는 거의 모든 사람들이 치유를 받는다고 하였습니다.

물론 이것은 신자들이 하나님의 말씀을 믿음으로 치유 받을 수 있다는 사실을 부정하는 것이 아닙니다. 그러나 우리는 또한 그리스도의 몸된 교회에는 병 고치는 은사와 같은 특별한 영적 은사로 무장된 사람들이 있다는 것을 인정해야 합니다. 예를 들어, 나의 사역에서는 내부 장기 파열이나 종양, 탈장, 혹 종류들은 내가 기도해 줄 때마다 거의 항상 치유됩니다.

나는 한 때 몇 년에 걸쳐서 내가 개최한 모든 집회에 대한 기록을 남겼습니다. 그리고 100번 중 99번의 경우에 이런 종류의 질병들은 결국엔 모두 치유되었습니다.

어떤 종양은 한 달 이내에 사라집니다. 또 다른 종양은 종종 완전히 사라질 때까지 몇 달이 걸립니다. 그러나 대부분 이런 종양들은 사라지고 사람들은 치유를 받습니다. 그것은 병 고치는 은사가 나타난 것입니다.

귀머거리들을 위해서 기도해줌으로써 하나님께 크게 쓰임 받았던 한 동료는 귀머거리들을 제외한 다른 어떤 종류의 질병도 다루지 않는다고 말했습니다. 나는 다양한 집회에서 여러 번 그를 지켜 보았는데, 그가 귀머거리들을 고치는 데 실패하는 것을 보지 못했습니다.

예수님의 사역에서는 모든 종류의 질병들이 치유되었습니다(마 9:35).

왜냐하면 예수님은 성령을 한량없이 받으셨고, 모든 치유의 은사들이 그의 삶과 사역에서 나타났기 때문입니다.

병 고치는 은사와 믿음으로 치유 받는 것의 차이

병 고치는 은사의 나타남을 통해 받는 치유와 하나님의 말씀을 믿는 믿음으로 받는 치유에는 차이가 있습니다.

하나님은 수년 간 이 두 가지의 차이점을 나에게 가르쳐 주셨습니다. 두 가지 모두 치유를 받는 성경적인 방법입니다.

예를 들어, 내 몸이 치유를 받았을 때 누구도 나에게 안수하지 않았습니다. 사실 나는 교회 내에 신유를 믿는 어떤 모임이 있다는 것을 몰랐습니다. 나는 순복음 운동 같은 것이 있는지조차 알지 못하였습니다. 그러나 나는 질병으로 침상에 누워 있는 한 침례교 청소년이었을 때, 할머니의 감리교 성경책을 읽음으로 치유를 받았습니다. 왜냐하면 나는 신유를 믿었기 때문이 아니라, 마가복음 11:24을 따라 행동했기 때문입니다.

"그러므로 내가 너희에게 말하노니 무엇이든지 기도하고 구하는 것은 받은 줄로 믿으라 그리하면 너희에게 그대로 되리라"(막 11:24).

그래서 나는 기도하며 이렇게 말하기 시작했습니다.

"나는 나의 기형적인 심장이 치유받았음을 믿습니다. 나는 나의 마비된 몸이 치유받았음을 믿습니다. 나는 나의 머리끝에서부터 발끝까지 치유받았음을 믿습니다."

그러자 하나님의 치유 능력이 나의 몸에 나타났습니다.
나의 치유는 내가 하나님의 말씀을 믿고 행동했기 때문에 온 것입니다.
당신도 똑같이 할 수 있습니다.
당신이 하나님의 말씀을 믿고 행동한다면, 하나님의 말씀은 당신을 위해 역사할 것입니다.
병 고치는 은사는 다른 사람을 통해 당신에게 나타나는 것입니다. 물론 모든 치유는 하나님에 의해서 일어나지만, 그 차이점은 치유가 나타나는 통로가 다르다는 것입니다.
혹자는 당신이 치유를 받을 때 그것은 병 고치는 은사가 작용한 것이라고 말합니다. 은사(gift)라는 단어를 한 가지 측면에서 볼 때, 어떤 방법에 의한 치유라도 그것은 은사입니다. 왜냐하면 당신이 하나님으로부터 받는 것은 무엇이든지 일반적으로 말하면 은사이기 때문입니다.
그러나 모든 치유가 반드시 병 고치는 은사가 나타난 것은 아닙니다. 그 예로, 나의 치유는 내가 하나님의 말씀을 믿고 믿음으로 그 말씀을 행하였기 때문에 나타난 것입니다.

병 고치는 은사로 사역하기

다시 고린도전서 12:28을 봅시다.

"… 하나님이 교회 중에 몇을 세우셨으니 …"

바울은 여기서 영적 은사, 즉 성령의 은사에 대해서 말하고 있는 것이 아닙니다. 그는 영적 은사와 사역으로 준비된 남자와 여자들에 대해서 이야기하고 있는 것입니다.
교회에 세워진 "몇 사람"은 "첫째로 사도들 …"(고전 12:28)을 포함합니다.
"사도들"은 누구나 받을 수 있는 개인적인 은사가 아니라, 교회에 주신 사역의 은사입니다.
"몇 사람"은 또한 "둘째로 선지자들 …"(고전 12:28)을 포함합니다.
그것은 사역인데, 개인을 축복하기 위한 것이 아니라 그리스도의 몸인 교회 전체를 축복하기 위한 사역입니다. 고린도전서 12:28은 "셋째로 교사 …"를 말하고 있습니다.
교사의 가르치는 은사는 그 기름 부음으로 사역하고 있는 본인을 축복하기 위해서 주어진 것이 아닙니다. 그것은 한 사람이 다른 사람을 축복할 수 있도록 주어진 은사입니다.
그것은 그리스도의 몸인 교회에 주어진 사역의 은사입니다.
바울은 계속해서 이 구절에서 기적을 행하는 것에 대하여 말하고 있습니다.

"그 다음은 능력을 행하는 자요…"(고전 12:28).

그는 기적을 행하는 은사로 무장된 사역자들이 있다고 말하고 있습니다. 이 구절은 계속해서 말합니다.

"그 다음은 병 고치는 은사와…"(고전 12:28).

그런 후에, 바울은 "다 사도이겠느냐?"라고 질문을 던집니다(고전 12:29).

다른 말로 하면, 바울은 "모든 사람이 사도의 직분을 가질 수 있습니까?"라고 질문하고 있습니다.

그 대답은 "아니요"입니다.

"다 선지자이겠느냐?"

"아니요."

"다 교사이겠느냐?"

그 대답은 "아니요."입니다.

모든 사람이 그리스도의 몸인 교회를 위해서 교사의 사역을 가질 수는 없습니다. 물론 우리는 모두 우리의 지식 정도에 따라 가르칠 수 있습니다. 그러나 그것은 교사의 사역 은사는 아닙니다. 하나님께서 성령을 통해서 교회 안에 교사의 은사를 주어 준비시킨 자들이 있습니다.

나는 항상 교사는 아니었습니다. 사실 나의 사역 초창기 9년은 엄밀히 말하면 설교자였습니다. 나는 설교하는 것을 좋아했습니다. 나는 설교자였으며, 남침례교의 대단한 전통과 배경을 가지고 있었습니다.

나는 스펄전의 설교를 읽을 수 있었고, 그가 한 것처럼 설교를 할 수 있었습니다.

나는 설교하기는 좋아했지만, 가르치는 것은 싫어했습니다. 나는 목회시절, 35세 이상이 참석하는 본당의 성인 주일학교에서 목사로서 가르치는 것이 관례였습니다. 나는 그것을 싫어했습니다. 때때로 나는 주일아침에야 가르칠 것을 준비하기도 했습니다. 왜냐하면 나는 많은 연구 없이 그 주제에 대해 읽고 일어나 강의할 수 있었기 때문입니다. 나는 설교를 준비하고 예배를 위해서 설교할 준비를 하는 데에는 시간을 들였습니다. 그러나 가르치는 것에 관해서는 많은 준비를 하지 않았습니다.

나는 주일 오전의 성인 주일학교반의 고통이 끝나는 시간이 내 인생에서 가장 즐거운 시간이었습니다.

그런데 1943년 5월, 텍사스 파머스빌에 있는 교회에서 아내와 내가 목회하고 있을 때, 하나님께서 나에게 교사의 은사를 주셨습니다. 나는 그것이 왔을 때, 그것이 무엇인지 알았습니다. 나는 전엔 그것을 가지고 있지 않았지만, 그것을 가졌을 때 알게 되었습니다.

그것은 마치 자연적인 영역에서 누군가가 나에게 500달러 지폐를 건네준 것처럼 성령 안에서 나에게 실제적이었습니다.

가르치는 것은 사역입니다. 그것은 내 개인적인 이익을 위해서 주어진 것이 아니라, 다른 사람을 축복하기 위해서 주어진 것이었습니다. 기적을 행하는 은사, 병 고치는 은사 그리고 모든 사역 은사들도 마찬가지입니다.

우리가 보았듯이, 고린도전서 12:29에서 바울은 "다 사도이겠느냐?"라고 질문합니다.

물론, 아닙니다.

"다 교사이겠느냐?"

그 대답은 "아니요"입니다.

모든 사람이 교사의 사역을 가질 수는 없습니다.

나는 수년 동안 교사의 사역을 하지 않았습니다. 나는 가르쳐야 했기 때문에 가르쳤지만, 교사의 사역을 한 것은 아니었습니다.

바울은 계속해서 질문합니다.

"다 능력을 행하는 자이겠느냐?"

물론 모두가 기적을 행하는 사람은 아닙니다.

그 다음 30절에서는 "다 병 고치는 은사를 가진 자이겠느냐?"

"아니요."

모든 사람이 다 치유의 은사를 가질 수는 없습니다. 이 성경구절은 만약 어떤 사람이 치유를 받는다면 그가 자동적으로 초자연적인 치유의 은사(다른 사람들에게 치유사역을 할 수 있는 성령의 은사)를 전이 받는다는 생각을 거부합니다. 그리고 이 성경구절은 어떤 사람이 반드시 항상 치유의 은사를 통해 치유 받는다는 생각을 거부합니다. 사람은 하나님의 말씀에 대한 자신의 믿음으로 치유 받을 수도 있습니다.

그러므로 고린도전서 12:28은 한 개인을 축복하기 위해 그에게 주어진 치유를 언급하고 있는 것이 아닙니다. 그것은 다른 사람을 축복하기 위해 주어진 치유의 사역(ministry)입니다.

물론, 하나님으로부터 온 어떤 치유라도 은사입니다. 사실 우리가 하나님으로부터 받는 모든 축복은 은사입니다. 그러나 성령의 은사들은 성령의 초자연적인 나타남입니다. 그리고 병 고치는 은사는 다른 사람을 통해서 누군가에게 나타난 그런 작용들 중의 하나입니다.

병 고치는 은사는 치유를 받는 한 가지 방법입니다. 그러나 내가 말했듯이, 병 고치는 은사의 나타남을 통한 치유 외에도 하나님의 치유를 받는 여러 가지 방법이 있습니다.

침례교의 젊은 설교자로서 나는 믿음과 기도에 대해서 설교했습니다. 나는 사람들에게 사역할 때 어떤 종류의 기름부음이나 성령의 은사들이 나타나는 것도 의식하지 않았습니다. 나는 단지 사람들에게 믿음으로 기도해 주었고, 하나님은 그의 말씀에 대한 믿음을 존중해 주시기 때문에 내 믿음을 기뻐 받으셨습니다. 그 결과, 사람들은 치유받았습니다.

후에 나는 나 이외에도 다른 신유를 설교하는 자들이 있음을 알았습니다. 그들은 그들 자신을 "순복음"이라 불렀습니다. 나는 그들과 교제하게 되었고, 곧바로 성령 세례를 받고 다른 방언으로 말하게 되었습니다.

나는 안수와 기름 바름을 통해서 병자들을 위한 기도를 계속했습니다.

1938년에 텍사스 북중부의 흑토지대에 위치하고 있는 조그마한 순복음 교회에서 목사직을 맡게 되었습니다.

어느 날 밤늦게 기도하고 있을 때, 주님께서 성령을 통해서 나에게 말씀하셨습니다.

"내가 너에게 병 고치는 은사를 주었고, 병자들에게 사역하도록 너를 보냈다."

목사인 나는 사람들에게 기름을 바르고, 안수하면서 믿음으로 치유기도를 하였습니다. 그 때까지 나를 통해서 병 고치는 은사가 나타나지 않았습니다. 그들이 나와 합심을 하고 우리가 하나님의 말씀을 믿고 행동했으므로 대부분 치유되었습니다.

그러나 주님께서 병자들을 위한 나의 사역에 대하여 말씀하신 이후로, 나는 내 사역에서 다른 "뭔가"가 역사하고 있다는 것을 의식하게 되었고, 나를 통해서 다른 사람들에게 나타남이 있었습니다. 나는 성령께 굴복하는 것 외에는 정말로 그 현상에 대해서 아무것도 하지 않았습니다. 그런 후에, 나는 단지 하나님의 약속을 믿음으로 치유받는 것과 병 고치는 은사의 역사로 인한 치유 사이의 차이점을 보게 되었습니다.

사람들은 그 혼자서 하나님을 믿음으로 직접 치유를 받을 수 있습니다. 나처럼 많은 사람들이 단지 하나님을 믿음으로 치유를 받습니다. 그러나 병 고치는 은사의 경우에는 한 사람을 통해서, 도움이 필요한 다른 사람에게 성령의 특별한 나타남이 있습니다.

사람들이 나에게 사역해 달라고 요청할 때, 나는 내가 가진 모든 능력과 하나님이 나에게 주신 모든 것으로 돕겠노라고 대답합니다. 그러나 우리는 성령의 은사를 우리 마음대로 사용할 수 없습니다. 성령의 은사는 성령의 뜻대로 작용합니다.

그러나 성령의 은사가 나타나지 않는다 할지라도, 사람들은 하나님의 말씀을 기초로 하여 항상 치유될 수 있고, 자유롭게 될 수 있습니다. 성경은 멍에를 부수는 것은 기름부음, 즉 하나님의 권능이라고 말합니다(사 10:27). 기름부음은 하나님의 말씀에 있습니다.

이것이 신자들이 지역교회의 일원이 되는 것이 왜 그렇게 중요한지에 대한 이유입니다.

왜냐하면 그곳에는 하나님의 말씀이 선포되고, 하나님이 성령을 통해서 운행하시기 때문입니다. 또한 나는 하나님의 영이 운행하고 있을 때에는 다른 때보다 무엇이든 원하는 것을 더 쉽게 받을 수 있다는 것을 알게 되었습니다.

그러나 성경은 "… 그가 채찍에 맞음으로 너희는 나음을 얻었나니"(벧전 2:24)라고 말하고 있으므로, 단순히 하나님의 말씀을 믿음으로 스스로 치유를 받을 수 있다는 것을 강조하고 있습니다.

말씀을 주시고, 그 말씀을 믿고, 행동할 수 있는 특권을 주신 하나님께 감사드립니다.

또한 초자연적인 나타남과 병 고치는 은사를 주신 하나님께 감사드립니다.

연구를 위한 질문

1. 자연적인 치유의 방법에는 무엇이 있습니까?

2. 초자연적인 치유의 방법에는 무엇이 있습니까?

3. 신약에서 많이 나타나는 영적인 은사는 어떤 것이 있습니까?

4. 예수님은 지상에 계셨을 때 어떻게 사역하셨습니까?

5 요한복음 3:34은 그리스도의 몸된 교회의 전체 성도들이 예수님께서 (   ) 가지고 계셨던 것과 동일한 분량의 성령을 (   ) 가질 수 있음을 암시합니다.

6. 예수님의 사역에서 어떤 종류의 질병이 치유되었으며, 그 이유는 무엇입니까?

7. 바울이 고린도전서 12:28에서 "하나님이 교회 중에 몇을 세우셨으니 …"라고 말했는데, 이 구절은 무엇에 대해 말하고 있는 것입니까?

8. 고린도전서 12:30이 거부하고 있는 두 가지 생각은 무엇입니까?

9. 성령의 은사가 나타나지 않는다 할지라도 사람들이 어떻게 치유될 수 있습니까?

10. 이사야 10:27에 따르면, 멍에를 부수는 것은 무엇입니까?

말하는 은사
(Say)

- 예언의 은사
- 각종 방언의 은사
- 방언 통변의 은사

18

예언의 은사

18

"각 사람에게 성령의 나타내심은 유익하게 하려 하심이라 어떤 사람에게는 성령으로 말미암아 지혜의 말씀을, 어떤 사람에게는 같은 성령을 따라 지식의 말씀을, 다른 사람에게는 같은 성령으로 믿음을, 어떤 사람에게는 한 성령으로 병 고치는 은사를, 어떤 사람에게는 능력 행함을, 어떤 사람에게는 예언함을, 어떤 사람에게는 영들 분별함을, 다른 사람에게는 각종 방언 말함을, 어떤 사람에게는 방언들 통역함을 주시나니 이 모든 일은 같은 한 성령이 행하사 그의 뜻대로 각 사람에게 나누어 주시는 것이니라"(고전 12:7-11).

이전에 설명했듯이, 성령의 은사를 구분하는 가장 단순한 방법은 그들 중 세 가지는 뭔가를 말하는 것이고, 세 가지는 뭔가를 행하는 것이고, 세 가지는 뭔가를 계시하는 것으로 분류됩니다.

뭔가를 말하는 세 가지 발성의 은사:

- 예언
- 각종 방언
- 방언들 통역

뭔가를 행하는 세 가지 능력의 은사:

- 믿음의 은사
- 능력 행함
- 병 고치는 은사

뭔가를 계시하는 세 가지 계시의 은사:

- 지혜의 말씀
- 지식의 말씀
- 영들 분별

이번 장에서 우리는 영감 혹은 발성의 세 가지 은사에 대해서 논할 것입니다.

이 세 가지 은사 중에서 예언이 가장 중요합니다.

예언이 가장 중요한 이유는 예언은 다른 두 개의 영감의 은사, 즉 각종 방언 및 방언 통변을 합친 것과 같은 효과를 내기 때문입니다.

"… 방언을 말하는 자가 통역하여 교회의 덕을 세우지 아니하면 예언하는 자만 못하니라"(고전 14:5).

이 구절은 방언과 방언 통변을 합친 것이 예언과 동등하다는 것을 말해줍니다. 그러므로 예언은 그것을 완성하기 위해서 다른 은사를 필요로 하지 않는다는 점에서 세 가지 영감 혹은 발성의 은사 중에서 가장 중요합니다.

예언은 이미 알고 있는 언어로 하는 초자연적인 말입니다. 각종 방언은 알지 못하는 언어로 말하는 초자연적인 말입니다. 방언 통변은 방언으로 말해진 내용들을 초자연적으로 드러내는 것입니다.

"예언하다"의 히브리어 의미는 "흘러나오다"라는 뜻입니다. 또한 이 단어는 "분수처럼 보글보글 솟아오르다, 누설하다, 들어 올리다, 굴러 나오다, 튀어 오르다"라는 의미도 포함하고 있습니다.

"예언하다"라고 번역된 헬라어 의미는 "다른 사람을 대변하다"라는 뜻입니다. 그래서 "예언하다"라는 이 단어는 하나님을 대변하거나 하나님의 대변자가 되는 것을 의미할 수 있습니다. 고린도전서 14:1을 봅시다.

"사랑을 추구하며 신령한 것들을 사모하되 특별히 예언을 하려고 하라."

우리는 영적 은사를 사모하라는 말을 듣지만, 특별히 예언하려고 해야 합니다.

이것은 다른 은사는 사모하지 말라는 뜻이 아니고, 특별히 예언하기를 사모하라는 뜻입니다.

다시 고린도전서 14장 후반부를 봅시다. 바울은 반복해서 말하고 있습니다.

"그런즉 내 형제들아 예언하기를 사모하며 …"(고전 14:39).

바울은 하나님의 감동으로 기록했습니다.

우리는 이 구절을 이런 식으로 말할 수 있습니다:하나님은 바울을 통해서 고린도교회에게(고린도교회뿐만 아니라 모든 교회에게 적용되는 말씀) 영적 은사들을 사모하라고 말씀하셨고, 특별히 예언하라고 하셨습니다(고전 14:1, 39).

예언(Foretelling)과 앞서 말하는 것(Forth Telling)의 차이

단순한 예언의 은사는 선지자 직분이나 선지자 사역에서 나오는 예언적인 말과 혼동되어서는 안 됩니다.

바울은 말합니다.

"그러나 예언하는 자는 사람에게 말하여 덕을 세우며 권면하며 위로하는 것이요."(고전 14:3).

위 구절을 보면, 단순한 예언의 은사는 계시가 없다는 것을 쉽게 알 수 있습니다

단순한 예언의 은사는 덕을 세우며, 권면하며, 위로하기 위해서 주어졌습니다. 그러나 선지자 직임에는 흔히 계시나 예언(foretelling)이 나오며, 때로는 예언이라는 도구를 통해서도 나온다는 것을 발견할 수 있습니다. 구약에서의 예언과 신약에서의 예언이 차이가 있다는 것 또한 흥미로운 점입니다. 구약의 예언은 반드시 예언(foretelling)을 포함하고 있지만, 신약에서 예언의 은사는 앞서 말하는(forth telling)것으로 바뀌었다는 것을 알 수 있습니다.

예언하는 것은 설교하는 것 이상이다

어떤 사람들은 예언하는 것이 설교하는 것을 의미한다고 생각합니다.

모든 영감된 말은 어떤 의미에서 예언이지만, 영적인 예언의 은사는 설교하는 것이 아닙니다. 때때로 사람이 성령의 기름 부음을 받고, 그의 머리보다 그의 영으로부터 나오는 것들을 자연스럽게 말할 수 있도록 영감을 받을 때에는 설교에도 예언의 요소가 있습니다. 그러나 그것은 예언의 은사가 작동한 한 면일 뿐입니다.

나는 사람들이 다음과 같이 말하는 것을 들었습니다.

"나는 누군가에게 주님을 증거하고 있었습니다. 그 때 나는 하나님의 말씀과 일치하지만 나 자신의 생각을 뛰어넘는 것들을 그들에게 말해 주었습니다. 나는 그것들을 생각하지 않았고 그것들은 나의 이성으로부터 나온 것도 아니었습니다. 나는 단지 성령의 감동을 받아 그것을 말하게 되었던 것입니다."

위의 말은 이 예언의 은사가 작용한 한 부분입니다. 왜냐하면 예언은 영감된 말이기 때문입니다.

예언의 은사는 우리 자신의 이성적인 추론이나 지성을 뛰어 넘어 말하는 것입니다.

"설교하다"라는 것은 "선포하다, 알리다, 외치다, 혹은 말하다"라는 의미입니다.

예언의 은사의 성경적인 목적은 설교의 목적과 다릅니다. 예를 들어, 예수님은 사람은 예언의 어리석은 것으로 구원받는 것이 아니라, 설교의 어리석은 것으로 구원받는다고 말씀하셨습니다(고전 1:21).

성령의 초자연적 은사들은 사람들을 구원하기 위한 것이 아니라 사람들의 관심을 사로잡기 위해서 주어진 것입니다. 심지어 오순절 날 사람들이 방언으로 말할 때에도 베드로가 일어나서 그들에게 설교하기 전까지는 듣고 있던 자들이 아무도 구원받지 못하였습니다(행 2:14-41).

예언의 은사와 선지자 직분의 차이

예언의 은사는 선지자 직분과 혼동되지 않아야 합니다. 단순한 예언의 은사는 그 안에 계시가 없고 그보다는 사람들에게 덕을 세우고, 권면하고, 위로하는 말을 합니다(고전 14:3). 즉, 예언의 은사는 교회의 덕을 세우기 위한 것입니다(고전 14:4).

고린도전서 14:1을 주목해 봅시다.

바울은 고린도 교회 전 성도들에게 예언을 구하고 영적 은사를 사모하라고 말하고 있습니다. 그러나 고린도전서 12:28에서 바울은 모두가 선지자는 아니라고 말합니다. 만일 예언하는 것이 어떤 사람을 선지자로 만든다면, 바울은 스스로 모순된 말을 하고 있는 것입니다. 다시 말해, 단순한 예언의 은사가 그

사람을 통해 나타난다고 해서 그를 예언자로 만들지는 못한다는 것입니다.

예를 들어, 부자는 돈을 가지고 있습니다. 우리들 대부분은 약간의 돈을 가지고 있습니다. 그러나 그것이 우리를 부자로 만들지는 않습니다.

마찬가지로 선지자도 물론 예언하지만, 예언하는 사람이 반드시 선지자가 되는 것은 아닙니다. 또한 선지자는 예언의 은사만 가진 것이 아니라, 더 많은 성령의 은사들을 가지고 있어야 합니다. 바울이 고린도전서 14:29-30에서 말한 것처럼, 선지자는 예언과 함께 계시의 은사들도 가지고 있어야 합니다.

> "예언하는 자는 둘이나 셋이나 말하고 다른 이들은 분별할 것이요 만일 곁에 앉아 있는 다른 이에게 계시가 있으면 먼저 하던 자는 잠잠할지니라."

여기서 바울은 계시에 대해서 이야기하고 있습니다. "… 만일… 계시가 있으면 …"

그러므로 선지자는 예언의 은사뿐만 아니라, 그의 사역에서 다른 계시 은사들도 가지고 나타나야 합니다. 선지자 직임에 세움을 받으려면 그 사람의 삶이나 사역에서 예언의 은사를 포함해서 적어도 두 개의 계시의 은사가 꾸준하게 지속적으로 나타나야 합니다. 다시 말해서, 어떤 사람이 선지자 직분을 감당하기 위해서는 말씀을 전하는 설교자나 교사로서 오중사역에로 부름 받을 필요가 있습니다(엡 4:11-12).

그리고 동시에 예언이 그의 사역에서 꾸준히 나타나면서 세 가지 계시의 은사, 즉 지혜의 말씀, 지식의 말씀, 영분별 중 두 가지를 가지고 있어야 합니다. 그러므로 우리는 선지자 직분을 "그런즉 내 형제들아 예언하기를 사모하며 …"(고전 14:39)라고 우리 모두에게 사모하라고 한 단순한 예언의 은사와 혼동하지 말아야 합니다.

하나님은 우리가 얻을 수 없는 어떤 것을 구하거나 우리가 가질 수 없는 어떤 것을 사모하라고 말씀하시지 않기 때문에 우리 모두는 예언의 은사를 가질 수 있습니다(고전 14:1,5,39).

그러나 모든 사람이 그들의 삶과 사역에서 역사하는 모든 성령의 은사들을 가질 수는 없습니다.

> **고린도전서 14:1, 5, 39**
> "사랑을 추구하며 신령한 것들을 사모하되 특별히 예언을 하려고 하라… 나는 너희가 다 방언 말하기를 원하나 특별히 예언하기를 원하노라 만일 방언을 말하는 자가 통역하여 교회의 덕을 세우지 아니하면 예언하는 자만 못하니라… 그런즉 내 형제들아 예언하기를 사모하며 방언 말하기를 금하지 말라."

우리는 모두가 예언을 할 수 있지만, 모두가 선지자가 될 수는 없습니다.

그리고 우리 모두가 예언할 수 있다 할지라도, 선지자 직임을 통하여 나온 예언은 단순한 예언의 은사가 평신도를 통하여 나타나는 것보다 더 큰 권위를 갖는다는 것도 반드시 알아야 합니다.

신약에 나타난 예언의 은사

사도행전 21장에서 우리는 예언의 은가 그들의 삶에 나타난 몇몇 신자들의 사례를 볼 수 있습니다.

사도행전 21:8, 9

"이튿날 떠나 가이사랴에 이르러 일곱 집사 중 하나인 전도자 빌립의 집에 들어가서 머무르니라 그에게 딸 넷이 있으니 처녀로 예언하는 자라."

빌립의 네 딸들은 모두가 이 단순한 예언의 은사를 가지고 사역하였습니다. 바울과 그의 동료들이 그 네 딸들이 예언한다는 것을 알고 있었던 것으로 보아, 그녀들은 가정예배에서 예언했음이 틀림없습니다.

빌립의 딸들은 전 회중들에게 덕을 세우며, 권면하며, 위로하기 위하여 예언했습니다(고전 14:3).

그러나 선지자 아가보가 왔을 때, 그는 계시를 포함한 더 높은 수준의 메시지를 성령님께로부터 받았습니다.

신약에 나타난 선지자 사역

사도행전 21:10, 11

"여러 날 머물러 있더니 아가보라 하는 한 선지자가 유대로부터 내려와 우리에게 와서 바울의 띠를 가져다가 자기 수족을 잡아매고 말하기를 성령이 말씀하시되 예루살렘에서 유대인들이 이같이 이 띠 임자를 결박하여 이방인의 손에 넘겨 주리라 하거늘."

이 구절을 보면, 아가보는 단순한 예언의 은사 차원에서 예언하고 있는 것이 아닙니다. 그는 성령님께로부터 어떤 메시지를 받았습니다. 그는 예언과 함께 어떤 계시가 있는 메시지, 즉 지혜의 말씀을 받았습니다.

그러나 아가보가 준 메시지는 바울에게 명확한 지시를 주지는 않고 있습니다. 왜냐하면 바울에게 예루살렘으로 가야할지의 여부를 말하고 있지 않기 때문입니다. 그 결정은 바울에게 달려 있었습니다. 아가보는 바울이 가까운 시일 내에 예루살렘에서 겪어야 할 일들을 말해 주고 있을 뿐입니다.

여기서 아가보가 바울을 위해서 받았던 지혜의 말씀을 해석하는 두 가지 방법이 있습니다. 하나는, 예언이라는 도구를 통해서 지혜의 말씀을 선포한 것입니다. 또 다른 하나는, 아가보가 이미 하나님의 영을 통해 알고 있었던 지혜의 말씀을 전한 것입니다.

그러므로 선지자는 예언하지만, 그가 가져다 주는 메시지는 단순한 예언이 아닐 수가 있습니다. 달리 말해서, 선지자의 메시지는 예언(영감된 말) 이라는 도구를 통해 올 수 있지만, 그 메시지는 실제로 지혜의 말씀이나 지식의 말씀과 같은 계시의 은사들이 작용한 것일 수도 있습니다. 혹은 선지자는 이전에 이미 주님으로부터 받았던 것을 말하는 것일 수도 있습니다. 그러면 그 메시지는 실제로 지혜의 말씀과 같은 다른 성령의 은사들이 작용한 것일 수도 있습니다.

이런 차원들을 고려해 볼 때, 사도행전 21:10-11 말씀은 계시의 은사들 중 하나인 지혜의 말씀이 예언의 은사를 통해서 나타난 것일 수 있습니다. 그럴 경우, 예언은 지혜의 말씀을 전하는 통로일 뿐입니다.

아가보가 바울에게 주님의 말씀을 전할 때 "성령이 말씀하시되"라고 하면서 그가 성령님을 통해서 이미 알고 있던 지혜의 말씀을 전하였을 뿐이고, 예언의 기름 부음 아래서 말하지 않았다는 것을 암시합니다.

예언의 은사의 오용

예언의 은사의 오용은 신자들 가운데 혼란을 초래할 수 있습니다. 사람들이 성경이 가르치는 대로 예언을 사용한다면, 예언은 그리스도의 몸인 교회에 대단한 축복이 될 것입니다. 그러나 어떤 사람들은 선지자 사역을 하는 사역자들의 계시를 듣고서 그들도 그러한 사역을 할 수 있다고 생각합니다. 그래서 그들은 앞서 말하는 것(forth telling) 대신에 어떤 예언(foretelling)을 하려고 합니다. 그 결과, 그들은 곤경에 처하게 됩니다.

한 번은 어떤 여인이 나에게 말했습니다.

"나는 모두가 서로 안수하고 예언해 주는 어떤 기도모임에 참석합니다. 하지만 그동안 어떤 일이 일어났었는지 나는 모릅니다. 그들은 나에게 안수하고 나의 어머니가 6개월 내에 돌아가실 것이라고 예언해 주었습니다. 그러나 그 기간은 틀렸고, 나의 어머니는 아직도 생존해 계십니다."

그 여인은 계속 말했습니다.

"그런 후, 그들은 나의 남편이 그 해에 나를 떠날 것이라고 예언해 주었지만 그 기간은 틀렸고, 남편은 아직도 나를 떠나지 않았습니다. 우리는 행복한 결혼 생활을 유지하고 있습니다. 그들은 다른 많은 것들도 예언해 주었지만, 그것들 중 어떠한 것도 일어나지 않았습니다."

그들이 어떤 은사를 가지고 있는지 모르겠지만, 그들은 은사를 오용하고 있었습니다. 그들이 덕을 세우고, 권면하고, 위로하는 단순한 예언의 은사로 사역한다면 오히려 더 좋을 것입니다.

그러나 우리가 확실히 알아야 하는 것은, 예언 사역을 하는 선지자 직분을 가진 자들이 있다는 것입니다. 그들은 지혜의 말씀, 지식의 말씀 등 다른 성령의 은사들을 가지고 사역합니다. 그리고 이러한 은사들은 예언을 통해서 나옵니다.

그러나 예언을 통해서 지식의 말씀이나 지혜의 말씀을 드러내는 자들이 반드시 선지자 직분을 가질 필요는 없습니다. 왜냐하면 이전에 살펴보았듯이, 선지자 직분에는 다른 자격 요건이 필요하기 때문입니다. 또한 계시의 은사들은 선지자 직분에서는 계속적으로 더 많이 나타나야 합니다.

단순한 예언의 은사는 예언이 아니다

많은 사람들이 예언의 은사는 예언(prediction)이라고 생각합니다. 그러나 단순한 예언의 은사는 예언이 아니라 사람들에게 덕을 세우고, 권면하고, 위로하는 말을 하는 것입니다(고전 14:3).

성령의 은사들은 당신이 이 세상에 태어날 때 가지고 태어나는 것이 아닙니다. 당신은 먼저 거듭남을 통해서 하나님의 왕국 안에 태어나야 합니다(고후 5:17).

그런 다음에, 당신은 성령 세례를 받아야 합니다(행 2:4).

그런 다음에, 성령께서 그의 뜻대로 각 사람에게 성령의 은사를 나누어 주십니다(고전 12:11).

또한 당신은 그 성령의 은사들이 작동하게 하기 위해서 성령 안에 머물러야 합니다. 즉, 성령의 은사들은 육신적인 방법으론 작동하지 않습니다. 달리 말하면, 당신은 영적 은사들이 나타나게 하기 위해 성령의 기름 부음을 기다려야 합니다. 그것은 우리가 하나님을 떠나서 할 수 있는 것이 아닙니다.

안타깝게도 많은 사람들이 이러한 가르침이 아니라, 그릇된 가르침을 따르고 있다는 것입니다.

그러나 가짜들 때문에 진짜를 멀리할 필요는 없습니다. 그렇습니다.

우리는 성령님이 진짜 성령의 은사들을 우리를 통해서 드러내시도록 순종할 필요가 있습니다. 그리고 성령님이 무엇이 진짜인지 하나님의 말씀을 통해서 보여 주시도록 성령님의 지도를 받아야 합니다. 불행히도 일부 크리스천들조차도 영적 은사에 대해서 잘못된 인도를 받고 있습니다.

그 예로, 어떤 한 동료가 나에게 말하기를, 그는 매일 아침 출근 전에 주님이 어떤 넥타이를 매라고 예언의 말씀을 주시기를 기다린다고 하였습니다! 하나님은 당신이 어떤 넥타이를 맬 것인지에 관심이 없습니다. 그것은 예언의 말이 아니라, 실제로 마귀의 속임수에 자신을 열어놓고 있는 것입니다.

한 번은 어떤 사람이 어떤 교회에 출석해야 하는지 나에게 예언해 달라고 요청하는 편지를 보내왔습니다. 이것은 비성경적입니다. 모든 신자들은 자신 안에 인도자요, 상담자인 성령을 가지고 있습니다(요 16:13). 그리고 하나님이 그의 자녀를 인도하는 첫 번째 방법은 누군가의 예언이 아니라 내적 증거입니다(롬 8:14).

또 다른 경우가 있었는데, 내가 콜로라도에서 집회를 하고 있을 때, 뉴욕으로부터 온 어떤 사람들이 새벽 4시에 내가 머물고 있는 모텔의 주인에게 전화를 해서 말하기를, 긴급 상황이니 나와 대화할 필요가 있다고 말했습니다. 아내와 내가 머물고 있는 방에는 전화기가 없었으므로 주인이 와서 노크를 하였습니다. 그는 나에게 전화가 왔다고 말하였습니다. 나는 비몽사몽간에 침대로부터 나와서 셔츠를 입고 모텔 사무실을 향해 문을 열었습니다. 아내가 나에게 소리쳤습니다.

"여보, 바지를 입지 않았잖아요."

나는 비몽사몽간에 내가 바지를 입었는지, 안 입었는지 알지 못했습니다! 나는 되돌아가서 바지를 입고 나왔습니다. 내가 전화를 받자 상대방이 말했습니다.

"해긴 목사님! 우리는 철야 기도모임을 하고 있는 중인데, 우리가 전화를 해서 목사님께서 우리에게 해 줄 어떤 말을 가지고 있는지 확인해야 한다는 생각을 하게 되었습니다."

그녀는 어떤 예언의 말씀을 요구하였습니다. 나는 그들을 위한 어떤 말을 가지고 있었습니다. 그러나 그것은 예언의 말씀이 아니었습니다! 나는 그 말이 주님으로부터 오지 않았기 때문에, 그 말을 하지는 않았습니다. 그것은 나의 육신으로부터 온 말이었습니다!

때때로 하나님은 당신을 사용해서 누군가에게 어떤 말을 줄 수 있습니다. 그러나 그것은 당신이 원할 때마다 언제나 성령의 은사를 켜고 끌 수 있다는 것을 의미하지는 않습니다.

우리가 가진 것은 하나님의 영으로부터 왔고, 하나님의 영에 의해서 작용한다는 것을 깨달아야 합니다! 그러므로 하나님의 영의 지시와 기름 부음에 따라 우리가 가진 것으로 사역합시다!

공적 예배에서의 성령의 나타남

우리는 고린도전서 14:26에서 예언의 은사의 사용에 대해서 또 다른 교훈을 발견할 수 있습니다.

고린도전서 14:26

"그런즉 형제들아 어찌할까 너희가 모일 때에 각각 찬송시도 있으며 가르치는 말씀도 있으며 계시도 있으며 방언도 있으며 통역함도 있나니 모든 것을 덕을 세우기 위하여 하라."

이 구절은 하나님의 영은 사람들이 예수님의 이름으로 예배드리기 위해서 함께 모일 때 더 역사하기 쉽다는 것을 보여줍니다.

하나님의 영은 하나님이 영광 받으시는 경배와 찬양의 분위기 가운데 더 쉽게 자신을 나타내십니다. 예를 들어, 나의 사역에서 나는 항상 기름 부음 가운데 사람들을 위해서 기도할 때 더 좋은 결과를 얻게 됩니다. 병자들을 위한 기도나, 성령 충만을 받도록 하기 위한 기도나, 사람들의 필요를 충족시켜 주기 위한 기도나, 그런 어떠한 기도든지 상관없이 나는 말씀을 선포한 후에 사람들을 위해 기도하는 것이 더욱 효과적이라는 것을 알게 되었습니다.

그러한 때에 나는 사역하기 위해 더욱 더 많은 기름 부음을 받습니다. 내가 예배가 끝날 때에 자주 사람들을 위해 기도하는 이유가 그 때문입니다.

어떤 사람들은 곧바로 달려들어 기도해 주기를 원합니다. 그러나 우리가 예수의 이름으로 함께 모여 하나님을 경배하며, 말씀을 가르칠 때 우리들은 하나님을 믿고 하나님께로부터 받을 수 있는 훨씬 더 나은 영적 태도를 취하게 됩니다. 그리고 은사들은 찬양과 경배의 분위기 속에서 더 잘 나타나게 됩니다.

우리가 주님을 구할 때 성령님은 자신을 나타내신다

어떤 분위기에서 성령님이 자신을 나타내시는지 우리는 사도행전 13장 1절에서 또 다른 암시를 얻을 수 있습니다. "안디옥 교회에 선지자들과 교사들이 있으니 …" 이어서 다섯 사람의 이름이 나옵니다.

사도행전 13:1-4

"안디옥 교회에 선지자들과 교사들이 있으니 곧 바나바와 니게르라 하는 시므온과 구레네 사람 루기오와 분봉 왕 헤롯의 젖동생 마나엔과 및 사울이라 주를 섬겨 금식할 때에 성령이 이르시되 내가 불러 시키는 일을 위하여 바나바와 사울을 따로 세우라 하시니 이에 금식하며 기도하고 두 사람에게 안수하여 보내니라 두 사람이 성령의 보내심을 받아…"

성령님이 자신을 나타내신 것은 그들이 주님을 섬기며 금식할 때였다는 것을 주목하십시오.

그러나 사도행전 13:2을 자세히 읽어보면, 성령님께서 바나바와 사울을 사역을 위해서 따로 세우는 것을 제자들의 영에 증거하셨다고 말하지 않습니다. 성령님께서 뭔가를 말씀하셨다고 성경은 말합니다.

"내가 불러 시키는 일을 위하여 바나바와 사울을 따로 세우라"(행 13:2).

성령님은 선지자들 가운데 한 명을 통해서 뭔가를 말씀하셨습니다. 왜냐하면 성령님이 말씀하시는 일반적인 방법은 이 사역의 은사, 즉 선지자 직분을 통해서 하시기 때문입니다. 선지자들은 특별히 어떤 계시와 발성의 은사들로 준비된 자들입니다. 그렇지 않은 경우 성령님은 모든 신자들이 가지고 있는 내적 증거를 통해서 인도하십니다(롬 8:14).

이 구절에서 또 하나 다른 것을 주의해 봅시다.

성령님이 이 말씀을 하신 때는 바나바와 바울이 사역에 부름 받은 때가 아닙니다. 성령님이 "내가 불러 시키는 일을 위하여 …"(2절) 라고 말씀하신 것으로 보아 그들은 이미 사역에 부르심을 받은 상태라는 것을 알 수 있습니다. 이 구절은 과거시제로 되어 있습니다. 그러므로 바나바와 사울은 그들의 개인적인 삶에서 이미 사역에 부르심을 받았었습니다. 다른 말로 하면, 그들은 선지자를 통해서 사역에 부르심을 받은 것이 아니었습니다. 단지 성령님께서 선지자를 통하여 그 부르심을 확정해 주신 것입니다.

사적인 예언을 할 때는 조심해야 한다

사적인 예언을 할 때는 매우 신중해야 할 필요가 있다는 점을 강조하고 싶습니다. 사적인 예언을 오용함으로 삶이 파괴되고 많은 불행한 일들이 일어났습니다. 하나님은 때때로 나를 사적인 예언에 사용하시므로, 나는 매우 신중해져야 합니다. 그러나 나는 시간이 지날수록 사적인 예언 분야에서 너무나 많은 오류를 보았고, 그것이 진짜 예언 사역을 포기하고 싶게 만들어 버린다는 것을 알았습니다.

나는 반대편 극단으로 빠지지 않고 주님이 나를 사용하기 원하는 방식대로 쓰임받기 위해서 하나님의 영에 순종하는데 나 자신을 살피고 주의해야 합니다.

단순한 예언은 덕을 세우고, 권면하며, 위로한다

고린도전서 14:3
"그러나 예언하는 자는 사람에게 말하여 덕을 세우며 권면하며 위로하는 것이요."

우리가 예언의 성경적인 사용법을 마음에 새긴다면, 우리는 이 분야에서 교리적으로 어긋나지 않게 될 것입니다. 단순한 예언의 은사는 사람들에게 초자연적으로 말을 해줌으로 교회에 덕을 세우기 위해서 주어졌습니다.

"… 예언하는 자는 교회의 덕을 세우나니"(고전 14:4).

이 예언의 은사는 또한 권면을 통해서 교회에 덕을 세우기 위해서 주어졌습니다. 3절에 나오는 "권면하다"라는 단어는 헬라어로 "하나님께 더 가까이 부르거나 초대하는 것"을 의미합니다.

고린도전서 14장 3절은 또한 예언의 은사는 위로하기 위해서 주어졌다고 말하고 있습니다. 어떤 사람들이 예언이라고 말하는 것의 대부분은 사람을 위로하기는커녕 오히려 불편하게 합니다. 그런 것들은 예언의 은사가 덕을 세우고, 권면하고, 위로하기 위해 주어진 것이므로 이 성령의 선한 은사가 작용한 것이 아닙니다.

그러나 우리는 선지자의 사역을 통해서 나오는 계시가 때로는 불편할 수가 있다는 것을 알아야 합니다. 왜냐하면 그것은 때론 교정이나 죄의 자각을 가져오기 때문입니다. 그러나 단순한 예언의 은사는 오직 덕을 세우고, 권면하고, 위로하는 용도로만 사용됩니다.

예를 한 가지 들어보겠습니다.

내가 아리조나 피닉스의 믿음 세미나에서 가르칠 때, 그 교회 맨 앞줄에 앉아 있는 한 사람에게서 악한 영을 분별하였습니다. 나는 그가 그릇된 영을 가지고 있으며, 기회가 주어지면 그 세미나를 망칠 것을 알았습니다. 나는 그에게 끼어들 기회를 줄만큼 긴 설교를 중단하지 않으려고 애썼습니다.

그러나 메시지가 끝날 즈음에, 그 사람이 벌떡 일어나 두 손을 치켜들고 회중들이 잘못되었다고 생각되는 것들을 모두 떠들어대기 시작했습니다. 그 사람은 성경에서 말하는 예언의 은사가 해야 되는 것을 제외한 모든 행동을 하였습니다. 사람들에게 덕을 세우는 대신에 그들을 깎아 내렸습니다. 그들을 권면하고 그들을 하나님께 더 가까이 나아가게 하는 대신에 그는 사람들을 쫓아버렸습니다. 그들을 위로하는 대신에 그들을 불편하게 하였습니다. 나는 그가 정신적으로 불안정하다는 것을 깨닫고 아래 성경 구절을 기억하면서 그를 참아주려고 노력했습니다.

데살로니가전서 5:14-21

"또 형제들아 너희를 권면하노니 게으른 자들을 권계하며 마음이 약한 자들을 안위하고 힘이 없는 자들을 격려하고 힘이 없는 자들을 붙들어 주며 모든 사람에게 오래 참으라 삼가 누가 누구에게든지 악으로 악을 갚지 말게 하고 서로 대하든지 모든 사람을 대하든지 항상 선을 따르라 항상 기뻐하라 쉬지 말고 기도하라 범사에 감사하라 이것이 그리스도 예수 안에서 너희를 향하신 하나님의 뜻이니라 성령을 소멸하지 말며 예언을 멸시하지 말고 범사에 헤아려 좋은 것을 취하고."

바울이 이렇게 교훈한 이유는 데살로니가 교회가 예언의 은사를 너무나 많이 오용하여서 사람들이 예언의 은사를 멸시하였기 때문이었습니다. 그래서 바울은 성령의 감동으로 이 편지를 써서, 예언을 멸시하지 말라고 가르치지 않으면 안 되었던 것입니다(살전 5:20).

그러나 나의 집회에 참석했던 그 사람처럼 사람들의 잘못된 것들과 깎아내리는 말들을 떠들며 돌아다니는 자들은 예언의 은사를 사용하는 것으로 생각할지 모르지만, 성령의 선한 은사로 사역하고 있는 것이 아닙니다.

한 번은 어떤 여성이 나에게 와서 감사 표시를 하였습니다. 내가 그녀의 예언의 은사의 오용을 교정해 주었기 때문입니다. 배우려는 사람들은 언제 그들이 잘못되었는지를 알고, 경건한 교정에 감사하기를 좋아합니다.

그녀는 말했습니다.

"나는 내가 가진 것을 오용했다는 것을 알 수 있어요. 하나님은 때때로 나를 예언에 사용하시지만, 이제 나는 내가 하려고 했던 것이 예언을 통해서 모든 사람을 하나로 일치시키시려고 한 것임을 압니다."

그녀는 예언의 은사를 통해서 사람들의 삶을 통제하려고 노력해 왔습니다. 즉, 그녀는 모든 여자들이 그녀가 입는 것처럼 옷을 입게 만들려고 노력했습니다. 그녀는 옷에 대해서 그리고 수많은 다른 것들에 대해서 다소 이상한 주관을 가지고 있었습니다! 그러나 교정이 아니라, 위로가 이 단순한 예언의 은사의 목적인 것입니다.

개인 기도생활에서의 예언

방언처럼 예언의 은사는 단순히 공적인 말 이상의 역할을 합니다.

예언은 개인 기도생활에도 사용될 수 있습니다. 그 예로 시편을 보면, 예언은 하나님께 기도와 찬양을 드릴 때 사용되었습니다. 사실 시편 전체는 예언의 영에 의해서 주어진 것입니다. 시편은 이스라엘의 기도이며 노래책이었습니다. 시편의 일부는 영감된 말로 표현된 기도입니다.

우리는 신약에서도 예언이 신자의 기도생활에 사용되어지는 것을 볼 수 있습니다. 예를 들면, 에베소서 5:19에서 신자들은 자기 자신에게 말하도록 격려를 받고 있습니다.

"시와 찬송과 신령한 노래들로 서로 화답하며 너희의 마음으로 주께 노래하며 찬송하며."

이것은 예언의 은사가 작용한 것입니다.

대부분 기도하는 동안 사람들은 방언으로 말하고, 그런 다음에 하나님의 영으로 어떤 것을 말할 수 있습니다. 방언으로 말하는 것은 영에 속한 일들을 시작하는 것입니다. 왜냐하면 방언으로 말하는 것은 초자연적인 세계로 들어가는 문이기 때문입니다. 그리고 우리는 방언의 은사가 모든 성령 충만한 신자들에게 성령충만의 증거로써 주어진 것임을 압니다.

또한 예수님은 몇 명의 제자들만 방언으로 말해야 된다고 말씀하시지 않았습니다. 모든 신자들이 방언으로 말해야 된다고 말씀하셨습니다.

"믿는 자들에게는 이런 표적이 따르리니 곧 그들이… 새 방언을 말하며"(막 16:17).

그러나 하나님은 모든 성령 충만한 신자들이 방언으로 말하는 것 그 이상을 하기를 원하십니다. 하나님은 우리가 성령의 인도하심을 따라 방언으로 기도한 것을 통변할 수 있기를 원하십니다.

"그러므로 방언을 말하는 자는 통역하기를 기도할지니"(고전 14:13).

하나님은 우리가 가질 수 없는 것을 위해서 기도하라고 말씀하지 않으셨습니다. 물론 개인의 사적인 기도생활에서 우리가 성령으로 기도한 모든 것을 통변할 필요는 없습니다.

또한 방언통변의 은사를 공적으로 사용할 때가 있습니다. 방언통변의 은사는 지역교회에서 사용되어질 수 있습니다.

"만일 누가 방언으로 말하거든 두 사람이나 많아야 세 사람이 차례를 따라 하고 한 사람이 통역할 것이요."(고전 14:27).

모든 신자가 방언통변의 은사를 가지지는 못할 것입니다. 모든 신자가 방언통변의 은사를 가지고 공적인 사역을 하지는 못할 것입니다.

하나님은 또한 그리스도의 몸된 교회에 위로와 격려를 하기 위하여 우리가 예언하기를 원하십니다. 왜냐하면 성경이 그것을 명확히 말하고 있기 때문입니다.

> "… 신령한 것을 사모하되 특별히 예언을 하려고 하라… 예언하는 자는 교회의 덕을 세우나니"(고전 14:1, 4).

우리는 이 예언의 은사를 통해서 다른 신자들과 우리 자신의 개인적인 유익을 위해서 초자연적으로 말할 뿐만 아니라, 하나님을 향해서도 초자연적으로 말할 수 있습니다(엡 5:19, 골 3:16).

개인 기도생활에서 예언하는 것은 방언과 함께 시작됩니다(고전 14:2).

예를 들어, 내가 방언으로 기도할 때 나의 영은 하나님과 직접 교통합니다. 그러나 나는 내가 알지 못하는 언어로 하나님과 대화하고 있는 것입니다. 여러분이 방언으로 말할 때, 그것은 알지 못하는 언어로 말하는 초자연적인 말입니다. 바울은 우리가 알지 못하는 언어로 기도할 때 우리가 기도하는 것을 통변하지 않는다면, 우리의 마음은 아무 열매가 없다고 말했습니다(고전 14:14,15).

달리 말하면, 우리는 방언으로 기도할 때 우리가 무엇에 대해 기도하는지 항상 알 수는 없습니다. 그러나 예언으로 기도할 때 여러분은 아는 말로 하는 자신의 말을 들을 수가 있고, 따라서 자기가 말하는 것을 알 수 있습니다. 기도생활에서 방언으로 기도하는 것은 흔히 예언으로 건너가는 도약대가 됩니다. 기억하십시오.

예언은 넓은 의미에서 영감된 말입니다. 예를 들어, 때때로 나는 나의 지식을 가지고 어떤 것에 대해서 기도합니다. 그러나 그 기도는 반드시 영감된 말일 필요는 없습니다. 나는 내 자신의 지식을 가지고, 즉 모국어로 그 상황에 대해서 내가 방법을 아는 만큼 기도할 수 있습니다(물론 누구든지 성령 안에서, 즉 성령에 의해서 감동받고 지시를 받아서 모국어로 된 자신의 지성을 사용하여 기도할 수 있습니다).

내가 방언으로 그 상황에 대해서 기도할 때, 대부분 나는 영감된 말인 예언으로 넘어갑니다. 그런 다음, 내가 영감된 말로 기도할 때 나는 지혜의 말씀이 나의 사적인 기도생활에서 예언의 은사를 통해 나타남에 따라 영감된 말로 하나님의 계획을 기도할 수 있게 됩니다(요 16:13, 고전 14:1-5, 확대번역본).

이것은 성령 충만한 신자들의 개인 기도생활에서 일어날 수 있습니다. 예언으로 기도하는 것은 더 큰 권위의 기름 부음을 풀어 놓을 수 있습니다. 왜냐하면 여러분이 예언의 통로를 통하여 기도 가운데 지혜의 말씀을 풀어놓을 수 있기 때문입니다. 예언을 통해서 지혜의 말씀을 드러내는 기도는 여러분을 기도하기 전보다 더 격상시킵니다. 그리고 그것은 여러분에게 지혜의 말씀인 하나님의 계획 일부를 당신에게 계시해 줍니다. 실제로 여러분은 기도를 하는 동안에 당신의 삶에 대한 하나님의 계획과 목적을 풀어놓고 있는 것입니다(요 16:13,14).

그러나 개인 기도생활에서 예언이란 도구를 통해서 지혜의 말씀으로 하나님의 계획을 기도하는 것과 공적인 사역에서 예언을 통해 나타나는 지혜의 말씀은 차이가 있습니다. 어떤 신자라도 방언이나 성령의 뜻대로 예언을 통해서 그 자신의 삶에 대한 하나님의 계획을 기도할 수 있습니다(요 16:13,14). 그러나 그것은 공적인 사역과는 차이가 있고 다른 것입니다.

성령님이 개인 기도를 통해 신자들에게 일어날 일들을 보여줄 수 있다고 해서 지혜의 말씀이 신자들을 통해서 공적으로 나타난다는 것을 의미하지는 않습니다. 또한 우리는 지식의 말씀이나 지혜의 말씀이 신자들의 기도생활에 나타날 수도 있다는 것을 알아야 합니다. 그러나 그것이 그들을 선지자로 만들어 주진 못합니다.

개인 기도생활에서 이런 영적 은사들이 나타나는 신자들과 성령님이 공적인 사역에서 영적 은사들을 드러내는 통로가 되는 오중사역자(선지자와 같은)의 직임을 가진 자들과는 차이가 있습니다.

예언의 은사를 통한 시와 찬미와 신령한 노래들

바울은 말합니다.

"술 취하지 말라 이는 방탕한 것이니 오직 성령으로 충만함을 받으라"(엡 5:18).

다음 절에서 바울은 말합니다.

"시와 찬송과 신령한 노래들로 서로 화답하며 너희의 마음으로 주께 노래하며 찬송하며"(엡 5:19).

우리는 사도행전 13장에서 제자들이 주님을 섬겼다는 것을 볼 수 있습니다. 마음으로 주께 노래하며 찬송하는 것은 그들이 주님을 섬기는 한 가지 방법이었습니다. 시와 찬미와 신령한 노래들은 노래책을 가지고 노래하는 그런 노래들이 아닙니다. 그것들은 하나님의 영의 감동으로 주어진 노래입니다.

시편은 영적인 시 혹은 송시입니다. 시는 낭송되어지거나, 읊조리거나, 노래로 불릴 수 있습니다. 물론 찬미와 신령한 노래도 노래로 불립니다. 노래하는데 더 많은 재능을 받은 자들은 성령님의 감동에 따라 그에게 주어진 시나 찬미를 노래할 것입니다. 시와 찬미는 영감된 말로서 영을 예언의 영을 통해서 옵니다. 그러므로 그것들은 또한 방언과 통변이라는 도구를 통해서 올 수도 있습니다.

나는 노래를 잘 하지 못합니다. 그러므로 내가 특히 스트레스를 받을 때나 위기를 통과하고 있을 때, 시를 받게 되는데 그 때 나는 단지 그것들을 낭송합니다. 때때로 나는 밤새도록 시로 나 자신과 주님께 말을 합니다. 이러한 시와 찬미와 신령한 노래들은 성령의 영감에 의해서 자연스럽게 주어집니다. 그것들은 예언의 은사가 나타난 것이거나 그에 상응한 방언과 통변이 나타난 것입니다. 이러한 시나 찬미와 신령한 노래들은 시험이나 시련의 때에 우리를 위로하는 것으로 사용될 수 있습니다.

바울은 골로새 교회에 더 많은 것들을 편지로 써서 보냈습니다.

"그리스도의 말씀이 너희 속에 풍성히 거하여 모든 지혜로 피차 가르치며 권면하고 시와 찬송과 신령한 노래를 부르며 감사하는 마음으로 하나님을 찬양하고"(골 3:16).

여기서 주목해야 할 또 다른 흥미로운 점은, 당시에 신자들은 어떤 것을 얻기 위해서가 아니라 그들이 어떤 것을 가졌기 때문에 교회를 갔다는 점에서 초대교회의 예배 순서는 오늘날의 예배 순서와 명백히 달랐다는 것입니다.

고린도전서 14:26

"그런즉 형제들아 어찌할까 너희가 모일 때에 각각 찬송시도 있으며 가르치는 말씀도 있으며 계시도 있으며 방언도 있으며 통역함도 있나니 모든 것을 덕을 세우기 위하여 하라."

어떻게 그들은 서로 나눌 수 있는 시를 가지고 있었습니까? 왜냐하면 그들은 주님께 시로 말했기 때문입니다. 즉, 그들은 집에서 스스로 덕을 세웠던 것입니다.

구약의 시편은 신약의 서신들이 바로 우리, 즉 교회를 위해서 쓰였던 것과 같은 방식으로 우리를 위해 기록되지 않았습니다. 우리가 시편을 읽으면 그 시들은 우리를 축복하며 격려해 줍니다. 왜냐하면 그 시들은 성령에 의해 감동되어진 것이기 때문입니다.

시편 중 일부에는 장차 오실 그리스도에 대한 예언 및 미래와 교회에 대한 예언과 관련된 계시가 포함되어 있습니다. 그러나 시편의 대부분은 다윗에게 주어졌는데, 그 시절 다윗은 그의 인생에서 시험이나 시련을 통과하고 있었습니다.

예를 들면, 사울이 다윗을 죽이려고 쫓아다니던 시기였습니다. 다윗은 동굴에 숨어 있으면서 예언의 영을 통해서 시를 지었습니다. 그 시는 하나님께서 개인적으로 다윗을 격려하기 위해서 주신 것이었습니다. 그 시는 그 때에 다윗을 격려해 주었으며, 또한 인생에서 시험과 시련을 겪고 있는 우리를 격려해 주기도 합니다.

그래서 우리는 왜 바울이 고린도 교회 성도들과 도처에 있는 크리스천들에게 예언하기를 사모하라고 말했는지 알 수 있습니다. 왜냐하면 이런 방식으로 그들은 초자연적으로 하나님께 말할 수 있고, 모국어로 그들 자신에게 말할 수 있기 때문입니다.

기도에 예언을 사용함으로써 우리는 성령 안에서 교제할 수 있습니다. 그것은 우리가 이전에 경험했던 것을 뛰어넘는 것입니다. 하나님의 말씀은 모든 성령 충만한 신자들이 처음 성령 충만을 받을 때 방언으로 말해야 하며, 또한 성령 충만을 받은 이후에도 방언으로 말하는 것을 계속해야 한다고 가르치고 있습니다. 또한 하나님의 말씀은 모든 성령 충만한 신자들이 시와 찬미와 신령한 노래로 그들 자신에게 말해야 한다고 가르치고 있습니다.

오늘날 우리가 바울의 훈계를 따라서 예언하기를 사모한다면, 우리 역시도 시와 찬미와 신령한 노래로 우리 자신에게 말할 수 있습니다. 하나님의 말씀이 그렇게 하도록 격려하고 있기 때문에 우리는 예언하기를 사모합시다.

고린도전서 12:31은 말합니다.

"… 너희는 더욱 큰 은사를 사모하라 …."

여러분이 이 말씀처럼 한다면, 여러분은 성령님의 뜻대로 덕을 세우고 권면하고 위로하는 하나님의 말씀을 그리스도의 몸된 교회에 초자연적으로 말할 수 있게 될 것입니다. 또한 여러분들은 개인 기도생활에서 시와 찬미와 신령한 노래로 여러분 자신에게 덕을 세우고, 하나님을 경배하면서 예언의 은사를 통해서 초자연적으로 말할 수 있게 될 것입니다.

연구를 위한 질문

1. 왜 예언의 은사가 가장 중요한 발성의 은사입니까?

2. 예언은 무엇입니까?

3. 단순한 예언의 은사는 무엇과 혼동되지 말아야 합니까?

4. 우리는 단순한 예언의 은사에는 (   )가 없음을 쉽게 알 수 있습니다.

5. 구약에서 예언은 반드시 (   )이 있었습니다. 그러나 신약에서 예언의 은사는 (   ) 으로 바뀌었습니다.

6. "설교하다"는 무슨 의미입니까?

7. 신약에 나타난 예언의 은사에 대한 한 가지 예를 들어보십시오.

8. 신약에 나타난 선지자 사역에 대한 한 가지 예를 들어보십시오.

9. 어떤 분위기에서 하나님의 영이 더 쉽게 나타납니까?

10. 매우 신중해야 할 필요가 있는 예언에는 어떤 종류가 있습니까?

19

각종 방언의 은사

19

> "각 사람에게 성령의 나타내심은 유익하게 하려 하심이라 어떤 사람에게는 성령으로 말미암아 지혜의 말씀을, 어떤 사람에게는 같은 성령을 따라 지식의 말씀을, 다른 사람에게는 같은 성령으로 믿음을, 어떤 사람에게는 한 성령으로 병 고치는 은사를, 어떤 사람에게는 능력 행함을, 어떤 사람에게는 예언함을, 어떤 사람에게는 영들 분별함을, 다른 사람에게는 각종 방언 말함을, 어떤 사람에게는 방언들 통역함을 주시나니 이 모든 일은 같은 한 성령이 행하사 그의 뜻대로 각 사람에게 나누어 주시는 것이니라"(고전 12:7-11).

우리가 성령의 은사들에 대해서 살펴보는 가운데, 이제 각종 방언의 은사에 대해 알아보고자 합니다.

고린도전서 12:10에 "각종"(divers)이란 단어는 *이탤릭체*로 되어 있는데, 이것은 번역자에 의해서 추가되었다는 것을 의미합니다.

실제 이 구절은 "… 다른 사람에게는 방언의 종류들을 …"이라고 읽어야 합니다. 그러나 다른 구절에서 바울은 하나님이 교회에 각종 방언을 주셨다고 말하고 있습니다(고전 12:28). 그러므로 우리는 각종 방언의 은사 혹은 다양한 방언의 은사라고 말하는 것이 성경에서 벗어난 것이 아님을 알 수 있습니다.

이 방언을 말하는 은사는 중요한 은사인데, 이는 방언이 초자연적인 세계로 가는 문이기 때문입니다. 그렇다고 방언의 은사가 최고의 은사라는 뜻은 아닙니다. 왜냐하면 이전에도 언급했듯이, 최고의 은사는 그 순간에 필요한 그 은사가 가장 좋은 것입니다.

방언: 가장 두드러진 은사

세 가지 발성 은사들은 종종 말하는 은사 혹은 영감의 은사라고 불리며 예언의 은사, 각종 방언의 은사 그리고 방언 통변이 있습니다. 그 중에서 방언의 은사가 가장 두드러진 은사입니다.

여러 교파의 사람들이 자주하는 질문 가운데 하나는 "왜 순복음 교단 신자들은 방언을 그렇게 강조합니까?"입니다. 그것에 대한 답변은 "우리는 방언을 강조하지 않습니다"입니다.

그러면 왜 우리가 방언을 강조하는 것처럼 보이는지 몇 가지 이유를 얘기해 보겠습니다.

첫째로, 우리는 방언에 대해 자주 질문을 받고 어쩔 수 없이 방언에 대해 자주 토론하게 되기 때문입니다.

둘째로, 방언을 말하는 것은 사람이 성령 세례를 받을 때 가장 먼저 나타나는 육체상의 증거이기 때문입니다.

셋째로, 공공집회에서 방언으로 말하는 것은 가장 자주 나타나는 성령의 은사이기 때문입니다.

넷째로, 방언과 방언 통변은 교회시대의 두드러진 특징이기 때문입니다. 그러므로 방언은 더 자주 나타납니다. 우리는 구약시대에 방언과 방언통변을 제외한 다른 모든 은사들(지혜의 말씀, 지식의 말씀, 특별한 믿음, 치유의 은사들, 기적을 행하는 은사, 예언 그리고 영분별)이 나타났음을 알 수 있습니다. 그리고 예수님의 사역에서도 이 두 가지 은사를 제외한 나머지 모든 은사들이 작용했음을 알 수 있습니다. 여러분은 예수님의 사역에서 방언과 방언 통변의 은사가 나타난 것을 찾을 수 없을 것입니다.

다섯 번째 이유는, 바울이 방언을 두드러지게 강조했기 때문입니다. 바울이 그렇게 말한 한 가지 이유는 그 당시에도 오늘날처럼 방언으로 말하는 것이 많은 오해를 받았기 때문입니다.

방언의 은사는 하나의 초자연적인 표적이다

각종 방언은 성령에 의한 초자연적인 말입니다. 방언은 말하는 사람이 한 번도 배운 적이 없는 언어이며, 말하는 사람 자신도 이해하지 못하며, 듣는 사람도 항상 이해되는 것이 아닙니다. 방언으로 말하는 것은 언어학적인 능력과는 아무런 상관이 없습니다. 즉, 방언은 사람의 이성이나 지성과는 아무런 관련이 없습니다. 이것은 성령에 의한 초자연적인 말입니다.

그러면 우리는 "방언으로 말하는 것이 무슨 유익이 있습니까?"라는 질문을 할 수 있습니다.

예수님은 마가복음 16:17에서 말했습니다.

"… 믿는 자들에게는 이런 표적이 따르리니 … 새 방언을 말하며."

이에 대한 설명을 하려고 고심하던 한 설교자는 다음과 같이 말했습니다.

"방언의 유익은 늘 저주와 거짓말과 저속한 말들을 하던 동료가 더 이상 그렇게 하지 않는다는 것을 뜻합니다. 즉, 그는 새로운 언어로 말하게 된다는 것입니다."

그러나 이 설명은 약간 빈약합니다. 왜냐하면 아래 제시된 성경 전체를 읽어보면, 여기의 모든 표적들은 초자연적이라는 것을 알 수 있기 때문입니다.

마가복음 16:15-18

"또 이르시되 너희는 온 천하에 다니며 만민에게 복음을 전파하라 믿고 세례를 받는 사람은 구원을 얻을 것이요 믿지 않는 사람은 정죄를 받으리라 믿는 자들에게는 이런 표적이 따르리니 곧 그들이 내 이름으로 귀신을 쫓아내며 새 방언을 말하며 뱀을 집어올리며 무슨 독을 마실지라도 해를 받지 아니하며 병든 사람에게 손을 얹은즉 나으리라 하시더라."

생각이 있는 사람이라면, 이들 표적 중 다른 네 가지, 즉 귀신을 쫓아내는 것, 뱀을 집는 것, 무슨 독을 마실지라도 해를 받지 않는 것, 병든 사람에게 안수하는 것이 초자연적이라는 것을 알 수 있을 것입니다. 그렇다면 다섯 번째 표적인 방언으로 말하는 것 역시 초자연적이라는 것을 알 수 있습니다.

그러므로 우리가 방언으로 말하는 한 가지 이유는 예수님이 말씀하셨듯이, 이것이 믿는 자에게 따르는 한 가지 표적이기 때문입니다. 또한 방언은 성령세례를 받았다는 첫 번째 증거입니다(행 2:4).

방언의 은사는 신약 시대에만 주어진 것이다

방언을 인정하지 않는 한 설교자가 말합니다.

"세례 요한은 성령을 받았지만 방언을 말하지 않았습니다. 구약의 선지자들은 성령을 받았지만, 결코 방언으로 말하지 않았습니다. 그러면 왜 우리가 방언으로 말해야 합니까?"

그러나 세례 요한은 옛 언약에 속한 선지자로서 사역을 했다는 것을 기억해야만 합니다. 옛 언약에 속한 선지자들은 거듭난 자들이 아닙니다. 그들은 재창조된(recreated) 영을 가지지 못했습니다. 즉, 그들은 그리스도 안에 있는 새 피조물로 거듭나지 못했습니다(고후 5:17). 왜냐하면 예수님이 인류를 구속하기 위해서 죽으시고, 장사지내시고, 부활하시기 위해서 아직 오시지 않았기 때문입니다.

그러므로 옛 언약에 속한 선지자들은 거듭난 성령 충만한 신자가 새 언약 하에서 사는 삶과 똑같이 성령 충만을 받지 않았습니다.

옛 언약하에서는 성령님이 선지자, 제사장, 왕의 직분을 받은 자들이 그들의 직분이나 사역을 성취할 수 있도록 그들 위에 임하셨지만, 새 언약하에서 사는 거듭나고 성령 충만한 신자에게 하시는 것과 같은 의미에서 성령이 그들 안에 내주하고 충만케 하지는 않으셨습니다.

우리는 옛 언약 아래에서 살고 있지 않습니다. 옛 언약 아래에서 일어난 일들은 오늘날 우리들을 위한 하나의 본보기로서 기록되었지만, 그렇다고 우리가 옛 언약 아래에서 산 사람들처럼 살려고 해야 한다는 것을 의미하지는 않습니다. 우리는 신약시대에 주어진 하나님의 섭리에 따라 우리의 삶 속에서 성령님과 성령의 은사들이 나타나기를 원합니다. 그리고 방언과 방언 통변의 은사는 교회시대에만 주어진 유일한 은사들 입니다.

세례 요한은 아직도 옛 언약에 속한 선지자이었습니다. 예수님이 직접 세례 요한에 대해서 말씀하셨습니다.

> "내가 진실로 너희에게 말하노니 여자가 낳은 자 중에 세례 요한보다 큰 이가 일어남이 없도다 그러나 천국에서는 극히 작은 자라도 그보다 크니라"(마 11:11).

그러므로 우리는 사도행전과 함께 시작해야 합니다. 우리는 옛 언약 아래에서 살고 있지 않기 때문에 우리의 삶을 옛 언약으로 돌아가 거기에 맞출 수 없습니다. 우리는 특히 성령의 약속의 측면에서 본다면, 더 좋은 약속들 위에 세워진 더 좋은 언약을 가지고 있습니다(히 8:6).

방언은 성령으로 충만해졌다는 증거다

나는 사람이 거듭날 때 성령을 받는데 그것이 우리가 성령에게서 받을 수 있는 전부라고 가르치는 교파의 교회에서 자랐기 때문에 젊은 목사로서 내가 직접 이것에 대하여 알아보아야겠다고 결심했습니다. 나는 해답을 찾기 위해서 성경으로 돌아갔습니다.

나는 사도행전에 나오는 사도들이 설교하고 경험했던 그 동일한 거듭남을 나의 교회에서 설교하고 있다고 믿었습니다. 나는 사도행전에 나오는 사도들이 설교하고 행했던 그 동일한 물세례를 설교하고 있다고 믿었고, 여전히 믿고 있습니다. 나는 초대 교회가 행했던 성만찬이나 성찬식을 가르치고, 또 지키고 있다고 믿었고 아직도 믿고 있습니다. 나는 성경적인 근거를 갖기를 원했고, 신약의 가르침을 배우기를 원했으며, 그리고 성경적인 교리들을 따르기를 원했습니다. 그래서 나는 단지 이런 나의 마음을 만족시키기 위해서 사도행전으로 돌아갔습니다. 내가 사도행전을 면밀히 연구하고 있을 때, 나는 신자들이 성령을 받은 다섯 가지의 사례가 기록되어 있다는 것을 발견했습니다.

이 다섯 가지 사례들은 8장에서 논의가 된 것인데 성령님이 초대 교회에서 행하신 본보기를 우리들에게 보여주기에 충분한 것입니다. 즉, 사람들은 구원받고 그 뒤에 성령 충만을 받은 증거로 방언을 말하게 되었다는 것입니다. 이것은 오늘날 동일한 언약 아래에서 살고 있는 우리들의 본보기가 됩니다. 하나님은 모든 신자들이 성령 충만(위로부터 능력을 입음)을 받기를 원하십니다(눅 24:49).

다시 한 번 이 다섯 가지 예를 자세히 살펴봅시다.

1. 사도행전 2:1–4

   오순절 날 120명의 문도: 예수님의 어머니 마리아를 포함한 남자와 여자들이 있었습니다. 그들은 오순절 날 다락방에 모여 있었으며, 성령 충만을 받고, 성령이 그들에게 말을 주었을 때 방언으로 말했습니다.

2. 사도행전 8:5–17

   사마리아인들: 빌립의 사역으로 구원받은 후에 베드로와 요한이 그들에게 안수했을 때 성령을 받았습니다. 마술사 시몬이 성령 충만의 육체적인 증거를 보았는데, 그것은 아마도 방언으로 말하는 것이었습니다.

3. 사도행전 9:3–18

   사울 (후에 바울로 불림): 아나니아가 바울에게 안수했을 때 그는 성령을 받았습니다. 우리는 바울이 방언을 했다는 것을 압니다. 왜냐하면 바울이 그 후에 고린도전서에서 이 사실을 기록하고 있기 때문입니다.

   "내가 너희 모든 사람보다 방언을 더 말하므로 하나님께 감사하노라"(고전 14:18).

4. 사도행전 10:44–46

   고넬료와 그의 가족: 이 사건은 오순절 몇 년 후에 일어났습니다. 베드로가 첫 이방인 개종자들에게 복음을 전했을 때 그들은 모두 구원받았습니다(행 11:14). 그들은 성령 충만을 받고 방언으로 말했습니다.

5. 사도행전 19:1–7

   에베소의 제자들: 이 사건은 오순절이 지나고 오랜 시간이 지난 후에 일어난 일입니다. 이들 에베

> 소의 제자들은 바울이 복음을 전한 후에 구원받고, 예수님의 이름으로 세례를 받았습니다. 그런 다음, 바울이 안수를 했을 때 그들은 즉시 성령 충만을 받고 방언으로 말했습니다.

따라서 사도행전을 보면서 우리는 오랜 세월에 걸쳐 믿는 자들이 성령을 받고 그 증거로 방언을 말했다는 세 가지 기록된 사건이 있음을 보게 됩니다. 그리고 두 번은 신자들이 성령을 받았다는 증거가 방언을 말하는 것임을 추론적으로 알 수 있습니다. 우리는 오늘날도 동일한 성령 세례의 증거를 기대할 수 있어야 합니다.

방언의 목적

우리는 8장(성령 세례에 대한 성경적인 증거)에서 방언으로 말하는 이유를 자세히 알아보았습니다. 다시 한 번 그 이유들을 몇가지 짧게 요약해 보겠습니다.

성령을 받았다는 첫 번째 증거

방언으로 말하는 것은 성령 충만의 첫 번째 증거 혹은 표시입니다(행 2:4).
물론 나는 다른 증거들도 따라온다고 믿지만, 방언이 최초의 육체적 증거라고 믿습니다.

하나님께 초자연적으로 비밀을 말함

바울은 고린도전서 14:2에서 방언으로 말하는 또 다른 이유를 제시하고 있습니다.

> "방언을 말하는 자는 사람에게 하지 아니하고 하나님께 하나니 이는 알아 듣는 자가 없고 영으로 비밀을 말함이니라"(고전 14:2).

모팻 번역본은 다음과 같이 기록하고 있습니다.
"… 그는 하나님의 비밀을 말하고 있습니다 …"
그러므로 방언으로 말하는 또 다른 이유는, 사람들이 하나님께 초자연적으로 비밀을 말하기 위함입니다(고전 14:2). 내가 젊은 침례교 목사였을 때, 나의 마음은 하나님과 초자연적인 교제를 나누기를 갈망하고 있었습니다. 나는 때때로 한 번에 몇 시간을 기도하곤 했지만, 항상 나의 영 안에 뭔가 속았다는 느낌을 가지게 되었습니다. 나의 영은 그것이 말하고 싶어하는 것을 말하지 않았습니다. 왜냐하면 나는 주로 내 머리, 즉 나의 이성으로 기도하였고, 그런 방법으로는 하나님께 초자연적으로 나의 마음을 완전히 표현할 수 없었기 때문입니다.

성령 충만을 받고 방언으로 말하는 큰 유익 중의 하나는 우리가 하나님께 초자연적으로 말할 수 있다는 것입니다. 그것은 당신의 영이 당신 안에 있는 성령을 통해서 하나님과 대화하고 있는 것입니다.

> "내가 만일 방언으로 기도하면 나의 영이 기도하거니와 나의 마음은 열매를 맺지 못하리라"(고전 14:14).

확대번역성경은 "나의 영이 [내 안에 있는 성령에 의해] 기도한다"라고 말하고 있습니다(고전 14:14).

하나님을 높임

방언으로 말하는 또 다른 성경적 목적은 하나님을 높이는 것입니다.

사도행전 10:45, 46

"베드로와 함께 온 할례 받은 신자들이 이방인들에게도 성령 부어 주심으로 말미암아 놀라니 이는 방언을 말하며 하나님 높임을 들음이러라."

여러분도 알다시피 방언으로 말하는 것은 하나님을 높이는 한 방법입니다.

우리 자신의 덕을 세움

방언을 말하는 또 다른 성경적 목적은 우리 자신의 덕을 세우는 것입니다.
고린도전서 14:4에서 바울은 다음과 같이 설명합니다.

"방언을 말하는 자는 자기의 덕을 세우고 …"(고전 14:4).

덕을 세운다는 것은 자기 자신을 세우는 것을 의미합니다.
바울은 18절에서 말합니다.

"내가 너희 모든 사람보다 방언을 더 말하므로 하나님께 감사하노라"(고전 14:18).

다른 말로 하면, 바울은 "나는 너희 모든 사람보다 더욱 나 자신의 덕을 세우므로 하나님께 감사하노라"라고 말하고 있습니다. 바울에게 이런 덕 세움이 필요했다면, 우리 또한 그것이 필요합니다.
유다 또한 방언 기도와 영적인 덕 세움을 연관시키고 있습니다.

유다서 1:20

"사랑하는 자들아 너희는 너희의 지극히 거룩한 믿음 위에 자신을 세우며 성령으로 기도하며."

성령으로 기도함

유다는 신자들이 "성령으로 기도하라"고 가르칩니다. 바울은 그의 편지에서 동일한 구문을 사용합니다. 바울은 에베소 교회에 편지하면서 이렇게 말했습니다.

"모든 기도와 간구로 하되 무시로 성령 안에서 기도하고 …"(엡 6:18).

"성령으로 기도한다" 는 의미가 무엇입니까?
"성령으로 기도한다" 는 것의 한 가지 의미는 고린도전서 14:2에서 발견할 수 있습니다.

"방언을 말하는 자는 사람에게 하지 아니하고 하나님께 하나니 이는 알아 듣는 자가 없고 영으로 비밀을 말함이니라"(고전 14:2).

전에 언급했듯이, 성령으로 기도한다는 것은 또한 성령님이 당신에게 감동을 주실 때 당신이 마음(understanding)으로 기도한다는 것을 의미할 수 있습니다.

성령 충만을 계속 받고 있으라

바울은 또한 에베소 교회 성도들에게 자신의 덕을 세우라고 격려하였습니다.

에베소서 5:18에서 바울은 말합니다.

"술 취하지 말라 이는 방탕한 것이니 오직 성령의 충만함을 받으라"(엡 5:18).

이 편지는 성령 충만한 신자들에게 쓰여진 것임을 기억하십시오. 왜냐하면 사도행전 19장을 읽어보면, 바울이 에베소에 와서 이 제자들을 발견하고 그들에게 안수하였기 때문입니다. 성령님이 그들에게 임하였고 그들은 방언을 하였습니다(행 19:1-6).

에베소서 5:18을 보면, 바울은 후에 바로 그 교회에 편지를 썼습니다.

"술 취하지 말라 이는 방탕한 것이니 오직 성령의 충만함을 받으라"(엡 5:18).

헬라어 철학자들은 이 구문을 더 문자적으로 번역을 하면 "계속 충만한 상태가 되어라"(be being filled)라는 뜻이라고 말합니다. 다른 말로 하면, 우리는 성령으로 흘러넘칠 때까지 충만한 상태를 계속해서 유지해야 합니다. 처음에 성령 충만을 받는 것과 성령 충만을 계속해서 유지하는 것은 별개입니다. 19절에서 시작하여 바울은 성령 충만한 삶의 특징을 나열하고 있습니다.

에베소서 5:19-21

"시와 찬송과 신령한 노래들로 서로 화답하며 너희의 마음으로 주께 노래하며 찬송하며 범사에 우리 주 예수 그리스도의 이름으로 항상 아버지 하나님께 감사하며 그리스도를 경외함으로 피차 복종하라."

계속해서 성령 충만을 유지하는 신자들은 마음속에 노래가 있습니다. 그들은 항상 하나님께 감사합니다. 그리고 그들은 복종하는 태도를 보입니다. 그들은 계속해서 마음으로 주님께 노래하고 찬송을 합니다.

우리가 이 책 18장에서 나누었듯이, 주님은 우리가 성령 충만한 상태를 계속해서 유지하기를 원하십니다. 신자들이 그렇게 할 수 있는 한 가지 방법은 마음으로 주님께 노래하고 찬송하면서, 시와 찬미와 신령한 노래로 그 자신에게 말하는 것입니다. 이런 시와 찬미와 신령한 노래는 하나님의 영의 감동으로 주어집니다. 그것들은 예언의 영을 통해서 옵니다(계 19:10). 그리고 예언의 영은 방언과 통변을 포함할 수 있습니다.

우리의 영을 영들의 아버지와 교통하게 함

방언을 말하는 또 다른 성경적인 목적은 우리의 영이 기도하도록 하기 위한 것입니다(영은 우리의 이성이나 이해력과는 다른 것입니다). 하나님은 영이십니다. 하나님은 인간의 영이 영들의 아버지와 직접 교통할 수 있는 초자연적인 수단을 제공하셨습니다(히 12:9).

바울은 말합니다.

"내가 만일 방언으로 기도하면 나의 영이 기도하거니와 나의 마음은 열매를 맺지 못하리라"(고전 14:14).

바울은 또한 로마서 8장 26절에서 이것을 언급하고 있습니다.

"이와 같이 성령도 우리 연약함을 도우시나니 우리가 마땅히 빌 바를 알지 못하나 오직 성령이 말할 수 없는 탄식으로 우리를 위하여 친히 간구하시느니라"(롬 8:26).

여기서 "말할 수 없는 탄식"의 더 정확한 번역은 "명확한 말로 할 수 없는 탄식으로"라고 표현할 수 있습니다. 그러므로 성령으로 기도할 때 성령님은 우리의 이해력과는 별도로 우리의 영이 하나님께 기도하고 하나님과 교제하도록 하는 방법을 제공합니다.

영적인 상쾌함

이사야는 오실 메시아와 예수님이 이루실 위대한 구속의 계획을 예언했습니다. 뿐만 아니라, 성령님과 방언으로 말할 것도 예언했습니다.

이사야 28:11, 12

"그러므로 더듬는 입술과 다른 방언으로 그가 이 백성에게 말씀하시리라 전에 그들에게 이르시기를 이것이 너희 안식이요 이것이 너희 상쾌함이니 너희는 곤비한 자에게 안식을 주라 하셨으나 그들이 듣지 아니하였으므로."

하나님 우리 아버지와 교제할 때 우리의 영은 진짜 영적인 안식과 영적인 상쾌함을 누리게 됩니다. 이는 우리의 영이 우리의 이해력과는 분리되어 명료하게 기도하기 때문입니다.

우리의 개인 기도생활에서 방언 통변하기

고린도전서 14장 14-15절에서 다른 것들을 주목해 봅시다.

고린도전서 14:14, 15

"내가 만일 방언으로 기도하면 나의 영이 기도하거니와 나의 마음은 열매를 맺지 못하리라 그러면 어떻게 할까 내가 영으로 기도하고 또 마음으로 기도하며 내가 영으로 찬송하고 또 마음으로 찬송하리라."

바울은 고린도전서 14장 13절에서 말했습니다.

"그러므로 방언을 말하는 자는 통역하기를 기도할지니"(고전 14:13).

방언 통변의 은사를 통해서 우리는 성령의 뜻에 따라 우리 영이 기도하는 것을 마음(understanding)으로 알 수 있습니다. 이것은 항상 필요한 것은 아니나, 성령의 은사인 방언 통변을 통해서 우리에게 일어날 수 있습니다.

수년 전 내가 성령 충만을 받았을 때, 나는 고린도전서 14장 13절을 문자적으로 받아들였습니다. 내가 성령 충만을 받은 후에 누구도 말해 주지 않았지만, 나는 방언으로 계속 기도함으로 영적 축복을 받았음을 알 수 있었습니다. 이후에 하나님의 말씀을 연구할 때에 나는 이것이 성경적임을 알았습니다.

고린도전서 14장 13절을 읽은 후, 나는 내가 기도하고 있는 것을 통변하기 위해서 기도하기 시작하였습니다. 하나님은 우리가 가질 수 없는 어떤 것을 위해서 기도하라고 말씀하시지 않는 분이라는 것을 나는 확신하였습니다.

나의 기도생활에서 방언 통변의 은사가 처음으로 나타나기 시작한 때가 바로 그 시기였습니다. 내가 기도하는 것들을 통변했을 때 나는 내가 기도한 것을 이해하기 시작했습니다. 나는 모든 신자들이 성령의 뜻대로 자신들의 기도를 통변할 수 있다고 확신합니다. 그러나 그들은 교회 예배에서 공적으로 하는 방언을 통변하지 못할 수도 있습니다. 왜냐하면 방언 통변의 한 가지 목적은 개인적인 유익을 위한 것이고, 또 다른 목적은 공적인 사역을 위한 것이기 때문입니다.

방언은 주로 기도의 은사다

일반적으로 방언이란 주제를 나눌 때 나는 방언은 주로 기도의 은사라고 말하고 싶습니다. 우리는 방언의 강조할 부분을 강조할 필요가 있습니다. 그것은 바울이 고린도전서 14장 18절을 고린도 교회에 말하면서 강조하고자 했던 것입니다.

"내가 너희 모든 사람보다 방언을 더 말하므로 하나님께 감사하노라"(고전 14:18).

바울은 고린도 교인들에게 방언의 목적과 방언으로 기도하는 것이 그들에게 어떤 유익이 있는지를 말하고 있습니다. 방언은 주로 하나님을 찬양하고 경배하기 위해서, 또 하나님께 비밀을 말하기 위해서, 그리고 그의 지극히 거룩한 믿음 위에 자신을 세우기 위해서 개인 기도생활에 사용되어지는 기도의 은사입니다.

우리는 공적으로 방언과 통변을 사역하는 것에 관심을 가지는 것보다 개인 기도생활에서 방언이 주는 축복을 계속 유지하는 것에 관심을 가져야 합니다. 그러나 우리가 개인 기도생활에서 방언 기도에 충실할 때, 우리는 성령에 민감해지게 될 것입니다. 그때 하나님은 지역 교회에서 우리를 방언 통변하는 자들로 사용하기를 원하게 될 것입니다.

전에도 언급했듯이, 하워드 카터는 개인 기도생활에서 방언이 신자들에게 줄 수 있는 계속적인 축복에 대해서 말했습니다.

우리는 방언 기도가 성령님이 우리 안에 내주하고 계심을 나타내는 첫 번째 증거일 뿐만 아니라, 하나님을 경배하는데 도움을 주는 평생의 경험임을 잊지 말아야 합니다. 그것은 결코 마르지 않고, 당신의 삶을 영적으로 풍족하게 해주는 흐르는 시냇물과 같은 것입니다(Howard Carter, *Question and Answers on Spiritual Gifts*(Tulsa, Oklahoma: Harrison House, Inc., 1976), p.120).

공적 사역에서 방언의 은사

방언 기도의 개인적인 기도생활 측면 외에 공적인 측면도 있습니다. 바울은 모든 사람이 공적인 방언 사역에 사용될 수는 없다고 말합니다. 왜냐하면 그가 고린도전서 12:30에서 이렇게 말하기 때문입니다.

"… 다 방언을 말하는 자이겠느냐… ?"

분명한 대답은 "아니오"입니다.

왜냐하면 바울은 이 구절에서 개인 기도를 위한 방언의 은사 측면을 말하는 것이 아니라, 선지자 직분에 더 가까운 사역 은사인 각종 방언의 공적인 측면을 부각시키고 있기 때문입니다.

어떤 사람들은 고린도전서 12:30 말씀을 문맥과 상관없이 취하여 바울이 이렇게 말했다고 결론을 내립니다.

"방언으로 말하는 것은 모든 사람을 위한 것이 아닙니다. 그러므로 여러분은 방언으로 말하지 않고서도 성령 충만을 받을 수 있습니다."

그러나 다시 우리가 기억해야 될 것은, 바울은 이 구절에서 사역 은사로서의 방언을 말하고 있다는 것입니다. 왜냐하면 바울은 고린도전서 12:28을 말함으로 시작하고 있기 때문입니다.

> "하나님이 교회 중에 몇을 세우셨으니 첫째는 사도요 둘째는 선지자요 셋째는 교사요 그 다음은 능력을 행하는 자요 그 다음은 병 고치는 은사와 서로 돕는 것과 다스리는 것과 각종 방언을 말하는 것이라" (고전 12:28).

사역적인 은사나 직분은 하나님에 의해 교회에 세워집니다. 그 사람들은 오중사역에 부름 받은 사람들입니다. 바울은 고린도전서 12:29-30에서 질문을 계속 합니다.

> "다 사도이겠느냐 다 선지자이겠느냐 다 교사이겠느냐 다 능력을 행하는 자이겠느냐 다 병 고치는 은사를 가진 자이겠느냐 다 방언을 말하는 자이겠느냐 다 통역하는 자이겠느냐"(고전 12:29, 30).

물론 이 모든 질문에 대한 답변은 "아니오"입니다. 30절 말씀을 좀 더 보도록 합시다.

"… 다 방언을 말하는 자이겠느냐? …"

그에 대한 분명한 대답은 "아니오"입니다.

바울은 29절 이하에서 질문했을 때, 그 질문들은 오중사역의 은사에 대한 것이었습니다. 마찬가지로, 30절도 오중사역의 은사에 관한 것입니다. 바울은 다시 고린도전서 14:27-28에서 공적인 방언 사역에 대해서 말하고 있습니다.

> "만일 누가 방언으로 말하거든 두 사람이나 많아야 세 사람이 차례를 따라 하고 한 사람이 통역할 것이요 만일 통역하는 자가 없거든 교회에서는 잠잠하고 자기와 하나님께 말할 것이요"(고전 14:27, 28).

헬라어로 둘, 셋이라는 단어는 인칭 대명사이고, 사람들을 가리킵니다.

바울은 단지 두 세 사람만 예배에서 말해야 한다고 말하고 있습니다. 다음 절에서 바울은 "예언하는 자는 둘이나 셋이나 말하고"라고 말했습니다(고전 14:29). 회중들 중에서 말할 수 있는 선지자는 더 많을 수 있습니다. 그러나 어떤 특정한 예배에서는 그들 중에 두 세 사람만이 말해야 한다고 이 구절은 말하고 있습니다.

이러한 교훈은 지역 교회에서 경쟁적으로 말하는 것을 예방하기 위한 것입니다. 성경은 말하는 은사의 공적 사역에 관한 이런 교훈들을 주고 있습니다. 그 목적은 "모든 것을 품위 있게 하고 질서 있게 하기" 위해서입니다(고전 14:40).

예언은 방언과 방언 통변을 합친 것과 같다

교회는 공적인 집회에서 누군가 방언으로 말하고, 그 방언에 대한 통변이 있을 때 덕이 세워집니다.

바울은 예언하는 것은 방언 및 방언통변과 동등한 것인데 사람들에게 덕을 세우고, 권면하고 위로하기 위해서 말하는 것이라고 명백히 말하고 있습니다(고전 14:3). 바울은 또한 말합니다.

> "… 방언을 말하는 자가 통역하여 교회의 덕을 세우지 아니하면 예언하는 자만 못하니라" (고전 14:5).

바울은 만약 누군가 그가 방언으로 한 말을 통역한다면, 예언하는 자는 방언과 통변을 함께 하는 자보다 크지 않다고 말하고 있습니다. 또한 바울은 이 구절에서 방언이 통변과 함께 할 때 예언과 동등하다고 말하고 있습니다.

이러한 관점을 설명하기 위해서 한 가지 비유를 들어보겠습니다.

10센트를 만들기 위해서는 5센트짜리 동전 두 개가 필요합니다. 5센트짜리 동전 두 개는 10센트가 아니지만, 그것들은 10센트와 동등하게 취급됩니다. 바울은 예언은 10센트와 같고, 방언과 통변은 5센트짜리 두 개와 같다는 취지로 설명하고 있습니다. 달리 말하면, 그것들은 동등합니다.

당연히 공적 집회에서 5센트(방언)만 갖는 것보다 10센트(예언)를 갖는 것이 더 낫습니다. 그러나 통변이 방언과 함께 한다면 그 둘은 합쳐져서 예언과 동등해집니다.

내가 전에 말했듯이, 예언은 본래 설교가 아닙니다. 물론 예언은 감동받은 말이기 때문에, 간혹 설교할 때에 예언의 요소가 들어갈 수 있습니다. 그러나 특별한 의미에서 예언은 성령님의 뜻대로 자연스럽게 나타나는 초자연적인 은사입니다. 만일 예언이 단지 설교라면 여러분은 설교를 준비할 필요가 없을 것입니다. 그러나 여러분은 효과적으로 설교하기 위해서 연구해야 합니다.

바울은 말합니다.

> "네가 진리의 말씀을 옳게 분별하며 부끄러울 것이 없는 일꾼으로 인정된 자로 자신을 하나님 앞에 드리기를 힘쓰라"(딤후 2:15).

여러분은 방언을 하거나 통변을 하기 위해서 연구할 필요가 없습니다. 여러분은 예언하기 위해서 연구할 필요가 없습니다. 그것은 성령의 감동을 통해서 옵니다. 물론 어떤 사람이 기름 부음 아래에서 설교할 때에 갑자기 그가 이전에 생각하지 않았던 것을 말하는 경우가 있는데, 그것이 성령의 감동입니다. 그러한 종류의 초자연적인 말은 성령의 감동에 의해서 주어진 것이기 때문에 예언의 요소를 포함하고 있습니다.

누군가 방언을 말하고 통변할 때 교회는 덕이 세워집니다. 방언 통변과 함께 사용된 방언이 하나님의 말씀과 일치되게 사용될 때, 그것은 하나님의 존재의 실제성을 의식하고 있는 불신자들에게 확신을 줄 수 있습니다. 그래서 불신자들을 하나님께 돌아오게 하고 구원받도록 합니다(고전 14:22).

공적인 모임에서 방언으로 말하기

공적인 모임에서 방언으로 말하는 것이 합당할 때도 있나요?

우리는 그에 대한 답변을 마가복음 16:17-18에서 찾아볼 수 있습니다.

마가복음 16:17, 18

"믿는 자들에게는 이런 표적이 따르리니 곧 그들이 내 이름으로 귀신을 쫓아내며 새 방언을 말하며 뱀을 집어올리며 무슨 독을 마실지라도 해를 받지 아니하며 병든 사람에게 손을 얹은즉 나으리라 하시더라."

먼저 17절을 봅시다. 예수님은 말씀하셨습니다.

"믿는 자들에게는 이런 표적이 따르리니 곧 그들이 내 이름으로 귀신을 쫓아내며 …"(막 16:17).

축사는 사적으로 행해질 수 있으며, 필요하다면 공적으로도 행해질 수 있습니다(공적으로 축사가 행해지는 경우 분별이 요구됩니다). 그 동일한 성경 구절은 계속 말합니다.

"… 병든 사람에게 손을 얹은즉 나으리라 하시더라"(막 16:18).

병든 자에게 안수하는 것 역시 사적으로 또는 공적으로 행해질 수 있습니다.

믿는 자에게 따르는 또 다른 표적이 언급되어 있습니다.

"… 새 방언을 말하며"(막 16:17).

다른 두 가지 표적과 마찬가지로, 방언으로 말하는 것도 사적으로 뿐만 아니라 또한 때로는 공적으로도 행해질 수 있습니다. 물론 우리는 공적인 예배에서 방언으로 길게 말하는 것을 원치 않습니다. 왜냐하면 방언이 통변되지 않으면 사람들이 무슨 말을 하고 있는지 알지 못하고, 그들이 덕 세움을 받지도 못하기 때문입니다.

그러나 제단에서 조용히 방언으로 당신이 원하는 만큼 기도하는 것은 올바른 것입니다. 왜냐하면 여러분은 덕 세움을 받기 위해서 그리로 가기 때문입니다. 또한 예배 중에 모든 사람들이 하나님을 경배하며 방언으로 기도한다면 그 때에는 당신도 방언으로 기도하는 것이 올바른 것입니다.

회중들이 방언으로 기도하며 하나님을 경배할 때, 나도 또한 참여해서 그런 식으로 기도합니다. 그러나 회중들이 기도하는 것을 그칠 때, 나도 또한 기도하는 것을 그칩니다. 내가 소리를 크게 내서 방언으로 계속해서 기도한다면 회중들이 덕 세움을 받지 못할 것입니다.

그래서 우리는 사람들이 축복을 받고 덕 세움을 받도록 하기 위해서 우리가 가진 것을 가장 유익이 되는 방향으로 사용하는 방법을 알 필요가 있습니다.

방언의 은사의 개인적인 작용과 공적인 작용의 차이

고린도전서 14:18, 19

"내가 너희 모든 사람보다 방언을 더 말하므로 하나님께 감사하노라 그러나 교회에서 내가 남을 가르치기 위하여 깨달은 마음으로 다섯 마디 말을 하는 것이 일만 마디 방언으로 말하는 것보다 나으니라."

이 구절에서 바울은 기도의 은사로 사용된 방언과("… 내가 너희 모든 사람보다 방언을 더 말하므로," 18절) 공적인 사역에 사용된 방언("… 그러나 교회에서 내가 남을 가르치기 위하여 깨달은 마음으로 다섯 마디 말을 하는 것이," 19절) 의 차이를 설명하고 있습니다. 방언은 가르침의 은사나 설교의 은사가 아닙니다. 이것은 방언의 목적이 아닙니다.

예를 들어, 내가 강단에서 가르치거나 설교하는 대신에 방언으로 말을 한다면 회중들은 전혀 덕 세움을 받지 못할 것입니다. 그것이 나에게는 덕 세움이 되지만 듣는 사람들에게는 덕 세움이 되지 않을 것입니다. 그 때에는 회중들에게 방언으로 말하는 것이 아니라 가르치는 것이 더 유익이 됩니다.

바울이 다음과 같이 말한 것은 방언을 무시한 것이 아닙니다.

"… 깨달은 마음으로 다섯 마디 말을 하는 것이 일만 마디 방언으로 말하는 것보다 나으니라"(고전 14:19).

이 구절에서 바울은 단지 그것이 나누어져야 했기에 그것을 나눈 것뿐입니다.

바울은 말했습니다.

"… 교회에서 내가 남을 가르치기 위하여 깨달은 마음으로 다섯 마디 말을 하는 것이 일만 마디 방언으로 말하는 것보다 나으니라"(고전 14:19).

다른 말로 하면, 바울은 다음과 같이 말하고 있는 것입니다. "회중들은 내가 일만 마디 방언으로 말하는 것보다 그들의 모국어로 다섯 마디 말을 하는 데서 더 많은 유익을 얻을 것이다."

모든 신자들은 개인적인 기도생활에서 방언을 통변하기 위하여 기도할 수 있습니다(고전 14:13).

그러나 하나님은 모든 신자들을 방언으로 공적인 말을 하도록 사용하시지는 않을 것입니다. 왜냐하면 그것은 은사이고, 모든 사람에게 주어진 것이 아니기 때문입니다.

"이 모든 일[영적인 은사들]은 같은 한 성령이 행하사 그의 뜻대로 각 사람에게 나누어 주시는 것이니라." (고전 12:11).

모든 성령의 은사와 마찬가지로, 방언의 은사도 성령의 뜻대로만 작용합니다. 누구도 성령의 기름부음 없이 공적인 집회에서 이 은사를 사용하려고 하지 않아야 합니다. 이것은 고린도 교인들이 한 실수였고, 오늘날 많은 신자들이 자주 실수하는 부분입니다.

우리가 보았듯이, 하나님은 우리에게 각종 방언의 은사를 공적으로 사용하는 방법과 그 작용에 대한 가르침을 주셨습니다. 우리는 이러한 교훈들을 순종할 필요가 있습니다. 그러나 무엇보다 우리는 개인 기도생활에서 일관성 있게 방언 기도를 실행할 필요가 있습니다.

그렇게 할 때 우리는 하나님께 초자연적으로 비밀을 말함으로 우리의 영이 덕 세움을 받게 될 것입니다. 그러므로 우리는 그리스도의 한 몸 된 교회의 지체로서 영적 은사들을 간절히 사모해야 합니다. 그러면 성령의 뜻대로 하나님께서 방언과 통변의 은사를 통해서 그의 메시지를 그의 백성들에게 나타낼 것입니다.

연구를 위한 질문

1. 세 가지 말하는 은사 –발성은사 혹은 영감의 은사– 중에서 가장 두드러진 것은 어느 것입니까?

2. 왜 순복음 사람들이 방언을 그렇게 강조하는지 본 장에 나열된 다섯 가지 이유를 말해 보십시오.

3. "각종 방언" 을 정의해 보십시오.

4. 사도행전에서 신자들이 성령을 받은 다섯 가지 사례를 말해 보십시오.

5. 방언을 말하는 여덟 가지 목적을 말해 보십시오.

6. 방언은 어떤 종류의 은사이며, 주로 어떻게 사용되었습니까?

7. 통변과 함께 방언을 하는 것은 어떤 의식을 갖고 있는 불신자들에게 확신을 줄 수 있습니까?

8. 왜 공적 예배에서 방언 기도를 길게 하는 것이 좋지 않습니까?

9. 방언은 ( )의 은사나 ( )의 은사가 아닙니다.

10. 고린도전서 12:11에 따르면, 방언의 은사는 어떻게 작용합니까?

20

방언 통변의 은사

20

"각 사람에게 성령의 나타내심은 유익하게 하려 하심이라 어떤 사람에게는 성령으로 말미암아 지혜의 말씀을, 어떤 사람에게는 같은 성령을 따라 지식의 말씀을, 다른 사람에게는 같은 성령으로 믿음을, 어떤 사람에게는 한 성령으로 병 고치는 은사를, 어떤 사람에게는 능력 행함을, 어떤 사람에게는 예언함을, 어떤 사람에게는 영들 분별함을, 다른 사람에게는 각종 방언 말함을, 어떤 사람에게는 방언들 통역함을 주시나니 이 모든 일은 같은 한 성령이 행하사 그의 뜻대로 각 사람에게 나누어 주시는 것이니라"(고전 12:7-11).

이제까지 성령의 은사들을 연구해 보았는데, 이제 마지막 주제인 방언 통변의 은사에 이르렀습니다.

먼저, 우리는 **세 가지 계시의 은사**, *즉 어떤 것을 계시하는 은사*인 지혜의 말씀, 지식의 말씀 및 영분별을 살펴보았습니다.

그 다음 **세 가지 능력의 은사**, 즉 *어떤 것을 행하는 은사*인 믿음의 은사, 병 고치는 은사 및 기적 행하는 은사를 알아보았습니다.

이제 우리는 어떤 것을 말하는 **세 가지 발성의 은사**, 즉 인 예언, 각종 방언 및 방언 통변의 은사에 대한 연구를 마치려 하고 있습니다.

성령의 은사에 대한 많은 오해가 있어 왔습니다. 바울이 그러한 이유 때문에 다음과 같이 말했습니다.

"형제들아 신령한 것에 대하여는 나는 너희가 알지 못하기를 원치 아니하노니"(고전 12:1).

내가 앞에서 말했듯이, 하나님께서 초대 교회의 성도들이 무지하기를 원치 않으셨다면, 오늘날의 성도들도 무지하기를 원치 않으십니다. 그런데 하나님의 백성들 가운데 영적 은사에 대한 무지가 있다는 것을 볼 때 놀라울 따름입니다.

많은 사람들이 성령의 은사들 중 일부는 오늘날 우리들을 위한 것이라고 믿지 않습니다. 어떤 사람들은 은사 중 일부만이 우리들을 위한 것이고, 그 나머지는 아니라고 생각합니다. 그러나 은사 중 일부가 오늘날 우리들을 위한 것이라면, 그 은사들 전부가 오늘날 우리들을 위한 것입니다. 또한 성경은 성령님이 이런 은사들을 모든 사람의 유익을 위하여 주셨다고 말합니다(고전 12:7).

하나님은 우리에게 유익을 주기 원하십니다. 영적 은사들은 우리가 유익을 얻을 수 있는 한 가지 수단입니다. 나는 성경 어디에서도 하나님이 교회에서 영적 은사들을 제거하셨다고 말하는 부분을 읽어 본 적이 없습니다.

이들 영적 은사들은 당연히 오늘날 우리들의 것입니다. 사람들이 은사들에 대해서 무지한 유일한 이유는 성경이 영적인 은사들에 대해 무엇을 말하고 있는지 모르기 때문입니다. 세 가지 발성의 은사인 예언, 각종 방언, 방언 통변은 매우 밀접한 연관성을 가지고 있습니다. 실제로 내가 언급했듯이, 성경은 방언 통변과 함께 한 방언은 예언과 동등하다는 것을 우리에게 명백히 말해주고 있습니다.

"… 방언을 말하는 자가 통역하여 교회의 덕을 세우지 아니하면 예언하는 자만 못하니라"(고전 14:5).

영적 은사들은 밀접한 연관성을 가지고 있지만, 그것들의 차이를 분류하고 목록화(list)함으로 더 잘 정의 내리고 이해할 수 있습니다. 우리가 마지막 세 가지 발성, 곧 영감의 은사를 연구하기 시작했으므로 먼저 그것들을 정의 내려 봅시다.

예언은 우리가 아는 언어로 말하는 초자연적인 말입니다. 각종 방언은 우리가 모르는 언어로 말하는 초자연적인 말입니다. 방언 통변은 방언의 의미를 성령에 의해 초자연적으로 나타내는 것입니다. 방언 통변은 방언을 번역(translation)하는 것이 아니라, 방언을 해석(interpretation)하는 것입니다.

방언 통변의 은사

방언 통변의 은사는 모든 성령의 은사들 가운데서 가장 작은 은사입니다.

왜냐하면 이 은사는 작동하기 위해서 다른 은사, 즉 각종 방언의 은사를 의존하고 있기 때문입니다. 이 은사는 방언이 작동하지 않으면 작동을 하지 않습니다. 방언 통변의 목적은 방언을 듣는 사람이 이해할 수 있도록 하는 것입니다. 즉, 방언을 말하는 사람뿐만 아니라 전 교회 회중들이 무슨 말을 한 것인지 알고, 그것으로 덕 세움을 받도록 하기 위한 것입니다. 바울은 말했습니다.

"… 방언을 말하는 자가 통역하여 교회의 덕을 세우지 아니하면 예언하는 자만 못하니라"(고전 14:5).

그러면 하나님은 공적인 모임에서 다른 방법으로 우리에게 말씀하실 수 없습니까? 아니오. 하나님은 그렇게 하실 수 있고 실제로 말씀하십니다. 우리는 방언 통변이 아닌 공적인 메시지를 하나님의 영에 의해서 받습니다. 그런 메시지들은 예언의 은사가 나타난 결과입니다. 예를 들어, 시, 찬미, 신령한 노래들은 예언의 은사를 통하여 성령님에 의해 주어진 것입니다(우리는 18장에 이것을 논하였습니다).

이 모든 은사들은 믿음을 통해서 작동하지만, 예언의 은사는 방언이나 방언 통변보다 더 많은 믿음을 요구합니다. 왜냐하면 방언과 방언 통변을 하는 사람들은 그 말들을 완성하기 위해서 다른 사람을 의존해야 하기 때문입니다. 방언의 은사를 가진 사람은 방언 통변의 은사를 가진 사람을 의존할 수 있습니다. 그리고 그 반대도 가능합니다.

그러나 예언의 은사를 가진 자들은 그가 받은 것을 나눠줄 수 있을 만큼 충분한 믿음을 가져야 합니다(롬 12:6).

개인 기도생활에서의 방언 통변의 은사

개인기도에서 하는 모든 방언이 반드시 분명하게 이해되어야 할 필요는 없습니다. 바울이 다음과 같이 말했기 때문입니다.

"내가 만일 방언으로 기도하면 나의 영이 기도하거니와 나의 마음은 열매를 맺지 못하리라"(고전 14:14).

그러므로 내가 방언으로 기도하는 모든 것은 나 자신에게 말하는 것이 아니라 하나님께 말하고 있는 것이므로 내가 이해하거나 통변할 필요는 없습니다. 하나님은 내가 방언으로 하는 기도를 명백히 이해하십니다. 그것이면 충분합니다.

"방언을 말하는 자는 사람에게 하지 아니하고 하나님께 하나니 이는 알아 듣는 자가 없고 영으로 비밀을 말함이니라"(고전 14:2).

그러나 때때로 하나님은 우리가 우리의 기도를 통변하기를 원하실 때도 있습니다. 바울은 고린도전서 14:13에서 이런 제안을 합니다.

"그러므로 방언을 말하는 자는 통역하기를 기도할지니"(고전 14:13).

우리는 개인기도 생활에서 우리가 하는 방언 기도의 내용을 알 때도 있습니다. 성령님이 뜻하시는 경우라면 하나님께서 우리에게 통변을 주십니다. 이것이 내가 처음으로 개인 기도생활에서 방언 통변을 시작한 방법입니다. 내가 방언으로 기도하고 있었을 때, 갑자기 나는 내가 모국어인 영어로 기도하고 있는 것을 깨달았고, 그 기도 내용들을 내가 통변하고 있다는 것을 알았습니다.

하나님은 우리의 방언기도 내용을 알고 계십니다. 왜냐하면 우리가 방언으로 기도할 때 우리는 하나님께 말하는 것이기 때문입니다. 그러나 때때로 하나님은 우리도 우리의 방언기도의 내용을 알기를 원하십니다. 예를 들어, 한 번은 내가 결혼을 하기 전에 영으로 기도하고 있었습니다. 나는 결혼하는 것에 대하여 전혀 생각도 하고 있지 않았습니다. 나는 방언으로 2-3시간을 기도하고 있었는데 갑자기 내 기도의 일부분을 통변하기 시작하였습니다. 그 때 나는 자연적인 관점으로 본다면 결혼을 생각하거나 기도하지 않았음에도, 하나님께 아내에 대한 기도를 하고 있다는 것을 알았습니다.

그 당시 나는 결혼하는 것에 대하여 관심조차도 없었습니다. 나는 방언으로 기도하는 것을 통변하면서 영어로 기도했습니다. 방언 통변을 하면서 내가 결혼하게 될 것을 나는 영으로 알았습니다. 나는 그 당시에 지금의 아내와 한두 번 밖에 만나지 않았지만 내가 결혼할 그 처녀가 어떤 사람인지 알았습니다. 또한 방언 통변으로 우리가 두 명의 아이를 가질 것을 알았습니다. 첫째 아이는 남자이고, 둘째는 여자아이라는 것을 알았습니다.

자연히 우리는 결혼하여 첫째 아이를 임신하게 되었고, 나는 아내에게 남자 아이가 태어날 것이라고 말해 주었습니다. 우리는 남자 아이의 이름을 미리 정해 놓았습니다. 그 다음 둘째 아이를 임신하였을 때, 이번에는 여자 아이가 태어날 것이라고 내가 말했습니다. 우리가 연인이 되기도 전에 나는 이러한 내용들을 영으로 알고 있었습니다.

그래서 우리는 방언 통변의 은사에 개인적인 면이 있다는 것을 알았는데, 그것은 우리들에게 개인적으로 매우 중요합니다. 또한 방언 통변의 은사에는 공적인 면도 있습니다. 그러나 우리 모두가 공적인 면에서 사용 받을 수는 없습니다. 그것은 주님의 뜻이 있을 때만 나타납니다.

공적인 사역에서의 방언 통변의 은사

"만일 누가 방언으로 말하거든 두 사람이나 많아야 세 사람이 차례를 따라 하고 한 사람이 통역할 것이요"(고전 14:27).

바울은 예배에서 방언으로 공적인 사역을 할 때 두 명, 많아야 세 사람이 방언에 참여해야 한다고 말하고 있습니다. 이 구절의 의미는 NIV 성경을 보면 더욱 명확합니다.

"If anyone speaks in a tongue, two--or at the most three--should speak, one at a time, and someone must interpret. 만일 누가 방언으로 말하거든 두 사람이나 많아야 세 사람이 차례를 따라 하고 한 사람이 통역할 것이요"(고전 14:27).

어떤 사람들은 질문합니다. "이 구절은 세 개의 메시지를 말하고 있는 것입니까?"

실제로 우리는 성경 어디에서도 "방언의 메시지들"(messages in tongues)이라는 표현을 찾을 수 없습니다. 이런 구문은 단지 사람이 이 성경 구절(27)을 설명하기 위해서 만들어 넣은 것입니다. 더 나은 용어는 "방언의 말"(utterance in tongues)일 것입니다.

그러나 이 특별한 성경 구절은 메시지들이나 말들(messages or utterances)에 관한 것이 아니라, 사람들(people)에 관하여 말하고 있습니다.

"만일 누가 (꼭 남성을 언급하는 것이 아니라 어떤 사람이든 가능하다는 것을 의미함) 방언으로 말하거든 두 사람이나 많아야 세 사람이… "(고전 14:27).

바울은 그들이 얼마나 많이 말을 해야 하느냐에 대하여 말한 것이 아닙니다. 바울은 단지 두세 사람이 말하되 차례를 따라 말하도록 하고 있습니다. 이 말씀은 그들 모두가 한꺼번에 말하지 않도록 해야 한다고 말하고 있습니다. 그리고 이 구절은 같은 사람이 한 번 이상 말할 수도 있음을 암시합니다.

이 성경 구절을 기초로 해서 볼 때, 내가 제안하고 싶은 것은 어떤 집회에서 만약 세 사람이 이미 공적인 방언을 하였다면 네 번째 사람은 그곳에 끼어들지 말아야 한다는 것입니다.

다른 보충할 말이 있다 할지라도 이미 말해오던 사람들 중 한 명이 말하도록 해야 합니다.

이것이 올바른 순서를 유지하는 방법이며, 바울이 지역 교회에서 초자연적인 말을 위한 올바른 질서의 원리로 제시한 이 성경 구절(고전 14:27)과 모순되지 않는 것입니다.

바울이 "… 한 사람이 통역할 것이요" 라고 한 것을 주목하여 봅시다(고전 14:27).

성경 어디에도 한 사람이 방언으로 말하고 그 자신이 통변하는 것을 반대하는 구절은 없습니다. 실제로 방언으로 메시지를 전하는 사람은 그 자신이 그 방언을 통변하는 경우도 있습니다. 혹은 그 방언을 통변할 수 있는 사람이 한 사람 이상 더 많을 수도 있습니다.

고린도전서 14:13에 따르면, 방언하는 자들은 방언 통변의 은사를 구하라고 말하고 있습니다.

"그러므로 방언을 말하는 자는 통역하기를 기도할지니."

바울이 여기서 방언 통변을 기도하라고 한 이유는, 방언 통변이 공적으로 쓰임받기 위해 반드시 필요한 것이기 때문이 아니라, 하나님의 뜻이 있을 경우 개인적으로 자신의 기도를 통변할 수 있도록 하기 위한 것입니다. 방언 통변은 그 사람의 영적인 덕을 세움에 많은 도움을 줍니다. 그러므로 하나님이 그 사람을 공적으로 사용하실 뜻이 있다면, 그 사람은 그런 영역에서도 기능하도록 무장이 될 것입니다.

사실, 바울이 "… 한 사람이 통역할 것이요"라고 고린도전서 14:27에서 말한 것은 경쟁적으로 통역하지 말라고 훈계하고 있는 것입니다. 즉, 두세 사람이 통변함으로 서로가 이기려고 하는 것을 경계하고 있는 것입니다. 그러므로 어떤 사람이 방언으로 말하고 스스로 통역하는 것은 잘못된 것이 아닙니다. 그것은 비성경적이지 않습니다.

누군가 방언을 말할 때, 방언 통변의 은사로 자주 쓰임 받는 사람은 성령님이 예배에서 하시는 것에 이미 협조적인 상태에 있지 않다 하더라도 성령님의 운행하심에 즉각적으로 민감하게 반응해야 합니다. 그 사람은 그 자신이 쓰임 받도록 해야 하며, 주님께서 자신을 통해서 그 은사를 드러내시도록 준비하고 있어야 합니다.

때때로 나는 다른 누군가가 통변해 주기를 기다리고 있었습니다. 그러나 그들은 나를 기다리고 있었습니다. 우리 중 어느 한 쪽이 방언을 통해서 주어진 메시지를 통변할 수 있었을텐데, 우리가 성령님과 협조하고 있지 않으므로 그 메시지를 잃어버렸습니다. 즉, 우리는 상대방이 그러한 일을 해주기를 기다리고 있었습니다. 물론 우리가 하나님께 민감하지 않다면 하나님으로부터 온 것들을 얻지 못할 것입니다. 이것은 때때로 우리가 메시지의 통변을 받아야 할 때 그것을 받지 못하는 이유입니다.

때로는 내가 메시지의 통변을 놓쳐 버렸을 때 내가 그 방언의 메시지를 받은 사람에게 말했습니다.

"다시 그것을 말해 주십시오. 내가 그것을 통변하겠습니다."

그러면 그들이 말하기 시작할 때 기름 부음이 다시 나에게 임하여 나는 다시 성령 안으로 들어갔고, 하나님은 그 방언에 대한 통변을 주셨습니다.

방언 통변은 번역이 아니다

우리가 전에 언급했듯이, 방언 통변은 번역이 아닙니다. 나는 때때로 사람들로부터 질문을 받습니다.

"왜 누군가 방언으로 길게 기도했는데, 방언 통변하는 사람은 단지 짧은 메시지만을 주는 것입니까?"

그에 대한 이유는 방언 통변은 방언으로 말해진 내용의 의미를 성령님에 의해서 초자연적으로 나타내는 것이기 때문입니다. 말해진 것을 선포하기 위해서 많은 말을 사용할 필요가 없습니다.

예를 들어, 누군가 방언으로 짧은 말을 했지만 통변하는 사람은 길게 말을 할 것입니다.

그 의미를 더욱 더 명확하게 나타내기 위해서 방언 통변을 하는 사람은 더 길게 말할 수도 있습니다. 그러므로 우리는 왜 이 은사가 방언 번역이 아니라, 방언 통변이라고 불리는지 그 이유를 알 수 있습니다.

또한 누군가 방언 통변을 하고 있을 때, 만약 그 사람이 예언으로도 쓰임 받고 있는 사람이라면 그는 방언 통변을 끝마치고 예언으로 들어갈 수도 있습니다. 나는 자주 이렇게 합니다.

성령에 민감한 대부분의 사람들은 예언이 시작되자마자 약간 더 높은 수준의 권위가 그것과 함께 임할 수 있기 때문에 그 차이점을 인지할 수 있습니다. 바꾸어 말하면, 예언으로 하는 말들은 때때로 더 높은 권위를 가지며 더 큰 기름 부음을 가질 수 있습니다. 예언에는 더 많은 영감이 있을 수 있어서 사람들은 더 큰 축복을 받게 됩니다.

말하는 은사들을 공적으로 사용할 때 올바른 순서 지키기

바울은 고린도전서 14장 전체를 예언의 은사와 방언과 방언 통변의 은사를 설명하는데 할애하고 있습니다. 33절에서 바울은 말합니다.

"… 하나님은 무질서의 하나님이 아니시요 …"(고전 14:33).

바울은 예언이나 방언, 방언 통변을 사용할 때 오용함으로 때때로 혼란이 일어난다는 것을 말하고 있습니다. 나는 이런 은사들을 오용하는 예배에 참석해 보았고, 회중들에게 혼란을 초래하는 것을 보았습니다(그 예배는 내가 인도한 예배가 아니었습니다. 나는 예배를 인도할 때 실수가 있을 경우 대부분 그것을 드러내어 사람들이 혼란한 상태로 집으로 돌아가지 않게 하려고 설명해 주려고 합니다).

그것은 마귀가 예배에서 역사하고 있다는 의미가 아닙니다. 그것은 사람들이 일을 뒤범벅이 되게 할 수 있다는 것을 의미합니다. 그러나 만약 우리가 영 안에 머물며 말씀에 따라 행하는 것을 배운다면, 우리는 이러한 은사들이 혼동 가운데서 작용하지 않게 할 것입니다. 하나님은 무질서의 하나님이 아니십니다.

이번 장에서 우리는 "… 하나님은 무질서의 하나님이 아니시요 …"(고전 14:33) 그리고 "모든 것을 품위 있고 질서 있게 하라"(고전 14:40)는 구절들을 살펴보고 있습니다.

여러분도 알다시피, 이 구절들은 교회의 공식 예배를 두고 하는 말입니다. 왜냐하면 성경은 다음과 같이 말하고 있기 때문입니다.

고린도전서 14:27, 28

"만일 누가 방언으로 말하거든 두 사람이나 많아야 세 사람이 차례를 따라 하고 한 사람이 통역할 것이요 만일 통역하는 자가 없으면 교회에서는 잠잠하고 자기와 및 하나님께 말할 것이요."

누구든지 앉아서 조용히 방언으로 하나님께 기도하면 자신의 덕을 세우는 것이고 예배를 혼란스럽게 하지는 않을 것입니다. 때때로 우리는 바람직한 질서를 지키는데 도움이 되도록 이러한 은사들의 나타남에 관하여 실제적인 조언이 필요합니다. 그러면 심지어 구원받지 못했거나, 성령의 은사에 익숙하지 못한 사람들이 예배에 참석할지라도 올바른 질서를 행함으로 이해를 하고 감동을 받게 될 것입니다. 더 중요한 것은 성령님을 슬프게 하지 않게 될 것입니다. 성경은 말합니다.

"하나님의 성령을 근심하게 하지 말라 …"(엡 4:30).

성령님은 때때로 교회의 예배에서 근심하게 됩니다. 성령님은 그 자신을 나타내시기 원하시지만 그렇게 하도록 허락되지 않기 때문에 근심하십니다. 성령님은 사람들이 성령의 은사를 오용하고 다른 사람들에게 혼돈을 주는 것을 근심하십니다.

모든 일은 덕을 세우기 위해서 행해져야 한다

마지막으로 내가 방언과 방언 통변에 대해서 강조하고 싶은 것이 있습니다.

바울이 말했습니다.

"… 모든 것을 덕을 세우기 위하여 하라"(고전 14:26).

방언과 방언 통변의 은사가 하나님의 영을 통해서 나타날 때, (이것이 그 은사가 성령으로 말미암은 것인지 여부를 판단하는 한 가지 방법이다) 그 말은 덕을 세우고, 영감을 주고, 축복을 가져다 줄 것입니다. 물론 우리 자신이 성령님과 협조하지 못한다면 우리가 항상 판단하는 위치에 있지는 못할 것입니다.

예를 들어, 내가 목사였을 때 우리 교회가 다른 여러 교회들과 함께 인접 교회의 예배에 참석하고 있었습니다. 나는 특히 그날 하루 종일 분주해서 기도할 시간이 거의 없었습니다. 그 때 나는 뛰어들어와 예배 준비를 해서 서둘러 인접 교회의 예배에 운전을 하고 갔습니다. 내가 마침내 그곳에 도착했을 때 너무 지쳐서 교회의 좌석에 털썩 주저앉았습니다. 하나님은 그 예배에서 놀라운 방법으로 역사하고 계셨지만, 나는 그 축복 안으로 들어갈 수 없었습니다. 나는 너무나 지쳐 있었습니다. 나는 진행되고 있는 일들이 올바르고 그것이 축복이라는 것을 알았습니다. 그러나 만일 내가 그날 밤 성령의 운행을 판단하고자 했다면 나는 어쩌면 이렇게 말했을 것입니다.

"아니, 나를 제외하고 저들 모두 제정신이 아니군!"

그러나 사실은 내가 성령님과 또 그들과 조화를 이루지 못하고 있었던 것입니다.

그러므로 당신이 성령님과 협조하는 상태에 있지 않다면 영적인 일들을 판단하는 것이 항상 쉽지만은 않습니다. 이것은 당신이 타락했다는 것을 의미하지 않지만, 당신이 그 특별한 시간에 성령님과 예배의 감동 속으로 들어갈 수 없음을 의미합니다.

그러나 영적인 나타남들은 판단받을 필요가 있습니다. 그리고 우리는 공식적이든 공식적이지 않든 간에 그것을 판단합니다. 왜냐하면 우리는 그러한 현상들을 받아들이든지 아니면 거부를 하기 때문입니다. 우리는 다른 사람들의 판단을 항상 받아들일 수는 없습니다.

우리는 하나님의 말씀을 알고 있는 사람들과 성령님의 움직임에 민감한 사람들만을 받아들입니다. 우리는 주님 앞에 행할 때 성령의 은사들을 어떻게 간주할 것인가에 대해서 매우 신중할 필요가 있습니다. 우리는 주님 앞에서 겸손하고 정직하게 그리고 경건하게 행할 때 성령님과 하나님의 역사에 열린 마음을 가질 필요가 있습니다.

우리는 우리 가운데 성령의 나타남을 초청해야 합니다. 그러나 하나님과 성령의 일들을 경외할 필요가 있습니다. 그리고 하나님이 성령의 은사를 통해서 우리 가운데 그 자신을 나타내기 원하시는 자들을 사용하시도록 허락해야 합니다. 그러면 하나님이 운행하실 때 우리는 열린 마음을 가지고 하나님이 우리를 위해 하시는 일이 어떤 것이든지 받아들일 준비가 될 것입니다.

연구를 위한 질문

1. 방언 통변을 정의해 보십시오.

2. 방언 통변의 은사는 왜 모든 은사들 중에서 가장 작은 은사입니까?

3. 방언 통변의 은사의 목적은 무엇입니까?

4. 방언이나 방언 통변보다 예언의 은사로 사역하는 것이 왜 더 많은 믿음을 필요로 합니까?

5. 왜 방언으로 기도하는 모든 것을 분명하게 이해할 필요가 없습니까?

6. 고린도전서 14:27에서 바울이 말했듯이, 얼마나 많은 사람들이 예배에서 방언 사역에 공적으로 참여해야 합니까?

7. 고린도전서 14:13에서 바울이 말했듯이, 방언 통변의 은사를 추구해야 하는 이유가 무엇입니까?

8. 고린도전서 14:27에서 바울이 "… 한 사람이 통역할 것이요" 라고 말했을 때 그는 무엇을 하고 있었습니까?

9. 방언으로 길게 말했는데, 통변하는 자가 때때로 짧은 메시지만을 말하는 이유는 무엇입니까?

10. 방언과 방언 통변의 은사가 성령에 의한 것인지 여부를 판단하는 한 가지 방법은 무엇입니까?

성령과 성령의 은사들

케네스 E. 해긴 지음
홍주영 옮김

1쇄 발행 | 2012. 11. 20
6쇄 발행 | 2023. 05. 20

발행처 | 베다니출판사
발행인 | 오생현
등록번호 | 제 3-413호
등록일자 | 1992. 5. 6

주소 | 서울시 송파구 새말로10길 18-1
전화 | (02) 448-9884~5
팩스 | (02) 6442-9884
www.bethany.co.kr
bethanyp@hanmail.net

값 24,000원

ISBN 978-89-5958-106-1 (04230)
ISBN 978-89-5958-104-7 (세트)